청소년 복지론

Youth Welfare

박영숙 · 천정환 · 박지현 · 이동임 · 곽종형 · 김경화 ·
박희원 · 유영희 · 임서현 · 윤영희 · 이기세 · 최종구

도서출판 **진 영 사**

청소년 복지론(*Youth Welfare*)

박영숙 · 천정환 · 박지현 · 이동임 · 곽종형 · 김경화 · 박희원 · 유영희 · 임서현 · 윤영희 · 이기세 · 최종구

2015년 12월 24일 초판 인쇄
2015년 12월 28일 초판 발행
발행인 박 진 영
발행처 도서출판 진영사
인천광역시 부평구 갈산동 35-3번지
전화 : 032)505-4207
팩스 : 032)505-4206
E-mail : 0183734207@hanmail.net
등록 : 122-91-77317

ISBN 978-89-6541-241-0 93330
값 20,000원

서 문

청소년들은 미래의 주역이며 우리의 미래는 청소년들에게 달려 있다. 이는 우리가 청소년들에게 항상 관심을 가져야만 하고 그들의 목소리에 귀 기울여야 하며 그들의 복지를 위해서 노력해야만 하는 이유이다.

청소년기는 아동기에서 성인기로 넘어가는 과도기로 신체적, 심리적 발달이 급격히 진행되며 주변환경에 민감하고 감정기복이 심하여 인생의 긴장과 혼란을 경험하게 되는 시기이다. 이러한 민감하고 예민한 시기를 심리적 정서적으로 잘 보내기 위해서는 주변 환경이나 여건들이 매우 중요하지만 오늘날의 사회적 환경은 청소년들을 더욱 위기와 혼란 속에 몰아넣고 있으며 청소년들은 범죄, 가난, 위기 등 다양한 문제로 고통받고 있다. 따라서 청소년들이 이 시기를 건강하고 행복하게 보낼 수 있도록 도와주어야 하는데 이러한 다양한 청소년들의 욕구나 문제를 사회복지적 차원에서 접근하여 해결해 주려는 사회적 국가적 노력이 바로 청소년복지이다.

즉 청소년복지란 사회복지 분야 중 하나로서 청소년의 기본적인 욕구 충족 및 건강한 성장과 발달 그리고 청소년이 사회구성원으로서 행복하고 인간다운 생활을 할 수 있도록 건강과 번영을 증진시키려는 사회적 노력으로, 청소년을 둘러싼 환경이 청소년의 성장을 도와 최적의 기능을 발휘할 수 있도록 청소년과 가족, 또래, 학교, 지역사회에 개입하여 제공하는 조직적이고 체계적인 사회정책과 관련제도 및 전문적 활동이다.

본서는 이러한 청소년복지에 대한 학문적 접근으로서 청소년복지의 이론적 기초를 집필한 것이다. 저자들은 각 대학교 현장에서 청소년복지 관련 과목들을 강의하고 관련 전공자들을 지도하고 있는 교수들로 그동안 청소년복지에 대한 중요성을 인식하며 각기 청소년복지와 관련된 다양한 이론과 기술 그리고 실천 방법 등에 대하여 연구하여 왔다. 본서는 바로 저자들이 그동안 관심을 두고 연구해 왔던 청소년복지의 각 영역들에 대한 내용들을 집필한 것이다.

본서는 총 3부 10장과 부록으로 구성되었다. 제1부는 청소년과 청소년복지의 이해, 제2부는 청소년복지의 실천영역 그리고 제3부는 청소년복지의 발전방향이다. 제1부는

제1장부터 제3장으로 제1장은 청소년의 특징과 발달이론, 제2장은 청소년복지의 개념과 발전과정, 제3장은 청소년복지 관련법과 서비스 전달체계이다. 제2부는 제4장부터 제9장으로 제4장은 청소년과 비행, 제5장은 청소년과 학교폭력, 제6장은 청소년과 사이버문화, 제7장은 청소년과 약물남용, 제8장은 청소년과 정신건강, 제9장은 청소년복지 실천방법이다. 그리고 제3부는 10장으로 청소년복지의 과제이며 부록은 경찰복지실무자의 논문으로 다문화가정 청소년 비행과 사회복지실천이다. 그 중 제1장과 제3장은 박지현 교수님이 제2장과 제9장은 유영희 교수님이 제4장은 이동임 교수님이 제5장은 박영숙 교수님과 곽종형 교수님이 제6장은 김경화 교수님이 제7장은 임서현 교수님이 제9장은 박희원 교수님이 제10장은 천정환 교수님이 그리고 부록은 윤영희 교수님, 이기세 교수님, 최종구 교수님이 집필하였다.

본서의 공저자들은 각 분야의 전문가들로 자신이 저술한 부분에 대해 권리와 책임을 가지고 있으며 공동저술의 윤리성을 제고하고자 하였다.

본서는 청소년복지의 모든 분야를 담지 못한 한계를 갖고 있으며 여러 교수님들이 참가하여 집필한 관계로 중복되는 내용이 다소 있으나 청소년복지에 대한 입문서로서 최선을 다하고자 하였다. 많은 부족함에도 본서가 청소년복지론의 기본서로서의 역할을 하기를 기대하면서 어려운 여건 속에서도 출판의 기회를 주신 진영사 직원분들께 진심으로 감사를 드린다.

저자 일동

목 차

제1부

청소년과 청소년복지의 이해

01 부 청소년과 청소년복지의 이해

01 장 청소년의 특징과 발달이론

1. 청소년의 이해와 구분

청소년기를 명확히 구분한다는 것은 청소년의 발달적 측면에 의해 쉽지 않은 측면이 존재한다. 그러나 그 시기를 구분한 학자들의 견해는 살펴보면 다음과 같이 살펴볼 수 있다. 먼저, 아주 빠르게 부는 바람과 무섭게 소용돌이치는 물결이라는 질풍노도라는 의미를 강조한 청소년심리학의 아버지라 불리우는 홀(Hall, 1904)은 청소년기를 '질풍노도'(a period of storm and stress)의라고 정의하였는데, 이는 청소년기의 격동적인 감정생활을 표현한 말이다.

청소년은 신체적, 정신적으로 어린이도 어른도 아닌 주변인이므로 정서적으로 불안정한 상태이기 볼 수 있기 때문에 여러 면에서 좌절과 불만이 잠재하여 극단적인 사고와 과격한 감정을 갖게 된다. 따라서 청소년기를 가리켜 질풍노도의 시기라고 한다.

그 다음으로 안나 프로이드(Anna Freud)는 청소년들은 정상적인 발달과정의 혼란을 경험하고 부모와 기성세대에 반항하는 질풍노도의 시기를 통과해야만 한다고 주장하였고, 반두라(Bandura)는 청소년들이 반드시 질풍노도의 시기를 겪는 것도 아니며 겪을 필요도 없다고 하였다.

이상과 같은 학자들의 견해에서 알 수 있는 것은 학자들마다 다소 상이한 주장을 하고 있지만 질풍노도라는 시기가 없다는 것을 말하는 것은 아니며, 청소년기의 개인적인 편차를 인정하고 그 시기가 일정하지 않다고 한 것이다.

이러한 청소년기를 발달적 측면과 제도적 측면에서 살펴보면 다음과 같다.

(1) 발달적 측면

사춘기의 시작연령을 언제라고 구분하기는 모호한 측면이 존재하지만, 세계적인 추세는 점차 낮아지는 경향을 나타내고 있다. 우리나라의 경우 초경연령은 1965년에는 평균 14세 2개월이었던 것이 1982년에 와서는 12세 3개월로 낮아졌다. 연도별로 살펴보면, 1975년에는 남아의 경우 13세에서 15세, 여아의 경우 11세에서 13세 사이에 일어난 것이 1996년에도 남아의 겨우 11세에서 13세, 그리고 여아의 경우 9세에서 11세 사이로 일어난다고 보고되었다(한국청소년개발원). 또한 신체발육이 성숙에 이르는 시기를 연령대 별로 보면, 여아의 경우 는 평균 15세이며 남아의 경우 약 17세이다. 아울러 성적 발육이 성숙되는 시기는 여아의 경우 평균 17세, 남아의 경우 평균 21세인 것으로 추정해 볼 수 있다(장휘숙, 1993).

(2) 제도적 측면

1985년 UN에서 공식적으로 발표한 청소년의 개념에는'15세부터 24세 사이의 집단'으로 규정하고 있으며, UN의 국제식량기구(FAO)에서는 '10세부터 24세까지 사이의 결혼여부를 불문한 남녀 인구부문'을 청소년이라고 하였다.

한편, 우리나라 관계법령에서 규정하고 있는 청소년의 명칭과 연령범위는 법에서 강조하는 것에 따라 다소 다른 차이를 나타내고 있다. 이는 법에 강조하는 특징에 따라 그러하다고 할 수 있는데, 그 법률적 차이점을 구분해 보면 다음과 같다.

〈표 1-1〉 청소년기의 법률적 구분

법률	연령구분
아동복지법	18세 미만의 자
민법	만 20세 미만의 자
소년법	19세 미만의 자
근로기준법	15세 미만의 자
청소년기본법	9세 이상 24세 이하의 자
청소년보호법	만 19세 미만의 자
아동청소년 성보호에 관한 법률	19세 미만의 자
청소년복지지원법	따로 정한 규정이 없는 경우 청소년기본법에서 정한 것에 따름
청소년활동진흥법	

출처 : 법제처(2014)www.moleg.go.kr

2. 청소년의 인구현황

통계청(2014)에서 발표한 내용을 보면, 2014년 현재 9~24세의 청소년 인구는 984만 명으로 우리나라 총인구 5,042만 명 중 19.5%를 차지하고 있다. 9~24세 인구 중 21세가 7.2%로 가장 많고, 9세 인구가 4.5%로 청소년 인구 중 가장 적다.

여자 1백 명당 남자의 수를 의미하는 성비는 2014년 우리나라 전체인구가 100.1명인 데 반해, 9~24세 청소년 인구는 111.6명으로 청소년의 남녀 간 인구규모 불균형이 심각한 것을 알 수 있다.

특히 23세 인구의 성비는 116.2명으로 가장 높고, 이후 연령이 낮아질수록 성비가 개선되고 있으나 9세의 성비도 107.1명으로 비교적 높은 편임을 알 수 있다.

한편, 0~24세의 아동·청소년 인구는 1,395만 명으로 전체 인구의 27.7%를 차지하고 있다. 성별로는 남자 731만 명, 여자 664만 명으로, 성비는 110.1명을 보이고 있다.

따라서 1980년 1,401만 명으로 가장 높은 수준을 기록한 이후 꾸준히 감소세를 나타내고 있다. 저출산 추세에 따라 2015년까지 약 85만 명, 2015~2020년까지 5년간 120만 명이 추가로 감소할 것으로 전망됨에 따라, 향후 청소년 인구는 지속적으로 줄어들 것으로 예측된다. 그에 따라 청소년 인구의 구성비도 1980년에 36.8%로 최고점을 나타낸 이후 2015년에는 19.0%, 2020년에는 16.3%, 2030년에는 13.7%까지 감소할 것으로 전망된다. 청소년 인구 증가율은 1960~1965년 2.77%로 총인구 증가율과 비슷한 수준을 기록하였으나 이후 급속히 감소하여 1980~1985년에는 연평균 -0.06%씩 감소하였으며, 특히 2015~2025년까지 10년 동안 -2%대의 높은 감소율을 나타낼 것으로 전망되고 있다.

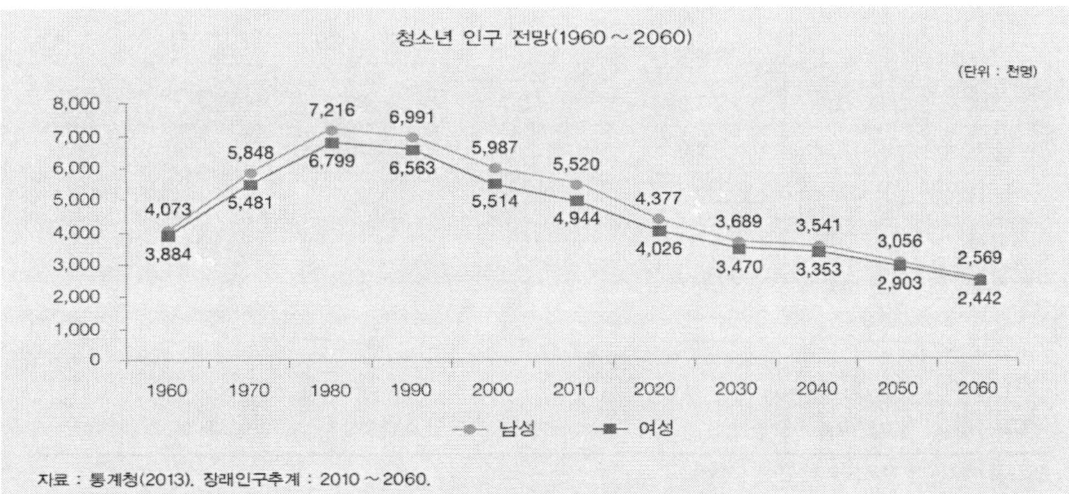

〈표 1-2〉 2014년 연령별 아동 · 청소년인구

(단위 : 천명, %, 여자 100명당 남자의 수)

연령	청소년 인구	구성비(9~24세)	구성비(0~24세)	남자	여자	성비
0세	456	-	3.3	235	221	106.4
1세	455	-	3.3	235	220	107.0
2세	454	-	3.3	234	220	106.5
3세	482	-	3.5	249	233	106.8
4세	445	-	3.2	229	216	106.1
5세	451	-	3.2	232	219	106.1
6세	484	-	3.5	249	235	106.1
7세	456	-	3.3	235	221	106.3
8세	433	-	3.1	224	209	107.2
9세	441	4.5	3.2	228	213	107.1
10세	474	4.8	3.4	246	228	107.7
11세	472	4.8	3.4	245	227	108.1
12세	506	5.1	3.6	263	243	108.3
13세	586	6.0	4.2	305	281	108.2
14세	604	6.1	4.3	317	287	110.3
15세	617	6.3	4.4	323	294	109.9
16세	632	6.4	4.5	330	302	109.4
17세	652	6.6	4.7	342	310	110.1
18세	673	6.8	4.8	355	318	111.3
19세	691	7.0	5.0	366	325	112.8
20세	704	7.2	5.0	376	328	114.5
21세	713	7.2	5.1	382	331	115.4
22세	710	7.2	5.1	381	329	115.8
23세	694	7.1	5.0	373	321	116.2
24세	669	6.8	4.8	357	312	114.6
계(9~24세)	9,838	100.0	-	5,188	4,650	111.6
계(0~24세)	13,954	-	100.0	7,311	6,643	110.1

자료 : 통계청(2011). 장래인구추계 : 2010 ~ 2060.

3. 청소년의 발달특성과 발달과업

(1) 청소년의 발달특성

1) 신체 및 성적 특성

청소년기에 걸쳐 나타나는 아동의 신체는 외면상으로는 성인의 모습으로 변화되고 남녀의 신체적, 성적 차이가 확립되어 나타난다. 즉, 남성호르몬(안드로겐)과 여성호르몬(에스트로겐)의 왕성한 분비로 인해 사춘기가 도래하여 신체적이고 성적인 급격한 변화가 찾아와 2차적 성특징이 출현되어 신체적이고 성적인 급격한 변화는 청소년들의 심리에 매우 큰 영향을 미친다.

2) 인지적 특성

피아제(Piaget)의 인지발달단계는 흔히, 감각운동기, 전조작기, 구체적 조작기, 형식적 조작기로 구분하는데 감각운동기는 감각적 경험과 운동 활동에 기초하여 출생부터 2세에 찾아온다. 반면에 전조작기는 언어와 상징적 표상의 사용, 그리고 자아중심적 추론으로 인해 2세에서 7세까지, 그리고 구체적 조작기는 논리적 조작을 통한 구체적 문제의 해결을 위해 7-11세까지 형성되며, 형식적 조작기는 추상적 상징의 사용과 가설적 연역적 추론에 의해 11세부터 성인기를 포함한다.

따라서 청소년기는 추상적이고 가설연역적인 사고 가능, 현실 지향의 사고에서 가능성 지향의 사고로 발전, 명제적 사고가 가능하다고 하여 형식적 조작기에 해당된다. 이 시기는 사고에 대해 사고하는 초인지 능력을 획득하여 자기성찰이 가능해질 뿐만 아니라 "나는 누구인가?"라는 질문에 관심을 갖고 있기 때문에 자아정체감 형성에 매우 중요한 시기이다. 또한 이상주의적 사고 경향에 따라 급진주의 혹은 염세주의로 빠질 가능성이 농후하고 사회인지적 특성에 의해 자기중심성이 매우 강하다. 여기에 자신을 아주 특별하고 독특한 존재로 생각하여 개인적 우화(personal fable)를 보이고 있으며, 자신은 항상 타인의 관심대상이어서 타인은 늘 청소년 자신을 주시한다고 생각하여 상상의 청중(imaginary audience)이라고 볼 수 있는 시기이다.

이 밖에 도덕성의 발달로 인해 청소년기는 콜버그가 강조한 대로 도덕성 퇴행의 문제, 도덕적 상대주의 개념이 나타나고 길리건이 강조한 대인 지향적 도덕성이론 등이 형성된다.

도덕성 퇴행이란 청소년기의 최고 과업인 자아정체감의 혼미로 인하여 청소년들이 사회적 규범과 법률을 절대적 도덕률로 받아들이고 이를 준수하던 단계에서 사회적 구속을 벗어나기 위하여 규범을 배척하는 단계로 환원하게 된다는 것을 가리켜 강조한 것인데 콜버그에 의하면 이 의미는 구조적인 후퇴가 아니라 더욱 고단계의 도덕수준으로 발전해 나가기 위한 이행과정이라고 해석하고 있다. 반면에 도덕적 상대주의란 모든 사람들이 준수해야 할 객관적이며 보편타당한 도덕률을 부정하고 개인적이며 주관적인 관점에서 도덕성을 판단하는 것을 의미한다. 또한 길리건은 보살핌, 책임, 애착, 희생 등을 강조하는 대인 지향적 도덕성 이론을 인간관계에서 강조하였는데 청소년기는 자기 이익을 추구하는 지향적인 관점보다는 타인을 배려하고 책임지려는 이타적 부분이 크게 발달하고 있음을 의미한다 하겠다.

3) 정서적 특성

청소년들의 정서는 순수한 반면 불안정하고 충동적인 면이 강하기 때문에 청소년기의 급격한 신체적. 성적 변화에 따른 긴장감과 불안, 인지와 자의식의 발달로 인한 가치관의 변화와 기성세대에 대한 거부감, 아동 및 성인 사이의 역할 부재에서 오는 혼돈 등이 복합적으로 나타나기 때문에 감정의 기복이 심하고 예민한 편이다. 뿐만 아니라 타인을 의식하여 수줍음을 많이 나타내고 매사에 열성적이며 호기심과 모방성이 강해 적극적인 성향을 나타내고 있다.

4) 사회적 특성

청소년들은 사회적 관계와 역할의 확대 되어 감에 따라 자신들의 부모로부터 독립하고자 한다. 그리고 동성이나 이성친구 등 그들의 또래집단에 몰입하게 되어 그들만의 관계를 통해 자신을 유지하고 발전시켜 나가기 위한 정체감을 형성하고 그것에 필요한 심리적. 사회적 지지를 얻게 된다.

5) 영성적 · 종교적 발달

청소년기는 영성적 · 종교적 개념을 이해하기 시작하며 인생관을 적립해 나감에 따라 인생에 있어서 삶의 의미와 목적에 대해 이해하려는 시기이며, 사회적 관계성을 갖기 위한 연결성을 추구하고, 종교적 통찰 가능성을 개진하기도 하여 종교에 대해 부정적인 시각을 소유하기도 한다.

(2) 청소년기의 발달과업

1) 의미

발달과업이란 여러 가지 의미를 유추해 낼 수 있지만, 가장 보편적인 의미는 개인의 정상적인 성장 발달을 이루기 위해 일정한 시기에 있어서 이루지 않으면 안 되는 과업을 의미한다 하겠다.

2) 청소년기 발달과업의 내용

청소년기의 발달과업을 분류한 학자들은 주로 자아정체감과 자아존중감에 대해 강조하였는데 홍봉선과 남미애(2013)는 에릭슨(Erikson)의 견해를 인용하여 다음과 같이 설명하였다.

에릭슨(Erikson)은 자아정체감 형성을 강조하며 자신에 대한 탐색과정에서 자신의 긍정적인 면과 부정적인 면 발견해 간다고 보았다. 그래서 자신의 존재와 추구해 나갈 가치에 확신이 서면 정체감 획득이 이뤄지고, 그렇지 않으면 정체감 혼란에 빠지게 된다고 분석하였다.

또한 자아 존중감 향상에 있어서 자아존중감이 높은 사람은 자기 자신이 지닌 특성이나 존재에 대해 어떤 특정한 가치와 긍지를 느끼는 반면, 자아존중감이 낮은 사람은 자신에 대한 가치와 긍지를 느끼지 못해 우울증에 걸릴 수 있는 위험에 빠질 수 있다고 보았다. 아울러 남자는 남자로서, 여자는 여자로서 성역할에 대한 정체감 형성이 이루어진다고 보았다.

〈표 1-3〉 Erikson의 발달단계

발달과업 대 발달위기	연령	설명
1. 신뢰 대 불신	유아기(출생-1½개월)	유아는 양육자에 대한 일차적 사랑, 신뢰관계를 형성 하거나 불신감을 발달시킨다.

2. 신뢰 대 불신	유아기(출생-$1\frac{1}{2}$개월)	유아는 양육자에 대한 일차적 사랑, 신뢰관계를 형성 하거나 불신감을 발달시킨다.
2. 자율성 대 수치,의심	초기아동기 ($1\frac{1}{2}$개월-3세)	아동의 에너지는 걷기, 잡기, 괄약근 통제를 포함한 발달을 한다. 아동은 통제를 학습하지만 잘 이뤄지지 않게 되면 수치심과 의심을 발달시키게 된다.
3. 주도성 대 죄책감	학령 전기(3-5세)	아동은 계속해서 더 적극적이고 주도적이 되지만 너무 강력하면 죄책감을 가질 수 있다.
4. 근면성 대 열등감	학령기(5-12세)	아동은 새로운 기술을 학습하는 요구를 잘 처리하지만 그렇지 않게 되면 열등감, 실패, 그리고 무능의 위험을 가질 수 있다.
5. 자아정체감 대 정체혼미	청소년기(12-18세)	십대는 직업, 성역할, 정치, 종교에서의 정체성을 획득한다.
6. 친밀감 대 고립감	초기 성인기 (18-25세)	성인 초기는 친밀한 관계를 발달시키지 않으면 고립의 감정을 겪게 된다.
7. 생산성 대 자기정체감	성인기 (25-65세)	각 성인은 다음 세대를 만족시키고 지지하는 방법을 찾아야 한다.
8. 자아통합대 절망감	노년기(65세 이후)	최고점에 이른 사람은 있는 그대로의 자신을 수용하고 충족감을 가진다.

출처 : 홍봉선 · 남미애(2013). 청소년복지론, p. 31.

해비거스트(Havighurst)는 청소년기 발달과업으로 자신의 체격을 인정하고 자신의 신체를 효과적으로 구사하고 남녀간의 새롭고 보다 성숙한 관계를 형성하게 된다며, 남성으로서의 역할과 여성으로서의 역할이 무엇인가를 학습하고 부모나 다른 성인과의 정서적 독립을 이룩하고자 하는 경제적 독립의 필요성을 인식하였다. 그래서 직업 선택의 준비와 시민적 자질의 형성, 결혼과 가정생활을 준비해 가는 과정, 사회적으로 책임 있는 행동과 실천 습관 형성하게 된다. 이 밖에 적절한 과학적 지식에 맞추어 기치관과 윤리체계 습득이 뒤 따른다

02장 청소년복지의 개념과 발전과정

우리나라에서 청소년에 대해 관심을 갖기 시작한 것은 공교육이 제도화되면서 사회적관심이 증대되었다. 해방이후 1980년대 이전까지 청소년복지는 아동복지의 연장선에서 이해되거나 아동복지와 혼용하여 사용되어 그 경계가 모호하였다. 그러다가 1990년대에 들어오면서 청소년의 문제는 사회문제로 이어지면서 청소년에 대한 사회적 책임이 인식되었고, 아동복지와는 구분하여 청소년복지의 필요성이 대두되었다. 그리고 1990년대 이후 현대에 들어와서는 요보호청소년에 대한 관심에서 일반 청소년까지 포함한 관심으로 확대되었고, 정치적·경제적·사회적 측면에서 적극적으로 청소년복지를 위한 지원에 초점을 두었다. 이제 현대사회에서 청소년복지는 저 출산, 핵가족화, 고령화, 가족해체, 입시위주의 교육환경, 불확실한 취업 등의 다양한 환경의 변화에 적절히 대처하고 건전하게 성장 발달할 수 있는 적합한 청소년으로 길러 낼 수 있는 청소년복지가 요구되고 있다.

본 장에서는 지금까지 연구된 선행연구를 중심으로 청소년복지의 개념과 청소년복지의 필요성을 살펴보고, 우리나라 청소년복지가 어떻게 성장하고 발전되어왔는지 그 발전과정을 살펴보고자 한다.

1. 청소년복지의 개념과 필요성

(1) 청소년복지의 개념

기본적으로 청소년복지는 사회복지 분야의 한 분야로서 청소년의 복지를 증진하는 것이라 할 수 있다. 이와 같이 청소년복지를 정의하는 것이 단순해 보이지만 청소년복지의 개념은 그리 단순하지 않다. 먼저 청소년기의 연령에 있어 청소년 관계 법령을 통해 연령규정을 통일하고는 있으나 법의 성격에 따라 청소년연령이 차이가 있어 청소년기를 연령으로 구분하는 것도 어려움이 따른다. 또한 청소년의 범위를 정한다 하더라도 복지에 대한 정의도 다양하기 때문에 청소년복지의 정의를 내리기도 쉽지 않다. 대체적으로 청소년복지의 개념은 청소년의 발달과 특성을 어떤 관점으로 보느냐에 따라 다양하게 정의될 수 있는데, 그 사회의 문화와 시대적 관점에 따라, 국가의 전반적인 복지수준에 따라 그리고 청소년정책의 방향에 따라 다양하게 정의 될 수 있다.

청소년 복지에 대한 개념들을 학자들의 정의에 따라 시대 순으로 살펴보면 다음과 같다.

김치묵(1977:43)은 청소년복지를 분리하여 사용하지는 않았지만 청소년복지를 '청소년의 인격형성에 영향을 주는 제 요인'에 주안점을 둔 것에 그 의의를 찾을 수 있다. 그는 청소년복지라는 용어를 사용하여 청소년의 인격형성에 중요한 영향을 주는 교육, 환경, 보건, 직업, 인간성회복문제, 여가선용문제 등을 복지적인 차원에서 검토하고 반드시 고려되어야 할 문제 등을 제시하려 하였다.

장인협과 오정수(1984:14)는 청소년복지를 아동·청소년복지라고 혼합해서 사용하고 있으며, 청소년이 사회구성원으로서 역할을 한다는 점을 강조하였다. 그들은 아동·청소년복지란 "사회구성원으로서 아동과 청소년의 기본적인 욕구를 충족시키고 건전한 성장과 발달을 도모하기 위해 여러 가지 활동을 가능케 하는 공적인 방법과 절차"라고 정의하고 있다.

1980년대 이전만 해도 청소년복지에 대한 개념정의는 거의 찾아볼 수 없고, 아동복지와 다른 청소년복지의 주된 관심영역이 무엇인가에 대한 논의에 그쳤다 당시까지만 해도 청소년복지는 아동복지와 혼재되어 있었기 때문이다(이용교,2012:86). 그러다가 1990년대에 들어서 청소년복지는 아동복지와 구분되기 시작하였으며, 대상에 있어 문제청소년에서 전체청소년으로 확대되고 있다.

김성이(1994:6)는 청소년복지 대상에 있어 보편성을 반영하였다. 그는 청소년복지란 "가정이나 사회로부터 버려지거나 적응하지 못하는 청소년들뿐만 아니라 모든 청소년들의 안녕에 관심을 가져야 한다"고 강조하였다. 또한 청소년복지활동을 "청소년들의 기본적인 욕구를 충족케 하고, 정신적·정서적·신체적으로 최상의 발달을 도모하기 위해 청소년 자신들에게 직접적으로 또는 가정과 사회를 통해 간접적으로 제공되는 모든 사회제도적·전문적 활동"이라고 정의하였다.

2000년대부터 등장한 청소년 복지의 개념들은 아동복지와 분리하여 사용하였으며, 그 대상에 있어서도 요보호대상이 아닌 보편적 대상으로서의 적극적인 개념으로 설명하고 있다.

노혁(2010:34)은 청소년복지를 소극적인 측면과 적극적인 측면에서 설명하고 있는데, 소극적인 측면에서의 청소년복지는 "사회적으로 소외되거나 적응에 실패한 청소년에게 사회복지정책과 개별 서비스의 전달을 통해 사회구성원으로서 정당하게 생활하고 나아가 신체적 심리적 사회적 자립능력을 갖도록 돕는 복지를 의미한다." 고 하였다. 적극적인 측면에서의 청소년복지는 "청소년의 올바른 성장과 발달에 목적을 두고 이를 위해서 공동의 노력과 참여를 전제로 이루어져야 한다. 지식정보화사회에서 청소년들에게 일정의 사회적 역할과 책임을 부과하며, 동시에 현재 청소년의 삶을 이해하여 보다 나은 여건을 마련해주고 미래에 보다 좋은 환경에서 생활할 수 있도록 복지를 통해 자립기반과 자기계발을 할 수 있는 능력과 기회를 마련해 주는 제반의 복지활동"이라고 하였다.

홍봉선·남미애(2010:47)는 청소년복지의 개념을 "아동복지와 구별되는 독립된 사회복지분야 중의 하나로 강조하면서 청소년의 기본적 욕구의 충족과 건강한 성장 및 발달의 촉진은 물론, 청소년이 현재 사회구성원의 한 사람으로서 주체적인 삶을 영위하도록 하고, 더 나아가 청소년을 둘러싼 환경이 청소년의 성장을 돕기 위해 최적의 기능을 발휘할 수 있도록 청소년과 가정 그리고 사회를 통해 직·간접적으로 제공되는 모든 사회정책과 관련제도 및 전문적 활동"으로 정의하였다.

2011년 개정된 청소년기본법 제3조 제4호에서는 "청소년복지란 청소년이 정상적인 삶을 누릴 수 있는 기본적인 여건을 조성하고 조화롭게 성장·발달할 수 있도록 제공되는 사회적·경제적 지원을 말한다."라고 정의하고 있다. 그리고 제8조에서는 "국가 및 지방자치단체는 청소년 활동의 지원, 청소년복지의 증진 및 청소년 보호의 수행에 필요한 법적·제도적 장치를 마련하여 시행하여야 한다."고 명시하고 있다.

천정웅(2012:50)은 청소년복지를 요보호집단과 같은 특정집단에만 국한시키지 않고 일반청소년과 그 가족까지 포함시켰으며, 기본욕구 충족을 넘어서 주체적인 삶을 위해 청소년의 발달과 기능을 최적으로 촉진, 발휘할 수 있도록 보장하고 서비스 제공의 주체도 민간 및 정부 기관의 모든 서비스를 포함하는 광범위한 개념으로 보았다.

이상의 논의들을 종합해보면 청소년복지에 있어 몇 가지 특징을 찾아볼 수 있다. 첫째, 청소년복지는 사회복지의 한 영역으로 아동복지와는 구별되는 독립된 영역이며, 둘째, 대상 집단에 있어서 요보호청소년과 같은 특정집단만이 아니라 모든 청소년과 더불어 그들에게 영향을 미치는 가족까지 포함되고, 셋째, 청소년들의 기본적인 욕구를 충족시키고 최적의 성장발달이 이루어지도록 지원하여 청소년들이 주체적인 삶을 살 수 있도록 하는 것이며, 마지막으로 서비스제공에 있어서 청소년에게 직접적으로 제공되는 것뿐만 아니라 간접적으로 제공되는 모든 사회정책과 관련제도 및 전문적

활동으로 광범위한 개념이다.

따라서 본 장에서는 청소년복지의 개념을 사회복지의 한 영역으로 국가나 사회가 모든 청소년들을 대상으로 청소년들의 복지 증진을 추구함을 목적으로 하는 개입으로, 청소년에게 사회의 한 일원으로서 사회적 역할과 책임을 부여하는 동시에 주체적인 삶을 영위할 수 있도록 하고, 나아가 청소년의 욕구충족과 성장발달에 적합한 최적의 환경을 제공할 수 있도록 지원하는 직·간접적인 모든 제반 복지활동으로 정의될 수 있다.

(2) 청소년복지의 필요성

급격한 사회의 변화는 청소년의 발달환경을 열악하게 하였고, 청소년을 둘러싸고 있는 유해환경과 과도한 입시위주의 교육환경은 청소년의 건강한 성장과 발달을 위협하는 요인으로 작용함으로써 청소년문제는 국가차원에서 해결해야 할 정도로 악화되었다(임상록 외, 2010). 이렇듯 청소년복지의 필요성이 대두하게 된 사회문화적 배경을 인식변화의 측면, 가족적 측면, 청소년문제의 측면, 사회적 측면으로 나누어 설명하고자 한다.

1) 청소년에 대한 인식변화의 측면

청소년기를 흔히 제2의 탄생 혹은 급격한 변화의 시기라고 일컫는다. 이는 청소년 스스로가 신체적, 정서적, 인격적, 성적, 사회적으로 급격한 변화를 경험하고 인식하면서 자신의 정체성을 발견하고 독립된 인격체로 성숙해가는 시기를 의미한다. 그럼에도 그동안 청소년은 아동에 포함되어 설명되거나 아동의 연장선상에서 이해되었다.

그러나 최근 청소년에 대한 시각은 청소년은 아동과 구별되는 특성을 갖고 있으며, 국가적으로도 미래사회의 주역이 될 중요한 시기로 인식이 전환되었다. 「청소년기본법」 제정 이후 청소년에 대한 사회적 책임이 인식됨에 따라 국가나 사회가 청소년 복지 증진에 적극적이고 주도적으로 개입하고 지원해야하는 책임이 강조되었다. 이러한 청소년에 대한 인식의 변화는 청소년의 잠재력을 발휘하게 하고 책임 있고 건강한 사회구성원으로 성장시킬 수 있도록 도울 수 있는 국가의 복지적 개입의 필요성으로 연결되었다.

2) 가정적 측면

오랜 기간 가정은 청소년들의 바른 성장과 적절한 양육을 위해 다양한 역할과 기능을 담당해 왔는데, 이러한 환경이 변화하고 있다. 여성의 취업률 증가와 핵가족화는 가정양육 기능의 약화를 초래하였으며, 이혼율의 증가는 가족해체와 더불어 한 부모가정, 조손가정, 재혼가정 등과 같은 다양한 가족구조의 변화를 가져왔다. 특히, 가족해체로 인한 청소년 자녀에 대한 직접적 보호와 통제 기능의 상실은 청소년 비행과 더불어 범죄에 연루 될 가능성을 높이기 때문에 가족해체를 예방하기 위한 사회적 대책마련이 요구된다.

또한 최근 들어 부모의 사망이나 사고, 가출, 행방불명 등과 같은 부모의 부재로 청소년가장이 증가하고 있어, 이들을 어떻게 보호할 것인지에 대한 근본적인 대책이 필요하다. 그 외 미혼모와 그 자녀의 문제도 청소년복지의 관점에서 중요하게 검토되어야 할 대상이다. 어린 시절 부모로부터 적절한 양육을 받지 못했을 때 정서에 부정적으로 미치는 영향을 간과해서는 안 될 것이다.

3) 청소년문제의 측면

과거 청소년의 문제의 원인은 비교적 단순한 편으로, 해결방안이나 접근방법 역시 개별적인 접근이 중심이 되었지만, 오늘날 가정과 사회의 변화에 따라 청소년 문제의 범위는 그만큼 다양해지고 특수한 욕구를 가진 청소년이 지속적으로 증가하고 있어, 다 체계적인 개입이 요청되고 있다(김성이 외, 2010).

청소년의 욕구 증가와 다양한 관심사는 학교부적응, 학교폭력, 학교에서의 따돌림, 청소년 자살, 인터넷 중독, 사이버폭력, 10대 성매매 등의 다양한 청소년 문제가 등장하고 비행의 정도도 갈수록 흉포화지고 있으며, 재범률도 높아지고 있고, 청소년 문제의 연령도 저연령화 되고 있어 청소년 문제는 더욱 심각해지고 있다.

또한 특수 욕구를 가진 청소년이 지속적으로 증가하면서 근로청소년, 외국인 노동자자녀, 10대 미혼모와 자녀, 동성애 청소년, 이혼가정 청소년, 북한 이탈청소년 등 특수욕구를 가진 다양한 청소년들이 증가하고 있고, 이들에 대한 다 체계적인 개입이 요구되고 있다.

4) 사회적 측면

사회적 측면에서의 필요성을 살펴보면 첫째, 교육환경의 문제를 들 수 있다. 국가는 교육제도를 통해 국가에서 필요로 하는 인재를 육성한다. 그러나 우리의 현실은 과대한 학습량, 건전한 휴식의 부족, 학교주변의 우범성 환경, 입시위주의 교육환경, 사교육열풍 등으로 청소년들의 사회적응력을 떨어뜨리거나 청소년 문제를 초래하는 우려를 낳고 있다. 특히 학교 내 청소년의 학교붕괴현상이 심화되면서 청소년들은 집단따돌림, 왕따와 같은 정신적 폭력과 구타와 같은 물리적 폭력이 학교 내에서 만연해지고 있다. 그리고 폭력의 피해자들은 가학행위로 인해 다시 가해자로 전환되기도 한다. 결국 이러한 상황을 잘 견디지 못하는 청소년들은 학교교육에서 중도 탈락하여 집안에 은둔하여 있거나 학교 밖으로 나와 유흥업소 등으로 몰리는 부작용을 낳고 있다. 따라서 교육정책 이외에 복지적 측면에서 청소년의 다양한 교육적 문제들을 해결하도록 지원할 필요가 있다.

둘째, 사회의 가치나 규범 등의 문화가치의 실종 문제이다. 그동안 한국은 경제성장에 초점을 두면서 급격하게 사회 환경이 변화하였다. 황금만능주의와 이기주의 그리고 성과주의와 경쟁주의에 맞춰짐으로 청소년 역시 과열경쟁의 가치 안에 놓이게 되었다. 이러한 바람직하지 못한 가치는 청소년들에게 성숙한 시민으로서의 윤리에 혼란을 가져왔으며, 각종 잔악한 폭력과 범죄, 윤리적 타락은 청소년들에게 규범의 부재현상을 가져왔다. 그러므로 이를 위해 복지적 측면에서 청소년들의 역량을 강화시키고 건전한 문화를 향유하도록 도움으로써 청소년들이 겪는 문제들을 해결 할 수 있도록 도와 줄 필요가 있다.

셋째, 유해한 환경의 문제이다. 청소년이 건전하게 성장 발달하기위해서는 그들의 성장과 발전을 해치는 유해한 환경을 바꾸지 않고서는 청소년의 복지를 실현시킬 수 없다. 음란한 대중매체, 공격성을 자극하는 잔악한 폭력성 미디어, 청소년들에게 음주와 흡연, 성행위를 부추기는 유흥업소 등의 유해한 환경이 가정과 학교주변에 산재해 있다. 이에 유해한 환경 규제를 넘어 유익한 환경의 조성과 같은 적극적인 복지대책이 필요하다.

2. 청소년복지의 발달과정

우리나라에서 청소년복지는 과거 아동복지의 연장선에서 다루어 오다가 1987년 청소년육성법 제정을 계기로 청소년영역이 확립되었다. 청소년복지의 발달과정은 주요 법이나 제도의 변화에 따라 학자에 따라 조금씩 다르게 구분되고 있다.

이용교(2012:104)는 청소년복지의 발달과정을 주요법이나 제도의 변화에 따라서 세 시기로 구분하였다. “해방 후부터 아동복리법이 제정된 1961년까지를 청소년복지가 아동복지와 그 영역이 분화되지 않은 청소년복지의 맹아기이고, 1962년부터 청소년육성법이 제정된 1987년까지 청소년복지의 도입기이며, 1988년부터 현재까지는 청소년복지의 전개기”라고 보았다. 이와 함께 홍봉선·남미애(2005)도 청소년복지의 발달과정을 맹아기-도입기-전개기로 구분하였다.

한편 청소년복지의 발달과정 중 세 번째 시기인 전개기를 1988년부터 2004년까지로 하고 그 이후 2005년부터 현재까지를 또 하나의 시기로 구분하기도 한다. 도미향(2008)은 청소년복지의 발달과정을 4단계로 구분하였다. 해방 후 1961년까지를 발아기, 1962년부터 1987년까지를 도입기, 1988년~2004년까지를 전개기 그리고 청소년복지지원법의 시행과 그동안 여러 부처에서 이뤄지던 청소년업무 담당부서가 청소년위원회로 일원화된 것을 중심으로 청소년복지가 확대되는 계기가 되었음으로 2005년부터 현재까지를 확대기로 나누었다.

이상 살펴본 바와 같이 청소년복지의 발달과정은 청소년복지관련 주요법이나 제도의 변화에 따라 조금씩 다르게 구분되고 있어 본 장에서는 도미향(2008)이 제시한 발달단계와 이응교(2012)가 제시한 발달단계를 토대로 우리나라 청소년복지의 변천과정을 청소년복지와 관련된 법을 중심으로 간략하게 살펴보고자 한다.

(1) 청소년복지의 맹아기(광복이후 - 1961년까지)

광복 이후부터 1961년까지의 청소년복지는 아동복지영역과 구분 없이 실시되었으며, 조선구호령(1944)과 몇 개의 미군정 법령에 따라 생존만을 목적으로 하는 긴급구호의 방편이나 사회 안정이라는 목표에 초점을 두고 이루어졌다.

첫째, 보호의 대상은 연령에 따라 차이가 있었는데, 시설보호대상은 13세 이하, 근로아동은 18세 미만, 비행청소년은 20세미만으로 규정되어졌는데 이러한 조치는 장차 청소년복지의 형성에 기초를 제공하였다, 그러나 이 시기의 청소년은 생존권을 보호

받는 보호의 대상에 있어서는 성인과 같이 취급되어 배재되었고, 반면 통제수단으로 간주되는 소년법(1958년)에서는 청소년이 적용됨으로 기본적인 권리침해나 불이득을 받을 수 있는 여지가 높았음을 알 수 있다.

둘째, 이시기에 미군정은 18세 미만아동의 노동을 보호하기 위하여 아동노동법규(1947)를 제정하였는데 14세 미만 상공업체 고용금지와 1일 노동시간제한(16세미만 8시간 이내), 16세 미만 중공업체나 유해업체 종사금지 등을 규제하였다. 이는 18세 미만의 '근로청소년'을 보호하기위한 최초의 법 규정이 존재하였다는 측면에서 의의가 있다.

셋째, 정부(사회부)는 '후생시설 설치기준'(1950)을 공포하였는데 이는 전쟁 후 발생된 많은 전쟁고아를 수용 보호하는 근거가 되었다. 또한 아동보호시설을 '인가시설'로 하고, 사회복지시설을 대상별로 구분함으로 아동보호시설이 정체성을 갖게 되었으며, 정부의 지원과 감독이 강화되었다.

(2) 청소년복지의 도입기(1962년부터 1987년까지)

이 시기는 미성년자 보호법과 아동복리법이 시행된 1962년부터 청소년육성법이 제정된 1987년까지에 해당된다. 미성년자 보호법과 아동복리법의 제정은 비로소 우리나라에서 청소년복지가 시작되는 계기가 되었으며, 근로청소년, 장애청소년의 복지와 같은 요보호청소년에 초점이 맞춰졌다.

아동복리법에서는 요보호아동의 연령을 13세 이하에서 18세 미만으로 상향시킴으로 일부청소년까지 연령을 확대시켰고, 아동복지에 대한 국가의 책임을 명시하였다. 그러나 보호를 요하는 아동을 보호자로부터 유실 유기 또는 이탈된 아동, 건전한 출생을 기할 수 없는 아동 등으로 제한하여 진정한 청소년복지가 행해졌다고 간주하기 어렵다. 1961년 21세미만의 청소년을 대상으로 한 미성년자보호법이 제정되었는데 이로써 청소년의 보호와 선도를 위한 법적 장치가 마련되었다.

또한 이시기는 근로청소년의 복지에 대한 관심이 증가하고 장애청소년에 대한 대책이 수립된 시기이기도 하다. 1977년에 일반학교에 부설 야간 특별학급과 산업체 부설학교가 개설됨으로 근로청소년에게 중등교육의 기회가 제공되었으며, 특수교육진흥법(1977)을 통해 장애인에 대한 특수교육을 증진하여 그들이 일반사회생활에 참여할 수 있게 하고 의무교육과정에 취학할 경우 무상교육을 받을 수 있도록 하였다.

더욱이 이 시기에 정부에 의해 명시적으로 청소년을 정책의 대상으로 설정한 것은 중앙청소년보호대책위원회(1964)의 설치부터였다. 이 위원회의 설치와 운영으로 청소년이 보호대상으로 인식되었고, 행정적인 대책을 세우는 것은 국가의 책임이며, 그 책임은 위원회로 분산되었다. 그러나 매년 청소년보호대책위원회가 열렸음에도 청소년복지의 제도화 등 획기적인 정책은 수립되지 않았다. 청소년정책의 기본이 되는 법을 제정하고 행정체계를 갖춘 것은 청소년육성법(1987)이 제정되면서 비롯되었고, 이 위원회는 후에 청소년대책위원회(1997)로 개칭되었다.

(3) 청소년복지의 전개기(1988년부터 2004년까지)

청소년육성법(1987)의 제정 이후 청소년육성법의 대체 입법으로 청소년기본법(1991)이 제정되면서 청소년을 위한 기본 법제와 조직을 갖추게 되었다. 청소년기본법제정 후 청소년복지 관련정책은 획기적인 발전을 가져왔으나 청소년육성정책과 청소년보호정책으로 청소년정책이 양분되어 실시됨으로써 당초 계획보다 미흡하게 실시되었다. 이후 제1차 청소년육성 5개년 계획(1998년~2002년)이 확정되었고 이때부터 청소년을 보는 시각에 커다란 변화를 가져왔다.

첫째, 청소년육성법과 기본법의 제정으로 청소년을 9세~24세로 정책적 대상을 명확히 하였으며, 청소년의 건전성장과 복지 증진을 위해 법적・제도적 장치와 재원을 마련하는 것이 국가의 책임이라는 것을 분명히 하여 정책적 차원에서 다루게 되었다.

둘째, 교육보호에 대한 제도화이다. 생활보호법의 개정(1982)으로 기존의 생계보호, 의료보호, 장제보호, 해산보호에 교육보호와 자활보호가 추가됨으로써 청소년복지에 획기적인 영향을 미쳤다. 1987년에 처음 실시할 당시에는 대상자를 생활보호대상자로 제한하였었으나 점차 저소득층자녀를 포함하여 중고등학교의 입학금과 수업료가 면제되어 빈곤청소년들에게 커다란 도움을 주었다.

셋째, 청소년시설에 대한 제도화이다. 청소년육성법의 핵심내용은 청소년단체의 지원과 청소년시설의 설치·운영에 관한 내용으로, 청소년시설을 청소년 전용시설과 청소년이용시설로 구분하였다. 이후 청소년기본법에서는 청소년시설이 청소년수련시설로 바뀌었고, 체육청소년부가 관장할 수 있는 시설만을 수련시설로 분류하였다. 청소년육성법과 기본법 모두 청소년수련시설이 아닌 청소년복지시설은 매우 소홀히 다루어졌다.

넷째, 각종 유해한 사회 환경으로부터 청소년을 보호·구제하기 위한 법과 조직을 설치하였다. 청소년보호법(1997년 제정・시행)은 국민의 기본적인 자유와 권리는 보장하지만 청소년의 삶의 질을 저해하는 유해환경에 대해서는 엄격히 규제하고자 하는 의도에서 만들어졌다. 또한 청소년을 보호하기 위한 각종 시책을 독립적으로 추진하기 위하여 청소년보호위원회(1997)[1]를 발족하였으며, 행정처분 권한으로 검사 및 조사권, 수거, 파기명령권, 시정명령권 등을 부여하였다.

(4) 청소년복지의 확대기(2005년~현재)

그동안 분리 운영되어왔던 청소년 육성정책과 보호정책은 국가청소년위원회의 출범으로 일원화됨으로 새로운 청소년복지정책의 제도적 기반을 마련하였다. 청소년기본법을 기반으로 청소년의 복지향상을 위해 2004년 청소년활동 진흥법과 청소년복지지원법이 제정되고 2005년부터 시행됨으로 청소년복지는 확대기를 맞게 되었다.

청소년복지지원법(2004제정, 2013개정)은 청소년기본법(1991제정, 2005전부개정), 청소년보호법(1997제정, 2013전부개정), 청소년활동 진흥법(2004제정, 2012 전부개정))과 함께 우리나라 청소년의 복지증진을 위한 핵심적인 법률이다. 청소년복지지원법은 2004년 2월 9일 제정된 이후 청소년의 복지향상에 상당부분 기여하였지만, 개정의 필요성이 꾸준히 제기되면서 내용이 일부 개정되었다.

첫째, 특별청소년지원이다. 청소년복지지원법의 핵심내용인 특별지원청소년에 관해 동법 22조에서 "특별지원청소년이라 함은 청소년의 조화로운 성장과 정상적인 생활에 필요한 기초적인 여건이 미비하여 사회적·경제적지원이 필요한 청소년을 말한다. 다만 구민기초생활 보장법 등 다른 법률의 적용을 받는 청소년은 제외한다." 고 규정하고 있다.

둘째, 지역사회청소년통합지원체계[2] 구축이다. 국가청소년위원회는 2005년부터 위기상황에 있는 청소년[3]들을 지원하기 위해 지역사회청소년통합지원체계를 구축하였고

---

1) 청소년보호법을 제정·시행하면서 1997년 청소년보호위원회가 발족되었으며, 1998년 국무총리 소속으로 개편되었다가 2005년 문화관광부 청소년국과 청소년보호위원회를 통합하여 청소년위원회'가 탄생하였다. 2006년 '국가청소년위원회'로 바뀌었고, 2008년 다시 보건복지가족부 산하 '청소년보호위원회'로 개편되었다. 그 후 2010년 보건복지가족부가 보건복지부로 개편되면서 여성가족부로 이관되었다.

2) 지역사회청소년통합지원체계(CYS-Net)는 청소년들이 건강하게 성장할 수 있도록 지역사회 시민 및 기관, 단체들이 참여해 위기상황에 처한 청소년을 발견, 다각적 서비스를 지원하는 지역사회안전망을 말한다.

3) 위기청소년(Youth-at-risk)은 학교에서 학습능력이 떨어지는 학생들이나 낮은 학업성취도를 보여주는 학생들, 그리고 이로 인해 학교에서 적응능력이 떨어지는 학생들부터(Cuban, 1989), 지역사회 내에 위험한 환경을 가까운 곳에서 접하게 되어 성문제, 가출 및 불량청소년들과 어울려 놀거나 비행을 저지르는 상황에 빠져들 가능성이 있는 청소년(Resnick and Burt,1996)까지를 폭넓게 정의하는 용어이다.(송태민·정우진,2015)

(Community Youth Safety- Net: CYS-Net),세분화와 전문화를 통한 청소년쉼터의 증설과 방과 후 지도에 정책의 강조점을 두었다.

셋째, 학교 밖 청소년지원에 관한 것이다. 우리나라는 IMF를 겪으면서 1차적 사회안전망이 크게 붕괴되었고, 많은 청소년들이 다양한 위험요인에 노출되면서 학교 밖 청소년이 많아지게 되었다. 더욱이 매년 6~7만 명의 학생이 학교를 떠나고 있으나 이들에 대해 실태도 파악되지 못하고 있으며, 학업 중단자 범죄율(23.8%)이 재학생(0.7%)보다 34배나 높다는 것은 학교 밖 청소년들이 비행과 범죄의 환경에 쉽게 노출되고 있음을 알 수 있다(김성하·황선아, 2015). 이에 2014년 청소년복지 지원법에 근거하여 학교 밖 청소년 지원에 관한 법률이 제정되어 2015년 5월부터 시행되고 있다. 이는 학교 밖 청소년에 대한 정확한 실태조사를 바탕으로 학교 밖 청소년의 개인적 특성과 수요를 고려한 상담지원, 교육지원, 취업 및 진로·직업체험지원, 자립지원 등이 이루어지도록 학교 밖 청소년에 대한 종합적·체계적인 지원체계를 마련하는 것을 핵심 내용으로 하고 있으며, 학교 밖 청소년 지원을 위한 국가와 지방자치단체의 책무를 명시하였다.

이상 살펴본 내용을 중심으로 청소년복지의 발전과정을 청소년복지와 관련된 법을 중심으로 정리하면 〈표 2-1〉과 같다.

〈표 2-1〉 청소년복지의 발달과정

구분	맹아기	도입기(형성기)	전개기(성장기)	확대기(전환기)
	광복 후~1961	1962-1987	1988-현재(전개기)	
			1988-2004	2005-현재
기본 시각	소극적 보호(아동),	보호, 대책(미성년자,소년)	육성,수련,보호(청소년)	역량 참여 균형 안전
정책 대상	요보호아동 (13세 이하)	요보호 청소년	전체청소년	전체 청소년 (위기청소년)
정책 목표	선도 보호	문제 대책	문제 예방, 개발과 참여	자율참여와 권익
정책 특성	구빈행정	정책 영역으로 인정	청소년육성중심	정책영역 확대본격화
행정 조직	내무부(1945~1964)	청소년보호대책위원회(1964-1977),청소년대책위원회(~1987),전담행정조직 최초설치	청소년육성위원회(1987-1998),체육청소년부-문화체육부-문화관광부(청소년보호위원회1998-2005)	국가청소년위원회(2006)(문화관광부+청소년국)-청소년보호위원회, 보건복지부-여성가족부로이관

청소년 복지 관련법	1946년 아동노동법규 제정 1958년 소년원법 제정 (2007년 보호소년등의 처우에 관한 법) 1961년 미성년자보호법 (1999년 폐지)	1961년 아동복리법 제정 1967년 스카우트활동 등 육성에 관한 법률 제정 1981년 아동복지법, 한국청소년연맹육성에 관한 법률 제정 1984년 사회교육법, 한국해양소년단연맹육성에 관한 법률 제정	1989년 모자복지법 제정(한부모가족지원법 법령변경) 1991년 청소년기본법 제정 1994년 성폭력범죄의 처벌 및 피해자 보호 등에 관한 법률 제정 1995년 보호관찰 등에 관한 법률, 윤락행위방지 등에 관한 법률 제정 1997년 청소년보호법 제정 (2013년 전부개정) 2000년 청소년의 성보호에 관한 법률 제정, 2000년 아동복지법 전부개정 2004년 청소년복지지원법 제정, 학교폭력예방 및 대책에 관한법률 제정, 성매매방지 및 피해자 보호 등에 관한 법률 제정, 청소년활동 진흥법 제정 2005년 청소년기본법 전부개정 2007년 한부모가족 지원법 2008년 청소년의 성보호에 관한 법률 전부개정
청소년 복지 관련법		1987년 청소년 육성법 제정(1991년 폐지)	2012년 청소년활동 진흥법 전부개정 2013년 학교폭력예방 및 대책에 관한 법률 전부개정 청소년보호법 전부개정, 청소년복지지원법 개정 2014년 학교 밖 청소년지원에 관한 법률 제정
정책 계획	별도의 청소년정책은 존재하지 않음. 최초 근로청소년법 규정	1984년 청소년문제개선 종합대책 제6차 경제사회발전5개년-청소년부문	한국청소년 기본계획(청소년수련활동) -청소년육성5개년계획 1차(1993), 2차(1998) 3차(2003),

* 천정웅(2012:57)의 내용을 수정 보완하여 재구성하였음.

03장 청소년복지 관련법과 서비스 전달체계

1. 청소년복지 관련법

청소년 활동과 관련된 법령은 '청소년활동 진흥법'으로 다양한 청소년활동을 적극적으로 지원하기 위하여 제정된 법령에 속한다.

동 법에서는 청소년 활동의 보장을 위해 청소년 활동 지원, 한국청소년활동진흥원, 지방청소년활동 진흥센터, 숙박형 청소년수련활동 관리 등에 대하여 규정하고 있고, 그 외에도 청소년활동시설, 청소년수련활동의 지원, 청소년교류활동의 지원, 청소년문화활동의 지원에 대하여 규정하고 있다.

청소년기본법 49조 4항의 규정에 따라 청소년복지 증진에 관한 사항을 정하기 위해 제정한 법(2004. 2. 9, 법률 제7164호)에서는 청소년복지란 청소년이 정상적인 삶을 영위할 수 있는 기본적인 여건을 조성하고 조화롭게 성장·발달할 수 있도록 제공되는 사회적 · 경제적 지원을 말한다(청소년기본법 3조 4호). 청소년은 이 법의 규정을 적용함에 있어 인종 · 종교 · 성 · 연령 · 학력 · 신체조건 등의 조건에 의해 차별을 받아서는 안 된다. 청소년은 사회의 정당한 구성원으로서 본인과 관련된 의사결정에 참여할 권리를 가진다고 명시하고 있다.

아울러 국가와 지방자치단체는 청소년이 원활하게 정보에 접근하고 그 의사를 표명할 수 있도록 청소년 관련정책의 자문 · 심의 등의 절차에 청소년 대표를 참여시키거나 그 의견을 수렴하여야 한다. 청소년에 대해 국가나 지방자치단체가 운영하는 수송시설과 궁 · 능 · 박물관 · 공원 · 공연장 등의 시설 이용료를 면제 또는 할인해줄 수 있어야 한다.

또한 시장 · 군수 · 구청장은 9세 이상 18세 이하의 청소년에게 청소년증을 발급할 수 있다. 국가와 지방자치단체는 청소년의 체력검사와 건강진단을 실시하고, 그 결과를 분석하여 필요한 대책을 수립 · 시행해야 한다. 청소년의 건강증진 사업을 수행하기 위해 불가피한 경우를 제외하고는 진단결과를 공개해서는 안 된다고 명시하고 있다.

따라서 청소년의 조화로운 성장과 정상적인 생활에 필요한 기초적인 여건이 미비하여 사회적 · 경제적 지원이 필요한 청소년을 특별지원 청소년으로 선정하고, 기초적인 생활 · 학업 · 의료 · 직업훈련 · 청소년활동 등을 지원하도록 하며, 가출 청소년의 일시적인 생활지원과 선도, 가정과 사회로의 복귀를 지원하기 위해 청소년쉼터를 설치·운영할 수 있다.

특히, 국가와 지방자치단체는 청소년 본인이나 보호자 또는 학교장의 신청에 따라 6개월 이내의 교육적 선도를 실시할 수 있다. 단, 보호자나 학교장의 신청에 의한 경우 반드시 청소년 본인의 동의를 얻어야 한다고 명시되어 있다.

2. 청소년복지정책

일반적으로 정책이란 공공문제를 해결하고자 정부에 의해 결정된 행동방침을 말한다. 그래서 정책은 법률·정책·사업·사업계획·정부방침·정책지침·결의 사항과 같이 여러 형태로 표현되고 있으며, 정책에는 합법적 강제력을 수반하는 권위가 부여된다. 또한 정부와 정치단체가 그들의 정치적 · 행정적 목적을 앞으로 실현하기 위해 마련한 방책이나 방침이 정책(政策)이라 할 수 있다.

그러나 여기서는 정부가 수립하는 공공정책(公共政策)이라는 측면에서 정의해 본다면 대체로 '정책이란 정부 또는 공공기관이 공적 목표(公的目標), 공익을 달성하기 위하여 마련한 장기적인 행동지침'이다(행정학사전, 2009).

이러한 의미에서 청소년 정책은 청소년을 위한 법률에서 구체적인 관련 내용을 찾아 볼 수 있다.

(1) 청소년 복지지원법에 따른 정책

① 청소년 우대: 수송시설, 문화시설, 여가시설 등 이용료 면제 및 할인
② 청소년증 발급: 9세이상 18세 이하 청소년에게 청소년증 발급
③ 지역사회 청소년통합지원체계 구축: 지역사회청소년통합지원체계인 CYS-Net 이란 위기청소년 보호지원을 위한 프로그램으로서 지역사회 시민 및 청소년 관련 기관, 단체들이 위기상황에 빠진 청소년을 발견 구조 치료하는데 참여하여 건강한 민주시민으로 성장하도록 지원하기 위해 협력하는 연계망으로, 위기청소년 지원을 위한 사회안전망이다.
④ 위기청소년지원: 위기청소년 상담, 특별지원, 1사1쉼터 입양 캠페인, 학업중단 청소년의 학업복귀 및 자립지원, 전국학교에 또래상담지원 등이 있다.

⑤ 청소년복지기관 운영: 한국청소년상담복지개발원, 청소년상담복지센터, 이주배경 청소년지원센터 등이 있다.
⑥ 청소년복지시설 설치: 청소년쉼터, 청소년자립지원관, 청소년치료재활센터 등이 있다.

3. 청소년복지서비스전달체계

서비스전달체계는 주로 사회복지행정에서 언급되어 지고 있는데, 사회복지서비스 전달체계는 사회복지서비스를 구체적으로 추진하고 실천하기 위해 필요한 자원을 조달, 배분하여 서비스를 실시하는 조직체계를 의미한다고 하겠다. 이 전달체계는 여러 가지 인적, 물적 자원의 구성요소로 이루어져 있다. 즉, 서비스자원에는 인력, 시설이나 기기, 재원, 지식·정보 등이 속하고 이들 자원을 조합하여 서비스가 조직화되어 간다 하겠다.

따라서 서비스전달체계의 관점에서 보자면, 사회복지서비스의 공급은 직접공급수준, 자원개발과 조달수준, 재원조달수준으로 나눌 수 있다. 사회복지의 공급체계는 각각의 수준특성에 대응해 중앙정부, 지방자치단체, 전문직 집단 기업 등의 다양한 주체와 기관, 조직이 관련 사회복지정책으로 구분된다. 이것을 다시 유형화하면, 먼저 사회복지서비스가 공공적으로 제공되느냐, 자발적 혹은 사적으로 제공되느냐, 혹은 공공적 경우에서도 행정이 직접 서비스를 제공하느냐, 아니면 행정의 인가에 의한 민간단체가 행정책임의 위탁계약에 의해서 제공하느냐로 각각 구분된다. 그리고 사적서비스 제공의 경우에도 시장적 서비스의 제공과 지역사회를 형성하는 시민참가에 의한 서비스 제공으로 대별되어지고 있는데 이것들이 서비스 전달의 유형을 이룬다고 하겠다(사회복지학사전, 2009).

한편, 청소년복지 서비스는 다른 사회복지 서비스와 마찬가지로 다양한 전달체계(delivery system)를 통해 개인 또는 조직으로 전달된다. 즉, 사회복지에 있어서 서비스 전달체계란 지역사회에서 사회복지 서비스의 제공자와 이용자를 연결시키기 위해 구축된 체계적이고 조직적인 장치를 의미한다. 그렇기 때문에 청소년복지를 포함한 사회복지 서비스는 효과적이고 효율적인 전달을 목적으로 하기 때문에 전달체계가 체계적이고 조직적이어야 함은 물론이고 순기능적이어야 한다. 따라서 청소년복지를 체계화하기 위한 사회복지 서비스 전달체계는 청소년복지가 추구하는 목적을 달성하기 위해 (1) 전문성의 원칙, (2) 적절성의 원칙, (3) 포괄성의 원칙, (4) 통합성의 원칙, (5) 평등성의 원칙, (6) 책임성의 원칙, (7) 지속성의 원칙,(8) 접근 용이성의 원칙의 여덟 가지 주요 원칙에 의해 구축된다. 각각의 특징을 내용적으로 살펴보면 다음과 같다.

(1) 전문성의 원칙

전문성의 원칙이란 복지서비스의 주요 핵심 업무는 전문적인 서비스이므로 반드시 전문가가 담당해야 한다는 뜻이다.

(2) 적절성의 원칙

복지서비스는 소비자(클라이언트)의 욕구 충족이나 문제해결 및 서비스 목표를 달성하는데 있어서 그 양(quantity)과 질(quality)를 제공하는 기간이 충분하게 제공되어야 한다는 의미이다.

예를 들면, 한정도니 자원으로 서비스 질만을 강조한다면 서비스 양은 낮은 수준에 머물 수밖에 없고 서비스의 양의 강조하면 서비스의 질이 떨어지므로 적정 수준의 결정이 어렵다.

(3) 포괄성의 원칙

이 원칙은 소비자의 다양한 요구나 문제를 해결하기 위해서는 다양한 서비스를 포괄적으로 지원해야 한다는 것이다. 이 포괄성의 원칙에는 일반적 접근방법, 전문적인 접근방법, 집단적인 접근방법, 사례관리방법이 있다. 이 네 가지 방법은 다음과 같다.

① 일반적 접근방법: 한 사람의 전문가가 다양한 문제를 취급하는 방법으로, 한 사람이 해결하므로, 일부 문제에 대한 전문성이 떨어질 수 있다는 단점이 있다.

② 전문적인 접근방법: 전문가가 자신의 문야 문제를 취급하는 방법으로서, 다수의 전문가의 견해야 상충될 수 있어서 문제점 진단과 서비스간의 통합조정이 어려워 질 수 있다는 문제가 있다.

③ 집단적인 접근방법: 다수의 전문가가 각기 문제를 취급하는 것이 아니라 한 팀을 구성하여 문제에 접근하는 방법이다. 다수의 전문가 활동으로 전문가들 사이에 갈등이 발생할 수 있다.

④ 사례관리방법: 이는 한 사람의 전문가가 책임을 지는 것으로, 필요한 서비스나

필요한 경우에는 클라이언트를 다른 전문가에게 연결시켜 서비스를 통합적으로 받을 수 있도록 연계해주는 방식이다.

(4) 지속성의 원칙(continuity, 연속성의 원칙)

지속성의 원칙은 사회복지서비스 전달체계 내의 모든 기관과 프로그램들이 상호 연관성을 가지고 일정기간 동안 서로 얼마나 밀접하게 연결되어 있는가를 나타내는 것을 의미한다.

예를 들어 청소년들의 소득창출을 위해서 직업훈련 프로그램은 있는데 직업알선 프로그램이 없는 경우가 여기에 속한다.

(5) 통합성의 원칙(unification)

소비자, 이른 바 고객의 문제는 한가지 일수도 있지만, 대부분은 다양한 문제를 포함하고 있는 경우가 대다수이다. 따라서 이러한 다양한 문제를 해결하기 위해서 필요한 서비스 프로그램은 서로 연관이 되어야 한다는 것이 바로 통합성의 원칙이다. 특히, 프로그램의 필요한 순서대로 진행되어야 한다.

(6) 평등성의 원칙

평등성의 원칙은 인구사회학적으로 두가지 개념을 놓고 구분해 볼 수 있다.

우선적으로 살펴볼 것은 성별, 연령, 종교, 지역에 관계없이 모든 국민에게 복지서비스를 제공하여야 한다는 절대적 평등을 의미하고 그 다음으로는 소득수준(국민기초생활보장의 경우)이나 연령(의무교육제한, 국민연금의 가입연령을 18세-60세로 규정), 직업(산재, 고용보험, 사업장의 근로자만 가입)에 따른 상대적 평등이다.

(7) 책임성의 원칙

사회복지조직은 모름지기 공과 사를 구분해서는 안되며 이 양자를 구분할 것 없이 원칙이 세워져야 한다. 바로 이 원칙이 책임성의 원칙이다. 이는 국민의 권리로 인정한 사회복지서비스를 소비자(고객)에게 전달하도록 위임받은 조직체이기 때문에 서비스전달에 있어서 무한한 책임을 져야한다는 것이 책임성의 원칙이다. 이것은 무책임을 경계하고 방지하기 위한 대원칙이라고 볼 수 있다.

(8) 접근성의 원칙

접근성의 원칙은 사회복지서비스를 필요로 하는 사람이라면 누구나 쉽게 받을 수 있어야 한다는 것을 의미한다. 예를 들면, 사람들이 서비스를 이용하는데 아무런 장애가 없어야 한다든지, 혹은 시민들이 서비스에 대한 정보부족이나, 원거리 교통불편, 장애노출의 두려움, 기초수급자의 선정절차에 어려움 등이 발생하여 서비스를 이용하기 불편하게 만드는 요인들이 발생한다면, 이러한 각종 요인들을 제거하는 노력이 선행되어져야 한다.

이와 마찬가지로 청소년복지 서비스 전달체계는 위의 기본원칙을 기초로 하여 적용된다. 운영 주체에 따라 공적 전달체계와 사적 전달체계로 구분할 수 있다. 공적 전달체계는 정부(중앙과 지방)나 공공기관이 직접 서비스를 제공하는 것을 의미하고, 사적 전달체계는 민간이 직접 서비스를 제공하는 것을 의미한다.

우리나라의 경우 청소년을 대상으로 복지서비스를 제공하는 공적 전달체계는 보건복지부, 문화체육관광부, 교육과학기술부, 여성가족부 등 다양한 기관으로 조직되어 있다. 민간인이 운영 주체인 사적 전달체계는 공적 전달체계를 보완하는 기능을 갖고 있다. 사적 전달체계에는 영리를 목적으로 하지 않는 민간조직, 그리고 사회복지법인, 재단법인, 사단법인, 종교단체, 특수법인 등록단체나 그 법인 또는 단체가 사회복지사업을 목적으로 운영하는 시설과 기관 등이 있다.

청소년복지 서비스전달체계는 다음과 같이 도식화해서 살펴 볼 수 있다.

[그림 3-1] 서비스 지원절차 체계도

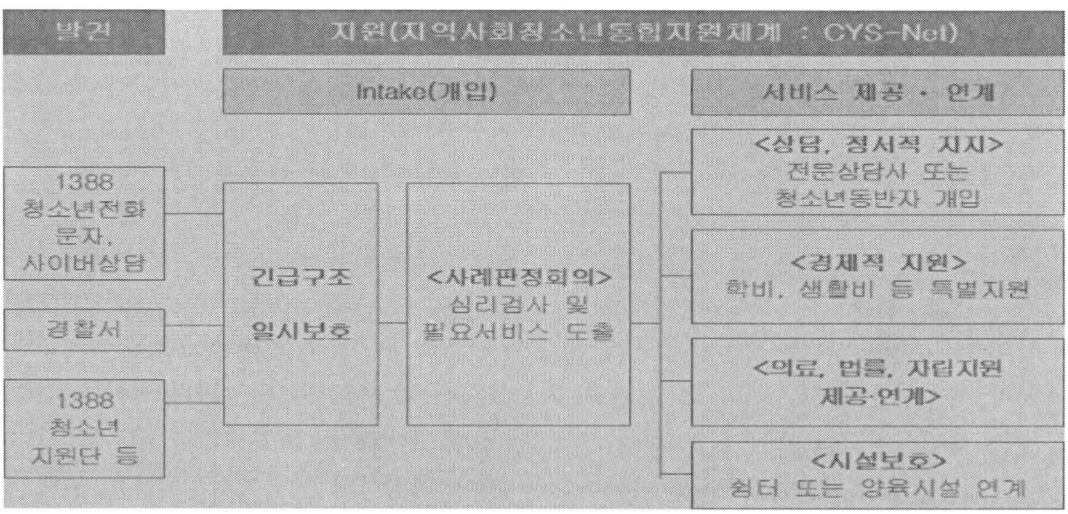

출처: http://www.mogef.go.kr/korea/view/policyGuide/policyGuide07_03_01.jsp

이 밖에 청소년복지서비스 전달체계의 하나인 지역사회청소년통합지원체계(CYS-Net)를 살펴보면 다음과 같다.

※ 지역사회청소년통합지원체계(CYS-Net)란?

청소년복지지원법 제9조에 근거하여, 지역사회 시민 및 청소년 관련 기관, 단체들이 위기상황에 처한 청소년을 발견, 구조, 치료하는데 참여하여 건강한 민주시민으로 성장하도록 지원하는 협력하는 연계망이다.

특히, 지역사회 내 청소년 관련 자원을 연계하여 학업중단, 가출, 인터넷중독 등 위기청소년에 대한 상담 · 보호 · 교육 · 자립 등 맞춤형 서비스를 제공하는 사업이다. CYS-Net은 Community Youth Safety Net의 약자로 (위기)청소년 및 그 부모 등 가족이 겪고 있는 위기상황에 대해 상담을 실시하고, 필요한 경우 보다 심화된 보호·교육·자립 등 맞춤형 서비스를 지원합니다.중·고 위기 청소년에게는 '청소년동반자'를, 가출 청소년에게는 '청소년쉼터'를, 인터넷중독인 경우 '인터넷중독 치유 프로그램'을, 학교밖청소년에게는 '학교밖청소년지원센터'를 연계 지원한다. 아울러 위기청소년을 조기 발견하고자 아웃리치 등을 실시하며, 위기 청소년에 대한 일시보호 및 긴급지원도 실시한다.

전국 200개 청소년상담복지센터(2015년 기준)를 기반으로 운영되고 있으며, 지역별로 운영되고 있다.

CYS-Net에는 청소년상담사, 청소년지도사, 사회복지사 등 국가자격을 소지하거나 일정 기간 청소년상담복지 관련 실무 경력을 갖춘 인력이 근무하고 있으며, 청소년(9세~24세)과 그 가족이라면 누구나 이용 가능하다. 청소년상담복지센터는 월요일부터 금요일 오전 9시부터 오후 6시까지 운영된다. 단, 센터에 따라 화요일부터 토요일까지 운영하는 등 근무시간이 탄력적일 수 있으므로 센터 방문 전 전화를 하시면 더 편리하게 이용할 수 있다. 단, 청소년전화 1388은 365일 24시간 운영되고 있다. 이용절차는 청소년전화 1388로 전화하거나, 가까운 청소년상담복지센터로 직접 전화 또는 방문하면 된다.

〈그림 3-2〉 지역사회청소년통합지원체계(CYS-Net)의 도식화

〈그림 3-3〉 지역사회청소년통합지원체계(CYS-Net) 의 지원체계

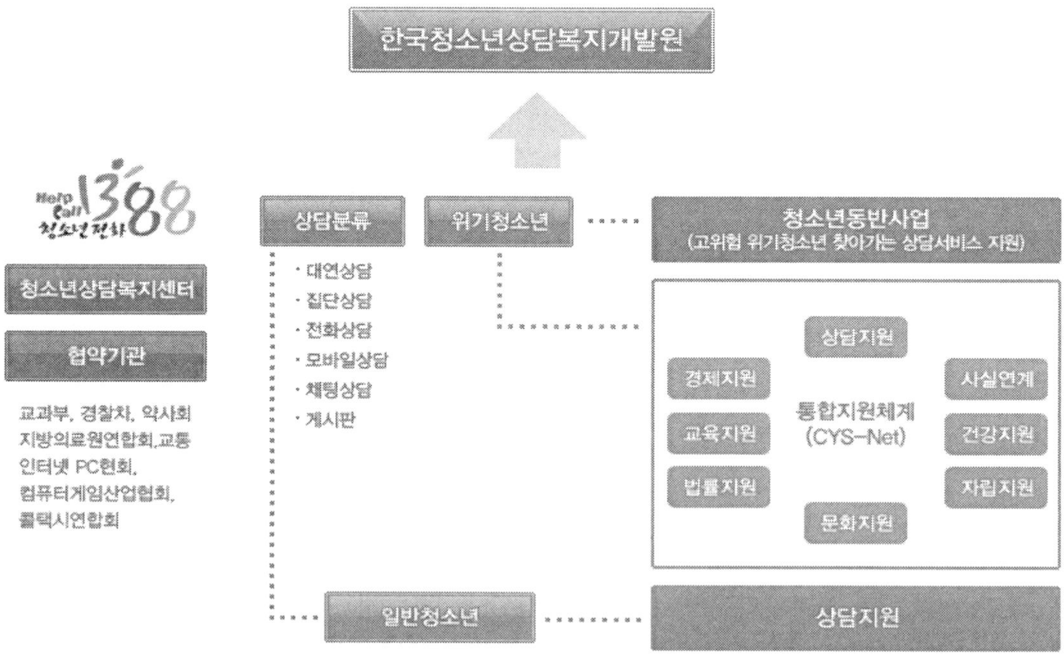

출처 : http://cafe.daum.net/mj1388/HSNF/4?q=cys-net%20%C0%CC%B6%F5&re=1
무주 청소년상담복지센터

〈표 3- 1〉 CYS-Net 연락처

번호	사업장명			사업장 연락처	주소(도로명 주소)
1	서울	시	청소년상담복지센터	02-2285-1318	(100-230) 서울시 중구 을지로 11길23
2	서울	종로구	청소년상담복지센터	02-762-1318	(110-530) 서울시 종로구 창경궁로 35가길 13
3	서울	용산구	청소년상담복지센터	02-706-1318	(140-896)서울용산구효창원로69가길21층
4	서울	성동구	청소년상담복지센터	02-2299-1388	(133-070) 서울시 성동구 고산자로 260 성동청소년수련관 3층
5	서울	광진구	청소년상담복지센터	02-2205-2300	(143-841) 서울시 광진구 아차산로 24길 17, 2층
6	서울	동대문구	청소년상담복지센터	02-2236-1318	(130-110)서울특별시동대문구천호대로2길23-9신설동복지지원센터2층
7	서울	중랑구	청소년상담복지센터	02-496-1895	(131-839) 서울 중랑구 용마산로 217 중랑청소년수련관 3층
8	서울	성북구	청소년상담복지센터	02-3292-1779	(136-840) 서울 성북구 정릉로 242, 아동청소년센터4층
9	서울	강북구	청소년상담복지센터	02-6715-6660	(142-887) 서울 강북구 4.19길 74 강북청소년수련관 3층
10	서울	도봉구	청소년상담복지센터	02-950-9640	(132-898) 서울 도봉구 노해로69길 132 창동청소년수련관 1층
11	서울	노원구	청소년상담복지센터	02-3391-0079	(139-830) 서울시 노원구 덕릉로 70길 99
12	서울	은평구	청소년상담복지센터	02-384-1318	(122-913) 서울 은평구 백련산로 4길 16
13	서울	서대문구	청소년상담복지센터	02-3141-1318	(120-824) 서울특별시 서대문구 증가로 12 연희우체국 2층

14	서울	마포구	청소년상담복지센터	02-3153-5982	(121-711) 서울시 마포구 월드컵로 212
15	서울	양천구	청소년상담복지센터	02-2646-8341	(158-050) 서울시 양천구 목동서로 143번지
16	서울	강서구	청소년상담복지센터	02-2649-1318	(157-898) 서울 강서구 곰달래로 57 가길 26 화곡청소년수련관 1층
17	서울	구로구	청소년상담복지센터	02-867-1318	(152-841) 구로구 가마산로272 강서수도사업소 민원센터 4층
18	서울	금천구	청소년상담복지센터	02-803-1873	(153-032) 서울 금천구 금하로 30길 54 금천청소년수련관 2층
19	서울	영등포구	청소년상담복지센터	02-2676-6114	(150-835) 서울 영등포구 문래로 110 문래청소년수련관 410호
20	서울	동작구	청소년상담복지센터	02-834-1355	(156-849) 서울 동작구 여의대방로 20길 33 시립보라매청소년수련관 슬기동 2층
21	서울	관악구	청소년상담복지센터	02-872-1318	(151-050) 서울시 관악구 신림로 3길 35 문화복합시설 1층
22	서울	서초구	청소년상담복지센터	02-525-9128	(137-851) 서울시 서초구 방배로5길 11 3층
23	서울	강남구	청소년상담복지센터	02-2226-8555	(135-220) 서울시 강남구 광평로 144
24	서울	송파구	청소년상담복지센터	02-407-7179	(138-885) 서울시 송파구 중대로4길 4
25	서울	강동구	청소년상담복지센터	02-6252-1387	(134-100) 서울특별시 강동구 아리수로93길 47
26	부산	시	청소년상담복지센터	051-804-5043	(614-865) 부산시 부산진구 서전로 45 전포동
27	부산	영도구	청소년상담복지센터	051-405-5224	(606-081) 부산광역시 영도구 절영로 321
28	부산	부산진구	청소년상담복지센터	051-868-0950	(614-854) 부산광역시 부산진구 동평로 405번길 85

29	부산	북구	청소년상담복지센터	051-309-4118	(616-801) 부산 북구 덕천로3
30	부산	해운대구	청소년상담복지센터	051-780-1818	(612-832)부산해운대구재반로151-21
31	부산	금정구	청소년상담복지센터	051-581-2072	(609-819) 부산광역시 금정구 기찰로 96번길 47 금정청소년수련관 2층
32	대구	시	청소년상담복지센터	053-659-6240	(700-191) 대구광역시 중구 중앙대로 81길 66-5
33	대구	수성구	청소년상담복지센터	02-2250-3000	(706-701) 대구광역시 수성구 달구벌대로 2451 범어도서관 5층
34	대구	달서구	청소년상담복지센터	053-638-1378	(704-819)대구시 달서구 상화로 420
35	인천	시	청소년상담복지센터	032-721-2300	(402-848) 인천시 남구 경원대로 864번길 10 3층
36	인천	중구	청소년상담복지센터	032-773-1317	(400-190) 인천 중구 참외전로 72번길 25 동인천동주민센터 3층
37	인천	동구	청소년상담복지센터	032-777-1389	(401-072) 인천시 동구 솔빛로 82 3층
38	인천	남구	청소년상담복지센터	032-862-8751	(402-835) 인천남구 주안로82 청소년미디어센터 5층
39	인천	연수구	청소년상담복지센터	032-749-6292	(406-811)인천시연수구원인재로283연수3동주민센터4층
40	인천	남동구	청소년상담복지센터	032-469-7194	(405-852) 인천광역시 남동구 만수로 95 4층
41	인천	부평구	청소년상담복지센터	032-509-8916	(403-818)인천광역시부평구부평문화로37번길1
42	인천	계양구	청소년상담복지센터	032-547-0856	(407-480) 인천광역시 계양구 방축동 장제로937 계양구청소년수련관 4층
43	인천	서구	청소년상담복지센터	032-584-1388	(404-210)인천광역시서구원창로92서구청소년수련관내3층

44	광주	시	청소년상담복지센터	062-232-2000	(501-021) 광주광역시 서구 상무 자유로 173 벨리카빌딩 4층,5층
45	광주	남구	청소년상담복지센터	062-673-1388	(503-840) 광주 남구 서문대로 693
46	광주	북구	청소년상담복지센터	062-268-1318	(500-823) 광주 북구 대천로 86
47	광주	광산구	청소년상담복지센터	062-951-1380	(560-380)광주광역시광산구무진대로211번길28
48	대전	시	청소년상담복지센터	042-257-2000	(301-842) 대전 중구 유천로 75
49	대전	서구	청소년상담복지센터	042-527-3112	(302-162) 대전 서구 도솔로72
50	울산	시	청소년상담복지센터	052-227-2000	(681-812) 울산 중구 학성로76(성남동) 알리안츠생명3층
51	울산	남구	청소년상담복지센터	052-291-1388	(680-802) 울산광역시 남구 돋질로106 마이코즈 3층
52	울산	동구	청소년상담복지센터	052-233-5279	(682-809) 울산광역시 동구 남목9길13(서부동) 남목청소년문화의집 4층
53	울산	북구	청소년상담복지센터	052-283-1388	(683-812) 울산광역시 북구 호계로 281 중앙빌딩 4층
54	울산	울주군	청소년상담복지센터	052-263-1388	(689-893) 울산 울주군 온산읍 명봉거남로 4
55	경기	도	청소년상담복지센터	031-249-5358	(440-806)경기도수원시장안구송원로55행정동우회관1층
56	경기	수원시	청소년상담복지센터	031-212-0425 (031-218-0441)	(442-828) 수원시 팔달구 권광로 293 수원청소년문화센터 B1층
57	경기	성남시	청소년상담복지센터	031-729-9111 (031-750-4692)	(462-100) 경기도 성남시 성남대로 997 25-9 3층
58	경기	의정부시	청소년상담복지센터	031-872-2700	(480-012) 경기도 의정부시 의정로 27 청소년수련관 3층
59	경기	안양시	청소년상담복지센터	031-8045-2745	(430-830) 경기도 안양시 만안구 안양로 263번길 3

60	경기	부천시	청소년상담복지센터	032-325-3002	(100-824) 부천시 원미구 장말로 107 복사골문화센터 301호
61	경기	광명시	청소년상담복지센터	02-809-2000	(423-838) 경기도 광명시 디지털 34 노둣돌 1동 3층
62	경기	평택시	청소년상담복지센터	031-656-8442 (031-656-1380)	(450-830) 경기 평택시 평남로 616번지 청소년문화센터4층
63	경기	동두천시	청소년상담복지센터	031-865-0785	(483-030) 경기 동두천시 삼육사로 1002번길8
64	경기	안산시	청소년상담복지센터	031-414-1318	(425-863) 안산시 단원구 원초로 76 4층
65	경기	고양시	청소년상담복지센터	031-970-4003	(412-816) 경기도 고양시 덕양구 중앙로 633번길 25 고양시청소년수련관 2층
66	경기	과천시	청소년상담복지센터	02-2150-3991	(427-090) 과천시 참마을로 9 과천시청소년수련관 1층
67	경기	구리시	청소년상담복지센터	031-568-6353	(471-841)경기도구리시건원대로34번길32-10구리시청소년수련관2층
68	경기	남양주시	청소년상담복지센터	031-590-2826	(472-040) 경기도 남양주시 강변북로 876
69	경기	오산시	청소년상담복지센터	031-372-4005	(447-800) 경기 오산시 오산로 278번길 3 오산동,2층
70	경기	시흥시	청소년상담복지센터	031-318-7102	(429-874) 경기도 시흥시 은행로 179 시흥시청소년수련관 별관 1층
71	경기	군포시	청소년상담복지센터	031-390-1451	(435-050) 경기도 군포시 산본로 322, 3층
72	경기	의왕시	청소년상담복지센터	031-458-5037	(437-800) 경기도 의왕시 문화공원로 33
73	경기	하남시	청소년상담복지센터	031-790-6681	(465-701) 경기도 하남시 대청로 10
74	경기	용인시	청소년상담복지센터	031-324-9301 (107) (031-324-9300)	(449-704) 경기도 용인시 처인구 중부대로 1199 청소년수련관 4층

75	경기	파주시	청소년상담복지센터	031-946-7830	(413-190) 파주시 와석순환로 415번지 운정행복센터 6층
76	경기	이천시	청소년상담복지센터	031-634-2778	(467-807) 이천시 영창로 260 서희청소년문화센터 3층
77	경기	안성시	청소년상담복지센터	031-678-5973	(456-100) 경기도 안성시 낙원길 108
78	경기	김포시	청소년상담복지센터	031-980-1681	(415-020) 경기도 김포시 걸포로 76
79	경기	화성시	청소년상담복지센터	031-267-8771	(445-360) 화성시 태안로 145 유앤아이센터 2층
80	경기	광주시	청소년상담복지센터	031-760-2219	(464-902) 경기도 광주시 중앙로197 1층 청소년상담복지센터
81	경기	양주시	청소년상담복지센터	031-8082-4120	(482-030) 경기도 양주시 고읍남로 205 양주청소년문화의집 2층
82	경기	포천시	청소년상담복지센터	031-538-2219	(487-826) 경기도 포천시 소흘읍 호국로 523번길 59-56 청소년교육문화센터 내 2층
83	경기	여주시	청소년상담복지센터	031-887-2588 (031-886-0541)	(469-120) 여주시 신륵사길 6-8
84	경기	연천군	청소년상담복지센터	031-839-2000	(486-903) 경기도 연천군 전곡읍 전곡역로 66번길 53 연천군평생학습센터 내 3층
85	경기	가평군	청소년상담복지센터	031-582-2000	(477-804) 경기도 가평군 가평읍 문화로 120 가평군청소년문화의집 1층
86	경기	양평군	청소년상담복지센터	031-770-2715	(476-800) 경기 양평군 양평읍 양근로137번길 18 양평어린이집 4층
87	강원	도	청소년상담복지센터	033-256-2000	(200-112) 강원도 춘천시 소양로 2가 167
88	강원	원주시	청소년상담복지센터	033-734-1388	(220-939) 강원도 원주시 서원대로 234 청소년수련관 4층

89	강원	강릉시	청소년상담복지센터	033-655-1388	(210-920) 강원 강릉시 종합운동장길 72-21 강릉시청소년수련관 2층
90	강원	동해시	청소년상담복지센터	033-535-1388	(240-804) 강원도 동해시 해안로 512
91	강원	태백시	청소년상담복지센터	033-582-7500	(235-100) 강원도 태백시 동태백로 558
92	강원	속초시	청소년상담복지센터	033-633-0741	(217-070) 강원도 속초시 관광로 363번길 14, 속초시청소년수련관 1층
93	강원	홍천군	청소년상담복지센터	033-432-1386	(250-923) 강원도 홍천군·읍 산림공원 2길 31 2층
94	강원	영월군	청소년상담복지센터	033-375-1328	(230-880) 강원도 영월군.읍 제방안길 100호
95	강원	정선군	청소년상담복지센터	033-591-1311	(233-906) 강원도 정선군 사북읍 사북 6길 8
96	강원	철원군	청소년상담복지센터	033-450-5622	(269-701) 강원도 철원군 갈말읍 삼부연로 51
97	충북	도	청소년상담복지센터	043-220-6829	(360-030) 충북 청주시 상당구 대성로 103(문화동 69-1)
98	충북	청주시	청소년상담복지센터	043-223-0755	(360-012) 청주시 상당구 중앙로 30 청하빌딩5층
99	충북	충주시	청소년상담복지센터	043-856-7804	(380-967)충주시중원대로3324
100	충북	제천시	청소년상담복지센터	043-642-7939	(390-897) 충북 제천시 의림대로 242번지 제천시보건복지센터 4층
101	충북	청원군	청소년상담복지센터	043-297-8804	(360-185)충북청주시상당구단재로397
102	충북	보은군	청소년상담복지센터	043-544-1388	(361-806) 충북 보은군 보은읍 뱃들 4길 11-14
103	충북	옥천군	청소년상담복지센터	043-731-1388	(373-803) 충북 옥천군 옥천읍 동부로 39 옥천군청소년수련관 2층

104	충북	영동군	청소년상담복지센터	043-740-3968	(370-807) 충북 영동군 영동읍 성안길8 청소년수련관2층
105	충북	진천군	청소년상담복지센터	043-536-3430	(365-806) 충북 진천군 진천읍 포석길 37-10(청소년수련관 4층)
106	충북	괴산군	청소년상담복지센터	043-830-3802	(367-802) 충북 괴산군 괴산읍 임꺽정로 99-15
107	충북	음성군	청소년상담복지센터	043-873-1318	(369-800) 충북 음성군 음성읍 설성공원길 16 음성청소년문화의집 1층
108	충북	단양군	청소년상담복지센터	043-420-3142	(395-806) 충북 단양군 단양읍 삼봉로 187-18 단양군청소년수련관 2층
109	충북	증평군	청소년상담복지센터	043-835-4189	(368-904) 충북 증평군 증평읍 보건복지로 64-2
110	충남	도	청소년상담복지센터	041-554-2000	(331-960) 충남 천안시 서북구 서부대로 766 진암빌딩 4층
111	충남	천안시	청소년상담복지센터	041-523-1318	(330-020) 천안시 동남구 중앙로 111 천안시청소년수련관 4층
112	충남	공주시	청소년상담복지센터	041-854-2862	(314-100) 충남 공주시 대통1길 57
113	충남	보령시	청소년상담복지센터	041-936-3893	(355-936) 충남 보령시 문화원길 9 보령시청소년문화의집3층
114	충남	아산시	청소년상담복지센터	041-541-0039	(336-010) 충남 아산시 온천동 94-6번지 시민문화복지센터 303호
115	충남	서산시	청소년상담복지센터	041-660-2255	(356-802) 충남 서산시 서령로136동문동 서산문화복지센터 청소년수련관 3층
116	충남	논산시	청소년상담복지센터	041-746-5920	(320-090) 충남 논산시 논산대로 424 청소년수련관 1층

117	충남	계룡시	청소년상담복지센터	042-841-0343	(321-933) 계룡시 엄사면 문화로 31 계룡문화예술의전당 3층
118	충남	당진시	청소년상담복지센터	041-360-6961	(343-920) 충남 당진시 무수동 7길 142-26
119	충남	금산군	청소년상담복지센터	041-751-2007	(312-805) 충남 금산군 금산읍 인삼로17
120	충남	부여군	청소년상담복지센터	041-834-9588	(323-806) 부여군 부여읍 의열로 43
121	충남	서천군	청소년상담복지센터	041-953-4040	(325-806) 충남 서천군 서천읍 서천로 146 2층
122	충남	청양군	청소년상담복지센터	041-944-1024	(345-804) 충남 청양군 청양읍 칠갑산로 221 문화체육센터 3층
123	충남	홍성군	청소년상담복지센터	041-632-4859	(350-808) 충청남도 홍성군 홍성읍 문화로 33번 길 33
124	충남	예산군	청소년상담복지센터	041-335-1388	(340-802) 충남 예산군 예산읍 벚꽃로 214 예산군청소년수련관 내 2층
125	충남	태안군	청소년상담복지센터	041-674-2800	(357-906) 충남 태안군 태안읍 백화로 199 청소년수련관1층
126	전북	도	청소년상담복지센터	063-274-1388	(561-836) 전북 전주시 덕진구 팔달로 346
127	전북	전주시	청소년상담복지센터	063-227-1005	(560-853) 전주시 완산구 용머리로 98
128	전북	군산시	청소년상담복지센터	063-468-2878	(573-310) 전북 군산시 동리2길 7
129	전북	익산시	청소년상담복지센터	063-853-1388	(570-955) 전북 익산시 인북로 200 (남중동, 전북은행 2층)
130	전북	정읍시	청소년상담복지센터	063-536-1388	(580-800) 정읍시 상동중앙로14 청소년문화체육관3층
131	전북	남원시	청소년상담복지센터	063-633-1977	(590-986) 남원시 광한북로 100번지

132	전북	김제시	청소년상담복지센터	063-540-2972	(576-801) 김제시 요촌길 45 지평선어울림센터 2층
133	전북	완주군	청소년상담복지센터	063-291-3303	(565-802) 전북 완주군 삼례읍 삼봉로125
134	전북	진안군	청소년상담복지센터	063-432-2388	(567-806) 전북 진안군 진안읍 중앙로 66 군민자치센터3층
135	전북	무주군	청소년상담복지센터	063-324-6688	(568-800) 전북 무주군 무주읍 읍내리 한풍루로 326-34
136	전북	장수군	청소년상담복지센터	063-351-2000	(597-802) 전북 장수군 장수읍 한누리로 393 한누리전당 가람관 3층
137	전북	임실군	청소년상담복지센터	063-644-2000	(566-805) 전북 임실군 임실읍 봉황로 159-7
138	전북	순창군	청소년상담복지센터	063-650-1278	(595-802) 순창군 장류로 192
139	전북	고창군	청소년상담복지센터	063-560-8925	(585-805) 전북 고창군 고창읍 운동장길36 고창청소년수련관(2층)
140	전북	부안군	청소년상담복지센터	063-580-4518	(579-806) 부안군부안예술회관길11 부안예술회관 2층
141	전남	도	청소년상담복지센터	061-280-9021	(534-821) 전남 무안군 삼향읍 남악리 어진누리길 30 전남여성플라자내
142	전남	목포시	청소년상담복지센터	061-272-2440	(530-420) 전남 목포시 신흥로 83번길 14-1 목련아파트 복지동 2층
143	전남	여수시	청소년상담복지센터	061-662-4646	(550-050) 전남 여수시 고소동 636-4
144	전남	순천시	청소년상담복지센터	061-749-4234	(540-060) 전남 순천시 금곡길 25 2층
145	전남	나주시	청소년상담복지센터	061-333-1368	(520-090) 전남 나주시 죽림길 34 2층
146	전남	광양시	청소년상담복지센터	061-795-7008	(545-881) 전남 광양시 광장로 14 청소년문화센터 2층

147	전남	담양군	청소년상담복지센터	061-381-1386	(517-805) 전남 담양군 담양읍 중앙로 83번지
148	전남	곡성군	청소년상담복지센터	061-363-9586	(516-804) 전남곡성군 곡성읍 곡성로 855 곡성군청소년문화의집 3층
149	전남	보성군	청소년상담복지센터	061-853-1381	(546-802) 전남 보성군 보성읍 송재로 281-7 보성군청소년문화의집 2층
150	전남	화순군	청소년상담복지센터	061-375-7443	(519-950)전남화순군화순읍광덕로231화순군민종합문화센터2층
151	전남	장흥군	청소년상담복지센터	061-863-1317	(529-801) 전남 장흥군 장흥읍 흥성로37-23 장흥군청소년수련관내 1층
152	전남	강진군	청소년상담복지센터	061-432-1387	(527-802) 전남 강진군 강진읍 영랑로1길 10 복지타운3층
153	전남	해남군	청소년상담복지센터	061-537-1318	(536-807) 전남 해남군 해남읍 북부순환로 105 2층
154	전남	영암군	청소년상담복지센터	061-470-1004	(526-802) 전남 영암군 영암읍 영암로 1511 영암군청소년수련관내 2층
155	전남	무안군	청소년상담복지센터	061-454-5283	(534-843) 전남 무안군 현경면 공항로 347-83
156	전남	영광군	청소년상담복지센터	061-353-9188	(513-802) 전남 영광군 영광읍 중앙로 3길 6-10, 2층
157	전남	장성군	청소년상담복지센터	061-393-1387	(515-805) 전남 장성군 장성읍 매화6길 8
158	전남	완도군	청소년상담복지센터	061-555-1314	(537-801) 전남 완도군 완도읍 개포로 159번길 41
159	전남	진도군	청소년상담복지센터	061-540-3156	(539-804) 전남 진도군 진도읍 공설운동장길 14-8
160	경북	도	청소년상담복지센터	054-850-1050	(760-240) 경북 안동시 축제장길 20(옥야동, 22번)
161	경북	포항시	청소년상담복지센터	054-280-9475	(790-280) 경북 포항시 북구 삼호로 533 청소년수련관

162	경북	경주시	청소년상담복지센터	054-749-2000	(780-955)경북경주시알천북로131
163	경북	김천시	청소년상담복지센터	054-431-2009	(740-130) 경북 김천시 다삼로3
164	경북	안동시	청소년상담복지센터	054-841-7933	(760-240)경북안동시축제장길42 안동시청소년수련관2층
165	경북	구미시	청소년상담복지센터	054-472-2000	(730-922) 경북 구미시 구미중앙로 11길 13번지
166	경북	영주시	청소년상담복지센터	054-634-1320	(750-906) 경북 영주시 광복로 63번지
167	경북	영천시	청소년상담복지센터	054-330-6246	(770-050) 경북 영천시 운동장로 92(교촌동) 체육시설사업소 2층
168	경북	상주시	청소년상담복지센터	054-537-6721	(742-850) 경북 상주시 북상주로 24-42 청소년수련관내
169	경북	문경시	청소년상담복지센터	054-550-6600	(745-881) 경상북도 문경시 중앙로50
170	경북	경산시	청소년상담복지센터	053-815-4106	712-010 경북 경산시 서상길 75 2층
171	경북	청송군	청소년상담복지센터	054-874-4004	(763-802) 경북 청송군 청송읍 금월로 244-30 청소년 수련관 2층 상담센터
172	경북	성주군	청소년상담복지센터	054-931-1397	(719-801) 경북 성주군 성주읍 성주읍4길 25 성주군민회관 1층
173	경북	칠곡군	청소년상담복지센터	054-971-0419	(718-805) 경북 칠곡군 왜관읍 중앙로 184 2층
174	경북	예천군	청소년상담복지센터	054-650-8237	(757-802) 경북 예천군 예천읍 충효로 393
175	경북	울진군	청소년상담복지센터	054-783-8284	(767-801) 경북 울진군 울진읍 울진중앙로 121
176	경남	도	청소년상담복지센터	055-711-1332	(641-230) 경상남도 창원시 의창구 두대로 97 늘푸른전당 3층 301호
177	경남	창원시 (창원)	청소년상담복지센터	055-225-2011	(641-230) 창원시 의창구 두대로 97 1층, 삼동동

178	경남	창원시(마산)	청소년상담복지센터	055-225-7299	(630-815) 창원시 마산회원구 팔용로 128 우리누리청소년문화센터 내 2층
179	경남	창원시(진해)	청소년상담복지센터	055-225-6812	(645-320) 창원시 진해구 진해대로 1101 진해종합사회복지관 202호
180	경남	진주시	청소년상담복지센터	055-749-2245	(660-908)경남진주시진양호로360신안동주민센터3층
181	경남	통영시	청소년상담복지센터	055-641-0079	(650-150) 경남 통영시 발개로 194 통영시청소년수련관 3층
182	경남	사천시	청소년상담복지센터	070-8145-8021	(664-834) 사천시 문선4길 23
183	경남	김해시	청소년상담복지센터	055-330-4635	(621-900)경남김해시가락로176번길3
184	경남	밀양시	청소년상담복지센터	055-352-7942	(627-804) 경남 밀양시 삼문송림길 26, 2층
185	경남	거제시	청소년상담복지센터	055-639-4981	(656-938) 경남 거제시 중곡로 46(고현 청소년 문화의 집 2층)
186	경남	양산시	청소년상담복지센터	055-392-2596	(626-050) 경남 양산시 양주3길 36 2층 중부동, 양산시청소년회관
187	경남	의령군	청소년상담복지센터	055-570-2427	(636-805) 경남 의령군 의령읍 의병로 8길 44 종합사회복지관 3층
188	경남	함안군	청소년상담복지센터	055-580-2377	(637-841) 경남 함안군 산인면 가야로 217
189	경남	창녕군	청소년상담복지센터	055-533-4288	(635-805) 경남 창녕군 창녕읍 화왕산1로 46 2층
190	경남	고성군	청소년상담복지센터	055-670-2920	(638-801) 경남 고성군 고성읍 교사 4길 13
191	경남	남해군	청소년상담복지센터	055-860-3885	(668-805) 경남 남해군 남해읍 망운로 32 종합사회복지관

192	경남	하동군	청소년상담복지센터	055-883-3000	(667-804) 경남 하동군 하동읍 중앙로 72 하동군청소년수련관 3층
193	경남	산청군	청소년상담복지센터	055-970-6592	(666-805) 경남 산청군 산청읍 웅석봉로 92번지
194	경남	함양군	청소년상담복지센터	055-960-5157	(676-801) 경남 함양군 함양읍 필봉산길 55번지 종합사회복지관내 3층
195	경남	거창군	청소년상담복지센터	055-940-3969	(670-801) 경남 거창군 거창읍 교촌길 100-30번지 거창군청소년수련관 3층
196	경남	합천군	청소년상담복지센터	055-930-3911	(678-807) 경남 합천군 합천읍 중앙로2길 15
197	제주	도	청소년상담복지센터	064-759-9951	(690-826) 제주시 구남로 7길 4 2층
198	제주	제주시	청소년상담복지센터	064-725-3799	(690-826) 제주시 노형로 395 단일빌딩 3층
199	제주	서귀포	청소년상담복지센터	064-763-9190~1	(697-843) 제주특별자치도 서귀포시 서귀동 284-2 3층
200	세종특별자치시		청소년상담복지센터	044-867-2000	(339-802) 세종 조치원읍 산책 1길 65

출처 : www.mogef.go.kr/files/directDownload/CYS-Net.xls

제2부

청소년복지의 실천영역

02 부 청소년복지의 실천영역

04장 청소년과 비행

제1절 비행소년의 개념

소년법상 비행소년에는 범죄소년, 우범소년, 촉법소년으로 구분하고 있고(소년법 제4조), 범죄소년은 개개의 법률에 저촉되는 행위를 한 경우에는 처벌할 수 있다. 촉법소년은 법률에 위반하여 행위를 하더라도 책임이 소멸되어 처벌을 할 수 없고(형법 제9조), 우범소년 또한 처벌할 수 없으며, 상황에 따라 보호처분을 할 수 있다(소년법 제4조 제1항).

1. 범죄소년

먼저 범죄소년은 '죄를 범한 소년'으로 14세 이상 19세 미만의 자를 말한다. 여기서 죄를 범한 소년이란 고의 또는 과실로 법률에 저촉되는 어떠한 행위를 한 것을 말한다. 법률에 저촉되는 행위를 하는 것만으로 무조건 처벌되는 것은 아니다. 따라서 법률에 저촉되는 행위를 하더라도 일정한 요건을 갖추어야만 처벌이 이루어질 수 있다. 즉 형법상 범죄가 성립되기 위해서는 구성요건해당성, 위법성, 책임성의 요건을 충족했을 때 범죄가 성립된다.

첫째, 구성요건해당성이란 개개의 법률에 구성되어 있는 법률에 해당하는 범죄를 말한다. 따라서 개개의 법률에 규정되지 아니한 범죄행위를 하더라도 범죄는 성립되지 않는다. 예컨대 배우자 있는 자가 다른 여자와 간통을 한다고 하더라도 간통죄가 위헌법률심판으로 폐지되었기 때문에 범죄가 성립되지 않는다. 구성요건해당성에는 주관적 구성요건과 객관적 구성요건이 있는데, 전자는 범죄를 행함에 있어 고의 또는 과실이 있어야 한다. 따라서 고의가 없는 상태에서 범죄를 행했다면 과실범죄가 성립한다. 하지만 과실범은 개개의 법률에 처벌규정이 있는 범죄에 대해서만 처벌된다. 예컨대 과실로 사람을 때려 사망하거나 상해에 이르게 했다면 과실치상·치사죄의 죄책을 물을 수 있다. 하지만 갑이 을의 노트북을 빌려 사용하다가 과실로 바닥에 떨어뜨려 파손이 된 경우 갑을 과실손괴죄로 처벌할 수 이는가에 대해 과실범 처벌규정이 없기 때문에 처벌할 없다. 후자는 행위의 주체와 객체가 있어야 한다. 행위의 주체는 범죄를 행하는 사람이고, 객체는 범죄를 당하는 사람이다. 예컨대 갑이 을을 칼로 찔러 사망시켰다면 갑은 행위의 주체인 가해자이고, 을은 행위의 객체인 피해자인 것이다. 물론 행위의 주체는 있지만 객체가 없는 범죄도 있다. 예컨대 갑이 공판정에서 위증을 했을 경우 갑은 행위의 주체로 위증죄로 처벌받지만 객체인 피해자는 없는 범죄이다.

둘째, 위법성이란 법질서에 용인될 수 없는 행위를 말한다. 불법과 구별할 필요가 있는데 불법이란 구성요건에 해당하고 위법하다고 평가된 행위자체를 말한다. 상해와 살인은 위법하다는 점에서는 동일하지만 불법에 있어서는 양적·질적 차이가 있다. 구성요건에 해당하고, 책임성이 있지만 위법성이 없게 되는 사유에는 정당방위,[4] 긴급피난,[5] 자구행위,[6] 피해자의 승낙,[7] 정당행위[8] 등이 있다.

---

4) 자기 또는 타인의 법익에 대한 현재의 부당한 침해를 방위하기 위한 행위는 상당한 이유가 있는 때에는 벌하지 아니한다(형법 제21조 제1항). 방위행위가 그 정도를 초과한 때에는 정황에 의하여 그 형을 감경 또는 면제할 수 있고, 이러한 행위가 야간 기타 불안스러운 상태인 공포, 경악, 흥분 또는 당황으로 인한 때에는 벌하지 아니한다(동법 제21조 2~3항). 따라서 정당방위가 성립되기 위해서는 칼은 칼로, 주먹은 주먹으로, 총은 총으로 대항했을 때 성립된다. 예컨대 갑여는 을남의 강간행위를 모면하기 위해 키스하는 가해자의 혀를 깨물어 상해를 발생시킨 경우 우리 법원은 정당방위로 보고 있다(대판 1989. 8. 8 89도358). 만약 이 경우 을여가 강간을 당하지 않기 위해 갑남에게 칼로 죽인다든지, 총으로 살해한 경우에는 과잉방위가 될 수 있다.

5) 자기 또는 타인의 법익에 대한 현재의 위난을 피하기 위한 행위는 상당한 이유가 있는 때에는 벌하지 아니한다(형법 제22조). 긴급피난이 성립되기 위해서는 ①피난방법이 다른 방법이 없이 유일해야 하는 보충성의 원칙이다. 예컨대 무면허 운전자인 의사가 응급환자를 구하기 위해 택시를 타고 갈 수 있음에도 불구하고 자기 차로 운행해서는 안 된다. ②침해되는 이익보다 보호받는 이익이 더 커야 하는 균형성의 원칙이다. 예컨대 막다른 골목에서 맹견이 달려드는 바람에 이를 피하기 위해 남의 유리창을 파손한 경우 보호받는 이익이 침해되는 이익보다 더 큰 것이다. ③사회윤리적으로 적합한 수단과 방법이어야 하는 적합성의 원칙이다. 예컨대 응급환자가 수술하는 과정에서 혈액이 부족하여 지나가는 행인을 붙잡아 강제 채혈을 한 경우 적합한 방법이 아니다. ④최소한의 방법으로 피난해야 하는 최소피난의 원칙 등을 만족해야 한다. 예컨대 불이 난 집에 화재를 진압하기 위해 대문으로 들어갈 수 있음에도 담을 부수고 들어가서는 안 된다.

6) 법정절차에 의하여 청구권을 보전하기 불능한 경우에 그 청구권의 실행불능 또는 현저한 실행곤란을 피하기 위한 행위는 상당한 이유가 있는 때에는 벌하지 아니한다(형법 제23조). 예컨대 갑은 가구를

셋째, 책임성이란 행위자가 자기의 행위가 법에 허용 또는 금지되었는가를 인식하고 이에 따라 자기의 의사를 자유로이 결정할 수 있는 능력을 말한다. 구성요건에 해당하고 위법한 행위라 하더라도 책임성이 없으면 범죄는 성립하지 않는다. 책임이 없게 되는 사유에는 14세 미만의 형사미성년자,[9] 심신상실자,[10] 강요된 행위[11] 등이 있다.

소년범죄에 있어서 가장 비일비재하게 발생하는 범죄가 바로 폭행죄이다. 따라서 폭행죄 관련 내용에 대해 간략히 소개하고자 한다.

(1) 폭행죄 규정

1) 형법

①사람의 신체에 대하여 폭행을 가한 자는 2년 이하의 징역, 500만원 이하의 벌금, 구류 또는 과료에 처한다(법 제260조 제1항). ②자기 또는 배우자의 직계존속에 대하

만드는 사장이고, 을은 갑의 가구를 받아 판매하는 대리점 사장인데, 을은 갑으로부터 식탁 10개를 받고 대금은 식탁을 팔면 지급하기로 하였는데, 경기불황으로 가구가 팔리지 않자 은행이자를 감당하지 못한 을사장은 대리점 문을 잠그고 야간도주를 하였다. 이 사실을 안 갑은 몰래 을의 창고의 자물쇠를 부수고 침입하여 식탁을 몰래 갖고 나왔다. 이 사실을 안 갑은 을을 특수절도죄로 고소한 경우 갑은 정당한 자구행위가 될 수 있는가에 대해 갑은 정당한 자구행위가 될 수 없고 특수절도죄가 성립한다. 즉 식탁을 을사장에게 대금을 받지 않고 납품했다 하더라도 식탁의 소유권은 을사장에게 있기 때문에 갑사장은 이를 돌려받기 위해서는 을사장의 동의를 받고 가지고 나오든지, 만약 동의를 하지 않는다면 소송을 통해 돌려받아야 한다.

7) 처분할 수 있는 자의 승낙에 의하여 그 법익을 훼손한 행위는 법률에 특별한 규정이 없는 한 벌하지 아니한다(형법 제24조). 따라서 피해자가 승낙한 행위라 할지라도 법률에 처벌규정이 있는 범죄는 처벌된다. 예컨대 신체관련 범죄로 상해죄, 살인죄, 폭행죄, 강도죄 등이다. 유효한 승낙이 되기 위해서는 행위 전과 행위 시에 승낙이 있어야 한다. 따라서 행위 후의 승낙은 유효한 승낙이 아니다. 예컨대 갑이 을의 자전거를 갖고 가기 위해서는 갑은 자전거를 갖고 가기 전에 을의 승낙을 받거나 갖고 가는 시점에 을의 승낙을 받아야 유효한 승낙이 될 수 있고, 절도죄가 성립하지 않는다.

8) 법령에 의한 행위 또는 업무로 인한 행위 기타 사회상규에 위배되지 아니하는 행위는 벌하지 아니한다(형법 제20조). 예컨대 법령에 의한 행위로 검사 또는 사법경찰과의 긴급체포행위(형소법 제200조의3), 교도관의 사형집행 행위(형집행법 제70조), 친권자가 후견인에 대한 징계행위(민법 제915조), 사인의 현행범 체포행위(형소법 제212조) 등이다. 업무에 의한 행위로는 의사의 치료행위, 성직자의 고해성사 행위, 변호사의 변론행위 등이다.

9) 14세가 되지 아니한 자의 행위는 벌하지 아니한다(형법 제9조).

10) 심신장애로 인하여 사물을 변별할 능력이 없거나 의사를 결정할 능력이 없는 자의 행위는 벌하지 아니한다(형법 제10조 제1항). 심신장애로 인하여 사물을 변별할 능력이 없거나 의사를 결정할 능력이 미약한 자의 행위는 형을 감경한다(동조 제2항). 위험 발생을 예견하고 자의로 심신장애를 야기한 자의 행위에는 전2항의 규정을 적용하지 아니한다(동조 제3항). 예컨대 사람을 살해할 목적으로 음주 후 살해하거나, 음주 후 운전을 하거나, 강간할 목적으로 음주 후 강간하는 등의 경우에는 자의로 심신장애를 야기한 상태로 처벌된다.

11) 저항할 수 없는 폭력이나 자기 또는 친족의 생명 신체에 대한 위해를 방어할 방법이 없는 협박에 의하여 강요된 행위는 벌하지 아니한다(형법 제12조).

여 폭행죄를 범한 때에는 5년 이하의 징역 또는 700만원 이하의 벌금에 처한다(동조 제2항) ③폭행, 존속폭행죄는 피해자의 명시한 의사에 반하여 공소를 제기할 수 없다(동조 제3항). 이것이 반의사불벌죄라고 하며, 피해자의 의사에 반해서 가해자를 처벌할 수 없는 범죄를 말한다. 예컨대 을은 갑으로부터 단순폭행을 당해 사과를 요구했음에도 불구하고 사과를 하지 않아 너무 괘씸하다는 생각으로 을은 갑을 처벌하기 위하여 수사기관에 고소하였다. 그때서야 갑은 처벌되는 것이 두려워 을을 찾아가 용서를 구하고 합의금 100만원으로 합의한 후 합의서를 경찰에 제출하면서 을은 갑에 대해 처벌하지 말아달라는 의사표시를 한 경우에 처벌되지 않는 것을 말한다. 하지만 존속폭행죄에 있어서는 반의사불벌죄로 해서는 안 되고 비친고죄로 하여 자식이 부모를 폭행하면 반드시 처벌될 수 있도록 해야 한다. 그 이유는 자식이 부모를 폭행하는 사례가 비일비재하게 발생하고 있고, 자식은 부모를 폭행하더라도 처벌되지 않는다는 사실을 인식하고 있다면 상습적 폭행으로 나아갈 가능성이 높고, 상습폭행은 오히려 자식을 가중처벌로 이어지게 할 수 있어 부모의 마음을 더 아프게 할 수 있기 때문이다.

2) 폭력행위 등 처벌에 관한 법률

상습적으로 「형법」 제260조 제1항(폭행), 제283조 제1항(협박), 제319조(주거침입, 퇴거불응) 또는 제366조(재물손괴등)의 죄를 범한 자는 1년 이상의 유기징역에 처한다(법 제2조 제1항 1호). 또한「형법」 제260조 제2항(존속폭행), 제276조 제1항(체포, 감금), 제283조 제2항(존속협박) 또는 제324조(강요)의 죄를 범한 사람: 2년 이상의 유기징역에 처한다(법 제2조 제1항 2호). 따라서 상습적으로 폭행이나 협박을 한 경우에는 형법으로 처벌되는 것이 아니라, 형법의 특별법인 폭력행위 등 처벌에 관한 법률로 가중처벌 됨을 알 수 있다.

(2) 폭행죄의 성립

폭행죄가 성립하기 위해서는 사람의 신체에 직·간접적인 유형력을 행사하면 폭행죄가 성립한다. 따라서 사람의 신체에 직접적인 유형력 뿐만 아니라, 간접적인 유형력을 행사한다고 하더라도 폭행죄가 성립하는 데는 지장이 없다. 예컨대 타인을 구타하는 행위, 밀치는 행위, 침을 뱉는 행위, 얼굴에 물을 끼얹는 행위, 윽박지르는 행위, 때릴 것처럼 주먹을 휘두르는 행위, 화초를 휘둘러 흙이 튀는 행위, 상대방을 향해 물건을 던졌는데 맞지 않았다 하더라도 상대방이 공포심을 느꼈다면 성립한다. 이처럼 가볍게 생각하는 폭행도 폭행죄가 성립될 수 있는 만큼 폭행죄에 휘말리지 않기 위해 가장 중요한 것은 상대방이 나를 때렸다 하더라도 피상대방은 한 대도 때리지 않는 것이 중요하다.

2. 우범소년

우범소년은 10세 이상 19세 미만 자로 ①집단적으로 몰려다니며 주위사람들에게 불안감을 조성하는 성벽이 있는 자, ②정당한 이유 없이 가출하는 자, ③술을 마시고 소란을 피우거나, 유해환경에 접하는 성벽이 있는 자로 성격이나 환경에 비추어 앞으로 형벌 법령에 저촉되는 행위를 할 우려가 있는 소년을 말한다(소년법 제4조 제1항 3호). 우범소년은 범죄행위 가능성이 있는 소년으로 아직 범죄에 노출되지 않고 있지만 노출될 가능성이 높은 청소년을 말한다. 이러한 청소년을 방치한다면 범죄로 이어질 가능성이 높기 때문에 이러한 청소년을 잘 보살피고 관리하여 미연에 범죄를 방지하는 것이 중요하다. 이를 위해 우범소년이 있는 경우에 경찰서장은 직접 관할 소년부에 송치하도록 하고 있다(소년법 제4조 제2항). 또한 우범소년을 발견한 보호자 또는 학교·사회복리시설·보호관찰소(보호관찰지소를 포함한다)의 장은 이를 관할 소년부에 통고할 수 있다(동법 제4조 제3항). 이런 규정에 대해 범죄를 행할 우려가 있다는 이유만으로 소년부에 송치하는 것은 사실상 문제가 있다고 여겨진다. 물론 예방적 차원에서 행한다는 것을 이해하면서도 다른 한편으로는 범죄를 행하지 않았음에도 불구하고 잠재적 범죄자 취급을 하여 보호처분을 한다는 것은 다소 무리가 따른다고 볼 수 있다. 따라서 범죄를 예방하는 차원이라면 경찰에서 우범소년을 발견했을 때 소년부로 송치할 것이 아니라, 경미한 것은 훈방조치를 하고, 범죄우려가 있다고 판단되는 경우에는 그 원인을 분석하여 우범소년 간 격리조치를 행하고, 가출로 갈 곳이 없는 우범소년은 필요하다면 각종 보호시설에서 보호를 받을 수 있도록 인계하는 역할을 해야 한다.

3. 촉법소년

촉법소년은 10세 이상 14세 미만의 자로 '형벌에 저촉되는 행위'를 하였지만 형사미성년자인 책임무능력자로 형벌, 보안처분은 할 수 없고, 보호처분을 할 수 있다(소년법 제4조 제1항). 우리 형법상 범죄가 성립되기 위해서는 구성요건해당성, 위법성, 책임성을 만족해야 하지만 촉범소년은 범죄행위에 대해 범죄의 성립요건을 충족한다 하더라도 책임이 소멸되어 단지 보호처분만을 할 수 있다. 촉법소년에 대해 보호처분을 함에 있어서도 책임능력이 필요한가에 대해 논해볼 필요가 있다. 그 이유는 보호처분도 일종의 자유를 박탈하는 처분으로 어느 정도의 자유제한이 요구되기 때문이다. 일본의 경우 책임능력필요설과 책임능력불요설이 대립하고 있지만 상당수가 성인에 비해 판단능력이 부족하다고 하나 나름대로 시비선악을 구분할 수 있기 때문에 책임능력필요설의 입장이다.[12) 따라서 필자도 촉법소년이 시비선악을 구별할 수 있는지 여부에 따라 책임성의 결여여부를 판단해야 한다고 본다. 하지만 책임성 여부를 절대적 기준인 연령을 기준으로 할 것이 아니라, 정신과, 심리전문가, 상담전문가 등으로 구성된 일정한 협의체의 진단에 따라 결정되는 것이 바람직하다고 여겨진다.

제2절 비행소년의 범죄 발생 실태

1. 범죄소년 범죄현황

범죄소년의 범죄현황을 살펴보면 〈표 4-1〉과 같이 2009년 118,058건, 2010년 94,862건, 2011년 86,621건, 2012년 107,018건, 2013년 90,694건으로 나타나 5년 전에 비해 23.17% 감소한 것으로 나타났다. 2011년까지 감소를 보이다가 2012년 다시 증가하고 있고, 2013년 다시 감소로 나타난 점을 볼 때 확실한 대응의 결과로 감소하지 않았음을 알 수 있다.

〈표 4-1〉 최근 5년간 범죄소년 범죄현황 단위 : 건

연 도	2009	2010	2011	2012	2013
형법범죄	86,087	74,368	69,071	87,727	74,483
특별법범	31,971	20,494	17,550	19,291	16,211
합 계	118,058	94,862	86,621	107,018	90,694

출처 : 사이버경찰청 경찰통계연보

12) 高内寿夫, "現行少年法における責任概念について", 法政理論 35巻4号, 新潟大学法学会 2003, 77-83頁; 三宅孝之, "少年審判における責任能力", 同志社法學·(56卷5号), 同志社法学会 2005, 587-588頁.

2. 촉법소년 범죄현황

촉법소년의 범죄의 심각성을 인식하고 법무부에서는 2007년 3월 12일 촉법소년 선도와 비행예방을 위한 종합대책을 수립하여 시행한 결과 상당한 성과를 거둔 것은 사실이다. 즉 대검찰청 범죄분석 통계자료에 의하면 최근 5년간 14세 미만의 범죄는 〈표 4-2〉 와 같이 2009년 3,734건, 2010년 743건, 2011년 622건, 2012년 1,130건, 2013년 701건으로 나타나 5년 전에 비해 81.2%가 감소한 것으로 나타났다.

〈표 4-2〉 최근 5년간 촉법소년 범죄현황 단위 : 건

연 도	2009	2010	2011	2012	2013
형법범죄	1,989	445	360	856	471
특별법범죄	1,745	298	262	274	230
합 계	3,734	743	622	1,130	701

출처 : 대검찰청 범죄분석(2010~2014)

제3절 비행소년의 범죄 발생원인

1. 가정환경적 요인

비행소년은 사별이나 이혼에 따른 결손가정, 아동에 대한 애정이 없거나 또는 부모와의 애착이 없거나, 부모의 무관심과 방임, 상담을 받지 않는 부모, 부모의 과잉간섭 및 과잉보호, 가정의 불화, 친자간의 대화부족 등으로 비행소년이 발생하고 있다.[13] 또한 비행소년들이 가정에 대해 느끼는 감정은 칭찬이나 인정을 받은 적이 없으며, 가족이라는 연대감이 없고, 아버지에 대한 원망과 미움이 큰 것으로 나타나고 있다.[14] 불안정한 가정은 청소년범죄에 쉽게 노출될 수 있으므로 가정환경의 중요성을

13) 金 英淑, 少年非行の原因としての家族関係, The Journal of the study of modern society and culture (39), 新潟大学大学院現代社会文化研究科, 2007, 87頁.

14) 송병호, "가정의 심리적 환경과 청소년 비행에 관한 연구", 한국범죄심리연구 창간호, 한국범죄심리학

역설하고 있다.[15] 따라서 가족해체에 따른 소년비행은 그 누구도 대응할 수 없는 것이므로 이를 막을 방법을 강구하는 것이 곧 소년범죄를 줄이는 근본적인 이유가 될 것이다.

가정은 아이가 양육되고 사회화를 이루는 가장 원초적인 일차집단으로 자식들에게 긍정적 또는 부정적 영향을 미칠 수 있는 장소로 부모의 역할이 매우 중요하다.[16] 부모의 역할에 따라 자식들에게 많은 영향을 미칠 수 있음에도 불구하고 그들만의 이익대립으로 갈등을 유발시키고, 갈등이 심화되면 폭력으로 이어지며, 이것이 장기화 되면 이를 참지 못하고 이혼으로 이어진다. 편부나 편모 가정에서는 부 또는 모의 빈자리를 자식들에게 채워줄 수 없으므로 자식을 키우고 있는 부 또는 모는 두 배 혹은 그 이상으로 이들에게 관심을 가져주어야 함에도 불구하고 먹고 살기가 바쁘다는 이유로 등한 시 하고 있다. 이 과정에서 무관심과 애정결핍이 생기게 되고, 자식은 나쁜 환경에 노출되기 쉬워진다. 가장 쉽게 접할 수 있는 것이 게임이나 포르노 동영상 등의 유해한 프로그램으로 정신건강을 악화시키고 나아가 폭력범죄나 성범죄로 이어질 가능성을 높이게 된다. 부모는 게임에 몰두하고 있는 자식을 보면서 꾸짖음으로 일관하여 자식과의 갈등을 유발하게 되고, 심지어 무관심과 방임으로 이어져 자식은 가출로 이어지게 된다. 가출청소년의 대부분은 정서적 갈등으로 고통 속에 놓여 있고, 가족 속에서 태어났지만 가족 속에서 사랑을 느끼고 자신을 이해하는데 필요한 것을 발달시킬 수 있는 가족의 사랑이나 가족의 친밀감을 경험하지 못했을 가능성이 높다는 것이다.[17] 가출을 하게 되면 소위 가출팸[18]을 구성하여 제대로 눕기조차 힘든 고시원 등에서 많게는 남여 6명이 함께 혼숙 생활을 하기도 하며, 마땅한 수입원이 없는 청소년들은 수중에 돈이 떨어지면 심각한 고민에 빠지게 되고, 그 자리를 절도나 성매매, 원조교제 등 범죄의 유혹이 파고든다.[19] 이러한 가출 청소년들을 보듬을 수 있는 청소년 쉼터가 2015년 8월 현재 공식적으로 93개소(서울 6개소, 부산 3개소, 인천 9개소, 대전 6개소, 대구 4개소, 광주 3개소, 울산 4개소, 경기도 21개소, 강원도 5개

회, 2005, 194면.

15) Ciocani, M.; Ciobanu, M.; Avram, G.; Matei, V., The disorganized family and its role in favoring juvenile criminal behavior, *Interperiodica Publishing,* Vol.11 No.2, 2003, pp.149-153

16) 이동임, "촉법소년의 범죄예방을 위한 합리적 방안", 소년보호연구 제28권 제1호, 한국소년정책학회, 2015, 234면.

17) 박혜영, 가출청소년 상담기법 Workshop 자료집, 서울시립 청소년쉼터, 2000, 40~41면.

18) 인터넷 카페를 통해 알게 된 또래들과 함께 생활하는 곳으로 가출+패밀리를 합성한 언어로 가출팸이라고 청소년들은 칭하고 있다.

19) 상세내용은 2015. 8. 25 KBS 9시 뉴스 참조.

소, 충청북도 4개소, 충청남도 6개소, 전라북도 5개소, 전라남도 4개소, 경상북도 5개소, 경상남도 4개소, 제주도 4개소)[20]가 있는데 정확한 통계는 없지만 대략 가출청소년 만천여명을 수용하는 데에는 한계가 있으므로 가출을 하지 않도록 하는 방안의 모색이 필요하다.[21]

2. 사회환경적 요인

물질만능주의 사회가 만든 가장 큰 병폐는 돈 없으면 사실상 생활하기 어려운 구조로 되어 있는 것이다. 이런 구조하에서 청소년을 유혹하는 PC 게임방, 유흥비 등을 마련하기 위해 적법한 방법으로 되지 않는 한계를 범죄를 통해 해결하고 있다. 또한 급속한 경제성장으로 부익부 빈익빈 현상이 가속화되고 이로 인해 빈부격차가 심화되어 빈곤층의 청소년은 가진 자에 비해 상대적으로 물질적 욕구를 충족시킬 수 없어 욕구불만이 생길 수 있다.[22] 욕구불만은 곧 범죄로 표출될 수 있으므로 이러한 표출이 일어나지 않도록 하는 정책적 뒷받침이 있어야 한다. 소년비행의 요인은 지역사회의 치안의 불안으로 발생하고 있는 만큼, 이를 강화할 수 있는 방안으로 방범활동, 우범지역의 주기적인 순찰 등이 필요하다.[23] 현재 우범지역을 중심으로 자치방범활동을 통해 주기적인 순찰이 이루어지고 있지만 상시적 순찰이 불가능한 것이 사실이며, 순찰을 하지 않는 그 시간대에 충분히 마음만 먹으면 범죄가 가능하다고 본다.

3. 학교환경적 요인

학교교육에 염증을 느낀 학생들은 공부를 등한 시 하고 노는 것에 많은 비중을 두게 되고, 이로 인해 비슷한 생각을 갖고 있는 또래 학생들과 공감대가 형성되어 서로 어울러 다니면서 탈선을 하게 되고 범죄로 이어진다. 학교는 청소년기에 2차 교육기관으로 그 역할이 중요하다. "교육이 바로서야 나라가 바로 선다"라는 말도 있듯이 좋

20) 한국청소년협의회 http://www.jikimi.or.kr 참조(검색일 2015년 8월 20일).
21) 2015. 8. 25 KBS 9시 뉴스.
22) 이동임, 전개논문, 234~235면.
23) 井上 裕基, 非行集団対策をはじめとする少年非行抑止対策の推進--少年犯罪抑止は治安回復の鍵, Keisatsu koron 58(10), 立花書房, 2003-10, 43-44頁.

은 교육은 아무리 강조해도 지나치지 않으며, 이러한 교육을 원치 않는 국민은 없을 것이다. 교육은 백년지대계(百年之大計)로 붕어빵을 만드는 교육기관이 아니라, 긍정적이고 창의적인 사고로 리더십 강한 인재를 만들어야 한다. 공부를 잘하는 것도 중요하지만 그 학생의 적성을 찾아 하고 싶은 일을 하면서 바른 길로 갈 수 있도록 인도하는 역할을 해야 한다. 이렇게 하기 위해서는 획일화·정형화 된 교육형태에서는 실현되기 어렵고, 학생들의 자발적인 참여수업을 통해 가능할 것이다. 여기에 발맞추어 중학교부터 2016년 자유학기제의 전면시행을 통해 다양한 체험기회를 가질 수 있도록 하고 있다. 이런 산체험을 통해 내가 무엇에 소질이 있는지 알 수 있는 계기가 될 수 있고, 앞으로 직업선택을 하는데 많은 도움을 줄 수 있을 것이다. 이러한 교육은 비단 중학교에서 그칠 것이 아니라, 고등학교까지 죽 이어질 수 있도록 하여 꿈을 갖게 함과 동시에 그 꿈을 실천하는 데 밑거름으로 작용할 수 있도록 해야 한다. 그 이유는 꿈을 갖게 하는 것만으로도 삶의 목표를 갖게 하여 비행소년으로 이어지는 것을 상당부분 감소시킬 수 있을 것이다.

좋은 대학에 가야만 성공된 삶을 살 수 있다는 생각으로 학교에서는 입시위주의 교육이 이루어져 상대적으로 인성교육을 등한 시 하고 있다. 이런 교육의 현실로 학생들도 국어, 수학, 과학, 영어에 중점을 두고 공부를 하고 있고, 인성교육에 대해서는 상대적으로 관심을 기울이지 않고 있는 것이 사실이다. 따라서 인성교육을 강화시켜 교사와 부모를 존경하고, 법규범을 잘 준수할 수 있도록 해야 한다. 인성교육은 올바른 가치관 형성에 결정적인 영향을 미칠 수 있는 만큼, 중요성을 갖고 다양한 인성교육이 이루어져 가장 기본적인 인간의 도리가 무엇인지를 깨닫게 하는 방안의 모색이 필요하다.

4. 자기통제력 부족

허쉬(Hirschi)의 사회통제이론에 의하면 사회유대관계가 취약하면 할수록 쉽게 범죄로 나아갈 수 있다고 한다. 따라서 부모, 배우자, 자녀, 친구들과의 관계가 강화될 수 있도록 애착(attachment), 관여(commitment), 참여(involvement), 신념(belief) 등을 통해 관계를 강화시켜 법을 어기지 않도록 해야 한다.[24] 부모나 교사와의 애착관계가

24) George B. Vold, Thomas J. Bernard, Jeffrey B. Snipes, Theoretical Criminology, Chapter Ten, Oxford University Press, 2002, pp. 177-195

좋지 않을 경우 자기통제력이 약해 범죄로 이어질 가능성이 높다고 하고 있다.[25] 아이가 성장하면서 사회와의 유대관계가 약한 상태에서 청소년기에 비행을 하면 성인이 되어서도 사회적 차별로 사회적응이 잘 되지 않아 범죄를 일으킨다고 한다.[26] 이처럼 부모와 교사의 역할이 자기통제력을 강화시키는 데 결정적인 영향을 미친다고 볼 수 있으므로 올바른 자아형성 및 가치관이 형성될 수 있는 방안의 모색이 필요하다.

제4절 비행청소년의 처벌절차

1. 경 찰

비행소년의 비행행위가 발생하면 경미한 범죄에 대해서는 경찰에서 훈방조치를 하지만 중범죄에 대해서는 사건을 검찰에 송치한다. 초등수사는 가해자에 대한 검찰 및 법원의 불기소 및 유·무죄 판단에 결정적인 영향을 미치는 만큼, 수사절차에 따라 적법하게 이루어져야 한다. 경찰의 실적 올리기를 위해 범인 아닌 자를 범인으로 몰아가는 '일명 범인 만들기'를 해서는 안 되고, 열 명의 범인을 놓치는 한이 있더라도 한 사람의 죄 없는 사람을 처벌하는 일이 없도록 해야 한다.

모는 소년에 대해서는 가급적 구속영장은 부득이한 경우가 아니면 발부하지 못하도록 하고 있다(소년법 제55조 제1항). 이것은 도주우려나 증거인멸 가능성 등이 성인범죄에 비해 상대적으로 낮기 때문으로 해석된다. 하지만 부득이 소년을 구속시킬 수밖에 없는 상황이라면 강제처분법정주의를 통해 적법한 절차로 이루어져야 한다. 즉 구속영장을 청구하여 법원으로부터 영장이 발부되었을 때, 비로소 구속집행을 해야 한다. 소년을 구속하는 경우에도 특별한 사정이 없으면 다른 피의자나 피고인과 분리하여 수용하여야 한다(동조 제2항). 이렇게 해야 하는 이유는 성인범죄로부터 범죄학습의 기회를 제공받아서는 안 되기 때문이다.

---

25) 박현수 · 정혜원, "자기통제력의 안정성과 변화", 소년보호연구 제22호, 한국소년정책학회, 2013, 236~252면.

26) Sampson, Robert J., Laub, John H., Development Criminology and Its Discontents(Trajectories of Crime Childhood to Old Age), Sage Pubns, 2005, pp. 201~206.

2. 검 찰

소년사건에 대해 검사가 경찰로부터 수사관계서류를 송달받아 검토한 결과 세 가지 유형으로 처리할 수 있다. 첫째, ①소송조건(피의자 사망, 공소시효 완성)이 결여되었거나 면제(친족상도례)되는 경우로 공소권이 없거나, ②혐의나 증거불충분으로 혐의가 없거나, ③죄가 되지 않거나, ④혐의는 있으나 주소가 불명한 경우이거나, ⑤ 재범 가능성이 낮고 선도보호를 하는 것이 더 낫다고 판단되는 경우에는 선도조건부 기소유예 등 불기소처분을 할 수 있다. 선도조건부 기소유예를 하기 위해서는 소년의 친권자·후견인 등 법정대리인의 동의를 받아야 한다(49조의3). 여기서 선도조건부 기소유예란 검사가 청소년 비행예방센터 등에서 상담과 교육활동 등을 받는 조건으로 기소를 유예하고, 일정기간 재범을 하지 않으면서 준수사항을 잘 이행하여 선도기간을 경과한 경우에는 공소제기를 하지 않는 것을 말한다.

둘째, 보호처분에 해당하는 사유가 있다고 인정한 경우에는 사건을 관할 소년부에 송치하여야 한다(소년법 제49조 제1항).

셋째, 검사는 청소년 범죄가 죄질이나 동기 등을 고려하여 금고 이상에 해당되는 범죄사실이라고 판단되는 경우에는 검찰청 대응 관할 법원에 공소를 제기하고(형사소송법 제246조),[27] 벌금이나 과료, 몰수 등에 해당하는 사건은 정식기소가 아닌 약식기소인 약식명령을 청구한다(형사소송법 제246조).

3. 법 원

(1) 소년부의 판단

공소장을 받은 소년부는 조사 또는 심리결과 보호처분을 할 필요가 있다고 판단되는 경우에는 해당 사건을 소년보호사건으로 처리하고, 금고 이상의 형에 해당하는 범죄 사실이 발견된 경우 그 동기와 죄질이 형사처분을 할 필요가 있다고 인정하거나, 19세 이상으로 밝혀진 경우에 결정으로써 사건을 관할 지방법원에 대응한 검찰청 검사에게 송치하여야 한다(소년법 제7조 제1항~제2항). 따라서 14세 미만의 범죄행위이

27) 공소장일본주의로 공소장 하나만 법원에 제출해야 한다. 공소장일본주의를 채택하는 이유는 해당 법원의 판사가 서류를 토대로 미리 예단하는 것을 방지하기 위함이다.

거나 14세 이상이라 하더라도 죄질이 경미한 범죄에 대해서는 보호처분 대상임을 알 수 있다.

(2) 보호처분 사건의 소년부 처리절차

소년부 또는 조사관이 범죄 사실에 관하여 소년을 조사할 때에는 미리 소년에게 불리한 진술을 거부할 수 있음을 알려야 한다(소년법 제10조). 조사는 의학·심리학·교육학·사회학이나 그 밖의 전문적인 지식을 활용하여 소년과 보호자 또는 참고인의 품행, 경력, 가정 상황, 그 밖의 환경 등을 밝히도록 노력하여야 한다(동법 제9조). 소년부 판사는 송치서와 조사관의 조사보고에 따라 사건의 심리를 개시(開始)할 수 없거나, 개시할 필요가 없다고 인정하면 심리를 개시하지 아니한다는 결정을 하여야 한다. 이 결정은 사건 본인과 보호자에게 알려야 한다(동법 제19조 제1항).

소년부 판사는 송치서와 조사관의 조사보고에 따라 사건을 심리할 필요가 있다고 인정하면 심리 개시 결정을 하여야 한다(동법 제20조 제1항). 소년부 판사는 심리 기일을 지정하고 본인과 보호자를 소환하여야 한다. 다만, 필요가 없다고 인정한 경우에는 보호자는 소환하지 아니할 수 있다(동법 제21조 제1항). 소년부 판사는 직권에 의하거나 사건 본인, 보호자 또는 보조인의 청구에 의하여 심리 기일을 변경할 수 있다(동법 제22조). 심리는 친절하고 온화하게 하여야 하며, 심리는 공개하지 아니한다. 다만, 소년부 판사는 적당하다고 인정하는 자에게 참석을 허가할 수 있다(동법 제24조 제1~2항). 소년부 판사는 피해자 또는 그 법정대리인·변호인·배우자·직계친족·형제자매가 의견진술을 신청할 때에는 피해자나 그 대리인등에게 심리 기일에 의견을 진술할 기회를 주어야 한다(동법 제25조의2).

소년부 판사는 소년의 품행을 교정하고 피해자를 보호하기 위하여 필요하다고 인정하면 소년에게 피해 변상 등 피해자와의 화해를 권고할 수 있다(동법 제25조의3 제1항). 즉 화해권고는 진정한 반성을 유도하여 다시는 범죄를 하지 않도록 하고, 범죄낙인으로부터 피해를 최소화하는 데 근본 취지가 있다. 소년부 판사는 심리 결과 보호처분을 할 수 없거나 할 필요가 없다고 인정하면 그 취지의 결정을 하고, 이를 사건 본인과 보호자에게 알려야 한다(동법 제29조 제1항).

1) 보호처분의 종류

보호처분의 종류에는 ①보호자 또는 보호자를 대신하여 소년을 보호할 수 있는 자에게 감호 위탁, ②수강명령, ③사회봉사명령, ④보호관찰관의 단기(短期) 보호관찰, ⑤보호관찰관의 장기(長期) 보호관찰, ⑥「아동복지법」에 따른 아동복지시설이나 그 밖의 소년보호시설에 감호 위탁, ⑦병원, 요양소 또는 「보호소년 등의 처우에 관한 법률」에 따른 소년보호시설에 위탁, ⑧1개월 이내의 소년원 송치, ⑨단기 소년원 송치, ⑩장기 소년원 송치 등 10종으로 분류하여 다양한 처분을 할 수 있도록 규정하고 있다(소년법 제32조 제1항).

2) 보호처분의 기간

보호관찰처분을 할 때에는 ①3개월 이내의 기간을 정하여 대안교육 또는 소년의 상담·선도·교화와 관련된 단체나 시설에서의 상담·교육을 받을 것을 동시에 명할 수 있고(동법 제32조의2 제1항), 또한 1년 이내의 기간을 정하여 야간 등 특정 시간대의 외출을 제한하는 명령을 보호관찰대상자의 준수 사항으로 부과할 수 있다(동조 제2항). 보호처분의 효력으로 보호처분을 받은 소년에 대하여는 그 심리가 결정된 사건은 다시 공소를 제기하거나 소년부에 송치할 수 없다(동법 제53조). ②보호기관에 위탁할 경우 위탁기간은 6개월로 하되, 소년부 판사는 결정으로써 6개월의 범위에서 한 번에 한하여 그 기간을 연장할 수 있다. 다만, 소년부 판사는 필요한 경우에는 언제든지 결정으로써 그 위탁을 종료시킬 수 있다(동법 제33조 제1항). ③단기보호관찰은 1년이며, 장기보호관찰은 2년으로 하며, 다만, 소년부 판사는 보호관찰관의 신청에 따라 결정으로써 1년의 범위에서 한 번에 한하여 그 기간을 연장할 수 있다(동조 제2항~3항). ④수강명령은 100시간을, 사회봉사명령은 200시간을 초과할 수 없으며, 보호관찰관이 그 명령을 집행할 때에는 사건 본인의 정상적인 생활을 방해하지 아니하도록 하여야 한다(동조 제4항). ⑤단기로 소년원에 송치된 소년의 보호기간은 6개월을 초과하지 못하며(동조 제5항), 장기로 소년원에 송치된 소년의 보호기간은 2년을 초과하지 못한다(동조 제6항).

(3) 범죄소년 중 금고 이상에 해당되는 범죄의 처리절차

범죄소년 중 보호처분을 받지 않는 소년에 대해서는 일반적인 절차를 통해 심리 및 판결이 이루어진다. 법원의 절차는 모두절차, 사실심리절차, 판결절차로 나누어 진행한다. ①모두절차는 검사의 모두절차와 피고인의 모두절차가 있다. 전자는 검사가 공소장에 기재된 공소사실의 요지를 간략하게 설명하는 것을 말한다. 후자는 재판장이 성명, 주민등록번호, 직업 등을 물어 피고인이 맞는지를 확인하고, 피고인에게 이익되는 사실을 진술할 기회를 부여하는 것을 말한다. ②사실심리절차는 검사의 공격과 피고인의 방어를 통해 이루어지고, 주심문과 반대심문으로 이루어지며, 각종 증거를 재판부에 제출하는 절차하거나 입증하는 절차를 말한다. ③판결절차는 공소제기를 한 날로부터 보통 6개월 이내에 판결을 해야 하고, 검사나 변호인의 최후진술이 끝난 다음 판결을 하게 된다. 만약 최후변론 당일 판결을 선고할 수 없는 상황이라면 14일 이내의 기간을 정하여 유무죄 판결을 하게 된다.

죄를 범할 당시 18세 미만인 소년에 대하여 사형 또는 무기형(無期刑)으로 처할 경우에는 15년의 유기징역으로 한다(소년법 제59조). 따라서 18세 미만의 소년에 대해서는 사형이나 무기형을 선고할 수 없도록 하고 있다. 소년이 법정형으로 장기 2년 이상의 유기형(有期刑)에 해당하는 죄를 범한 경우에는 그 형의 범위에서 장기와 단기를 정하여 부정기형을 선고할 수 있는데, 이 때 장기는 10년, 단기는 5년을 초과하지 못한다(동법 제60조 제1항). 즉 소년에 대한 부정기형은 2~3년, 4~6년으로 선고하는 형태를 말하며, 장단기 제한규정에 따라 6~7년, 5~11년으로 선고할 수는 없다. 이렇게 부정기형을 선고하는 이유는 교정시설에서 수감하는 동안 교화가 조속히 이루어져 더 이상 재범하지 않을 가능성이 높고, 교정시설에 수감하여 자유억제를 하는 것보다 출소를 통해 사회적응을 하게 하는 편이 더 낫다고 판단되면 조기에 출소시킬 필요성 때문이다.

18세 미만인 소년에게는 노역장에 유치시켜 일을 하게 하는 유치선고를 하지 못한다(동법 제62조). 즉 18세 미만의 소년에 대해서는 노역장에 유치시켜 일을 하지 못하도록 하고 있다. 이것은 일보다는 학업에 열중할 수 있도록 하기 위함이라고 볼 수 있다.

4. 교정시설

(1) 소년원

판결이 선고되어 형이 확정되면 소년법원 사건은 보호처분을 통해 소년원에 수감되거나, 보호관찰, 수강명령, 감호위탁 등을 하게 된다. 일본의 경우 소년원 송치결정을 받은 소년 및 소년법의 규정에 따라 형의 집행을 받을 자를 수용하고 교정교육을 행하는 보호처분에는 ①소년원에 심신의 현저한 장애가 없는 대략 12세 이상 16세 미만의 자를 수용하는 초등소년원, ②심신에 현저한 장애가 없는 대략 16세 이상 20세 미만의 자를 수용하는 중등소년원, ③심신에 현저한 장애가 없는데 범죄로 나아간 대략 16세 이상 23세 미만의 자 또는 16세 미만이라도 소년원에 수용된 수형자를 수용하는 특별소년원, ④심신에 현저한 장애가 있는 대략 12세 이상 26세 미만의 자를 수용하는 의료소년원 등의 4종류가 있다. 이렇게 다양하게 분류하고 있는 이유는 나이에 맞는 적정한 처우와 교육의 필요성 때문이라고 풀이된다.

(2) 교도소

1) 소년교도소

일반 법원 사건은 검사의 형집행지휘서를 통해 교도소에 수감시킨다. 우리나라의 경우 14세 이상 19세 미만의 금고 이상에 해당하는 소년범죄에 대해 금고 이상을 선고받은 경우에는 소년 교도소인 김천 소년교도소에 수감시킨다. 그 근거는 징역 또는 금고를 선고받은 소년에 대하여는 특별히 설치된 교도소 또는 일반 교도소 안에 특별히 분리된 장소에서 그 형을 집행하도록 하고 있다. 다만, 소년이 형의 집행 중에 23세가 되면 일반 교도소에서 집행할 수 있다(소년법 제63조). 예컨대 갑이 살인죄로 14세에 징역 12년을 선고받았다고 가정하면 23세까지는 소년교도소에서 수감생활을 하다가 23세가 되면 일반 교도소로 이송되어 수감생활을 하게 된다.

2) 가석방

가석방이란 수형자가 형기를 다 채우지 않아도 교정성적이 우수하면 조기에 석방되는 것을 말한다. 수형자가 가석방이 되기 위해서는 ①형기가 일정기간 경과해야 한다.[28] ②교도소생활을 잘하는 모범수이어야 한다. ③벌금이나 과료가 있는 수형자는 완납하여야 한다. 이를 충족하는 수형자를 대상으로 교도소장이 가석방 적격심사신청 대상자를 선정하고, 선정된 날부터 5일 이내에 가석방심사위원회(이하 위원회라 한다)[29]에 가석방 적격심사신청을 하여야 하며, 신청을 받은 위원회는 다양한 심사를

---

28) 징역 또는 금고를 선고받은 소년에 대하여 ①무기형의 경우에는 5년, ②15년 유기형의 경우에는 3년, ③부정기형의 경우에는 단기의 3분의 1의 기간이 지나면 가석방(假釋放)을 허가할 수 있다(동법 제65조). 예컨대 갑이 절도죄를 행하여 부정기인 3~4년을 선고받았다면 가석방 대상자로 선정되기 위해서는 단기의 3분의 1이므로 1년이 경과하면 된다.

거쳐 가석방의 적격 여부에 대한 결정을 한 후 결정서를 작성하여야 한다(형집행법 시행규칙 제258조). 위원회가 가석방 적격결정을 하였으면 5일 이내에 법무부장관에게 가석방 허가를 신청하여야 하고, 법무부장관은 위원회의 가석방 허가신청이 적정하다고 인정되면 허가한다(형집행법 제122조 제1항~제2항).

제5절 비행소년 범죄 방지 대책

1. 회복적 사법과 복지적 사법의 통합적 접근

청소년 범죄를 예방하기 위해 회복적 사법과 복지적 사법의 통합적 접근을 천정환 교수가 주장하는 것에 타당성이 있다. 즉 오늘날 소년비행을 막기 위해서는 진정 뉘우침을 유도하는 것도 중요하지만 복지의 사각지대에 놓여 있는 소년들을 제대로 돌보지 않고 방치한다면 범죄의지가 없음에도 불구하고 어쩔 수 없이 범죄를 행할 수밖에 없는 상황에서는 범죄를 막을 수가 없다. 따라서 소년비행을 막을 수 있는 방법은 첫째, 자신의 범죄행위를 진정 뉘우치도록 구금보다는 화해권고(소년법 제25조의 3)를 유도하여 피해변상 뿐만 아니라 피해자에게 진심으로 용서를 구하는 것이다. 진정한 반성을 유도하는 것은 그 어떤 대책을 강구하는 것보다 재범방지에 있어서는 상당한 효과를 거둘 수 있다고 본다. 둘째, 사회정책을 통한 사회보장을 확대하여 소외계층을 보호하여야 한다.[30] 이를 위한 대안으로 사법형그룹홈[31]을 실시하고 있다. 현재 사법형그룹홈은 1호 내재 6호 보호처분을 받은 비행청소년에 대해 다양한 원인으로 인해 가정으로 돌아갈 수 없는 상황일 경우 민간인이 소규모로 운영하는 사법형그룹홈에 거주시켜 숙식제공과 동시에 일반학교 진학하여 다닐 수 있게 하거나, 직업학교에서 직업교육을 받을 수 있도록 하고 있다. 즉 비행청소년 범죄방지를 위해 가장 기본적인 방안으로 가정이라는 울타리를 통해 숙식이 해결되고, 부모와의 교감형성으로

29) 위원회는 위원장을 포함한 5인 이상 9인 이하의 위원으로 구성하며(형집행법 제120조 제1항), 위원장은 법무부차관이 되고, 위원은 판사, 검사, 변호사, 법무부 소속 공무원, 교정에 관한 학식과 경험이 풍부한 사람 중에서 법무부장관이 임명 또는 위촉한다(동조 제2항).

30) 前田雅英, 少年犯罪の現在と犯罪抑止・社会復帰, 青少年問題59(新年), 青少年問題研究, 2012, 4-7頁.

31) 사법형그룹홈은 2013년 11월 청소년회복센터로 명칭이 변경되었다.

정서적 안정이 이루어져야 한다. 하지만 결손가정, 폭력가정, 학대가정 등에서는 이러한 것들이 불가능하여 범죄로 이어지고 있고, 출소 후 또 다시 재범하는 것을 볼 때, 이를 누군가가 일정기간 대신해 주지 않는다면 안 된다는 취지에서 출발하고 있다. 사법형그룹홈은 부산지법 가정법원 소년부 천종호 판사가 2010년 촉법소년 범죄에 대한 보호처분만으로 재범을 방지할 수 없다는 취지에서 만들어 현재 시행되고 있다.

현재 사법형그룹홈의 운영상 문제는 2014년 8월 기준 전국 14개소로 촉법소년 범죄자 결손가정 대비 턱없이 부족한 실정이며, 1인당 지원금액도 월40만원으로 턱없이 부족한 실정이므로 확대할 필요가 있다.[32] 특히 경남과 부산지역에서만 활성화가 되고 있고, 타 지역에서는 아직 활성화가 되지 못하고 있는 실정이다. 그 이유는 재정적 지원이 이루어지지 않아 운영자가 운영하는 데 많은 어려움이 있기 때문이다.

사법형그룹홈에 거주하는 청소년을 대상으로 필자가 직접 인터뷰를 한 결과 현재 범죄를 저지를 생각이 나지 않는다고 할 정도로 이 곳 생활에 만족하고 있다고 한다. 천종호 판사에 의하면 “사법형그룹홈에 거주하는 동안 재범이 전혀 일어나지 않을 정도로 좋은 역할을 하고 있는 곳”이라고 하고 있다. 하지만 위탁기관을 이탈하거나 출소 후에는 〈표 4-3〉과 같이 재비행을 하고 있다.

〈표 4-3〉 퇴소자 재비행률 현황(2010. 11. 01.~2013. 11. 30.)

구 분	인 원(명)	재비행 인원(명)	재비행률(%)
중도이탈	5명	5명	100
6개월 만기 퇴소	12	6	50
1년 만기 퇴소	18	5	27.7
만기 전 병영 입소	1	0	0
합 계	36	16	44.4

출처 : 살롬센터 위탁

사법형그룹홈의 역할로 비행예방에 많은 효과가 있음에도 불구하고 법적·제도적으로 재정적 지원이 어려워 운영자는 사비 및 각종 후원금을 이용하여 운영하고 있는 실정이다. 따라서 적정한 재정적 지원을 통해 가정으로 돌아갈 수 없는 많은 비행청

32) 상세한 내용은 2014. 08. 24. MBC 시사매거진 2580 참조.

소년이 수혜를 받을 수 있도록 해야 한다. 이를 위해서는 아동보호법이 제정되어야 하는데, 아직 국회에 계류 중에 있어 재정의 사각지대에 놓여 있는 상황이다. 사법형 그룹홈을 운영하고 있는 대다수의 주체가 기독교인이 운영하고 있고, 재정적 어려움에도 불구하고 물심양면으로 헌신하고 있다.

2. 촉법소년의 책임무능력 판단기준 변경

촉법소년의 기준이 현재 획일적으로 호적상 연령이 아닌 실제연령을 기준으로 10세 이상 14세 미만자로 규정하고 있다(형법 제9조, 소년법 제4조 제1항). 촉법소년은 “책임 없으면 형벌 없다”는 원칙에 근거하여 비난가능성의 결여로 처벌이나 보안처분은 할 수 없고, 단지 보호처분만 할 수 있을 뿐이다.

헌법재판소는 “일정한 정신적 성숙의 정도와 사물의 변별능력이나 행동통제능력의 존부·정도를 각 개인마다 판단·추정하는 것은 곤란하거나 부적절하므로 일정한 연령을 기준으로 하여 일률적으로 형사책임연령을 정한 것은 합리적인 방법으로 보인다“라고 하며 지지하고 있다.[33] 이런 논리로 접근한다면 문제는 범죄행위능력이 충분하고, 범죄사실을 인식함에도 불구하고 책임무능력자가 되어 처벌이나 보안처분이 되지 않는 한계가 발생할 수 있으므로 절대적 책임무능력자로 인정하기보다는 상대적 책임무능력자로 인정하여 경우에 따라 형벌의 책임을 물을 수 있도록 촉법소년을 대상으로 심리 전문가, 의학 전문가, 교육 전문가 등이 책임능력판단위원회를 구성하여 책임무능력자의 판별기준을 만들고, 이를 토대로 감정인의 일정한 심리테스트를 거쳐 인지능력을 확인한 후 이에 따라 책임무능력자로 판단하는 것이다.[34]

스위스 형법에는 책임무능력자에 대한 연령규정이 없고, 행위자의 책임능력을 의심할만한 정당한 사유가 있는 경우에는 수사기관 또는 법원이 감정인에게 감정을 명하고(동법 제20조), 행위 시에 자신의 행위가 불법을 인식할 능력을 결하거나 이러한 인식에 따라 행위능력을 결여한 자는 벌하지 아니한다(스위스 형법 제19조 제1항). 이처럼 감정인의 판단여부에 따라 책임무능력 여부를 결정하고 있다.

형사미성년자의 연령을 현 14세 미만에서 13세 혹은 12세 미만으로 낮추는 방법도 검토할 수 있다. 그러나 문제는 낮춘 연령에서 또 다시 범죄가 일어난다면 그 때 또

33) 헌재 2003. 9. 25 2002헌마533.
34) 이동임, 전개논문, 237~238면.

다시 연령을 낮추는 행위를 반복할 것이다.[35] 독일의 경우 형사미성년자를 14세 미만으로 하고 있고(독일 형법 제19조), 일본 또한 14세 미만자의 행위는 벌하지 않는다(형법 제41조). 일본은 14세를 충족하지 못하는 소년사건에서는 특별히 필요하다고 인정하는 경우에 한해 제3호의 보호처분[36]을 할 수 있다고 규정하고 있다(소년법 제24조). 따라서 필자는 종합적으로 판단하건데 형사책임무능력자의 연령을 낮추는 것은 바람직하지 않다고 판단된다.

3. 구금피해 최소화 방안

단기 보호처분을 받는 비행청소년에 대해서는 낙인피해를 최소화할 수 있는 범위 내에서 자유제한의 고통을 가할 수 있도록 해야 한다. 비행청소년에 대한 처벌은 학업중단, 학교 소속감 결여, 낙인 등으로 심한 정신적 충격이 수반되어 자살로 이어질 수 있는 만큼, 부작용을 최소화해야 한다. 따라서 구금이라는 본질적 내용은 충실하면서 사회 내 처우를 해야 한다. 이를 위한 방안으로 평소에는 학교생활을 하고, 방학기간 동안 소년원에 수용시켜 자유를 제한한다면 부작용을 최소화하면서 구금의 효과를 기대할 수 있다. 이때 소년원의 구금시설은 소년교도소와 같은 형태로 하여 짧은 기간이지만, 엄격한 자유제한을 한 번 경험해 봄으로써 형벌의 고통을 느낄 수 있도록 하는 것이다.[37]

4. 감옥체험

소년원이나 소년교도소에 수감되지 않고 보호처분만을 받은 비행청소년에 대해서는 청소년범죄예방센터에 마련되어 있는 감옥체험을 하도록 하여 자유제한이 얼마나 무서운가를 직접 경험할 수 있도록 해야 한다.[38] 감옥체험은 실제 감옥생활을 경험하기

35) 이덕인, “형사책임연령 하향에 대한 비판적 고찰-형사미성년과 촉법소년을 중심으로”, 형사정책연구 제23권 제1호, 한국형사정책연구원, 2012, 26면.

36) 제3호의 보호처분은 ①보호관찰소의 보호관찰을 할 것, ②아동자립지원시설 또는 아동양육시설에 송치할 것, ③소년원에 송치할 것 등이다.

37) 이동임, 전게논문, 239면.

38) 이동임, 전게논문, 242면.

때문에 10~11세는 정신적 미성숙으로 정신적 충격을 유발하여 트라우마로 이어질 수 있으므로 시행을 자제해야 하고, 12~13세의 촉법소년에 대해서는 1일 정도 실시하여 '감옥충격'을 경험하도록 해야 한다.[39] 현재 보호처분 중 8호 처분으로 1개월 이내의 초단기 소년원 송치처분이라는 보호처분을 통해 인성교육 위주의 단기 교육 프로그램을 운영하고 있다. 프로그램 운영기관은 대덕소년원(남자), 청주소년원(여자), 제주소년원 등 3개 기관이며, 법원에서 소년원 입교일자를 정해줄 경우 소년이 자발적으로 소년원에 입교하여 교육에 참여한다. 교육기간은 4주이고, 총 교육시간은 140시간으로 기본교육 이외에 소년을 비행유형별로 분류하여 실시하는 전문교육, 체험활동, 상담프로그램을 통해 자기관리 및 통제능력을 향상시켜 재비행을 예방하도록 지도하고 있다[40]

5. 병영캠프

보호처분에 '병영캠프(Boots Camp) 훈련 참가'라는 처분을 추가하여 일정기간 프로그램 훈련에 참가하게 하여 인내력, 분노조절, 충동조절 등을 강화시켜 재범의 유혹에 쉽게 넘어가거나 물들지 않도록 해야 한다.[41] 비행청소년은 상대적으로 성인에 비해 인내력이 부족한 만큼 인내력 강화훈련을 통해 인내력과 각종 충동조절능력을 향상시켜 범죄근절을 유도하는 것이다.

병영캠프는 군대 내 유격훈련장을 이용하고, 훈련조교는 군대 조교를 활용하며, 훈련기간은 5박6일 정도로 하여 보호처분 대상자를 훈련시키는 것이다. 교육 시 우수한 성적으로 수료한 비행청소년에 대해 포상금을 지급한다면 열심히 훈련할 수 있도록 하는데 동기부여가 될 것이다. 강한 정신력을 통한 인내는 힘든 훈련을 통해 얻는 만큼 고통이 뒷받침 되지 않고서는 이루어질 수 없는 것이다.

39) 이동임, 상게논문, 242면.
40) 오영희, 소년보호제도의 최근 동향 및 발전방안-법무부 소년보호기관을 중심으로, 범죄학연구 제4권 제1호, 한국범죄학회, 2010, 98면.
41) 이동임, 전게논문, 243면.

6. 자원봉사자와 1:1 결연관계

소년범죄는 사회적 미성숙에서 비롯된다는 점은 쉽게 범죄로 이어질 수도 있지만 반대로 쉽게 벗어나게 할 수 있다는 점을 고려할 필요가 있다.[42] 이를 위한 방안으로 한 가지 제언한다면 결손가정의 비행소년에 대해서는 자원봉사자와 1:1 결연관계를 맺게 하여 정서적·사회적 지지와 격려를 제공할 수 있도록 정부 및 민간단체의 지원이 확대되어야 한다. 현재 위탁보호위원을 통해 정신적 지원을 하고 있지만 기간이 6개월로 제한되어 있다. 이렇게 한다면 6개월 후에는 사후관리가 필요하지만 사실상 할 수 없는 구조로 되어 있다. 따라서 고등학생이라면 졸업을 할 때까지 종합적으로 관리하여 더 이상의 범죄로부터 원천적으로 봉쇄를 시켜야 한다. 학교 다니는 것을 거부하거나 형편상 다니지 못하고 방황하는 소년들을 위해 배움의 기회를 주어 스스로 진로를 선택하고 꿈을 이룰 수 있도록 국가적 배려가 이루어져야 한다. 한 가지 대안으로 기숙형 직업학교를 만들어 훈련을 시키고 수료 후 취업알선까지 해 주어야 한다.[43] 특히 촉법소년 범죄에 대해 법적으로 풀어놓고, 범죄의 잘못을 깨닫지 못한 상태에서 재범으로 이어질 때까지 방치해서는 안 된다.[44] 자원봉사자와의 1:1멘토를 통해 어렵거나 힘들 때 큰 버팀목이 될 소 있도록 해야 한다. 비행청소년은 상대적으로 성인에 비해 정신적 미성숙으로 쉽게 범죄에 물들 수 있고, 이를 통해 범죄행위로 나아가는 경우가 많이 발생하고 있으므로 이를 적극적으로 방어할 수 있는 에너지원을 제공한다면 범죄의 유혹에서 벗어날 수 있을 것이다.

7. 인성교육인증제

인성교육의 중요성이 부각되고 있고, 이를 바탕으로 입시위주의 교육과 동시에 인성교육을 강화해야 한다. 그냥 인성교육을 강화하라고 하면 일선 학교에서는 등한 시 할 가능성이 높기 때문에 약간의 강제성을 띄면서 이루어질 수 있도록 해야 한다. 이를 위한 방안으로 인성교육인증제를 통해 지·덕·체·법 등을 교육하도록 하고, 이러한

42) 이수현, "소년의 보호처분에 관한 연구", 법학연구 제35집, 한국법학회, 2009, 338면.
43) 이용학, "소년위탁보호 문제점", 2015년 한국교정복지학회 하계학술대회자료집, 한국교정복지학회, 2015, 7면.
44) 이동임, 전게논문, 244면.

교육실태를 교육청에서 담당자의 실사를 통해 일정한 조건을 충족했을 때 인성교육인정증을 부여함과 동시에 인센티브도 지급하도록 하는 것이다.[45] 중요한 것은 인성교육인증제를 통해 매년 주기적인 실사를 행하여 일회성이 아닌 지속적인 실천력을 높일 수 있도록 해야 한다.

인성교육은 인간의 본성은 항상 선과 악이 존재하는 만큼 선을 많이 행할 수 있도록 밑거름을 제공하는 것이다. 선과 악이 공존하는 과정에서 선이 악을 누르지 못하면 악이 활개를 치는 사회가 될 수 있다. 특히 묻지마 범죄가 심심치 않게 발생하고 있는 이유는 인성교육의 부족에서 비롯된다고 할 수 있다. 이런 범죄는 예측이 불가하여 범죄를 예방할 수 없고, 국민들은 두려움에 휩싸이게 하는 범죄임에는 틀림없다. 인성교육은 학교에서만 가르쳐서는 안 되고, 부모 또한 자식이 올바른 자아가 형성될 수 있도록 가르쳐야 한다. 이런 교육을 하기 위해서는 먼저 참스승, 참부모의 역할을 할 수 있도록 교사 및 부모가 전문가로부터 인성교육을 의무적으로 받도록 해야 한다. 그 이유는 학생들과 자식들의 인성교육을 어떻게 접근해야 하는지 등을 전문가를 통해 지식을 습득했을 때 실효성 있는 인성교육을 할 수 있기 때문이다.

8. 부모교육 프로그램 운영

(1) 부모의 이혼감소 프로그램 운영

소년 비행은 가정폭력, 알코올 중독, 빈곤, 재혼 문제, 자녀학대, 외도문제 등으로 인해 부부간 갈등이 발생하고, 갈등을 다양한 방법으로 슬기롭게 해소하지 못해 결국 이혼으로 이어지고 있다. 이혼은 미성년 자녀가 없는 경우에는 그다지 큰 문제가 되지 않지만 미성년 자녀가 있는 이혼이 〈표 4-4〉와 같이 49.5%에 이른다. 문제는 미성년 자녀가 있는 가정에서 청소년 비행으로 이어질 가능성이 많은 것이다. 따라서 결혼 전에 반드시 부모가 되기 위한 조건이나 부모가 된 후 부모의 역할 등에 대해 교육하여 이혼을 방지할 수 있는 방안의 모색이 필요하다.

45) 인성교육인증제에 대한 상세내용은 이동임, 전개논문, 244~245면 참조.

〈표 4-4〉 미성년 자녀 유무별 이혼 건수 및 구성비 단위 : 천 건, %

연 도		2010	구성비	2011	2012	2013	2014	구성비	전년대비 증감률
계(미상포함)		116.9	(100.0)	114.3	114.3	115.3	115.5	100.0	0.2
미성년자녀 있음		62.9	(53.8)	60.1	60.3	59.0	57.2	49.5	-3.1
	1명	30.0	(25.6)	29.0	29.9	30.1	30.0	25.9	-0.5
	2명	28.3	(24.2)	26.7	26.2	24.7	23.3	20.2	-5.4
	3명이상	4.6	(3.9)	4.4	4.1	4.2	3.9	3.3	-8.4
미성년자녀 없음		53.7	(33.4)	53.9	53.7	56.1	58.1	50.3	3.5

출처 : 통계청 2014년 혼인·이혼 통계 보도자료

이를 위한 방안으로 두란노 아버지학교에서 실시하고 있는 아버지교육을 통해 아버지의 역할, 사명, 영향력,[46] 남성성 등을 교육하여 아버지로서 나아가야할 방향을 제시하여야 한다.[47] 가족 교육 프로그램으로 먼저 부모와 자식 간의 관계형성이 얼마나 중요한지를 인식할 수 있도록 해야 한다. 다음으로 아내와의 대화기법을 터득하게 하여 갈등상황이 발생하더라도 대화를 통해 슬기롭게 해결될 수 있도록 하여 소위 성격차이로 이혼하는 것을 방지해야 한다. 대화기법은 남녀 간의 차이를 이해하고 배려하는 마음가짐에서 출발하기 때문에 의사소통의 장애를 막을 수 있는 밑거름으로 작용하여 부부간 감정대립의 발생을 상당부분 완화시킬 수 있다. 대화기법의 실천을 위해서는 이론교육만으로는 될 수 없고, 언어학을 통해 의사소통의 부재를 실제 담화를 통해 해결되어야 한다.[48] 이를 위해서는 많은 부부의 참석을 유도하고 부득이 참석을 할 수 없는 상황이라면 주말 운영제도를 마련해서라도 많은 가족이 동참하여 실천력을 높일 수 있도록 해야 한다.[49]

46) 아버지가 올바른 영향력을 행사하기 위해서는 첫째, 아버지가 결속기능을 잘하면 자녀들의 소속감을 강화시키고, 올바른 가치관을 형성하며, 자신감을 갖게 된다. 둘째, 자녀들을 어떤 시련과 고난이 닥치더라도 사랑으로 대해야 한다. 셋째, 자녀가 마땅히 가야할 길을 가길 원한다면 아버지가 먼저 그 길을 가야 한다. 넷째, 자녀를 잘 양육해서 사회로 첫발을 잘 디딜 수 있도록 해야 한다(김성욱, "아버지의 영향력", 교회와 상담교육, 2003, 71면).

47) 허용조, 아버지! 제가 아버지입니다, 두란노 아버지학교 운동본부, 2010, 2면 이하.

48) 이유미, "부부 의사소통의 특징", 화법연구 Vol.6, 한국화법학회, 2003, 77면.

49) 이창덕, "한국 가족의 의사소통 문제와 개선방안", 화법교육문제, 2006, 381면.

(2) 비행책임 강화 교육

소년법 제32조의 2에서는 “소년부 판사는 가정상황 등을 고려하여 필요하다고 판단되면 보호자에게 소년원, 분류심사원 또는 보호관찰소 등에서 실시하는 소년의 보호를 위한 특별교육을 받을 것을 명할 수 있다”라고 규정하고 있으며, 교육의 실효성 확보를 위해 동법 제71조에서는 “보호자가 정당한 이유 없이 특별교육명령에 응하지 아니하면 100만 원 이하의 과태료를 부과한다”라고 규정하여 교육에 대한 수강을 강제하고 있다. 중국은 16세 미만자에 대해 형벌을 부과하지 않는 경우에는 가장 또는 관리하는 감독자에게 교육을 명하고, 필요한 때에는 정부주도하에 이들을 수용해서 교정할 수 있다.[50] 영국은 2003년 자녀의 반사회적 행동에 부모의 책임을 물을 수 있도록 하는 반사회적 행동방지법(Anti-social Behaviour Act)을 만들어 시행하고 있으며, 이법 18조 4항 a에서는 양육명령을 통해 부모에게 12개월을 넘지 않는 범위 내에서 준수사항을 순서대로 지정하고 있다. 동조 동항 b는 3개월을 넘지 않는 범위 내에서 상담 및 교육프로그램을 받도록 규정하고 있다. 이를 통해 자식의 비행에 대한 책임이 일정부분 부모에게 있기 때문에 부모책임을 강화할 수 있도록 보호관찰소 등에서 일정기간 교육 및 상담을 강제하여 부모로서의 역할을 충실히 이행할 수 있도록 교육 및 상담을 해야 한다. 물론 하루 일해서 하루를 먹고 사는 부모를 위해 국가에서 교육기간 동안 일당을 주고서라도 교육은 필수적으로 이수할 수 있도록 해야 한다. 고착화된 사고를 유연하게 하기 위한 방법으로 교육이 이루어지지 않고 변화를 기대하는 것은 불가능하다.

특히 가출청소년의 비행은 가출자인 청소년의 문제라기보다는 가출을 할 수밖에 없는 상황으로 몰고 간 부모의 책임이 더 크다고 볼 수 있다. 따라서 가출에 대한 해답은 부모에게 있기 때문에 가출이 재발되지 않도록 근본적인 치료를 통해 해결해야 한다. 이러한 치료를 하기 위해서는 부모의 다양한 유형의 갈등으로 발생하고 있는 청소년 가출문제를 해결하기 위해서는 이 문제를 잘 알고 있는 정신과 의사, 가족 전문가 등이 개입하여 상황에 맞는 적절한 상담기법을 통해 해결하는 것이 중요하다.[51]

---

50) 盧 建平/譯 板口一成, 少年犯罪に対する刑事政策の総体的整備, The Hokkaido law review 60(6), 北海道大学大学院法学研究科, 2010, 222頁.

51) 박혜영, 전게 자료집, 55면.

05장 청소년과 학교폭력

제1절 학교 폭력의 개념

학교폭력이란 학교 내외에서 발생하는 폭력행위이다. Hans Tiersch는 폭력을 유형, 무형의 힘이 사람의 신체 혹은 정신, 심리, 물건 등의 대상에 행사되는 모든 행위를 지칭하는 것으로 정의하고, 폭력의 유형을 크게 물리적 폭력, 심리적 폭력, 구조적 폭력의 세 가지 형태로 구분하고 있다.(이민희 외, 1998:29). 물리적 폭력이란 신체에 직접 폭력이 행해지는 것, 신체적 괴롭힘, 신체적 불쾌감을 유발하는 행위 등을 말하며 심리적 포격이란 언어적, 상황적 협박과 강요, 고립시키거나 모욕을 주는 일, 두려움을 주는 일, 좌절감을 주는 일 등을 말한다. 또한 구조적 폭력은 주어진 주변 사회 및 장녀환경으로부터의 삶의 위협, 강압적 사회관계 및 제도와 상호 인간관계로부터 받는 심한 갈등을 말한다(홍봉선·남미애, 2014:374). 학교폭력의 경우 신체적 괴롭힘인 물리적 폭력이 주된 형태로 나타나지만 학교폭력을 물리적 폭력으로만 한정하기에는 그 양상이 너무 다양하며, 범위 또한 너무 넓다. 따라서 학교폭력이란 학교 내외에서 발생하는 물리적 폭력, 심리적 폭력, 구조적 폭력 모두를 포괄한다고 볼 수 있다.

한상철(2004)은 학교폭력 정의가 가해자 중심의 사회적 문제행동으로 보고 있으며 가해자가 의도하지 않았다면 폭력이 되지 않는다고 볼 수 있다는 맹점이 있음을 지적하면서 학교폭력을 피해청소년의 관점에서 해석할 필요가 있다고 주장한다. 즉 가해자의 행위나 연령, 장소 등과 관계없이 폭력 피해자가 청소년일 때 청소년폭력이 성립되며, 피해 청소년이 타인의 부당한 행위에 의해 신체적 및 인격적 손상을 경험했거나 지위 및 건강의 상실을 경험하였거나 정신적 장애와 부적응을 경험하게 되었다면 이것이 곧 청소년폭력이라는 것이다. 즉 폭력피해자의 주관적인 관점에서 학교폭력을 이해하여야 한다는 시각이다. 결국 이 시각은 어떠한 경우에도 폭력은 정당화될 수 없음을 보여주는 것이라 할 수 있다(한국청소년상담원, 2005:12).

한편 천정환(2006)은 학교폭력의 개념을 학교구성원들이 학교 안팎에서 다른 학교구성원들에게 지속적으로 가하는 의도적인 모든 형태의 폭력이라고 정의하고 있다.

학교폭력의 주체와 객체를 학교 내외의 학생이라고 한정한 다른 학자들과의 개념과는 다르게 학교 내외의 학생 뿐 아니라 교사나 행정직원, 방호원 10급 기능직 구성원 등 학교와 관련되는 모든 살마들을 학교폭력의 가해자 또는 피해자로 개념을 외열화시켰고 또한 상징적 폭력을 학교폭력에 포함시켰다(천정환, 2013:21)

2012년 5월부터 시행된 학교폭력예방 및 대책에 관한 법률 제2조에서는 "학교폭력"이란 학교 내외에서 학생을 대상으로 발생한 상해, 폭행, 감금, 협박, 약취 · 유인, 명예훼손 · 모욕, 공갈, 강요 · 강제적인 심부름 및 성폭력, 따돌림, 사이버 따돌림, 정보통신망을 이용한 음란·폭력 정보 등에 의하여 신체·정신 또는 재산상의 피해를 수반하는 행위를 말한다. 여기에서 "따돌림"이란 학교 내외에서 2명 이상의 학생들이 특정인이나 특정집단의 학생들을 대상으로 지속적이거나 반복적으로 신체적 또는 심리적 공격을 가하여 상대방이 고통을 느끼도록 하는 일체의 행위를 말한다. 또한 "사이버 따돌림"이란 인터넷, 휴대전화 등 정보통신기기를 이용하여 학생들이 특정 학생들을 대상으로 지속적, 반복적으로 심리적 공격을 가하거나, 특정 학생과 관련된 개인정보 또는 허위사실을 유포하여 상대방이 고통을 느끼도록 하는 일체의 행위를 말한다고 되어 있다.

제2절 학교 폭력의 유형

학교폭력 사안대응 기본지침(교육과학기술부, 2012:1-3)에 따르면 학교폭력의 유형은 신체적 폭력, 언어적 폭력, 금품갈취·강요, 따돌림, 성폭력, 사이버폭력으로 구분된다.

신체적 폭력으로는 일정한 장소에서 쉽게 나오지 못하도록 하는 행위(감금), 신체를 손, 발로 때리는 등 고통을 가하는 행위(상해, 폭행), 강제(폭행, 협박)로 일정한 장소로 데리고 가는 행위(약취), 상대방을 속이거나 유혹해서 일정한 장소로 데리고 가는 행위(유인) 등이며 장난을 빙자해서 꼬집기, 때리기, 힘껏 밀치는 행동 등도 상대학생이 폭력행위로 인식한다면 이는 학교폭력에 해당된다.

언어적 폭력으로는 여러 사람 앞에서 상대방의 명예를 훼손하는 구체적인 말(성격, 능력, 배경 등)을 하거나 그런 내용의 글을 인터넷, SNS 등으로 퍼뜨리는 행위(명예

훼손)로 내용이 진실이라고 하더라도 범죄이고, 허위인 경우에는 형법상 가중 처벌된다. 그리고 여러 사람 앞에서 모욕적인 용어(생김새에 대한 놀림, 병신, 바보 등 상대방을 비하하는 내용)를 지속적으로 말하거나 그런 내용의 글을 인터넷, SNS등으로 퍼뜨리는 행위(모욕), 신체 등에 해를 끼칠 듯한 언행(죽을래 등)과 문자메시지 등으로 겁을 주는 행위(협박) 등이 이에 언어적 폭력에 해당된다.

금품갈취, 강요는 돌려 줄 생각이 없으면서 돈을 요구하는 행위, 옷, 문구류 등을 빌린다며 되돌려주지 않는 행위, 일부러 물품을 망가뜨리는 행위, 돈을 걷어오라고 하는 행위, 속칭 빵 셔틀, 와이파이 셔틀, 과제 대행, 게임 대행, 심부름 강요 등 의사에 반하는 행동을 강요하는 행위(강제적 심부름), 폭행 또는 협박으로 상대방의 권리행사를 방해하거나 해야 할 의무가 없는 일을 하게 하는 행위(강요) 등이며, 속칭 바바리맨을 하도록 강요하는 경우, 스스로 자해하거나 신체에 고통을 주는 경우 등이 강요죄에 해당된다.

따돌림으로는 집단적으로 상대방을 의도적이고, 반복적으로 피하는 행위, 싫어하는 말로 바보취급 등 놀리기, 빈정거림, 면박주기, 겁주는 행동, 골탕 먹이기, 비웃기, 다른 학생들과 어울리지 못하도록 막기 등이 있다.

성폭력은 폭행·협박을 하여 성행위를 강제하거나 유사 성행위, 성기에 이물질을 삽입하는 등의 행위, 상대방에게 폭행과 협박을 하면서 성적 모멸감을 느끼도록 신체적 접촉을 하는 행위, 성적인 말과 행동을 함으로써 상대방이 성적 굴욕감, 수치감을 느끼도록 하는 행위 등이다.

사이버폭력으로는 특정인에 대해 모욕적 언사나 욕설 등을 인터넷 게시판, 채팅, 카페 등에 올리는 행위, 특정인에 대한 허위 글이나 개인의 사생활에 관한 사실을 인터넷, SNS, 카카오톡 등을 통해 불특정 다수에 공개하는 행위, 성적 수치심을 주거나, 위협하는 내용, 조롱하는 글, 그림, 동영상 등을 정보통신망을 통해 유포하는 행위, 공포심이나 불안감을 유발하는 문자, 음향, 영상 등을 휴대폰 등 정보통신망을 통해 반복적으로 보내는 행위 등이다.

제3절 학교 폭력의 원인

학교 폭력의 원인은 다양하지만 개인적, 가정적, 학교 환경적 차원에서 살펴보면 다음과 같다.

1. 개인적 요인

청소년기는 발달과정에서 가장 큰 변화를 경험하는 시기이다. 청소년기의 신체적 변화는 매우 극적이며 그 속도 또한 매우 빠르다. 청소년은 이러한 급격한 신체발달로 인하여 아동도 아니고 성인도 아닌 주변인의 입장이 되어 심리적 갈등을 심하게 겪게 된다. 신체적인 모습은 성인과 비슷하지만 심리적 발달은 아동의 수준을 크게 벗어나지 못하기 때문에 신체적, 심리적 불균형이 생기게 된다. 이에 따라 충동성이 두드러지게 나타나며 자기 제어력이 약해서 일탈행위나 의외의 행동이 표출될 수 있다. 이러한 청소년기에 발견되는 역할갈등과 정체위기로 인한 정서적 불안전성, 독립과 의존의 갈림길에서 느끼는 방황 그리고 여러 가지 사춘기의 독특한 발달 심리적 특성들이 청소년 폭력을 일으키는 요인들이라 할 수 있다(최원석 외, 2012:269).

또한 폭력행위를 하는 학생들은 일종의 열등의식을 가지고 있다고 한다. 즉 청소년기는 다른 사람에게서 자신의 능력을 인정받으려 하고 자신의 정체감을 세워가는 시기이므로 열등의식을 가지고 있는 청소년은 매우 사소한 이로도 자존감을 침해받는다. 열등의식을 가지고 있는 청소년들은 폭력을 행사함으로써 자신의 자존심을 회복하려는 경향이 있다고 한다(한국청소년연구원, 1990; 홍봉선 · 남미애, 2014:378 재인용).

2. 가정적 요인

가정은 사회화의 주관자로서의 역할을 수행하는 중요한 준거집단이기 때문에 청소년의 성장, 발달 과정에 절대적인 영향을 미칠 뿐 아니라 사회의 문화전달기능, 가족보호기능, 교육기능 등을 수행하기도 한다. 이러한 중요한 역할과 기능을 가진 가정이 핵가족화, 결손가정 및 이혼율의 증가, 여성의 사회적 진출, 사족생활 공간의 협소화 등으로 인해 사실상 집은 있으나 가정은 없는 경우가 되고 말았다. 따라서 과거 전통사회에서의 가정이 담당하던 예절이나 도덕교육은 기대하기 어렵게 되었으며 특히 대가족 사회에서의 가족 구성원간의 역할분담에 의해 학습되어 오던 사회성이나 대인관계에 대한 교육은 거의 불가능한 실정이라 할 수 있다(한국청소년개발원, 1996:263).

학교폭력의 가정적 요인으로는 가정폭력과 결손가정 문제를 들 수 있다. 가정폭력이란 가정 내에서 발생하는 모든 폭력을 의미하는 것으로 주로 가정에서의 약자인 아내, 아동 노인 등이 그 희생자가 된다. 가정에서의 폭력경험은 폭력을 정당화해 주는 규범을 내면화하는데 기여하게 되므로 공격적 행동으로 쉽게 표출된다. 특히 갈등상황에서 부모들이 어떻게 대처하고 문제를 해결하는가 하는 것은 자녀의 문제해결 능력이나 방식을 결정하는 중요한 요인으로 작용한다. 자신의 욕구가 충족되지 않을 때 쉽게 폭력을 행사하는 청소년 뒤에는 성숙하고 바람직한 갈등처리 방법을 가르쳐 주지 못한 부모가 있고, 그 부모 역시 자신의 부모로부터 폭력이나 폭행 등 학대를 받고 자라온 경우가 대부분이다. 한 마디로 폭력이 행해지고 폭력행사를 용인하는 가정 분위기에서 자란 청소년은 폭력의 희생자인 동시에 가해자가 되는 것이다. 다음으로 결손가정의 경우 구조적 결손가정과 기능적 결손가능으로 대별된다. 이 중에서 학교폭력을 유발하는데 보다 결정적인 영향을 미치는 가정은 부모의 사망이나 이혼 등으로 인하여 양친이나 부모 중의 한 분이 없는 구조적 결손가정이 아니라 양친의 불화, 갈등, 방임 및 가정의 부도덕 등으로 인하여 가정의 본질적인 기능인 적절한 보호와 정서적 안정이 결여되어 있는 기능적 결손가정이다. 사람은 누구나 비행이나 일탈 공격성에 대한 욕구가 잠재해 있다. 다만, 어떠한 부모 밑에서 자랐으며 어떠한 가정에서 사회화 과정을 밟았느냐에 따라 청소년의 폭력요인이 크게 좌우된다(청소년폭력예방재단, 1996; 홍봉선·남미애, 2014:380 재인용).

3. 학교 환경적 요인

학교환경적 요인으로 먼저 입시위주의 교육이 갖는 악영향을 들 수 있다. 대학진학을 위한 입시위주의 현재의 교육방향과 학벌과 학력만을 중시하는 사조는 학교교육을 전인교육이 아닌 입시위주의 교육으로 치닫게 하였다. 이로 인하여 성장과정과 가정환경, 지능, 학습동기가 다양한 각계각층 학생들의 전반적인 지적 수준의 발전이 아닌 지능이 뛰어난 일부 학생들의 지도에 역점을 둠으로써 학습이 지진하고 상급학교에의 진학을 원치 않는 학생들에게는 학습에 대한 좌절감과 이로 인한 학교에 대한 혐오감을 가져다줌으로써 정서적 불안정을 유발하고 급기야는 등교 거부, 학교 부적응 행동, 폭행 등을 야기시킨다(홍봉선 외, 2010:302).

학교사회복지사의 부재 또한 학교환경적 요인으로 들 수 있다. 현행과 같은 교육제도 내에서 생기는 다양한 문제를 해결할 학교사회복지사가 배치되지 않는다는 것이다. 누구든 잘못을 저지를 수 있으며 만약 학칙을 어겼다면 그에 상응하는 처벌을 받는 것은 당연하다. 그러나 그러한 처벌이란 교육적 목적에 의해 행해져야 하며 단지 잘못한 것을 벌주는 차원이 아리나 그러한 문제를 일으키지 않도록 막고 잘못된 부분을 고치는 일 등은 가장 우선적으로 고려되어야 한다. 그러기 위해서는 학생 개인의 특성이나 그를 둘러싼 환경에 대한 명확한 이해와 분석이 필요하며 그에 따른 대응책이 필요하다. 그런 점에서 현재 학교 내에서 일어나는 학생들의 심리 사회적인 문제에 대해 보다 전문적으로 예방, 치료하는 전문가인 학교사회복지사가 신속히 배치되어야 한다(홍봉선·남미애, 2014:381).

이러한 개인적, 가정적, 학교 환경적 요인 이외에 학생을 중심으로 교사, 학부모, 외부환경 등과 관련하여 학교폭력의 원인을 살펴보면 다음과 같다(학교폭력근절 종합대책, 2012:4).

첫째, 학생의 인성 및 사회성 함양을 위한 교육적 실천이 미흡하다.

높은 학업성취 수준에 비해 학생들이 타인과 관계를 원만히 맺고 협력하는 사회적 상호작용 능력이 부족하다.

한국 학생의 언어적, 수학적 소양은 1-2위인 반면, 원만한 타인관계와 협력하여 일하는 능력은 22위 수준이다(여성가족부, 2010).

학업 스트레스를 해소할 수 있는 감성교육이나 신체활동 참여 기회의 기회가 부족하다. 과도한 스트레스로 인해 감정을 관장하는 뇌의 민감성이 둔화되어 소통, 감성 능력이 약화된 것이다.

둘째, 교사가 적절한 생활지도를 하기 어려운 교육 여건이다.

학교폭력의 양상이 지속적으로 변화하고 있으나, 이에 대응하여 학생을 효과적으로 지도할 수 있는 수단과 관련 제도가 미흡하다.

교사 양성-임용-연수 단계에서 생활지도에 대한 실천적 전문성을 키울 수 있는 프로그램도 부족한 것이 현실이다.

셋째, 학부모의 자녀교육에 대한 관여 부족이다.

자녀와의 대화, 학교교육 참여 기회가 부족하여 학교폭력으로 인한 이상 징후를 즉각 발견하지 못하는 경우가 빈번하다.

형제가 없는 한 자녀 가구, 맞벌이 부부가 증가하고 한국사회에 만연한 야근문화 등으로 가정에서의 돌봄 기능이 약화되었다.

넷째, 인터넷, 게임, 영상매체의 부정적 영향력이 증가하였다.

인터넷을 통하여 폭력영화, 만화 등 유해 영상매체에 접근이 용이하여 청소년들의 폭력에 대한 인식이 무뎌지는 경향이 있다.

인터넷, 게임 산업을 경제적, 산업적 관점으로만 접근하여 교육적 시각에서 심의 규제하고, 유해성을 자율 자정하려는 노력이 미흡하다.

제4절 학교폭력의 실태

교육부와 전국 시·도교육감이 공동으로 실시한 2014년 2차 학교폭력 실태조사 결과를 토대로 학교폭력 실태를 살펴보면 다음과 같다. 이 조사는 전국 초등학교 4학년부터 고등학교 2학년까지 약 434만명의 학생을 대상으로 2014년 9월 15일부터 10월 24일까지 실시된 것이다.

먼저 조사에 참여한 학생 중 학교폭력 피해를 당한 적이 있다고 응답한 학생은 48,000명으로 1.2%(남학생 1.4%, 여학생 0.9)를 차지하였다. 이는 지난 14년 1차 조사때보다 0.2% 감소한 것이며, 12년 이후로 계속 감소하고 있는 추세로 나타났다.

〈표 5-1〉 학교폭력 피해자 수 및 피해 응답률

구 분	'12년 1차	'12년 2차	'13년 1차	'13년 2차	'14년 1차	'14년 2차
피해자 수	172,000	321,000	94,000	77,000	62,000	48,000
피해 응답률	12.3%	8.5%	2.2%	1.9%	1.4%	1.2%

초중고 학생별로 구분해서 살펴보면, 초등학생의 경우 1.8%, 중학생 1.1%, 고등학생의 경우 0.6%로 2012년 이후 계속 감소하고 있는 추세로 나타났으며 특히 초등학생의 경우 지난 14년 1차때 보다 0.6%로 중고생들보다 감소률이 높게 나타났다.

〈표 5-2〉 초중고 학생별 학교폭력 피해 응답률

피해응답률(%)	'12년 1차	'12년 2차	'13년 1차	'13년 2차	'14년 1차	'14년 2차
초	15.2	11.1	3.8	2.7	2.4	1.8
중	13.4	10.0	2.4	2.0	1.3	1.1
고	5.7	4.2	0.9	0.9	0.6	0.6

피해유형별(중복응답)로는 전체적으로 언어폭력이 35.4%, 집단따돌림이 16.8%, 폭행이 11.8%, 스토킹이 10.1%, 사이버 괴롭힘이 9.9%, 금품갈취가 7.6%, 강제심부름이 4.4%, 추행이 4.0% 순으로 발생했다.

성별로 살펴보면 남학생의 경우는 폭행, 스토킹, 금품갈취의 상대적으로 비중이 높았고, 여학생의 경우는 집단따돌림, 사이버 괴롭힘 비중이 상대적으로 높게 나타나 성별에 따라 피해유형 간 비중이 다르게 나타났다.

〈표 5-3〉 학교폭력 피해 유형별 비율

구분	언어폭력	집단따돌림	폭행	스토킹	사이버괴롭힘	금품갈취	강제심부름	강제추행
남	34.	13.8	15.5	11.4	6.0	8.9	5.2	5.0
여	37.8	22.3	5.0	7.7	17.0	5.2	2.9	2.1
계	35.4	16.8	11.8	10.1	9.9	7.6	4.4	4.0

초중고 학생별로 학교폭력 피해유형별 비율을 살펴보면, 초중고 모두 언어폭력, 집단 따돌림, 폭행 순으로 비율이 높게 나타났다. 다음으로는 초등학생의 경우 스토킹의 비중이 상대적으로 높게 나타났으며 중학생의 경우 사이버 괴롭힘과 금품갈취가 그리고 고등학생의 경우 사이버 괴롭힘과 스토킹이 상대적으로 높게 나타났다.

〈표 5-4〉 초중고 학생별 학교폭력 피해유형별 비율

구분	언어폭력	집단따돌림	폭행	스토킹	사이버괴롭힘	금품갈취	강제심부름	강제추행
초	35.8	18.0	12.0	11.6	8.7	6.1	3.7	4.0
중	34.2	16.2	11.7	8.5	11.0	9.4	4.9	4.0
고	37.5	13.7	11.3	9.2	10.7	7.6	5.5	4.4

가해자의 학교 및 학년을 살펴보면, 동학교 동학년이 가장 많은 비유로 72.1%를 차지하고 있다. 동학교 동학년이 13년 2차에서는 73.3%, 14년 1차에서는 68.9%로 1학기 피해경험이 반영되어 1차 조사때 보다는 2차 조사에서 더 높게 나타났다.

〈표 5-5〉 학교폭력 가해자 학교 및 학년

구 분	동학교 동학년	동학교 타학년	모름	타학교 학생	비취학 또래	기타
비율	72.1	8.0	7.3	2.7	2.1	7.7

피해장소를 보면 학교 밖 장소가 25.2%, 학교 안 장소가 74.8%로 학교 안에서의 비율이 더 높게 나타났다. 학교 안에서는 교실안이 45.0%, 학교 내 다른 장소가 14.6%, 복도가 8.9% 순으로 나타났으며 학교 밖에서는 학교 밖 다른 장소가 8.2%, 사이버 공간이 7.9%, 놀이터 3.5% 순으로 나타났다.

〈표 5-6〉 학교폭력 피해장소

학교 밖	사이버 공간	놀이터	pc방, 노래방	집	학원, 학원주변	학교 밖 다른장소	계
비율	7.9	3.5	1.5	1.3	2.9	8.2	25.2
학교 안	교실안	학교내 다른장소	복도	운동장	화장실	기숙사	계
비율	45.0	14.6	8.9	3.9	1.7	0.8	74.8

학교 밖에서의 피해장소로 사이버 공간의 비중이 높은데 중학생의 경우 13년 1차에서 4.9%, 13년 2차에서 6.6%, 14년 1차에서 4.8% 그리고 14년 2차에서는 6.2%로 나타났으며 중학생의 경우 13년 1차에 10.2%, 13년 2차에 9.9%, 14년 1차에 11.2% 그리고 14년 2차에 9.8%로 나타나 초등학생의 경우 지난 조사 때보다 상승한 반면 중학생의 경우 감소한 것으로 나타났다.

〈표 5-7〉 사이버 공간에서의 학교폭력 피해 응답률

	13년 1차	13년 2차	14년 1차	14년 2차
초등학생	4.9	6.6	4.8	6.2
중학생	10.2	9.9	11.2	9.8

학교폭력 피해시간으로는 쉬는 시간이 43.3%로 가장 높게 나타났고 학교 이후가 14.1%, 점심시간이 9.2%, 정규 수업 시간이 7.8%, 학교 시간이 4.9%, 방과후 수업시간이 2.0%, 등교시간이 1.3% 순으로 나타났다.

〈표 5-8〉 학교폭력 피해시간

구분	쉬는 시간	하교 이후	점심 시간	정규 수업 시간	하교 시간	방과후 수업시간	등교 시간	기타
비율	43.3	14.1	9.2	7.8	4.9	2.0	1.3	17.4

학교폭력 피해 응답자의 78.3%는 피해 사실을 주변에 알린 것으로 나타났는데 그 중 가족이 31.3%, 학교가 24.9%, 친구나 선배가 18.3% 그리고 117 상담센터나 3.8%로 나타났다. 이러한 피해 사실을 알린 학생 중 신고가 효과가 있었다고 응답한 학생이 38.1%(남학생 40.6%, 여학생 34.7%)로 나타났다. 학교급별로 살펴보면 초등학생이 39.9%, 중학생이 38.0%, 고등학생이 32.0%로 초등학생의 경우가 가장 효과가 있었다고 응답한 것으로 나타났다.

〈표 5-9〉 학교폭력 신고에 대한 효과

구분	효과 있었다.	보통이다.	효과 없었다.
초	39.9	34.2	25.9
중	38.0	33.7	28.3
고	32.0	34,0	34.0
전체	38.1	34.0	27.9

학교폭력 가해 경험이 있다고 응답한 학생은 23,000명으로 12년 2차 156,000명, 13년 1차 47,000명, 13년 2차 38.000명, 14년 1차 27,000명 대비 점차 감소하고 있지만 가해 응답률을 보면 12년 2차때보다는 많이 줄었지만 지난 14년 1차때와는 비슷한 수준을 유지하고 있는 것으로 나타났다.

〈표 5-10〉 학교폭력 가해자 수 및 가해 응답률

구분	12년 2차	13년 1차	13년 2차	14년 1차	14년 2차
가해자 수	156,000	47,000	38,000	27,000	23,000
가해 응답률	4.1	1.1	1.0	0.6	0.6

가해 경험자는 남학생 0.8%로 여학생 0.3%보다 높게 나타났으며 초등학생 1.0%, 중학생 0.5%, 고등학생 0.2%로 학교급이 낮을수록 가해 응답률이 높게 나타났다. 또한 가해유형별로는 언어폭력이 22.6%, 집단따돌림이 21.9%, 사이버 괴롭힘이 9.1% 그리고 폭행이 8.1%로 나타났다.

〈표 5-11〉 가해자의 성별, 학교급별, 가해 유형별 비율

성별		학교급별			가해 유형별			
남	여	초	중	고	언어 폭력	집단 따돌림	사이버 괴롭힘	폭행
0.8	0.3	1.0	0.5	0.2	22.6	21.9	9.1	8.1

학교폭력시 집단으로 가해를 했다고 응답한 비율은 53.8%로 14년 1차 조사 때보다 감소하였고, 특히 중학생이 66%에서 55%, 고등학생이 55.1%에서 43.2%로 감소한 것으로 나타났다.

〈표 5-12〉 학교폭력 집단 가해 비율

	13년 1차	13년 2차	14년 1차	14년 2차
집단	64.6	64.2	60.2	53.8

학교폭력 가해이유로는 장난으로가 32.3%로 가장 높게 나타났으며, 이어서 마음에 안들어서가 21.0%, 먼저 괴롭혀서가 17.5%, 이유없 음이 10.0% 순으로 나타났다. 또한 가해 행동을 중단한 이유로는 스스로 나쁜 행동임을 알게 되어서가 44.0%로 가장 높았고, 처분이나 혼나서가 18.5%, 피해학생이 싫어해서가 8.8%, 예방교육으로가 6.8% 순으로 나타났다.

〈표 5-13〉 학교폭력 가해 이유 및 가해 행동 중단 이유

가해 이유	장난으로	마음에 안들어서	먼저 괴롭혀서	이유 없음	화풀이 스트레스	다른 학생이 시켜서	내 힘을 보여 주려고	관심받고 싶어서	기타
비율	31.3	21.0	17.5	10.0	4.5	1.4	0.8	0.4	13.0
가해 행동 중단 이유	스스로 나쁜 행동임을 알게 되어서	처분, 혼나서	피해 학생이 싫어해서	예방교육	만나지 않게 되어서	같이 괴롭히던 친구와 멀어져서	경찰에 신고되어 조사 받아서	부모님께 혼나서	기타
비율	44.0	18.5	8.8	6.8	1.6	1.8	1.7	3.7	13.1

가해학생의 피해학생이 힘들었을 것 같다는 공감 비율이 80.6%로 나타나 12년도 이후 점차 증가하고 있는 것으로 나타났다.

〈표 5-14〉 가해학생의 피해학생에 대한 공감 비율

구분	12년 2차	13년 1차	13년 2차	14년 1차	14년 2차
비율	69.9	74.4	76.6	78.9	80.6

학교폭력을 목격한 적이 있는지에 대해서는 3.5%가 그렇다고 대답하여 12년도 이후로 계속 감소하고 있는 추세로 나타났다.

〈표 5-15〉 학교폭력 목격 응답률

구분	12년 2차	13년 1차	13년 2차	14년 1차	14년 2차
명수	664,000	317,000	377,000	325,000	141,000
비율	17.5	7.6	9.4	7.2	3.5

학교폭력 목격 시 '주변에 알리거나 도와줬다'는 응답은 80.5%로 13년 1차 70.1%, 13년 2차 75.3%, 14년 1차 79.1%보다 방관 비율이 감소하고 있는 것으로 나타났다.

〈표 5-16〉 목격된 학교폭력에 대한 신고비율

구분	13년 1차	13년 2차	14년 1차	14년 2차
비율	70.1	75.3	79.1	80.5

한편, 학생 조사와 함께 전국 600개교의 희망 학부모를 대상으로 학교폭력에 인식 조사를 실시하였으며, 총 89천명의 학부모가 조사에 참여하였다.

학교폭력이 심각하다고 생각하는 학부모는 43.2%로, 작년 2차 조사 대비 6.2% 감소하여 학교폭력의 심각성에 대한 학부모 우려가 일부 해소되고 있는 것으로 나타났다.

주로 대중매체(40.9%), 주위 사람(24.1%), 학교(18.4%), 자녀(15.8%) 등을 통해 학교폭력에 대해 알게 되었으며, 78.7%의 학부모가 자녀와 학교폭력 관련 대화 경험이 있다고 응답하였다.

학부모들이 심각하다고 생각하는 학교폭력의 유형은 집단따돌림(37.8%), 언어폭력(28.1%), 폭행(12.3%) 순으로, 학생들의 응답(10.1%)과 비교해 볼 때 스토킹(0.3%) 비중이 낮은 것으로 나타났다.

학교폭력의 원인으로는 '가해학생의 인성 또는 가정환경'(22.3%), '대중매체의 영향'(20.3%), '나쁜친구의 영향'(16.0%) 순으로 비중이 높았다.

학부모가 가장 필요하다고 생각하는 예방 대책은 '인성교육 강화를 통한 인성회복', 'CCTV 확대설치', '가해학생에 대한 적절한 조치' 등의 순서로 나타났다.

〈표 5-17〉 학부모가 가장 필요하다고 생각하는 예방 대책

구 분	비율(%)
학생인성회복	13.1
cctv확대 설치	12.1
적절한 가해자 조치	12.0
상담 여건 개선	10.8
건전한 또래문화	10.5

예방교육실시	9.2
밥상머리교육	8.6
신고시스템 활성화	8.3
보호인력 확대	7.6
주기적 현황 조사	7.4
기타	0.3

제5절 학교폭력 대응 정책 방안

관계부처 합동으로 발표한 행복하고 안전한 학교를 위한 제3차 학교폭력 예방 및 대책 기본계획(2014)에 따른 학교폭력 대응 정책 방안을 살펴보면 다음과 같다.

1. 인성교육 중심의 학교폭력 예방 강화

(1) 인성 함양을 통한 학교폭력 사전 예방

1) 학생 발달단계를 고려한 생명존중의식 함양교육 강화

유아기부터 바른 인성의 기초 형성을 위해 누리과정에서 바른 생활습관을 위한 인성 교육을 실시한다.

초중고생의 경우 각종 교과에 주제로 활용하여 생명존중의식 함양을 위한 교육을 확대하고 학교생활 속에서 타인에 대한 이해를 바탕으로 나눔과 배려를 실천하는 생명존중 교육을 실시한다. 인간의 존엄성에 대한 인식부여를 위한 장애인, 노인 등을 대상으로 하는 봉사활동을 활성화하고 실습형 노작활동 등의 동아리 활동을 통한 생명존중 의식을 내면화하도록 한다.

2) 배려심 증진 등 체험중심의 인성교육 강화

올바른 생활예절 교육 및 학교생활규칙을 통해 인성교육을 실천한다. 예절교육체험센터, 학생교육원내 예절원 등을 활용한 예절교육 프로그램 운영하고 인성 회복을 위해 청소년 등을 대상으로 하는 인(仁)과 효(孝)에 기반한 예절교육을 추진한다.

또한 학교체육을 활성화하여 스트레스 해소와 함께 바른 인성 및 협동심, 질서의식 등을 체득할 수 있도록 하고 예술교육 지원 확대를 통해 학생들의 감성과 풍부한 정서를 함양하도록 한다. 이 외에도 자연과 함께하는 체험형 프로그램을 확대하여 정서적 안정과 자기성찰의 기회를 제공하도록 한다.

3) 교과 교육과정내 학교폭력 예방교육 체계화

학교폭력 예방교육을 학교 정규교육과정에 반영하여 운영할 수 있도록 법적 근거를 마련하도록 하고 초·중·고 학생 발달단계를 고려하여 관련 교과에 학교폭력 예방교육 내용을 위계화하고 확대하도록 한다.

(2) 또래활동을 통한 건전한 학교문화 조성

1) 학생 공동체 의식을 높일 수 있는 또래활동 운영 지원

또래 스스로가 주체가 되어 학교폭력 예방과 친구사랑을 실천해 나가는 건전한 또래 문화를 조성하도록 하고 교우관계 문제, 갈등상황 등에 대하여 상담, 조정 등을 통하여 스스로 문제를 해결하고, 캠페인 등 학교폭력 예방활동을 전개한다.

경미한 교칙위반에 대하여 학생 스스로 벌칙을 부과하는 '학생자치법정' 운영을 통해 학교의 준법의식을 제고시키고 학생이 소속감을 갖고 공동체의식을 높일 수 있도록 학생동아리를 지원 확대하여 학생들의 자발적인 참여와 운영을 유도하고 공감과 소통 중심으로 학교폭력, 특히 따돌림을 예방할 수 있는 학생동아리에 대한 지원을 확대한다.

2) 단위학교의 자율적이고 다양한 예방활동 강화

학교 특성과 여건을 고려한 학교폭력 예방 선도학교를 지원·육성하기 위하여 학교의 특성과 외부자원, 위험요인, 내부역량 등 분석을 토대로 특색있고 효과성 있는 프로그램을 기획하고 시행하도록 한다.

또래활동(상담·조정·캠페인 등) 운영을 기본요소로 하고, 자연체험·예술활동·지역사회 연계 활동 등 학교별 특색활동을 추진하도록 하고 중학교 자유학기제 운영 확산을 통해 체험중심 학교폭력 예방활동 활성화한다.

이 외에 학교폭력 예방을 위한 1교 1브랜드 운동 전개하고 전국 학교에 친구사랑주간(3월, 9월)을 운영하도록 하며 학교폭력과 관련한 대표 주제를 선정하여 상담, 캠페인, 예방활동, 학급규칙 만들기 등 프로젝트 주간으로 운영하고 학교의 학사일정과 연계한 상담, 각종 운동 및 캠페인을 전개한다.

(3) 체험중심 학교폭력 예방활동 강화

1) 우수 학교폭력 예방 프로그램 확산

학생간 갈등해결, 의사소통 능력 향상 등을 위한 국가수준의 체험형 예방교육 프로그램을 개발·보급 및 적용을 확대하고 실제 적용성과 등을 반영하여 현장 적합성을 높이도록 기본 프로그램을 주기적으로 수정·보완한다.

부처별 전문 영역별 학교폭력 예방 프로그램 개발·적용하고 방관자를 적극적 방어자로 변화시키는 프로그램을 개발 보급하고 초·중·고 학생을 위한 성폭력 예방 프로그램 개발 보급한다. 건전한 정보통신윤리 조성을 위한 교육과정 및 인터넷·스마트폰 중독 치유 프로그램을 개발하고 숲 자원을 활용한 학교폭력 예방 숲교육 프로그램을 개발한다.

학교폭력 전문 민간단체 등의 개발 우수 프로그램 발굴·보급하고 학교, 단체 등에서 실천하고 있는 우수 인성교육 프로그램을 확산하도록 한다.

2) 학생이 직접 참여하는 예방활동 활성화

학교폭력 예방 체험형 프로그램 확산하여 감성중심의 학교폭력 예방 연극, 뮤지컬, 독립영화 등 제작을 지원하고, 학교 대상 순회공연을 실시하도록 한다. 학교폭력 예방 문화콘텐츠 제작·관람을 지원하고 학교폭력 예방 관련 자료를 한 눈에 볼 수 있고 체험할 수 있는 '학교폭력 예방 테마공원'을 운영 추진하도록 한다.

또한 학생들이 직접 기획·제작하여 참여할 수 있도록 언론과 함께하는 전국단위 '학교폭력 예방 UCC' 공모전을 개최하고 학교폭력 예방 아이디어, 포스터, 웹툰 공모전, 백일장, 직업체험을 통하여 학교폭력 예방을 위한 연극, 역할극 등의 제작 및 공연 기회를 확대한다.

(4) 폭력유형 및 추세에 따른 대응 강화

1) 언어폭력 맞춤형 예방활동 지원

언어폭력 개선을 위한 교육을 초등학교 저학년부터 단계적으로 실시하고 바른언어 활용의 확산을 위해 학생과 학부모가 함께 참여하는 학교급별 언어습관 자가진단표를 보급·활용한다. 또한 학생중심 언어문화 개선 운동을 전개한다.

2) 사이버폭력 맞춤형 예방활동 강화

사이버폭력 예방 활동 및 악성 게시글 등에 대한 정보통신 윤리교육 강화하고 청소년 주도의 선플달기 운동 확대 등 건전한 인터넷 문화를 조성한다. 또한 사이버폭력 대응 가상체험 및 연구학교를 운영한다.

3) 따돌림 등 정서적 폭력에 대한 대응 강화

따돌림 고위험군 학생에 대한 조기개입을 위해 선별도구를 활용하여 학급 내 집단 따돌림 피해 학생을 조기에 선별하고 예측하여 조기 개입하도록 한다. 또한 다문화 인식개선 교육을 위해 나와 다른 문화를 이해하고 유연하고 포용적 태도를 기를 수 있도록 다문화교육 중점학교를 중심으로 모든 학생 대상 다문화교육을 추진한다. 뿐만아니라 장애학생에 대한 인식 개선을 위해 일반학생을 대상으로 장애체험 프로그램을 운영하고 장애이해 교육을 실시한다.

2. 학교폭력 대응 안전인프라 확충

(1) 학교폭력 위해요인 지속적 해소

1) 학교에 범죄예방환경설계(CPTED)[52] 적용 확대

학교폭력 위해요인의 해소를 위하여 사전 진단을 통해 안전취약 학교를 선정하고 이들 학교에 대해 우선적으로 범죄예방환경설계(CPTED)를 적용하도록 지원한다. 또한 학교 신축 및 개축 시에는 범죄예방환경설계(CPTED) 적용을 의무화하도록 한다.

52) 범죄예방환경설계(CPTED : Criminal Prevention Through Environmental Design)란 건축·환경의 적절한 설계와 효과적 사용을 통해 범죄유발 요인을 근본적으로 제거하는 기법이다.

2) 학교 영상정보처리기기(CCTV) 통합지원체계 구축

학교 내외 CCTV 설치 확대를 통한 학교폭력 사각지대를 최소화하도록 하고 특히 학교 주변 및 어린이보호구역에 CCTV 설치를 확대한다. 또한 CCTV의 실시간 관제 등 기능 강화를 위하여 관련부처 협업으로 학교내 CCTV 관제전담요원 배치를 확대하고 지자체 통합관제 센터와 학교 CCTV의 연계를 확산 추진하도록 한다.

3) 외부출입자 통제를 위한 시설 설치 및 운영

학교방문사전예약제 운영, 외부인 식별 체계(외부인 전용 조끼 등) 마련 등을 통해 외부인 출입관리를 효율화하고 긴급 상황에 대한 신속한 인지-대응을 위하여 단위학교, 경찰, 통합관제센터 등 유관기관 간 연계체계를 구축한다.

(2) 학교전담경찰관 및 배움터지킴이 등 학생보호인력 확충

1) 학교전담경찰관 배치 및 운영 내실화

학교전담경찰관을 증원하고 청소년 전문가를 전담경찰관으로 특별 채용하되 학교전담경찰관이 장기 근무가 가능한 여건을 마련하는 제도를 지원한다. 또한 학교전담경찰관 역량 강화 및 서비스 질 제고를 위해 학생을 대상으로 학교전담경찰관 인지도·만족도 등을 조사하여 평가에 반영하도록 한다.

2) 학교보안관, 배움터지킴이 등 학생보호인력 운영 확대 및 내실화

취약학교를 중심으로 방과후 등 취약시간 대 학교보안관, 배움터지킴이 등 학생보호인력 2명 이상을 집중 배치하여 학생보호인력 교육여건을 마련하고 자격요건 강화 등을 통한 내실화를 추진한다.

(3) 학교 밖 안전관리 강화

1) 학생안전지역 확대 및 순찰강화

유해한 환경으로부터 학생을 보호하기 위한 학생안전지역을 확대하고 학교주변 순찰 등 학생 안전을 강화시킨다. 어머니폴리스 등 자발적인 학생보호활동 민간단체가 학교와 주변 통학로, 어린이 놀이터, 공원 및 우범지역 등 취약지역을 중점적으로 순찰하는 등 단위학교의 학부모회 활동을 강화한다.

야간 취약시간, 우범·취약지역 학교를 우선적 대상으로 경찰들이 주기적으로 순찰하도록 하고 지역사회 봉사단체가 합동으로 순찰을 실시하도록 한다. 또한 학교주변 성폭력 전과자에 대한 거주현황을 파악하고 이를 체계적으로 관리할 수 있도록 한다.

2) 학생에게 유해한 환경 관리강화

학교주변 청소년 유해업소 관리강화를 위하여 청소년 비행·탈선을 조장하는 청소년 출입금지 및 제한 업소에 대한 단속과 캠페인·교육을 실시한다. 인터넷·게임·영상물 등에 대한 유해성 심의 및 관리를 강화하고 유해 콘텐츠 차단 프로그램을 개발 보급 및 모니터링을 강화한다.

3) 위험한 순간에 도움을 받을 수 있는 학생안전서비스 보급 확대

초등학교 학생을 대상으로 U-안심알리미[53] 보급을 확대하되 저소득층 및 취약계층 학생, 학교폭력 피해학생들 대상으로 무상 단말기를 보급하고 사용요금을 지원한다. 스마트폰을 보유한 학생의 안전 강화를 위하여 앱서비스 운영 및 보급을 확대한다.

3. 공정한 사안처리 및 학교 역량 강화

(1) 학교폭력 조기 감지, 신고체계 강화

1) 학교폭력 조기 감지체계 구축

담임교사의 학교폭력 징후 감지 등 학생에 대한 생활지도 역할을 강화하고 학교단위로 다양한 학교폭력 감지체계를 마련한다.

폭력서클 관련 등 고위험학생에 대한 조기 감지 및 대응을 강화하고 폭력서클 관련 학생의 일탈 원인 즉 가정환경, 교우관계, 학업부진 등 일탈 원인에 대해 가족관계 회복, 교우관계 개선, 학업 복귀 프로그램 등 맞춤형 지원서비스를 제공한다.

---

53) 특수단말기를 이용하여 보호자 긴급호출, 위치전송, 긴급통화 및 수신, 안심지역 설정 등의 기능을 제공하는 학생안전 서비스

2) 학교폭력 신고 및 학교별 익명신고 운영 활성화

학교폭력 신고·상담센터 접근 매체를 다양화하고 신고를 활성화하기 위하여 이에 대한 앱기능을 개선하고 학교폭력 신고·상담센터에 대한 기능 보강 및 상담 역량을 강화시킨다.

또한 학교폭력에 대하여 익명 상담·신고 서비스를 활성화한다.

3) 학교폭력 관련 다양한 정보제공 및 이용 활성화

학교폭력 상황에 처한 학생 등 대상자별로 원하는 정보를 언제 어디서나 제공받을 수 있는 기능을 제공하기 위하여 학교폭력 내비게이터 安.테.나 서비스를 실시한다.

또한 학교폭력관련 종합정보를 분류·체계화하고 접근성을 강화시킨다.

(2) 사안처리의 공정성 확보

1) 학교폭력대책자치위원회 객관성·공정성 및 효율성 제고

자치위원의 전문성 신장을 위한 전문가 참여를 확대하고 역량을 강화시킨다. 이를 위해 변호사협회, 의사협회 등과 협약을 통해 전문가들이 위원으로 참여하거나 전문분야에 대해 자문할 수 있도록 지원하고 내부 교원 비율의 제한, 학부모 위원 비율의 하향 조정으로 전문가 참여 확대 및 외부위원 위원장 호선 등 자치위원회의 공정성·전문성을 신장시킨다.

또한 단위학교의 학교폭력대책자치위원회 운영을 효율화시킨다.

2) 학교폭력 사안 은폐·축소시 엄중 조치 등 책무성 강화

학교폭력 은폐·축소사실 적발시 관련 교직원 엄중 처벌 및 특별교육을 실시하고 학교운영의 특성상 주의의무가 강조되는 학교 관리자 책임을 강화한다. 또한 학교폭력 현장 점검·지원단 운영을 강화한다.

(3) 학교의 학교폭력 대응 역량 강화

1) 모든 교원의 학교폭력 대응 역량 강화

교원의 직위별 학교폭력 직무역량 강화 연수를 실시하고 학교의 여건에 맞는 학교별 예방 대책(학교계획)을 수립한다. 또한 학교에 대한 학교폭력 관련 법률 및 생활지도의 연계협력을 지원 강화한다.

2) 학교폭력 유공교원 인센티브 확대

학교폭력 전담교원 대상 사기진작책을 확대하고 학교폭력 전담교사의 전문성 신장을 위한 기회를 확대한다.

4. 피해학생 보호 · 치유 및 가해학생 선도

(1) 피해학생 보호 및 치유 지원 내실화

1) 학교폭력 피해학생 종합지원 체계 구축

단위학교 중심의 피해학생 지원체계를 강화하고 모든 Wee센터[54]에 학교폭력 피해학생 중심 상담을 강화하도록 하며 Wee 스쿨 및 피해학생 특화 중앙 전문치유센터를 운영한다.

2) 학교폭력 피해학생 즉시 보호 및 지원 강화

피해학생에 대한 실질적인 보호를 강화하여 피해학생이 적시에 치료받을 수 있도록 선치료비 지원범위 · 지원대상 기관의 확대 및 신청절차를 간소화한다.

학생 정서·행동 특성검사 결과 학교폭력 등으로 인한 우울, 자살충동 등 정신건강 문제에 대한 치유 및 회복을 지원한다.

3) 유관기관 연계를 통한 통합지원 강화

학교폭력 피해학생에 대한 전문적인 치유를 지원하고 학교폭력 피해학생에 대하여 법률 지원 서비스를 강화한다.

---

54) Wee센터(학생상담지원센터) : ('09) 80 → ('11) 126 → ('13) 155 → ('14) 188개

(2) 가해학생에 대한 맞춤형 교육 및 선도강화

1) 학교폭력 가해학생 지원 체계 구축

단위학교 중심으로 가해학생 관리체계를 강화하고 가해학생 선도를 위한 특별교육을 지원 확대한다.

2) 가해 유형 · 수준에 따른 맞춤형 대응 강화

사이버폭력, 게임·인터넷 중독 위험군 등에 대한 전문 지원체계를 구축하고 소년사건화된 심각한 수준의 학교폭력 가해학생에 대한 선도체제를 강화한다.

(3) 관계회복을 위한 프로그램 강화

1) 학교폭력 피해학생과 가해학생의 화해 프로그램 운영

회복적 관점을 적용한 '교우관계 회복기간' 운영 방안을 도입한다.

2) 분쟁조정 및 관계치유 프로그램 활성화

학교폭력 피해·가해 학생 화해도모를 위한 분쟁조정을 활성화하고 학교폭력 재발방지 및 학교적응을 위한 프로그램을 운영한다. 민간단체 및 기업 중심 분쟁 및 회복 프로그램을 활성화한다.

5. 전 사회적인 대응체제의 구축

(1) 가정의 역할 및 교육기능 강화

1) 학교폭력 예방을 위한 가정의 역할 강화

가정폭력 없는 건강한 가정을 위한 가족관계 유대감 강화 프로그램을 운영하고 부모의 인식 개선을 위한 부모 대상 교육을 확대한다.

2) 학교폭력 예방을 위한 가정의 교육기능 강화

학부모 역할 등에 대한 체계적인 교육을 실시하고 가정에서 학부모가 자녀 이해를 바탕으로 인성 교육을 실천할 수 있도록 적극 지원한다.

(2) 지역사회 역할 및 책무성 강화

1) 지역의 학교폭력 예방 역할 및 책무성 제고

학교폭력대책지역위원회, 지역협의회 운영 활성화 및 협력체제를 강화하고 학교폭력 관련 다양한 전문기관, 민간단체의 참여를 확대한다.

2) 학교폭력 정보공시 및 평가로 책무성 강화

학교 정보공시를 통한 학교폭력 관련 정보활용도 및 신뢰도를 제고하고 지방자치단체의 학교폭력예방 등 평가를 통한 역할 강화 및 참여를 유도한다.

3) 지역사회의 자율규제활동 강화

민간 중심의 자율적 학교폭력 예방활동을 강화 하고 청소년보호책임자 지정제도[55] 운영을 내실화한다.

(3) 대국민 인식제고 및 전 사회적 대응체계 구축

1) 폭력문화 해소를 위한 전 사회적 대응체계 구축

가정, 학교, 군대, 사회로 이어지는 폭력문화 개선을 위한 사회폭력 관계부처 협의체를 구성·운영하고 직장교육 활성화 등 사회적 인식제고 활동을 활성화한다.

2) 범국민 학교폭력 예방 및 근절 공동캠페인 추진

언론 · 시민단체를 연계하여 학교폭력 예방 캠페인을 추진하고 각종 온·오프라인 매체를 활용한 홍보를 실시한다.

---

55) 청소년유해정보로부터 청소년을 보호하기 위해 청소년유해매체물을 제공하거나 매개하는 일정 규모의 정보통신서비스 제공자에게 청소년보호책임자를 지정하여 유해정보 관련 업무를 수행하도록 하는 제도

06장 청소년과 사이버문화

최근 인터넷을 이용한 데이터 통신과 스마트 기기[56]의 발달은 눈부실 정도이다. 특히 사이버스페이스(cyberspace)에서 이루어지는 엄청난 관계형성과 행위들-법률행위를 포함해서-은 이제 일상의 현실 속의 행위 보다도 그 양적, 질적 측면에서 급속도로 우위를 점하고 있는 실정이다. 일상적 의미에서 사이버라고 함은 가상공간(假想空間) 또는 사이버 공간 혹은 사이버스페이스(cyberspace)를 말하는데 이것은 바로 현실세계가 아닌 컴퓨터, 인터넷 등으로 만들어진 가상의 공간을 의미한다. 한편 '사이버스페이스'라는 용어는 윌리엄 깁슨이 1984년에 쓴 과학 소설 「뉴로맨서」에서 최초로 등장했다고 하며 이는 인공두뇌학(cybernetics)을 뜻하는 Cyber와 공간을 뜻하는 Space의 합성어로서 말하자면 현실이 아니라 인간들의 두뇌속에서 무한하게 펼쳐지는 또 다른 우주의 세계를 의미한다고 볼 수 있다. 이러한 사이버스페이스라는 용어를 처음 사용한 사람은 John Perry Barlow인데 그는 의사전달의 공간(Communication Space)이라는 개념으로 이 단어를 사용하였고 그것이 시간이 지나면서 이제는 일상적인 용어가 되어 활용되고 있는 것이다.[57]

제1절 사이버문화

1. 사이버문화의 정의

사이버 공간에서의 문화는 정보통신기술의 전반적인 발전에 힘입은 컴퓨터와 초고속 네트워크의 발달로 인해 더욱더 실생활에서 엄청난 영향력을 행사하고 있다. 사이버 문화란 "기계화의 최신 국면으로서 정보화가 낳은 문화적 산물이며, 기계문화의 변

---

56) 스마트 장치는 기능이 제한되어 있지 않고 응용 프로그램을 통해 상당 부분 기능을 변경하거나 확장할 수 있는 제품을 가리킨다. 이러한 스마트장치의 종류로는 스마트폰(Smart phone), 스마트TV(Smart TV), 스마트키(Smart key), 스마트카드(Smart card) 등이 있다.
57) 신현기,박억종 외 9명, 경찰학사전, 2012. 11. 20., 법문사.

형이다. 이 문화는 컴퓨터라는 정보처리기계의 허용과 관련하여 나타나는 표괄적인 변화를 함축한다. 인터넷으로 대변되는 컴퓨터통신이나 오락산업에서 널리 활용되고 있는 가상현실기술은 그 중요한 구성요소이다"라고 표현되기도 한다.[58]

우리가 현실에서 생활하는 오프라인 세상에 비해 사이버공간은 한마디로 '무한대'의 공간과 '무한정'의 정보를 제공한다. 이러한 사이버공간에서는 단순히 시간과 공간을 확장하는데 그치지 않고, 현대인의 삶을 근본적으로 바꾸어 놓을 수 있는 새로운 가치와 새로운 규범으로 새로운 문화를 형성한다는 점이 가히 혁명적이라고 할 것이다.

이러한 사이버 문화는 특히 기성세대가 자라면서는 생각지도 못한 환경, 즉 스마트기기와 인터넷으로 연결된 사이버공간에서 사실상 여가생활의 전부를 보내고 있는 것에서 알 수 있듯이 청소년들에게 막대한 영향력을 끼치고 있는 것이 현실이다. 그러나 이런 환경은 청소년들에게 긍정적인 측면의 좋은 영향도 끼치고 있지만, 점점 부정적인 측면이 강하게 부각되고 있는 것도 사실이다. 청소년들이 하루 종일 휴대하고 이용하는 스마트기기들-스마트폰, 아이패드 등의 테블릿 PC, 스마트 워치 등-과 관련된 사이버상의 일탈행위의 일상화, 사이버 중독, 게임 중독 등의 부작용은 엄청나다고 밖에 할 수 없다. 결국 사이버 문화는 매체문화의 특성을 가지며, 특히 새로운 정보매체의 등장과 함께 그 양상을 달리하면서 끊임없이 새로운 문화를 창출해 내는 것이다.

2. 사이버 문화의 문제점

인터넷 서비스가 시행된 1994년 이후 인터넷은 이제 우리 생활에 깊이 들어와서 없어서는 안 될 존재가 되었다. 모든 관공서와 은행의 업무를 비롯하여 교통, 통신, 여가 생활에서의 인터넷의 역할은 갑자기 인터넷이 중단되었을 때 일상생활을 마비시키는 기능을 하게 될 정도이다. 그런 인터넷을 일상생활의 도구이기 보다는 여러 가지 문제를 표출하고 있다.

현재 우리나라에서는 융복합 정보통신기술 발전과 사이버상의 사회관계 형성 확산으로 인터넷 및 스마트폰 이용의 일상화 시대를 영위해 나가고 있다.[59] 먼저 인터넷

58) 홍성태, 사이버 공간 사이버문화, 1996. 문화과학사.
59) 국가정보화기본법 제30조(인터넷중독의 예방 및 해소계획 수립 등)에 근거하여 관계부처 합동으로 매년 추진계획을 수립하고·시행하여야 한다. 미래창조과학부·교육부·법무부·국방부·문화체육관광

의 경우 소득의 꾸준한 증가와 인터넷 통신기술의 발전으로 인터넷 보급 및 이용률이 지속 증가하여 '13.7월 기준 국내 인터넷 이용자는 4천만 명(인터넷이용률 82.1%)[60]을 돌파하였고, 2014년 조사에서는 4,112만명(인터넷이용률 83.6%)을 넘어섰다. 그리고 전체 가구의 80.6%가 데스크탑 컴퓨터, 노트북 컴퓨터, 스마트패드 등을 보유하고 있고, 98.1%는 가구에서 인터넷 접속이 가능한 환경을 갖추고 있다. 그리고 스마트폰의 경우, 스마트기기의 보유율도 급격한 증가 추세를 보이고 있는데, 만6세 이상 인구의 78.6%가 스마트기기(스마트폰 및 스마트패드)를 보유하고 있다는 조사결과가 있다. 스마트기기 보유율은 2011년 31.3%에서 2012년 63.7%로, 그리고 2013년 71.6%, 2014년은 78.6%로 지속적으로 급증하고 있는 추세를 보인다.[61] 특히 20대(98.8%) 및 30대(97.3%) 인구는 거의 대부분이 스마트폰을 보유하고 있는 것으로 파악되고 있다.

이처럼 생존의 필수품처럼 되어버린 문명의 이기이지만, 일상생활에서 인터넷 및 스마트폰에 대한 급격한 의존의 확대는 과다사용 등 역기능을 유발하고 중독 위험군의 증가가 우려되고 있다.우리나라 인터넷 성별 이용률을 연령별로 보면 7~12세의 84.1%가, 주로 중고등학생인 13~18세의 98.1%가 인터넷을 이용한다고 대답하였다. 직업별로는 학생의 95%, 전문 관리직의 83.9%가, 사무직의 83.3%거 인터넷을 이용하는 것으로 나타나 인터넷 이용 연력이 낮아지고 있으며, 주로 학생층에서 사용하는 것으로 나타났다. 이는 사이버공간에서 불건전한 문제행동의 주역이 청소년임을 시사한다고 할 수 있다.[62] 그러나 청소년들은 인터넷을 통하여 청소년기에 바람직하지 않은 행위들을 표출하고 있다. 이를테면 청소년들은 인터넷에 지나치게 몰입한다거나 음란물 접촉, 게임중독 등으로 가정에서 부모와의 갈등을 일으키며, 학습활동에 지장을 받거나 학교생활 부적을 증세를 보이고 있다. 또한 사이버공간의 익명성 보장은 현실공간에서 불법적 행위를 하지 않는 계층도 죄의식 없이 비윤리적 언행에 빠지게 만들고, 사이업 공안의 무규제성은 유해정보를 전하기 쉽게 만드는 특성으로 인해 인터넷을 가장 많이 사용하는 청소년을 비행에 빠지게 할 가능성이 커지게 된다.

부·보건복지부·여성가족부·방송통신위원회, 2015년도 인터넷중독 예방 및 해소 추진계획, 2015, p. 1.

60) 인터넷 이용률은 만3세 이상 인구 중 최근 1개월 이내 1회 이상 인터넷 이용자의 비율을 말한다.

61) 한국인터넷진흥원, 2014년 인터넷이용 실태조사.

62) 우리나라 청소년비행의 특징으로 연소화, 체계화, 흉포화, 재범죄화 등을 들기도 하는데, 사이버 공간에서는 이러한 경향이 더욱 두드러진다고 할 것이다. 김혜래·이혜원, 학교청소년의 진로성숙도와 비행과의 관계 : 지위비행을 중심으로, 한국아동복지학회, 2007, p. 23, pp. 33-63.

(1) 사이버 공간의 의미와 특징

사이버공간이란 컴퓨터와 컴퓨터네트워크에 의하여 창출되고 유지되는 상호작용의 공간을 말하는데. 장소와 물질에 기반을 두는 기존의 지리적 공간 개념과는 달리 실물은 없지만 보고 느끼며 활동할 수 있는 '지리적으로는 실재하지 않는 사실의 세계'이며, 육체적 인간 대 인간의 상호작용이 이루어지는 공간이 아니라, 비육체적인 가상의 인물 대 인물의 상호작용이 이루어지는 곳에서 생명을 가진 육체적인 인간에 가해지는 다양한 현실세계의 규제나 제약을 벗어난 초월성을 주기도 하는 공간이다.

이러한 사이버공간은 다음과 같은 특징을 가진다. ① 탈 공간 구속성으로서 경계가 없는 무한대의 공간으로서 멀리 떨어져 있는 사람과도 자유로이 상호작용을 할 수 있다는 것이다. ② 상호 작용성으로서 이는 기존의 대중매체처럼 일방적 정보전달을 하는 것이 아니고 쌍방향적 정보전달을 할 수 있다는 것이다. 일대 일, 일대 다, 다대다의 다중적인 상호접속에 의한 전방위적인 커뮤니케이션이 가능한 공간이다. ③ 동시성, 비동시성으로서 대화방의 기능처럼 커뮤니케이션 참여자들이 같은 시간뿐 아니라, 게시판의 기능처럼 시간적 제약 없이 원하는 시간에 정보를 송수신 할 수 있다는 것이다. ④ 익명성으로 누구나 ID만 가지면 접속할 수 있어 커뮤니케이션 참여자들이 서로에 대해 자세히 모른다는 것이다. ⑤ 문자에 기반을 두어 의사를 소통한다는 것이다. ⑥ 미디어의 통합성으로서 메시지를 디지털화 하는 기술은 인터넷을 tv, 영화, 전화 등 많은 매체를 통합하는 형태로 미디어의 통합을 이룰 수 있도록 하였고, 앞으로도 인터넷의 지속적인 발전은 정보통신 분야의 다른 영역을 계속 잠식해 나가는 시점에서 다양한 서비스를 제공할 수 있도록 한다는 것이다. ⑦ 평등성의 보장으로서 사이버공간은 현실공간보다 위계적 간섭력이 약하고, 통신에서 상호 수평적이어서 민주적인 상호작용을 하기 쉬우며, 컴퓨터 통신을 통한 신속한 의사표현은 참여 민주주주의의 수단이 되고, 세계 도처에 흩어져 있는 여러 네트워크들이 연결된 통신망이기 때문에 다중의 송신자와 다중의 수신자가 함께 구성하는 매체로서 민주주주의의 가능성을 확산시켜 갈 매체인 것이다.

(2) 사이버공간의 부정적 기능

1) 책임의 부존재와 사실왜곡

익명성에서 오는 무책임성과 사실왜곡의 문제가 발생할 우려가 크다. 익명성은 채팅이나 토론에서 청소년에게 심리적 안정을 갖게 함으로써 자신의 생각을 적극적으로 표현하고 개성을 나타낼 수 있도록 하는 긍정적인 측면이 있다. 하지만 청소년들은 익명성을 통해 사이버공간에서 현실에 놓인 자신의 모습을 드러내지 않는 이중성을 보이고, 이러한 익명성은 게시판이나 대화방에서 인신공경이나 거짓사실을 유포하고, 욕설이나 음란성 대화를 하는 등 과장되거나 왜곡된 표현을 하는 경우가 많다.

2) 사용 언어의 문제점

청소년들이 사이버공간에서 사용하는 언어는 일상의 언어와 현격한 차이점을 가지고 있다. 일반적으로 사용되는 언어를 통한 의사전달은 문자언어를 바탕에 두고 있어서 인간의 감정이나 표현을 전달하는데 한계가 있고, 이러한 불편으로 새로운 표현형태인 '축약어'나 '이모티콘' 같은 신조어를 만들어 내는데, 이 신조어를 만들어 내는 계층이 청소년들이다. 이러한 신조어는 기존 언어생활의 혼란을 초래할 소지가 많은데, 사람들의 세대 간의 의사소통은 물론 현실세계에서의 의사소통에서도 장애를 일으킬 수 있다는 점이다.

3) 정신건강상의 문제점

현재 정신의학에서 인터넷 중독증이라는 용어를 사용하고 있지는 않다. 미국 정신의학진단체계에서는 새로이 개정될 체계인 DSM-IV에서 가상현실장애라는 항목의 추가를 준비 중인 것으로 알려져 있다. 인터넷 중독 혹은 병적인 인터넷 사용은 현재 중독성 질환에 해당하는 분류에 포함시키기보다는 충동조절장애나 강박장애로 분류하는 경향이 더 흔하다.

4) 현실과의 괴리문제

현실에서의 정체성과 사이버공간에서의 정체성 차이에서 오는 문제를 들 수 있다. 사이버공간의 심리적 특성으로서 사람들은 아무도 자기를 알지 못하고 자기라는 존재가 나타나지 않을 때 자신을 더 극적인 형태로 표현하려는 경향이 있다. 이러한 경향은 사람들이 가상의 공간에서 자신의 정체를 숨기는 것이 아니라 새로운 정체 즉 아바타(Avatar)[63]를 만들어 내며, 이러한 사이버공간에서 일어나는 극적인 자기변신은

63) 가상사회에서 자신의 분신을 의미하는 시각적 이미지로 산스크리트어 '아바따라(avataara)'에서 유래

사이버 공간에서의 행동으로만 표현되는 것이 아니라, 자신이 게임 속의 주인공이 됨으로써 현실과 완전히 다른 사람을 만들기도 한다는 것이다. 단일적인 속성을 가졌다고 믿는 개체가 사이버 공간에서 다면적인 자아 모습들을 드러낸다면 현실 세계에서의 심리적 혼란을 피할 수 없는 것이다.

5) 사이버범죄

사이버공간에서의 사회적 관계는 개인의 필요에 따라 좌우되기 때문에 공동체적 유대감을 형성하기 어렵고, 이러한 유대의 부재는 개인행동에 대한 사회적 통제의 상실로 이어진다고 볼 수 있다. 사이버 공간에서 나타나는 범죄의 유형을 전통적인 범죄와 사이버 공간의 등장으로 새롭게 발생하는 범죄로 나누어 설명할 수 있다. 전자는 현실사회에서 발생하는 범죄행위가 그대로 사이버 공간에서 행해지는 경우를 말하며, 인터넷사기, 사이버스토킹, 사이버성희롱, 사이버 명예훼손, 저작권침해, 사이버협박, 인터넷음란물 배포 및 판매, 사이버도박, 사이버테러 등이 해당되고, 후자는 사이버공간이 나타나면서 새롭게 나타난 유형의 범죄를 말하며, 해킹, 바이러스제작유포, 다른 사이트나 홈페이지의 무단복제 등으로 분류될 수 있다. 인터넷의 증대하면서 사이버범죄도 계속 증가하는 실정이다.

제2절 사이버 일탈

1. 일탈행위 개념

일탈이란 '공동체나 사회에서 대다수 사람들에 의하여 받아들여지는 규범에 순응하지 않는 행위'라고 정의할 수 있다. 일반적으로 모든 규칙 및 규범위반행위를 의미하고, 이러한 점에서 형법을 위반한 범죄를 포함한 것으로 이해되기도 한다. 사이버 공간에서의 일탈을 '사이버일탈'이라고 범주화하면, 이것은 "네티즌들이 현실세계의 사회공동체적 규범을 가상공간에 적용하여 가상공간에서의 규범으로 받아들이거나, 가

되었다. 인터넷 채팅, 쇼핑몰, 온라인 게임 등에서 자신을 대신하는 가상육체로 각광받고 있으며 상업적으로 이용가치가 급증하고 있다.

상공간의 특성을 바탕으로 가상공간 공동체 구성원들이 새롭게 창출하고 있는 규범을 위반한 모든 행위"를 일컫는다고 할 수 있다.

2. 사이버 일탈의 유형과 형태

사이버상의 일탈행위는 현실세계의 일탈행위와 밀접한 관련이 있는 것도 있고, 사이버 공간의 특성에 기초하여 새로운 양상으로 나타나는 것들도 있다. 사이버 일탈행위들은 사이버 공간의 특성들을 바탕으로 다양한 형태로 나타나고 있다. 이러한 사이버 일탈행위들을 유형화하면, 저작권 침해, 명예훼손, 사생활 침해, 사행심 조장, 유언비어, 부당광고, 음란. 폭력문자나 음성, 음란. 폭력물 판매, 불건전 만남 유도, 불건전 대화, 음란물 소재 안내, 언어폭력, 성매매, 음란 동영상, 폭력 동영상, 음란 게임, 폭력게임 등으로 구분할 수 있다.

3. 청소년 사이버일탈의 사회적 맥락

청소년들의 사이버일탈은 다변인적이고 복합적인 체계 내에서 발생하는 현상이라고 할 것이다. 따라서 이에 적절하게 대처하기 위해서는 사회적·문화적 맥락에서 이를 이해하고 접근하려는 노력이 필요하다.

(1) 부모의 양육태도

청소년들의 사이버 일탈은 부모의 자녀양육태도에 따라 차이가 있다. 부모가 지나치게 간섭하는 권위주의적인 양육태도나 방임적인 양육태도는 허용적인 양육태도보다 청소년의 게임에의 몰입과 일탈 현상을 가속화시키는 경향이 있는 것으로 나타난다.

(2) 교사의 태도

청소년들은 사회적으로 고립과 단절을 겪고 있는 세대이다. 과도한 경쟁심을 유발하는 입시위주 교육, 획일화된 교육 프로그램, 학교-집-학원을 오가는 반복된 생활 속에서 심각한 소외감에 빠져 있다. 게임 중독 뒤에도 이런 교육현실의 영향이 잠재되어 있음을 알 수 있다. 게임중독의 가능성을 줄이기 위해서는 교사의 개입이 필요하지만 현실적으로 학교에서 교사의 적절한 개입과 지도가 부재하여, 학생들이 게임에 몰입하게 되고 이를 자제하기 위해 교사에게 도움을 청하고 싶어도 교사들이 게임에 대해 무관심하거나 잘 모르기 때문에 이를 적절히 개입하지 못하고 있는 것이 현실이다.

(3) 친구들의 또래압력

청소년기에는 심리적 이유현상이 나타나고, 그들의 관심이 자신과 비슷한 친구들에게 향하게 되며 또래 집단에 소속되고자 하는 욕구를 가지고 이런 집단에 소속될 때 안정감을 느낀다. 또래 사이에서 유행하는 게임을 알아야 하고, 용어를 알아야 대화가 통하기 때문에 게임을 하게 되는 계기가 된다. 그들의 친구관계를 유지시켜주는 중요한 매개체가 게임인 것이다.

(4) 여가시설의 부족

정부는 건전한 청소년 문화를 육성하기 위해서 청소년수련시설의 확충, 지도자의 양성, 프로그램의 개발과 보급 등을 지속적으로 실천하고 있지만, 입시위주의 교육환경 때문에 청소년의 여가시간이 짧고, 청소년의 여가시간이 밤늦은 시간과 주말에 몰려있어서 청소년수련시설 등 공공시설의 이용률이 낮은 편이다. 청소년들은 학교나 사회에서 여가를 즐길 만한 공간이 부족하기 때문에 게임방을 찾게 된다. 게임방은 청소년들에게 부모나 교사의 감시로부터 자유롭게 여가를 즐길 수 있어 해방감을 주고, 친구들과 나란히 앉아 게임을 하기 때문에 소속감을 경험하게 된다. 감시나 규제가 적기 때문에 청소년들이 게임이 더욱 몰입하게 되고 또한 일탈행위가 증가하게 되기도 하는 것이다.

3. 청소년 사이버일탈 방지를 위한 실천방안

(1) 개인적 측면

온라인 게임에 몰입하는 청소년들은 게임 시나이로나 게임 메커니즘으로 인하여 게임에서 헤어나지 못하는 경우가 많다. 자기 통제력이 약한 청소년들은 더욱 게임의 유혹을 뿌리지지 못하고 깊이 빠져드는 것을 볼 수 있다. 그리고 게임에 몰두하는 많은 청소년들이 사회성 결핍을 경험하고 있는 것으로 나타나고 있다. 가상공간에 몰입하다보니 자연스레 현실세계 속에서 또래들과의 폭넓은 사귐을 소홀히 하게 되다. 실제로 청소년들뿐만 아니라 인터넷을 이용하는 성인들까지도 무의식 중 에서 사이버일탈을 자행하는 것을 손쉽게 볼 수 있다.

(2) 가정적 측면

부모의 자녀양육방식은 청소년들의 게임 이용에 많은 영향을 미친다, 권위적이거나 방임적인 부모들 아래서 자란 청소년들은 허용적인 부모들 아래서 자란 청소년들보다 게임에 더욱 몰입하고 사이버일탈은 일삼는 것을 알 수 있다. 즉 부모가 청소년들과 함께 게임을 한다거나 게임을 허용할 때 청소년들은 자신들의 게임 통제력을 가지는 것으로 보인다. 게임중독이나 인터넷중독으로 인한 이탈을 방지하기 위한 가정적 차원에서 이루어져야 할 방안에 대해 구체적으로 살펴보면 다음과 같다.

① 게임 중독의 심각성과 대책에 대하여 이해하고 예방할 수 있는 방법을 습득하기 위해 부모가 적극적으로 나서서 노력해야 한다. 학부모들이 인터넷의 사용방법을 익히고, 또한 사이버 문화를 이해하고 올바른 인터넷 활용을 할 수 있는 윤리적 규범을 체득하여 자녀를 바람직한 방향으로 지도하여야 한다.

② 부모들의 자녀양육태도의 개선과 자녀들에 대한 적절한 시간 통제를 통해 청소년들이 조절능력을 배양하고 게임에 지나치게 몰입하는 것을 방지해야 한다.

③ 가족구성원들이 함께 즐길 수 있는 놀이나 여가문화를 적극적으로 만들고 찾아야 한다. 가족 구성원들이 함께 모여서 놀고 즐길 수 있는 여가생활의 내용이 풍부하다면 게임 중독을 방지할 수 있는 것이다.

(3) 학교 측면

학업 부진 상태의 아이들을 보호하고 지도해 줄 수 있는 가치관과 다양한 교육이 외면됨으로 인해, 지도가 부재한 상태에서 청소년들은 그 스트레스를 푸는 방법 중 하나로 게임을 선택하게 되면서 적극적인 이용자로 변해 게임 중독에 이르게 된다. 학교에서는 일탈 행동을 경험한 청소년들을 도와주려는 접근이 필요하다. 또한 부모와 교사와의 긴밀한 정서적 유대관계를 강화하고, 부모, 교사와 함께 지역사회의 청소년 단체나 청소년상담가가 적극적으로 나서서 청소년들의 사이버일탈을 예방라고 치료하는 사회적 지지망 역할을 수행해야 하며, 지속적으로 네티켓 교육과 미디어 교육을 실시하여 할 것이다.

(4) 사회적 측면

청소년들의 사이버일탈을 방지하기 위해서는 사회적 차원에서 다음과 같이 사회복지 실천적 노력이 필요하다.

① 청소년들을 위한 건전한 컨텐츠 개발과 보급이 보다 더 적극적으로 이루어져야 한다. 정보사회로 진입하면서 청소년들만을 위한 마땅한 여가시설이나 놀이문화가 발달하지 못하고 있는 실정이다. 그러므로 청소년들을 위한 컨텐츠 개발과 보급은 무엇보다도 시급하고 중요한 과제가 아닐 수 없다.

② 기성세대의 반성적 성찰과 새로운 인식이 필요하다. 개인주의와 자본주의사회의 병폐를 치유하려는 공동체 의식의 강화노력이 필요하다.

③ 해킹이나 바이러스 유포와 같은 행위가 범죄행위라는 것을 널리 인식시킬 필요가 있다. 해커가 영웅 대접을 받는 사회에서 해킹은 지속될 것이며, 바이러스 생산 유포자가 좋은 직장에 취업하는 것이 언론에 보도되고, 범죄를 저지르고도 보상을 받는 사회적 분위기 속에서는 청소년들의 가치전도와 모방심리가 확산될 것이다.

④ 사이버 공간에서 유통되고 있는 청소년 유해정보로부터 청소년들은 보호하기 위한 다양한 기술개발과 보급이 필요하다. 아울러 청소년들이 해킹이나 바이러스를 유포시키는 것을 방지하기 위한 기술을 개발하여 보급할 필요가 있다.

⑤ 사이버공간에서 청소년을 보호하기 위한 효율적인 법과 제도의 정비가 요구된다. 사이버 일탈과 범죄로부터 청소년들을 보호하기 위한 법과 제도가 시대적 요구에 맞도록 정비 되어야 한다. 예를 들면 아동과 청소년을 대상으로 사이버 공간에서 행해지는 범죄행위에 대해서는 엄정한 대처를 해야 할 것이다.

⑥ 청소년 유관 단체들은 유해환경감시단의 역할을 재정비하고, 청소년들의 사이버 일탈문제 해결을 위해 지역사회와의 연계활동을 지속적으로 전개해야 한다. 청소년들이 표출하는 다양한 문제 요인들을 이해하고, 문제해결을 위해서 적극적으로 지역사회내의 다른 복지기관과의 연계활동을 통하여 지역사회의 신뢰를 바

탕으로 한 활동을 전개해 나갈 때 학교나 학부모들로부터 적극적인 지원과 협조를 받을 수 있을 것이다.

결국 청소년들의 일탈행위를 방지하기 위해서는 가정에서 부모가 자녀의 인터넷이나 스마트폰의 사용에 대하여 약간은 관대한 태도로 허용적일 필요가 있으며, 학교에서는 청소년들의 게임방 출입에 대하여 보다 더 관심을 기울여야 하고, 사회에서는 청소년들이 스트레스를 풀고 여가를 건전하게 활용할 수 있는 사회복지시설을 확충할 필요가 있다. 뿐만 아니라 게임 산업의 발전과 함께 청소년들의 게임중독을 방지하기 위해서는 게임 등급제를 실시하고 청소년 대상 게임 시나리오와 메커니즘의 중독성을 최대한 완화시킬 필요가 있다.

제3절 사이버 중독

사이버중독(cyber addiction)과 인터넷 중독(Internet Addiction)은 용어의 사용에서 상당히 혼용되고 있는 듯하다. 그러나 엄밀하게 차이점을 파악해 보면 사이버 중독의 하위개념에 인터넷 중독과 휴대폰이나 각종 스마트 기기의 중독이 포함되어야 할 것이다. 따라서 인터넷 중독과 스마트 폰 중독으로 대별해서 다루는 것이 적절하다고 생각된다.

융복합 정보통신기술의 발전으로 사이버상의 사회관계가 활발하게 형성되고, 확산되고 있으며 인터넷 및 스마트폰 이용의 일상화가 이루어졌다. 먼저 인터넷의 경우 보급 및 이용률이 지속 증가하여 2014년 조사에서는 4,112만명(인터넷이용률 83.6%)을 넘어섰다. 그리고 전체 가구의 80.6%가 데스크탑 컴퓨터, 노트북 컴퓨터, 스마트패드 등을 보유하고 있고, 98.1%는 가구에서 인터넷 접속이 가능한 환경을 갖추고 있다. 그리고 스마트기기(스마트폰 및 스마트패드)의 경우는 만6세 이상 인구의 78.6%가 보유하고 있다는 조사결과가 있다.[64] 특히 20대(98.8%) 및 30대(97.3%) 거의 대부분이 보유하고 있어서 몸의 일부분처럼 되어버린 상황이다. 이러한 현실은 일상생활에서 인터넷 및 스마트폰에 대한 급격한 의존성이 심화된다는 것을 의미하고 중독위험군의 증가하게 될 우려가 커지게 된다.

---

64) 한국인터넷진흥원, 2014년 인터넷이용 실태조사.

〈그림 6-1 2013년 인터넷 및 스마트폰 중독위험군 비율(%)〉

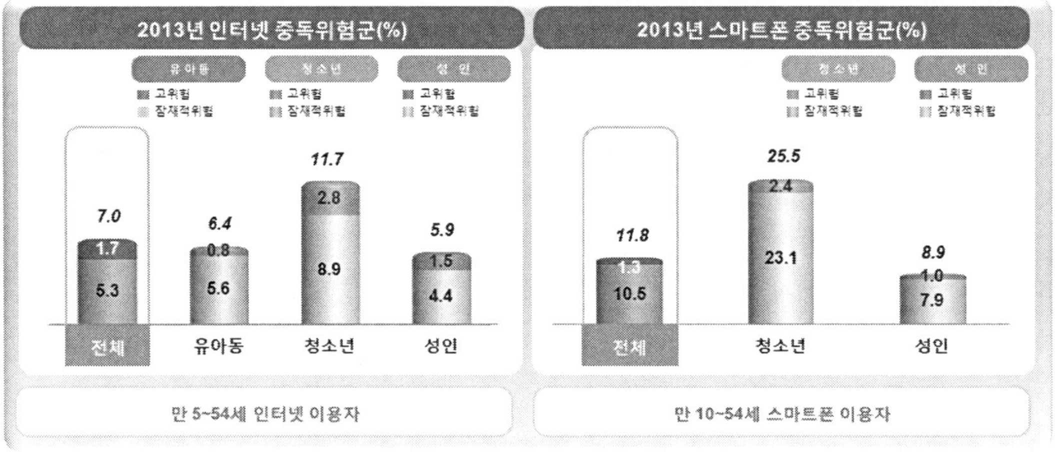

※ 출처 : 2013년 인터넷중독 실태조사(미래창조과학부·한국정보화진흥원)

연도별 대상별 인터넷중독률(2004~2014)

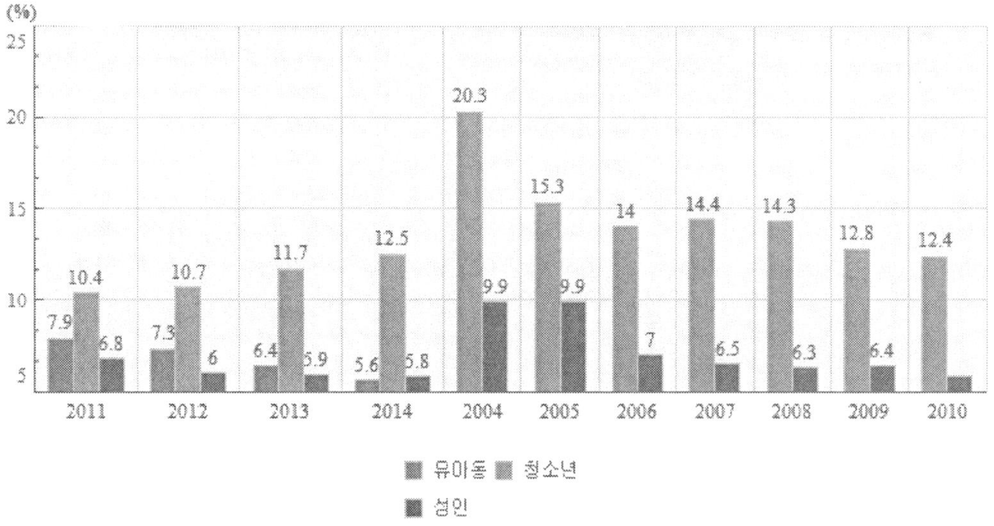

1. 인터넷 중독

인터넷 중독은 "정보이용자가 지나치게 컴퓨터에 접속하여 일상생활에 심각한 사회적, 정신적, 육체적 및 금전적 지장을 받고 있는 상태"라고 정의된다. 즉, 지나친 인터넷 접속으로 인하여 의존성과 금단 증상 등이 나타나 일상생활에 사회적, 정신적, 육체적 및 금전적 지장을 받고 있는 상태를 말한다. 1980년대 이후 컴퓨터가 보급되면서 컴퓨터 중독이라는 용어가 새로이 등장하게 되었고, 1990년대를 넘어서자 인터넷의 사용이 널리 퍼져 갔고 1996년에 들어서면서 인터넷 사용이 증가함에 따라 인터넷 중독 혹은 사이버 중독이 나타나게 되었다. 인터넷 중독 혹은 사이버 중독은 인터넷 중독 질환(IAD: Internet Addiction Disorder), 병적 인터넷 사용(PIU: Pathological Internet Use)이라고 불리며, 인터넷 증후군(Internet Syndrom), 웨버홀리즘(Webaholism)이라 불리기도 한다.[65]

한편 우리나라에서도 인터넷 인구가 늘어나면서 인터넷 중독이 사회문제화되자 정보통신부에서 2000년 10월에 인터넷중독정보센터 홈페이지(www.cyadic.or.kr)를 오픈했으며, '인터넷중독예방상담센터'를 열었다. 또한 2003년 2월엔 인터넷 중독 여부를 진단할 수 있는 '한국형 인터넷중독 자가진단척도 프로그램(가칭 K척도)'을 개발, 보급에 나섰다.

현재는 한국정보화진흥원에서 '인터넷중독대응센터(www.iapc.or.kr)'를 운영하여 인터넷 중독 진단과 상담, 예방 교육 등을 맡고 있으며 인터넷 중독 조사·연구 및 인터넷 중독 전문인력 양성(상담사/교사)도 하고 있다. 인터넷중독대응센터 웹페이지로 들어가면 유아동, 청소년, 성인을 대상으로 하여 관찰자 진단과 자가진단을 할 수 있으며, 진단결과를 통해서 인터넷 중독 경향성 정도에 따라 고위험, 잠재적위험, 일반 사용자군으로 분류된다. 또한 인터넷 중독진단이외에도 온라인게임중독진단, 스마트폰중독진단, 인터넷 이용습관진단도 할 수 있다.

---

65) 인터넷 중독 질환(IAD)이라는 용어를 처음으로 사용한 사람은 1996년 정신과 의사인 이반 골드버그(Ivan K.Goldberg)이다. 인터넷 중독은 미국 피츠버그대학의 킴벌리 영(Kimberly S. Young) 박사 등에 의해 체계화되었는데, 킴벌리 영은 인터넷 중독 자가진단을 고안하기도 했다. 인터넷 중독은 통신 중독, 게임중독, 음란물 중독 등으로 분류되기도 한다. 이런 인터넷 중독은 가상세계와 현실세계의 혼동, 언어파괴, 폭력성 및 성충동 유발 등의 문제점을 야기하기도 한다. 그러나 인터넷 중독은 정신과 진단체계 내의 한 장애로서 정식으로 인정받고 있지는 못한 상태이다. 일부에서는 이러한 현상을 독립적인 장애로 보는 것을 반대하고 다른 질환, 즉 충동조절장애, 강박장애, 우울증의 한 증상으로 보기도 한다.

(1) 인터넷 중독의 개념

1) 인터넷 중독의 개념

인터넷 중독은 인터넷의 과다한 사용으로 현실생활에 장애를 초래하게 할 정도의 신체적, 정신적 이상 현상을 경험하는 것을 말한다. 예를 들어 인터넷에 몰입하면서 일상생활에 흥미를 일고, 현실의 대인관계에 소홀해지거나 무심해지며, 심한 경우 대인기피증까지 보인다. 이러한 불안한 심리를 만족하기 위해서는 인터넷사용 시간을 점차 늘려야 하는 내성현상이 있으며, 인터넷을 하지 않으면 불안, 불면, 환상, 강박적 사고를 하는 등의 금단현상을 경험하기도 한다. 이러한 인터넷 중독의 경우 만 5~54세 인터넷 이용자 중 중독 위험군 비율은 '14년의 경우 6.9%로 매년 감소 추세에 있으나, 위험성은 상존하고 있다고 보아야 할 것이다.[66]

〈그림 6-2 인터넷 중독 개념 및 분류 〉

※ 중독위험군 = 고위험 사용자군 + 잠재적위험 사용자군

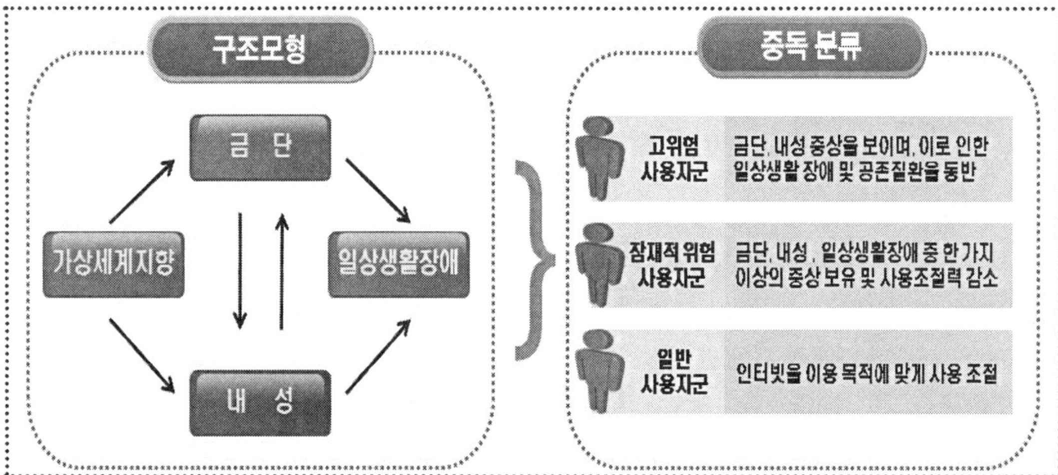

2) 인터넷중독의 구조모형

가상세계지향성 : 현실 세계에서보다 자신감이 있고, 자신을 더 인정해주는 경험을 하는 온라인 세계에 대해 긍정적 기대를 가지고 있는 상태

66) 인터넷 중독 위험군 비율의 연도별 추이 : ('06년) 9.2% → ('09년) 8.5% → ('11년) 7.7% → ('13년) 7.0%→ ('14년) 6.9%로 나타난다.

금단 : 인터넷을 못하게 되었을 때 불안, 초조 등을 유발

내성 : 동일한 만족을 얻기 위해 인터넷 사용시간이 계속 늘어나거나 더욱 자극적인 콘텐츠를 이용하여 강도가 높아지는 것

일상생활장애 : 인터넷의 과다사용으로 일상생활에 심각한 영향을 미치는 증상, 학교 지각, 수업 중 졸음, 업무 부주의 등

3) 인터넷중독의 분류

인터넷중독은 인터넷 중독 진단 척도(K-척도) 및 스마트폰 중독 진단 척도(S-척도) 결과에 따라 고위험 사용자군, 잠재적위험 사용자군, 일반 사용자군으로 분류된다.[67]

〈표 6-1 분류 예시(청소년)〉

구 분		K-척도(청소년)	S-척도(청소년)
중독위험군	고위험군	44점 이상	45점 이상
	잠재적위험군	41점 이상~43점 이하	42점 이상~44점 이하
일반사용자군		40점 이하	41점 이하

※ 총 15문항 60점 만점 기준(각 문항 4점 척도로 측정)

〈표 6-2 연도별 중독위험군 비율(최근 5년)〉

구 분	2010	2011	2012	2013	2014
인터넷중독 위험군(%)	8.0	7.7	7.2	7.0	6.9
스마트폰중독 위험군(%)	-	8.4	11.1	11.8	14.2

※ 스마트폰중독 위험군은 2011년부터 조사 실시

(2) 인터넷 중독의 유형과 형태

인터넷 중독에는 통신중독, 게임중독, 음란물중독 등이 있다. 통신중독이란 전자우

67) 미래창조과학부· 교육부· 법무부· 국방부· 문화체육관광부· 보건복지부· 여성가족부· 방송통신위원회, 2015년도 인터넷중독 예방 및 해소 추진계획, 2015, p. 27.

편이나 정보검색을 주로 이용하는 일반인들과 달리 채팅, 머드게임, 동호회, 정보서핑, 사이버 트레이딩, 도박, 쇼핑 등 인터넷을 과도하게 즐겨 현실도피의 수단으로 사이버 공간에 빠져드는 것을 말한다.

1) 게임중독

게임의 과도한 사용은 폭력적, 공격적 행동의 조장, 신체적 문제 야기, 사회성 저하라는 결과를 가져오며 이는 구체적으로 정상적인 일상생활의 방해, 학습 및 업무 장애, 인간관계 단절, 사회적 관계형서 방해를 초래할 수 있다. 게임 중독은 충동적 행동, 타인에 대한 관심 상실, 다른 중독현상과의 연관, 게임을 그만 두려고 할 경우 신체적, 심리적 증상표출 등의 특징을 갖는 새로운 형태의 행동적 중독이라고 Griffiths(1999)는 정의하였고,[68] 게임의 과도한 사용이 폭력적이고 공격적 행동의 조장, 신체적 문제 야기, 사회성 저하라는 명백한 부정적 결과로 이어진 상태를 게임중독이라고 정의하기도 한다.[69]

게임중독의 원인으로는 욕구충족, 대리만족, 회피성 등이 지적되고 있다. 이상에서 볼 때, 최근 청소년들 사이에서 인기 있는 온라인 게임들은 특히 청소년들에게 심각한 중독성을 야기 시키고 있다. 이러한 게임에 중독된 청소년들은 끼니를 건너뛰고, 학교를 빠지고, 밤잠을 자지 않고 게임을 하기 때문에 가정과 학교생활에 적응하지 못하고 심각한 문제를 보이고 있다. 게임에 중독된 청소년들은 학업이나 운동, 기타 창의적인 활동에 참여하지 않고 게임을 하게 되면 끝내는 후회하면서도 끊지 못하고 있는 것이다.

2) 통신 중독

통신 중독은 인터넷에서 정보를 찾거나 전자우편을 교환하거나 채팅 등의 활동에 강박관념을 작고 지나치게 몰입하는 것을 말한다. 통신 중독은 목적 없이 정보를 찾아 헤매는 서핑과 대화방에서 장시간 대화를 나누는 채팅 중독을 포함하는 개념이다. 청소년들은 pc통신의 대화방을 이용하거나 인터넷의 채팅사이트에 접속해 채팅을 즐긴다. 채팅 공간은 익명성이 보장되는 공간이라 청소년들은 자신의 고민이나 욕망을 솔직히 드러낼 수 있어 심리적인 안정감을 얻는다. 또한, 매번 새로운 상대를 만나는

68) Griffiths, M. (1999) Internet Addiction: Fact or Fiction?, *The Psychologist, 12,* 246-250.
69) 류승호, 게임중독의 현황과 대처방안, 게임종합지원센터, 2001.

특성이 있어 스트레스 해소, 새로운 이성과의 만남, 성적 욕망을 충족하려 채팅에 빠져든다. 통신 중독의 증상은 자기통제력의 상실, 통신을 통한 행복감의 추구, 일상생활의 부적응, 감정소절 능력의 감소, 대인관계 장애 등의 현상이 나타난다.

3) 음란물 중독

음란물 중독은 '사이버섹스나 사이버 포르노를 보기위해 성인 대화방이나 포르노 사이트를 충동적으로 사용하는 행위'를 말한다. 음란물 중독은 인터넷 중독의 어떤 특별한 경향만을 의미하지는 않는다. 음란물 중독은 다른 하위 중독유형과 같이 컴퓨터와 인터넷에 의존하고 몰입하고자 하는 경향을 공통으로 갖는 중독현상이다. 음란물 중독현상은 단순히 사이버 포르노그라피 사이트를 즐겨보고 몰두하는 제한적인 행위자체로만 볼 것이 아니라, 온라인 접속 시 비정상적으로 나타나는 성적인 몰입과 강박현상 일체의 행위를 포함하면서 동시에 현실보다 가상현실에 대한 집착과 친근감이 높으며 현실세계와 가상현실의 경계에 대한 구분이 모호해지는 인터넷 중독경향이나 행위결과로 볼 수 있다.

2. 스마트폰 중독

(1) 스마트폰 중독의 개념

스마트폰 중독(Smartphone addiction)이라는 것은 일상생활에 지장이 생길 정도로 스마트폰을 과다하게 사용하는 장애를 가리킨다. 대한민국에서는 스마트폰 중독 위험군이라는 이름으로 불리워지고 있다. 청소년들에게 있어 스마트폰은 단순한 전화기가 아니라, 이미 몸의 일부와도 같은 지위를 가지고 있다. 지금 스마트폰은 청소년들의 대변인이자 개성을 표현하는 하나의 수단이면서, 실생활의 거의 모든 부분에 관련성을 가지고 사용되고 있다,[70)]

스마프폰 중독에서도 만 10~54세 스마트폰 이용자 중 중독 위험군 비율은 14.2%로 매년 증가 추세에 있다. 이 중에서도 특히 청소년의 중독 위험성은 지속적으로 심화되고 있는 것이 현실이다. 전체 중독위험군은 '11년 8.4%, '12년) 11.1%, '13년

---

70) 노혁, 청소년복지론, 교육과학사, 2008, pp. 259-260.

11.8%, '14년 14.2%로 지속적으로 증가하고 있으며, 그 중에서도 청소년 중독위험군은 더욱더 '11년 11.4%, '12년 18.4%, '13년 25.5%, '14년 29.2%로 더욱 가파른 상승 추세를 보이고 있다.

(2) 스마트폰 중독의 부작용

일상생활에서 스마트폰의 급격한 의존 확대는 과다사용 등 역기능을 유발하게 되고, 결국 중독 위험군의 증가가 우려되는 상황으로 악화되는 것이 일반적이다.

1) 커뮤니케이션 양상의 변화

스마트폰의 확산에 따라 커뮤니케이션 양식이 현저하게 달라지고 있는 점은 굉장히 주목할 만하다. 그러한 특성이 가장 잘 반영된 것이 SNS(Social Network Service) 이용의 증가이다. 국내에서는 주로 카카오톡, 페이스북, 트위터 등이 사용되고 있다. 이와 같은 과도한 사이버 미디어의 사용으로 현실에서 일대일 대면 관계를 통한 의사소통이나 대인관계에 어려움을 느끼거나, 현실적 관계 속에서의 가족 및 주변인들과의 소통에 있어서 어려움을 야기하는 경우가 종종 나타나고 있다.

2) 과도한 사용에 따른 위험초래

청소년들이 거리에서 스마트폰으로 영상을 보느라 신호등도 살피지 않고 길을 건너는 위험한 모습이 자주 목격되기도 한다. 어린 유치원생들부터 입시 스트레스에 시달리는 고등학생까지 스마트폰을 이용한 게임에 빠진 모습을 종종 찾아볼 수 있으며, 스마트폰을 사용하느라 수업 시간에 집중을 못하는 학생들도 많다. 이처럼 스마트폰에 빠지게 만드는 것 중의 하나는 모바일 메신저 연동 게임이다. 몇 해전 "애니팡"이라는 게임의 열풍을 기억하면 그 양상에 대해 이해할 수 있을 것이다.

3) 경제적 부담의 증대

스마트폰 사용에 따른 경제적 부담도 지속적으로 증가하고 있다. 스마트폰 사용 요금으로 인한 가계 지출은 점점 증가하여, 2006년 가구당적 월 평균 이동전화 요금이 3만4천원이었던 것에 비해 2009년에는 9만5천원, 2011년에는 10만3천원으로 크게 상승된 것으로 나타났다.

4) 건강에 대한 부정적 영향

스마트폰 사용에 따른 건강에 대한 부정적인 영향으로 거북목 증후군, 수면장애 등이 보고되고 있으며 정신건강에 대한 우려 또한 심각한 현실이다. 아동이나 청소년을 대상으로 시행된 스마트폰의 중독 및 사회적 관계형성에 대한 부작용 연구들에 따르면 강박증, 우울, 정신증, 불안, 대인 예민증, 편집증, 신체화, 적대감, 공포불안 등이 나타난다고 되어 있으며, 특히 강박과 우울이 스마트폰 중독에 미치는 영향에 대해서도 지속적으로 보고되고 있다.

제4절 청소년 사회복지실천

1. 실천적 개입의 요청

오늘날 점점 더 저출산, 고령화 문제는 심각해지고 있다. 그리고 청소년을 둘러싼 사회환경도 급변하고 있는데, 사이버 공간에서의 문제는 그 정도가 더욱 심각하다.

2014년 조사에서는 인터넷 이용자 수가 4,112만명(인터넷이용률 83.6%)을 넘어섰다. 인터넷 이용자 중 중독위험군 비율은 6.9%로 위험성이 상존하고, 스마트폰 이용자 중 중독위험군 비율은 14.2%로 매년 증가 추세에 있다. 특히 청소년의 스마트폰 중독위험군 비율은 29.2%로 전년 대비 3.7%p 상승하여 중독 위험이 심화되고 있는 상황이다.

이제 청소년복지를 위해서는 사이버 공간을 실질적인 청소년복지의 현장으로 수용하고, 사이버문화를 이해하기 위해 필요한 지식과 기술, 인식의 전환 등이 요구되고 있다.

2. 예방과 치료

인터넷 중독이나 스마트폰 중독은 인터넷이나 스마트폰의 과다한 사용으로 현실생활에 장애를 초래하게 할 정도의 신체적, 정신적 이상 현상을 경험하는 것을 말한다.

인터넷이나 스마프폰을 이용한 행위에 몰입하면서 일상생활에 흥미를 잃어버리고, 현실의 대인관계에 소홀해지거나 무심해지는 경우가 많다. 불안한 심리를 만족하기 위해서는 인터넷사용 시간을 점차 늘려야 하는 내성현상이 있으며, 인터넷을 하지 않으면 불안, 불면, 환상, 강박적 사고를 하는 등의 금단현상을 경험하기도 한다. 그리고 증상이 더 심해지면 극도의 반항, 강박증, 편집증, 우울증, 체력저하 현상 등이 발생하며, 환각이나 착각 등 정신적 문제가 나타나기도 한다. 감수성이 강하고 감정의 변화가 심한 청소년기의 사이버 중독의 폐해는 고스란히 트라우마로 청소년에게 남아 있게 되는 경우가 많다.

유독 청소년들이 인터넷중독에 많이 빠지는 이유는 사이버 공간이 가지는 오락성, 익명성, 친밀성, 권력성, 폭력성 때문이라고 한다. 그리고 실제 생활에서 공허함과 외로움을 심하게 느끼고 있다거나 부모의 과도한 압박에 시달리는 경우, 그리고 자신의 욕구가 좌절된 경험을 가지고 있는 청소년들에게 사이버 공간은 '멋진 신세계'라고 보아도 무방하다.

중독치료는 알콜이나 마약 등 그 대상이 더 이상 영향을 미치지 못하도록 완전히 제거하는 것이 치료의 목적에 부합한다. 그러나 사이버 중독의 경우에는 그 대상이 되는 인터넷이나 스마트폰의 사용을 완전히 금지한다는 것은 현실에 맞지 않다. 그렇기 때문에 결국 인터넷이나 스마트폰이라는 대상을 적절하게 사용하도록 조절능력을 배양하는 것이 치료의 목적이 되어야 하는 것이다.

제5절 청소년 사이버 관련 기관

1. 실천적 개입의 요청

오늘날 점점 더 저출산, 고령화 문제는 심각해지고 있다. 그리고 청소년을 둘러싼 사회환경도 급변하고 있는데, 사이버 공간에서의 문제는 그 정도가 더욱 심각하다. 그 중에서도 특히 청소년의 사이버 중독 즉 인터넷중독과 스마프폰 중독의 위험에 적절하게 대처하기 위해서는 인터넷중독에 책임 있는 관계부처간, 유관기관간, 학제간 결속력 강화가 절실하게 요구된다고 할 것이다. 인터넷중독 대응 유관 8개 부처는 미래창조과학부, 교육부, 법무부, 국방부, 문화체육관광부, 보건복지부, 여성가족부, 방송통신위원회로 이루어진다. 유관기관들은 부처별 인터넷 중독 대응사업 추진사항을 공유하고, 통합 사업안내문 마련하는 등 부처간 역할 조정 및 협력사항을 논의하고 있다.

2. 청소년 사이버 관련 기관

미래창조과학부, 문화체육관광부, 교육부, 여성가족부, 보건복지부 등의 유관기관을 활용한 상담을 강화하고 있다.

(1) 인터넷중독대응센터

현재 전국 인터넷중독대응센터에서 청소년 등을 위한 주말상담, 집단 대안활동, 예술치료 프로그램, 현장로드 프로그램 등을 운영하고 있다. 그리고 시·도 대응센터 및 상담협력기관을 중심으로 지역별 프로그램 특화를 위해 지속적으로 노력하고 있다. 인터넷중독센터에서는 상담대상 특성(연령 · 성별 · 계층 등) 및 중독유형에 따라 적절한 상담기법을 활용하여 개별 8회(방문상담 6회, 전화상담 2회) 내외의 상담을 실시하게 된다. 특히 중독 취약계층(한부모, 조손, 저소득층, 다문화, 맞벌이가정)에 대해 우선 실시하고 필요시 일반가정에도 지원한다. 그리고 사전-사후 중독완화 정도 진단과 만족도 조사를 실시하여 상담 효과성을 검증하고, 수요자의 서비스 체감도 제고를 위한 체계적인 관리를 추진하고 있다.

〈표 6-3 인터넷중독대응센터〉

시도	인터넷중독대응센터
15개 광역시도	서울, 부산, 대구, 광주, 대전, 울산, 경기 북부(의정부), 경기 남부(용인), 강원, 충북, 충남, 전북, 전남, 세종, 경남, 제주
계	15개 시 · 도 16개 센터

(2) Wee 센터

현재 전국 45개 Wee 센터에 전문상담사 배치(센터당 1명)를 통해 게임과몰입 청소년 대상 전문 상담서비스 지원(35만명)을 실시하고 있다. 그리고 교육부 학생안전통합 시스템과 연계한 게임과몰입 학교안전망 구축을 통해 상담지원의 효율적 시행을 의도하고 있다.

〈표 6-4 게임과몰입 상담지원 Wee센터 현황〉

시도	상담지원 Wee센터	시도	상담지원 Wee센터
서울(6)	동부, 문래, 북부, 강동, 성북, 중부	세종(1)	세종
부산(3)	남부, 북부, 동래	충북(1)	청원
대구(3)	대동, 서부, 달성	충남(2)	천안, 논산계룡
인천(3)	동부, 서부, 남부	전북(1)	전주 완산
광주(3)	동부, 서부, 서부 광산	전남(3)	순천, 목포, 광양
대전(2)	동부, 서부	경북(3)	포항, 경주, 구미
울산(2)	강남, 강북	경남(3)	창원, 진주, 김해
경기(7)	수원, 안산, 화성·오산, 용인, 고양, 구리·남양주, 부천	제주(1)	제주시
강원(1)	강릉	계(45)	45개 Wee 센터

(3) 청소년상담복지센터

전국의 청소년상담복지센터를 중심으로 치료협력병원 연계를 통한 상담·치료 지원, 청소년동반자(YC)[71] 사후관리 등 종합서비스를 제공하고 있다.

〈표 6-5 청소년상담복지센터 및 유관기관 현황〉

시도	청소년상담복지센터
서울(32)	서울특별시, 노원구, 양천구, 영등포구, 동작구, 강남구, 중랑구, 강북구, 도봉구, 성동구, 금천구, 서대문구, 은평구, 서초구, 송파구, 마포구, 광진구, 강서구, 관악구, 동대문구, 용산구, 구로구, 강동구, 종로구, 성북구
	청소년미디어센터, I Will 센터(강북, 강서, 광진, 명지, 보라매, 창동)

71) 여성가족부에서 양성하는 청소년 상담 전문가로서 도움이 필요한 청소년에게 찾아가서 상담하는 서비스를 수행하는 역할을 한다.

부산(6)	부산광역시, 영도구, 진구, 금정구, 북구, 해운대구
대구(3)	대구광역시, 달서구, 수성구
인천(9)	인천광역시, 연수구, 계양구, 동구, 남구, 서구, 부평구, 남동구, 중구
광주(4)	광주광역시, 북구, 광산구, 남구
대전(2)	대전광역시, 서구
울산(5)	울산광역시, 동구, 북구, 남구, 울주군
경기(32)	경기도, 성남시, 의정부시, 안양시, 부천시, 광명시, 평택시, 동두천시, 안산시, 고양시, 구리시, 남양주시, 오산시, 시흥시, 하남시, 군포시, 의왕시, 용인시, 파주시, 이천시, 안성시, 김포시, 양주시, 여주군, 화성시, 광주시, 연천군, 가평군, 양평군, 포천시, 과천시, 수원시
강원(10)	강원도, 강릉시, 원주시, 철원군, 영월군, 속초시, 정선군, 동해시, 태백시, 홍천군
세종(1)	세종특별자치시
충북(13)	충청북도, 청주시, 충주시, 제천시, 단양군, 청원군, 영동군, 음성군, 옥천군, 진천군, 괴산군, 증평군, 보은군
충남(16)	충청남도, 공주시, 금산군, 논산시, 당진군, 보령시, 부여군, 서산시, 서천군, 아산시, 예산군, 청양군, 태안군, 홍성군, 계룡시, 천안시
전북(15)	전라북도, 전주시, 군산시, 익산시, 정읍시, 남원시, 김제시, 진안군, 완주군, 무주군, 장수군, 임실군, 순창군, 고창군, 부안군
전남(19)	전라남도, 나주시, 목포시, 여수시, 해남군, 장흥군, 진도군, 순천시, 완도군, 광양시, 영광군, 화순군, 영암군, 보성군, 강진군, 담양군, 무안군, 장성군, 곡성군
경북(16)	경상북도, 경산시, 경주시, 영주시, 영천시, 포항시, 김천시, 구미시, 문경시, 상주시, 울진군, 청송군, 칠곡군, 청도군, 성주군, 안동시
경남(21)	경상남도, 창원시창원, 창원시마산, 진주시, 창원시진해, 통영시, 사천시, 김해시, 밀양시, 거제시, 양산시, 의령군, 함안군, 창녕군, 고성군, 남해군, 하동군, 산청군, 함양군, 거창군, 합천군
제주(3)	제주특별자치도, 서귀포시, 제주시
계(207)	17개 시·도 센터, 183개 시·군·구 센터, 7개 유관기관

(4) 지역 정신건강증신센터

지역 정신건강증진센터(전국 199개)에서는 내원한 아동·청소년 인터넷게임 중독자를 대상으로 상담 및 사례관리 서비스를 제공하고 있다(2천명).

07장 청소년과 약물남용

1. 청소년 약물남용의 개념

(1) 약물남용의 정의

약물(藥物·drug)이라 함은 넓은 의미로 생체에 미치는 물질을 뜻하며, 긍정적 측면으로는 의학에서 약물 본래의 행적을 갖는 반면, 부정적 측면에 약물 남용으로 인한 자기 파괴나 사회 파괴의 의미를 갖고 있다.

약물의 사용과 관련하여 심각성에 따라 약물오용, 약물중독,약물남용으로 구분한다.

약물오용(drug misuse)은 처방된 약을 제대로 또는 지시대로 사용하지 않는 경우를 뜻하며, 사용하는 약물의 용량이나 상황면에서 그 개인에게 위험을 줄 수 있는 것을 말한다. 즉 질병을 치료하기 위하여 처방된 약을 그 용법이나 용량을 지키지 않고 과용했거나 또는 적게 복용함으로써 기대한 효과를 얻지 못하는 경우를 말한다.(정채기, 2003)

약물중독(drug addiction)은 약물의 부정적이고 위험한 작용을 알면서도 약물에 사로 잡혀, 중독자 자신과 주위 사람들에게 해를 끼치면서까지 계속해서 약물을 사용하는 상태 등을 말한다(최은영, 2008)

중독은 약물을 불법으로 구하고 사용하기 위해 약물을 찾지 않고는 못배기는 행동이 약물 남용자의 삶에서 가장 중용한 활동이 된 것을 의미하는데 이러한 정의는 약물사용에 대한 통제력 상실을 의미한다. 중독자는 심각한 사회적, 의학적 폐해에도 불구하고 지속적으로 약물을 사용하며, 처음 약물을 사용할 때는 자발적으로 하겠지만, 시간이 경과함에 따라 뇌가 변하여 자제력과 판단력을 상실하도록 하는 동시에 약물을 사용하지 않을 수 없을 정도의 강력한 충동을 느끼게 된다(손진훈·이임갑, 1998)

약물남용(drug abuse)은 인위적으로 감정, 인식, 행동에 변화를 일으키고자 약물이나 화학물질을 반복해서 과량 사용하거나 혹은 의학적 의도와는 무관한 목적으로 사용하는 것을 말한다. 일반적으로 남용되는 대부분의 약물은 뇌의 기쁨을 관장하는 부분을 과도하게 자극하여, 약물을 사용하지 않으며 뇌의 화락물질이 불안하거나 통증을 느끼도록 변화시켜 더욱 강력하게 강제적으로 약물을 사용하게 만든다.

남용되고 있는 물질들은 육체적, 정신적 의존성을 나타낼 가능성이 있다.

육체적 의존성이란 약물의 반복적 사용 후에 신체에 나타나는 변화로 금단증상을 방지하기 위하여 약물의 계속적인 투여를 필요로 하는 것을 의미하며 정신적 의존성은 약물에 대한 인지된 요구와 갈망을 의미한다. 육체적 의존성은 약물사용을 중단하면 수일 혹은 수 주 내에 사라지는 반면 정신적 의존성은 보다 길게 지속되며 재발되는 주요한 원인중의 하나가 된다.

약물남용에 관해 미국의사협회에서는 '약물남용이란 의학적 감독 없이 약물을 스스로 복용하는 것'이라 정의하였다. 캐나다의 약물전문가 모임에서는 '약물의 비의학적 사용'을 약물남용 이라하였고, 세계보건기구(WHO)에서는 '의료행위의 규정에 맞지 않게 약물을 지속적으로 혹은 산발적으로 과용하는 것'이라고 규정하고 있다.

일반적으로 약물남용이란 향정신성 약물의 비의학적 사용을 말한다.

즉, 행동, 지각 그리고 감정을 위적으로 변화시키고자 자의에 의한 향정신성 물질의 불법적, 비의학적 사용을 약물남용이라고 한다.

우리나라 보건사회부(1990)는 "약물남용이란 감정(mood), 지각(perception), 행동(behavior)에 인위적 변화를 일으키고자 자의에 의한 향정신성약물을 비의학적으로 그리고 불법적으로 사용하는 것을 말한다"고 정의하고 있다.

약물사용(drug use)은 의사나 약사가 지시한 대로 그리고 용법대로 약물을 사용하는 것을 말하며, 약물오용(drug misuse)은 잘못된 사용, 즉 의사나 약사의 지시대로 사용하지 않았거나 용법대로 사용하지 않은 경우를 말한다(서울특별시 교육연구원, 1991)

또 약물의존(drug dependence)이란 약물사용의 중지로 인한 불쾌감을 피하고 정신적인 약물효과를 얻기 위하여 지속적 혹은 주기적으로 사용하며 이를 위해 어떤 수단방법을 동원해서라도 약을 얻고자 하는 강박성이 부수되는 정신적 및 신체적 중독상태를 말한다(WHO, 1974).

한국마약 퇴치 운동 본부(2008)가 시행한 마약류 위험성에 대한 국민의식도 조사자료를 보면 일반국민 10명중 6명(61%)이 '마약류 및 약물남용의 위험성을 사회구성원들이 인식'하고 있다고 대답하였으며, 현재 우리사회는 불법 마약류뿐만 아니라, 오용 및 남용될 수 있는 수많은 약물에 노출되어 있고 사용계층 또한 다양화되고 있다.

산업화 이전에는 폭력집단, 유흥업소 종사자, 연예인으로 국한 되었으나, 최근에는 근로자, 회사원, 가정주부, 청소년까지 확대되고 있고, 그 가운데 청소년들의 약물남용 문제는 청소년 자신의 정신건강과 신체건강에 해를 끼칠뿐 아니라 절도, 폭력, 살인, 성범죄 등의 다른 청소년 범죄와도 복합적으로 연루되어 있어서 가정과 사회에 미치는 영향이 매우 크다고 할 수 있다.

2. 약물의 유형과 특징

일반적으로 약물은 다양한 의미로 통용되고 있어 이에 대한 일치된 개념을 찾기가 힘들다(최성일· 유계숙, 2005), 사전적 의미에서 약물(drug)은 의학상 치료적 목적으로 사용되는 의약품을 칭한다. 그러나 청소년의 약물남용에 관한 연구에서는 약물을 의약품뿐만 아니라 인간의 정신, 감정, 행동에 영향을 주는 다양한 물질(substance)의 전반을 총칭하는 개념으로 사용한다. 따라서 청소년들이 쉽게 접 할 수 있는 담배, 술을 비롯하여 의약품은 아니지만 이들의 행동 및 정서적 기능에 영향을 주는 본드와 부탄가스 등을 포함한 유해화학물질 등도 약물에 포함시킬 수 있다.

청소년이 주로 남용하는 약물에는 술, 담배, 본드, 가스, 진정제(수면제, 신경안정제), 카페인, 암페타민류(히로뽕), 환각제, 대마초 등이 있으며, 이러한 약물들은 신체와 정신 그리고 감정과 행동에 변화를 일르키는 양면성을 갖고 있어 잘못 사용하면 많은 역기능과 부작용을 유발 할 수 있다.

(1) 담배

담배(Cigar)는 약 4,000여 종의 화학물질로 구성되어 있으며, 적어도 38여 종의 발암물질이 그 안에 들어있는 것으로 알려져 있다(홍연표, 1999). 특히 일산화탄소, 타르, 니코틴 등의 독성물질들은 치명적인 해를 끼치는 것으로 알려져 있다. 담배에 들어 있는 니코틴은 습관성 중독을 일으키기 때문에 마약으로 분류되고 있다. 니코틴은 신경자극 효과와 긴장완화 효과를 동시에 갖고 있다. 적은 양의 니코틴은 인체의 신경에 자극을 주며, 많은 양의 니코틴은 긴장완화를 촉진한다. 니코틴 중독은 신체적 의존현상을 일으키고 니코틴 사용이 중단될 경우 불안, 초조, 안절부절, 집중력 장애 등의 금단증상이 일어난다. 이 외에도 흡연은 폐암, 심장병, 호흡기 질환 등 여러 가지 건강문제를 불러일으킨다. 실제 호흡기계 질환의 70%는 흡연과 직접적인 관련이 있으며 폐암환자의 90% 이상이 흡연으로 인해 발병된다. 또한 흡연은 심혈관계 질환,

구강질환을 일으키며 임산부가 흡연할 경우 태아의 건강에 치명적인 영향을 준다.

담배속에 있는 중추신경계인 뇌 조직을 흥분시켜주는 니코틴(Nicotine)은 특히 기분을 좋게 바꾸어 주는 중독성이 강한 약물이며 사람으로 하여금 니코틴을 계속 사용하고 싶게 만들며, 내성이 생기게 하여 동일한 양으로는 예전의 느낌을 느끼지 못하게 만들어 더 많은 니코틴을 사용하게 만든다. 특히 성장기에 있는 청소년에게는 더 유해하다. 청소년기는 뇌세포를 비롯한 모든 세포들이 성장, 성숙하는 시기인데 흡연을 하게 되면 세포의 성장을 저해할 뿐 아니라 노화를 촉진시킨다. 저항능력이 약해 각종 질병에 걸릴 위험이 높다(한국마약퇴치운동본부, 2009)

(2) 알코올

알코올(Alcohol)은 물과 에탄올로 구성되어 있으며 무색의 액체이다. 사람들이 마시는 각종 발효주와 증류에는 알코올이 함유되어 있다. 술은 체내에서 진정제(depressant)의 역할을 하며 사용량이 증가함에 따라 내성도 점점 강해진다. 알코올을 지속적으로 과다하게 사용하게 되면 음주조절 능력이 상실되고, 금단증상이 나타나는 알코올 의존 상태가 되는데, 필름이 끊긴다고 표현되는 기억장애, 불안, 초조, 불면, 손떨림 등의 증상과 함께 심해지면 섬망(delirium), 간질 및 치매현상을 초래하게 된다.

비교적 술에 관용적인 우리 문화에서 청소년의 음주는 약물남용과 탈선으로 이어질 가능성이 높으며, 음주 자체와 같이 폐해로 정신적, 육체적 성장에 장애가 올 수 있다(한국마약퇴치운동본부, 2009)

알코올중독자가 갑자기 알코올 사용을 중단하게 되면 사망할 위험이 있으므로 의료적 치료가 필요하다. 임산부가 음주를 하게 되면 태아알코올증후군(fetal alcohol syndrome)을 가진 아기를 출산할 가능성이 높다.

(3) 본드 및 부탄가스

흡입제(Inhalants)로 분류되는 본드 및 부탄가스는 유기용제로 의약품은 아니지만 중추신경억제작용이 있어 사용하게 되면 도취 상태에 빠지게 되며 영상이 비정상으로 보일 수도 있다. 도취감, 환각 등을 유발하는 흡입제는 우리 주변에서 쉽게 접할 수 있는 물질로 접착제 본드, 부탄가스, 프로판가스 아크릴 페인트, 락카, 니스, 아세톤, 액체구두약, 프레온 등 그 종류가 매우 다양하다. 부탄가스나 프레온가스 흡입 시 주로 후두가 얼어붙어 호흡마비를 일으키며 사망할 가능성이 있고, 장기간 그리고 다량으로 사용할 경우 뇌, 심장, 간, 신장, 조혈작용 및 기타 다른 기관을 손상시켜 심각한 장애를 일으킬 위험이 있다.

흡입제 사용 시 나타날 수 있는 신체적 증상은 현기증, 안구진탕증, 운동조정곤란, 불분명한 언어, 불안정한 보행, 반사의 감소, 전반적인 근육 약화, 시야혼탁이나 복시, 혼미나 혼수 등이 있으며 심리적으로는 다행감, 편안한 느낌, 흥분, 붕뜬 느낌, 착란, 공포, 환각, 신체상의 왜곡, 망상, 지각장애 등이 나타난다. 흡입제가 폐를 통해 흡수되어 혈액에 침투되고 뇌에 도달하는 시간은 약 7~10초에 불과하다.

흡입제의 사용농도를 짙게 하게 되며 뇌 조직 전체가 혼돈 및 정신병 상태로 들어가 흥분시 공간에 대한 방향 감각의 상실, 홀깃한 의식에서의 환가, 부분적인 기억상실 등을 경험하다가 의식을 잃거나 호흡기능 장애로 질식사 하기도 한다(한국마약퇴치운동본부, 2009)

(4) 진정제

진정제(Sedatives)는 과도한 근심과 불안, 근육 경련 등이 있을 때 의학적인 목적으로 사용된다. 약리학적으로 진정제는 중추신경 억제제로 분류되며 중독성, 습관성, 내성이 있으므로 남용할 경우 뇌와 간에 심한 손상을 일으킬 수도 있으며 과량 사용 시 사망하게 된다. 가장 흔히 사용되는 진정제로 바르비탈류(Barbiburate)를 들 수 있는데 이것은 바르비탈산으로 만들어지는 유사합성물질로 신경, 위, 심장근육 활동을 억제시키는 작용이 있어 불안감, 긴장, 불면증 치료에 사용되고 있다. 우리나라에서 판매되는 바르비탈류로는 세코날, 탈부탈, 루미날 등이 있다(국가정보원, 2003).

(5) 암페타민

암페타민류(Amphetamines)는 코카인과 유사한 효과를 지닌 합성 흥분제로서 널리 알려져 있으며 의학적으로 알코올중독 파킨스병 가벼운 우울증, 기면증(narcolepsy), 간질, 수면발작 등의 치료제로 사용되어 왔다. 이 약물은 직접적으로 말초신경에 작용하고 간접적으로 호르몬의 분비를 증가시킴으로써 흥분을 일으키나, 약효가 사라지면 우울증을 수반한다. 암페타민은 정신적으로 과다한 자신감, 피해망상, 환각 등을 일으킬 수 있고, 육체적으로는 구취, 식욕감퇴, 오심 등을 일으키며, 행동에 미치는 영향으로는 초조, 공격적 행동, 반사회적 경향, 사고력 혼란 등을 들 수 있다.

암페타민류에는 암페타민, 덱스트로암페타민, 메타암페타민 등이 있다. 이 중 시중에서 불법 유통되고 있는 메타암페타민은 염산에페드린을 원료로 합성한 것으로 다양한 이름을 갖고 있다. 미국에서는 스피드(Speed)와 아이스(Ice)로, 일본에서는 각성제(히로뽕)로, 필리핀에서는 샤부(Shabu)로 불린다(국가정보원, 2003). 우리나라에서 필로본(Philopon)으로 불리는 이 약은 노역을 하는 사람에게는 피로회복제로, 체중감량을 원하는 여성들에게는 살빼는 약으로 알려져 남용되고 있다.

(6) 마약

마약(narcotics)이란 그리스어의 'narkotikoss'(무감각, 마비)란 단어에서 유래된 용어로 감각을 둔화시키고 수면 및 혼미를 야기해 동통을 완화시키는 물질을 말하며, 그동안 '마약'이라는 용어가 좁은 의미의 마약·향정신성 의약품·대마를 총괄하는 의미로 혼용되어 왔으나 최근에는 이들을 총칭하는 표현으로 '마약류'라는 용어를 사용하고 있다(대검찰청, 2008)

마약류란 중추신경계에 작용하여 중추신경 작용을 앙양하거나 억제하는 물질중에서 신체적 의존성이나 정신적 의존성이 있는 것으로 관련 법규에 의하여 규제대상으로 지정된 물질을 가리키며,

세계보건기구(WHO)의 보고에 의한 마약류의 정의는 다음과 같다.

① 약물사용에 대한 욕구가 강제적일 정도로 강하다(의존성)

② 사용약물의 양을 증가시켜야 하는 경향이 있다(내성)

③ 사용을 중지하면 신체에 견디기 힘든 증상이 나타난다(금단증상)

④ 개인에 한정되지 아니하고 사회에도 해를 끼치는 약물로 정의되어 있다

대게 저용량일 경우에는 불안, 공포를 일으키며, 점차 양이 많아짐에 따라 몽롱하여지고 집중력이 상실되고 복잡한 추리력이 상실되다가 과량을 사용한 경우에는 혈압을 낮추며 혼수상태에 이르게 되는데 이것은 뇌의 작용을 심하게 억제하기 때문이며 심한 경우 호흡을 조절하는 호흡중추가 마비되어 사망하게 된다.

(7) 마리화나

마리화나(Marijuana)는 대마에서 추출된 화학물질이다. 마리화나는 Pot, Grass,

Reefer, Herb, Seed 등 다양한 이름으로 불리기도 하며 우리나라에서는 대마초로 알려져 있다. 마리화나는 중추신경 흥분제로 이것을 흡연하는 사람은 안구충혈, 설사, 구강건조, 오심 심장 박동 수의 증가, 발작적인 기침, 갑작스런 식욕증진을 경험한다. 환각제로 사용하는 마리화나가 정신에 미치는 영향은 사람에 따라 다르게 나타날 수 있는데, 어떤 사람은 편안함을 느끼기도 하고, 어떤 사람들에게 있어서는 이것이 억제적으로 작용하여 아무것도 느끼지 않을 수도 있다. 가장 일반적인 반응으로는 의기양양한 기분 감지능력의 과장 및 시간과 공간 왜곡을 들 수 있다. 마리화나 흡입자들은 종종 취한 증세를 보이며 먼 공간을 응시하거나 흐리멍덩한 눈과 운동실조를 보이며 반의식 상태 혹은 수면 상태에 있다. 사람에 따라 말이 많아지거나 자주 웃기도 하며 예측 할 수 없는 행동을 할 수도 있다.

(8) 엘에스티(LSD)

LSD(LSD: Lyseric acid diethylamide)는 정제와 캡슐, 젤라틴 침 등 여러 형태가 있다. LSD는 환각제로 이를 다량으로 복용할 시 망상과 환상을 경험하게 되고, 시간과 정체감이 왜곡 될 수 있다. LSD의 효과는 예측할 수 없으며 복용량 복용한 상황, 사용자의 성격, 기분, 약물효과에 대한 기대와 관계가 있다. 경우에 따라 절망감, 지독한 두려움(예 : 통제력 상실, 미칠 것 같거나 죽을 걸 같은 느낌)을 경험 할 수도 있다. LSD는 중독물질은 아니라 내성을 강화시켜 이것을 지속해서 사용할 경우 같은 효과를 얻기 위해 더 많은 양을 복용하게 된다(National Drug Intelligence Center, 2003).

(9) 카페인

카페인은 커피, 콜라, 초콜릿, 아스피린에서 발견되는 흥분제다. 암페타민과 같은 흥분제의 사용이 금지됨에 따라 카페인을 함유한 음료의 사용이 확대되고, 사실상 커피는 생활의 일부가 되었다고 해도 과언이 아니다. 그러나 최근에는 불면증, 불안, 고혈압과 같은 역효과가 알려져서 카페인이 건강에 좋지 않은 것으로 인식되고 있다.

(10) 아편류(아편, 모르핀, 헤로인)

헤로인은 가장 많이 사용되는 아편류로서 간에서 모르핀으로 분해된다. 대개는 통증이나 불면 등의 치료목적으로 주사를 맞기 시작하여 반복적으로 사용하게 되며, 사용량 또한 증가하게 되어 정신적 · 신체적 의존현상이 나타난다. 아편류 중독은 주사바늘과 주사기 공유로 인해 AIDS와 같은 질환의 감염 발생을 부추겨서 더 큰 문제가 되고 있다. 또 손목과 발목의 마비, 어지럼증 등이 생길 수 있으며 호흡기능 저하로 호흡 정지가 일어날 가능성이 있다. 모르핀의 경우에는 통증 감소를 위해 말기암 환자에게 쓰이기는 하나 치료용이라도 1주일 동안 매일 사용하다 중단하면 금단증상이 일어 날 수 있다.

(11) 엑스터시

엑스터시(Ecstasy)는 환각성과 암페타민과 같은 중추신경흥분제의 특성을 지는 향정신성 약물로서 한국에서는 '도리도리'로, 미국에서는 '아담' '엑스터시' 등으로, 'XTC' 중국에서는 '야오토우환' 으로 불리고 있다. 이는 암페타민보다 가격이 싸면서 환각작용은 3배나 강한 것으로 알려져서 최근에 사회적 이슈가 되고 있는 신종 약물이다.

(12) 로힙놀 GHB

루니트라제팜(lunitrazepam)의 상품명인 로힙놀(Rohypnol)은 지난 몇 년 동안 주 관심 대상이 되었다. 사람들은 로힙놀이 술과 혼합되는 이를 알지 못해 성적 학대로부터 저항 할 수 없게 된다. 또한 로힙롤은 술이나 다른 진정제와 혼합될 EO 치명적일 수 있다. 미국에서는 이 약물의 사용이 승인되지 않았으며 수입이 금지되고 있다.

GHB(gamma-hydroxybutyrate)는 쾌감증, 진정효과와 근육강화 효과로 미국에서 남용되고 있다. 로힙놀 및 클로나제팜(clonazepam)과 함께, GHB는 전 도시의 성학대와 관련이 있다. GHB는 무색, 무취의 분말 또는 정체 형태의 속효성 중추신경억제제로서 국내에서는 음료수에 타서 복용하는 물 같은 히로뽕이라는 뜻으로 일명 '물뽕'이라고 한다. GHB를 사용하면 다소 취한 듯 하면서 몸이 처지는 느낌이 드는데, 알코올류에 타서 마시면 그 효과가 상승하여 의식불명을 초래하기도 한다. 심지어 과다사용 시 뇌사, 사망에까지 이를 수 있다. 특히 미국, 캐나다, 유럽 등에서는 성범죄에 악용되는 경우가 많아 '데이트 강간(date rape)약물' 이라고도 한다. GHB는 제 44차 유엔마약위원회(2011. 3. 20.)에서 향전신성 마약류로 분류되었으며, 우리나라에서도

2001년 마약류로 규정되었다.

GHB(gamma-hydroxybutyrate)는 미국에서 쾌감증, 진정효과와 근육강화 효과로 미국에서 남용되고 있다. Rohypnol과 clonazepam과 함께 GHB는 전 도시의 성학대와 관련되어 있다.

약물의 생성원별로 분류하면 천연마약, 합성마약, 향전신성 물질, 대마, 흡입제로 나눌 수 있다.

(13) 코카인

코카인(Cocaine)은 코카나무의 잎에 함유되어 있는 알칼로이드 중 가장 중요한 성분을 추출한 물질로 마약으로 분류된다. 코카인은 환각제와 중추신경 흥분제로 분류되며, 코카인 분말(cocaine powder), 락 코카인(rock cocaine), 크랙(crack), 정맥 주사용 용액 코카인(intravenous solutions) 등 종류가 다양하다. 코카인은 체내에서 급속히 분해되기 때문에 약효가 빠르게 나타나는 대신 지속시간이 짧다. 과량흡입 시 불안, 구역질, 구토 등을 유발하고, 심할 경우 심장마비나 호흡정지 등으로 사망할 수 있다.

학자에 따라 약물을 분류하는 방식이 상이하다. 예를 들어 약리효과 및 기능을 기준으로 약물을 분류하는 학자도 있으며, 각종 규제법규에 따라 약물을 구분하는 경우도 있다(허성욱, 2006). 예를 들어 청소년의 약물남용과정을 연구한 한국형사정책연구원(2004)에서는 약물을 기능별로 다음과 같이 11가지로 분류하였다.

일반적으로 알려진 약물(물질)의 약리학적 기능, 관련법규, 약물의존에 관한 내용을 종합하여 도표화하면 〈표 7-1〉과 같다.

〈표 7-1〉 약물의 종류 · 관련 법규

구 분	종 류	약리하적 분류	관련 법규	정신적 의존	신체적 의존
마 약	아편 헤로인, 모르핀, 메타돈, 코데인	중추신경억제제	마약법	○	○
	코카인	중추신경흥분제	마약법	○	○

환각제	LSD Phencyclidine	중추신경흥분제 / 억제제	향정신성 의약품관리법	○	
	대마, 마리화나, 하쉬시	중추신경흥분제 / 억제제	대마관리법	○	
흥분제 (각성제)	암페타민, 메타암페타민(히 로뽕), 필로폰, 벤제드린	중추신경흥분제	향전신성 의약품관리법	○	○
억제제 (진정제, 수면제)	바비츄레이트, 페노바르비탈, 애미탈	중추신경억제제	향정신성 의약품관리법	○	○
신경 안정제	바리움 아티반, 옥시돌	중추신경억제제	향정신성 의약품관리법	○	○
흡입제 (본드, 가스)	부탄, 핵산, 아세톤, 가솔린	중추신경억제제	유해화학물질 관리법	○	
술	와인, 비어, 위스키	중추신경억제제	청소년 보호법, 미성년자보호법	○	○
담배	씨가렛, 씨가, 파이프타바코	중추신경흥분제	청소년 보호법, 미성년자보호법	○	○

출처 : 문화관광부(1995 : 510) 부분 인용

최근 정보화의 급속한 진전과 더불어 최근 우리 사회에서도 인터넷 중독이 새로운 청소년 문제행동의 유형으로서 중요한 사회적 관심사로 부각되고 있다. 인터넷 중독은 학술적인 연구의 역사가 일천할 뿐만 아니라 아직까지 중독을 가늠하는 객관적이고도 명확한 기준이 존재하지 않음을 고려할 때 그 개념의 사용과 적용에 있어서 매우 신중한 자세가 요구된다.

우리 사회에 약물 사용자의 범위가 확산되는 가운데 청소년 약물 사용자가 증가하고 있다는 것은 사회구조적 측면에서 별리현상이 만연되고 있음을 보여주는 것이다. 개방화 시대를 맞이하여 국제 간 교류 증대 및 이에 따른 서구문화 및 일본 등 외국문화의 급속한 전파와 더불어, 우리나라는 외래문화의 흡수에 따른 문화체계의 와해로 약물 사용이 더욱 증가일로에 있으며 지능화되고 있다.

3. 청소년 약물남용의 요인

청소년 약물남용의 원인은 다양하고 복합적이다.

약물을 사용하는 이유는 그것을 사용하는 개인만큼이나 다양하다. 약물을 사용하도록 만드는 성격구조나 생활경험 사회 환경적인 요인들을 파악하면 어떤 개인들이 더 약물에 쉽게 빠져드는지 예견할 수 있게 된다. 개인의 삶에서 그러한 위기요인들이 많으면 많을수록 개인은 약물에 더욱 관여하게 될 것이다. 그러나 약물사용을 예견한다는 것은 매우 까다로운 일이다. 왜냐하면 문제행동의 다차원 양상을 고려해야 하기 때문이다. 약물을 남용하는 사람들이 단순히 어떤 하나의 행동양태나 성격유형을 가지고 있다기 보다는 여러 요인들이 서로 상호작용하여 약물사용행위를 초래한다고 보아야 할 것이기 때문이다. 청소년들 사이에서도 약물사용은 그 성격과 정도에서 차이가 나기 때문에 어떤 학생들이 약물을 하는가를 정형화 시켜서는 안된다. 비록 약물사용 청소년들을 외모상 쉽게 가려낼 수 있을지라도 보기에 멀쩡한 청소년들도 약물을 사용하기 때문이다. 사실 약물사용에는 누구나 동등하게 노출되어 있는 것이다. 약물로 인해 자신 또는 가족의 생활이 영향을 받지 않을 것이라고 어는 누구도 장담할 수 없다. 그러나 어떤 생물학적, 심리적, 역사적, 환경적 요인들이 어떤 개인들을 좀 더 약물사용에 취약하도록 만드는 것으로 보인다.(이윤로, 1997 : 31)

청소년 약물남용을 생물학적요인,개인적요인,사회환경적요인 으로 나누어서 살펴보면 다음과 같다.

(1) 생물학적 원인

유전적 원인은 정상인 경우보다 3~4배에 이르는 알코올리즘의 가족력으로 증명된다. 또한 동물연구에서 술을 선호하는 유전적 요인이 발견된다고 한다. 즉 알코올을 대사하는 alcohol dehydrogenase와 aldehyde dehydrogenase 유전자의 변이가 있어 음주 후 부작용이 심한 경우 술을 덜 마신다는 것이다. Intermediate phenotype로 알코올 관련 피부홍조는 아시아인에 많은데 이는 위험도를 낮춘다

보상회로와의 관련성은 일반적 물질남용에서와 같다. 알코올에 대한 민감도와 dopamine reward system에 영향을 미치는 여러 유전인자들이 발견되고 있으나, 각각의 위험도에 대한 기여도는 크지 않다고 한다. 조현병, 양극성 장애, 충동성, 술효과에 대한 낮은 민감도 등은 높은 위험도와 관련된다. 이 장애의 위험도가 높은 어린

이들에게서 뇌파상 신경인지적 결핍과 알코올 효과에 대한 둔감성이 보고되고 있다. 소아기의 ADHD와 행실장애도 이후 알코올 관련 장애에 대한 높은 위험도와 관련된다고 한다.

(2) 개인적 요인

일반적으로 알려진 약물남용의 개인적인 위험요인으로 충동조절문제, 정서적 불안정, 스릴을 찾는 행동(thrill-seeking behaviors), 약물의 위험에 대한 인식 부족, 성인 행동에 대한 모방심리, 호기심 등을 들 수 있다. Mellinger와 그의 동료들은 청소년 약물남용이 일반적인 병리 변수보다 자아통합적 요소들에 의해 훨씬 더 많은 영향을 받는다고 설명했다. 청소년 약물남용자들이 갖는 심리적인 특성으로 반항심, 독립심, 비동조적인 기질, 낮은 자아존중감 등이 있다. 이러한 특성들은 청소년들의 정체감 혼란, 자아왜곡과 연관이 깊다. Kimberly는 약물청소년들은 내적 불안이 높으며 자기에 대한 감정이 자주 동요되는 특징을 보이므로 이런 경우 청소년들은 정체감 혼란이 왔을 때 혼자 힘으로 이를 극복하지 못하고 현실을 도피하기 위한 수단으로 약물을 복용한다고 설명했다.

청소년의 약물남용이 단순히 개인적 요인에 의하여 비롯된다고 보기는 대단히 어렵다. 청소년 약물 사용에 대한 개인적 요인과 관련하여 Mackenzie와 Jacob(1987)는 오락으로써, 순응하기 위해서, 통과의식으로써, 성욕(성적활동)을 시험하기 위해ㅅ, 사교제로써, 스트레스를 해소하기 위해, 기타 개인적 문제를 해결하고자 약물을 사용한다고 하였고, 그 중에서도 가장 압도적인 원인은 약물이 기분을 좋게 만들기 때문이라고 하였다. 현대의 청소년들은 종종 성인을 모방하거나 동일시하고자 하는데 약물을 사용한다고 보았다(전인열, 전게논문, p17)

Glasser와 Loughlin(1990)은 청소년들이 개인적인 선택에 의해 약물을 사용하고 있음을 밝혔다. 이들은 미국 북동부 지역에 위치한 도시에 거주하고 있는 12세에서 20세 사이의 청소년 100명을 대상으로 수행한 연구에서 청소년들의 약물(마약)사용은 외부의 영향의 의한 수동적인 선택이기보다는 지루함, 우울, 사회 정체성, 우정, 마약 접근성, 자기 통제, 민간약품(folk pharmacology) 등 개인적인 흥미나 관심에 의해 약물을 사용하고 있음을 밝혔다. 예를 들어 가벼운 정도의 마약을 사용하는 청소년에게 있어 마약은 자신의 정체성을 실험하는 기회가 되었으며, 일부 청소년들은 마약중독자들부터 구성원으로서의 팀 정신을 배우고 있었다.

가족구조의 변화, 사회조직 및 기관의 확대 등으로 현대사회의 청소년들은 많은 시간을 학교에서 보내게 됨에 따라 학교는 청소년의 성장과 발달에 중용한 영향을 미치는 제도가 되었다. 이러한 학교에서의 생활이 청소년기의 가장 큰 스트레스원의 하나라는 사실은 여러 선행연구에서 밝혀졌다.(안병조, 「고등학교 학생에 있어서의 갈등실태에 관한 연구」, 고려대학교 교육대학권 석사학위 논문, 1983, pp.30-39)

고등학생들이 학교생활에서 부딪치는 가장 큰 스트레스로 지적되는 것은 시험과 평가에 대한 불안과 긴장이며, 또한 시험의 실패로 인하여 심각한 좌절과 우울을 경험하게 되며 항상 뒤 차점자들에게 쫓기는 듯한 정신적 부담과 초조감 등은 가장 심각한 스트레스 요인으로 지적되고 있다.(조성만, 「스트레스 요인과 대처방안에 관한 실증 연구」, 수원대학교 교육대학권 석사학위 논문,2001. p.15)

또한 청소년들은 부모로부터 돌립하여는 욕구와 함께 모험이나 위험을 즐기며 성인들의 행위를 모방하려는 욕구들이 있는데 이러한 청소년기의 욕구들과 발달 단계적 어려움이 약물남용으로 이끄는 요인으로 작용하고 있는 것이다.

(3) 사회환경적 요인

청소년들의 약물남용은 앞서 설명한 개인적 요인 이외에도 이들을 둘러싸고 있는 사회환경과 밀접한 관련이 있다. 사회환경적 위험요인을 가족 또래집단, 지역사회 문화적인 요인으로 나누어 살펴보면 다음과 같다.

1) 가족력과 가족관계

가정환경은 약물남용을 유발하고 유지시키는 중요한 요인이다. 가족 간의 갈등, 부모의 수퍼비전 부족, 가혹한 육체적 체벌, 역기능적인 의사소통, 어머니의 무관심과 일관성 없는 양육태도 등 가족구조와 가족 내 상호작용은 청소년의 약물사용과 밀접한 관련이 있다(Hoffman, 1993). 부모가 약물남용을 할 경우 그 자녀들도 자연스럽게 부모의 행동을 동일시하여 약물남용을 할 가능성이 높다. 알코올중독자 부모에게서 양육된 자녀들은 알코올중독의 가능성이 높고 부모가 알코올과 기타 약물에 대한 문제를 가지고 있을 때 위험요소는 더욱 증가하게 된다(김경빈, 1994). 부모가 약물남용을 하는 가족의 특징으로 사회적인 고립을 들 수 있다.

가족의 사회적인 고립은 자녀에게도 영향을 미쳐 자녀들의 사회활동과 친구관계를 제한시킨다. 또한 부모가 약물남용으로 고통 받을 경우 자녀에 대해 정서적으로 무관심한 상태(예 : 방임 등)에 있으므로 정상적으로 자녀를 양육하는데 문제가 따른다. 그 결과 자녀들은 분노, 공포, 외로움, 우울감, 거부에 대한 강한 불안을 경험하게 되고 이러한 정서적은 곤란은 자녀로 하여금 약물을 남용하게 하는 위험요인으로 작용한다(Hoffman, 1993).

가족의 역기능적 상호작용 행태가 청소년을 약물남용의 위기에 놓이도록 영향을 미칠 수 있다. 가족은 개인행동의 맥락이기에 약물남용을 이해하는데 있어 가족의 중요성은 아무리 강조해도 지나치지 않다.[이윤로, 「약물남용에 영향을 주는 가족변수」(서울 : 한국마약퇴치운동본부. 1998), pp.31-32]

2) 또래집단

청소년기는 또래집단으로부터 가장 큰 영향을 받는 시기이므로 또래집단의 압력과 유혹은 청소년 약물남용과 밀접한 연관이 있다. 최성일과 유계숙(2005)은 또래집단의 약물사용이 청소년들의 약물사용을 예측 할 수 있는 가장 중요한 변수임을 강조했다. 황성연의 연구(2006)에서도 청소년들의 약물남용은 부모변인(예 : 부친의 약물사용, 모친의 약물사용, 부모의 규범적 태도, 부모의 기능, 부모의 모방, 부모에 대한 애착 등)보다는 약물을 사용하는 '동료와의 접촉'에 의해 더 많은 영향을 받는 것으로 나타났다. 즉 어울리는 친구들이 술, 담배, 진정제, 흥분제 등을 자주 사용하면 할수록 청소년들의 약물사용 빈도가 증가하는 것으로 밝혀졌다.

청소년들이 설명하는 약물사용의 동기를 살펴보면 "친구들이 모두 약물을 사용한다"는 것과 "친구들과 함께 어울리기 위해 사용한다"는 것이다. 또한 청소년들은 또래집단을 통해 약물의 구입처, 사용방법, 장소 등 약물에 대한 정보를 교환하고 관련된 기술 및 비행을 학습한다. 약물남용 집단과 어울리게 되면 건전한 또래집단과의 관계는 점점 소원해지며 약물남용 집단의 기대에 부응하고 이들의 문화에 적응하기 위해 더욱 깊이 약물에 빠지게 될 위험가능성은 높다. 학교부적응으로 학교를 중퇴한 청소년들은 학교사회와 단절되면서 불량 청소년들과 어울리게 되고, 심할 경우 가출로 이어져 본격적으로 약물을 남용하게 될 위험을 안고 있다(최선화, 1991).

3) 학교환경

Jessor(1976)와 Robins(1980)는 청소년 약물남용의 예측요인으로 학업실패를 강조하였다 또한 Andrew와 그의 동료는 학교에서의 낮은 학업성취는 약물남용에 영향을 준다고 설명하였다(최성일 · 유계숙, 2005 재인용). 우리나라의 입시 위주의 교육풍토는 청소년 개개인의 적성이나 특기를 무시하고 성적 위주로 학생의 능력과 성취도를 평가하는 경향이 매우 높기 때문에 성적이 낮은 학생의 경우 패배자 혹인 실패자라는 부정적인 감정을 갖게 된다. 일부 청소년들은 이러한 절망감과 좌절감을 극복하기 위한 수단으로, 혹은 자포자기 상태에서 약물을 사용하게 된다. 반면 학교에서의 음주와 흡연학생에 대한 방관적인 태도는 학생들의 음주와 흡연을 부추기고 있으며, 교사들의 흡연과 음주는 모방심리가 강한 청소년들에게 아무런 부담이나 저항감 없이 술과 담배 문화에 젖어들게 하는 요인이 되고 있다(최경옥, 1997).

학교주변의 유해환경은 청소년들의 비행을 유발하는 요인이 되는 주요 온상으로 청소년의 탈선을 유발할 뿐 아니라 청소년의 건전한 문화형성에도 장애가 되고 있다. 특히 본드와 같은 경우, 문방구나 철물점 등에서 구입하는데 대다수 문방구점 주인들은 학생들의 본드구입 목적이 본부 흡입임을 인지하고도 판매하는 경우가 60%이상이며, 각성제, 안정제, 최면제 등의 약물을 판매하는 시중약국에서도 제한 용량을 초과하여 판매하는 경우가 많다(장래경, 「청소년 약물 오·남용 실태와 대책」, 성신여대 대학원 석사학위 논문, 1991. p34.) 고 한다.

4) 사회문화적 요인

약물구입의 용이성(김현실, 2003)과 매스미디어의 영향은 청소년의 약물사용에 직접적인 영향을 주고 있다. 우리나라의 청소년들은 술 권하는 성인문화에 쉽게 동화되어 음주행위를 자연스럽게 받아들여 왔으며, 대중매체를 통한 약물광고에 지나치게 노출되어 약물에 대한 유혹이 크다. 한편 학교보건법에서 규제하고 있는 절ㄹ대정화구역과 상대정화구역에서조차도 유흥주점, 숙박업소 등이 청소년들을 대상으로 돈벌이를 함으로써 이들의 약물사용을 묵인 할 분만 아니라 부추기고 있다.

이 외에도 청소년들의 약물사용에 영향을 주는 요인으로 경제적은 요인을 들 수 있다. 예를 들어 담배와 알코올의 가격은 청소년들의 담배와 알코올 사용에 직접적인 영향을 주는데, 담배와 nf의 소비자 가격이 낮을수록 이에 대한 사용은 증가한다 (Glanz, Maskarinec, & Carlin, 2005; Petraitis, Flay, & Miller, 1995).

청소년 약물남용의 사회적 배경을 살펴보면

첫째, 유아 사망률이 감소되는 반면 이차성징 발현시기는 단축되고 자립연령이 늦어지므로 상대적으로 청소년의 인구가 증가하였다.

둘째, 대중매체를 통해 어릴 때부터 약과 접촉하면서 약물을 사용할 기회가 많아졌고 어느 약이건 복용하려는 무절제한 약물 선호현상이 증가하였다.

셋째, 최근에는 초등학생이나 중학생들이 호기심 때문에 접착제, 본드, 신나를 흡입한 후에 자제력을 잃고 사고를 일으키는 사례가 증가하고 있다.

넷째, 중3병이나 고3병과 같은 입시 스트레스로 인해서 잠을 줄이려고 습관적으로 각성제를 남용하는 경우가 많다

다섯째, 일부 연예인들에서 남용되는 대마초, 환각제 등이 호기심 많은 청소년들에게 전파되어 가는 경향이 있다.

여섯째, 환각제의 유사작용을 보여준 러미나 등 진해제 그리고 비 마약성 향정신성 의약품 사용자가 증가하면서 남용되는 약물의 종류가 다양해지는 경향이 있다

일곱째, 청소년기는 기분변화가 심하고 사회적 민감도가 높으며 독립적이고 자율적이 주체성을 확립하는 과정이고 고통과 외로움을 겪는 시기이므로 이러한 갈등을 해소하기 위하여 약물을 남용하기 쉬운 취약한 시기이다. 또한 청소년기에 가장 의미있는 타인은 친구이기 때문에 이러한 주위동료의 영향을 받아서 친구의 약물남용이 전염되기 쉽다.

이러한 내용들이 담배나 알코올 약물을 시작하는 것을 조장하는데 가장 강력한 영향을 미친다. 또한 청소년기에서 일부 청소년들이 통과 의례로서 당연히 한번쯤은 겪어야 한다는 분위기에 휩쓸려 사용하게 되는 경우도 있다. 또한 약무사용이 유명인이 되거나 세련됨, 성공, 성적어필, 쾌락에 중요한 부분이라는 언론의 영향도 포함된다.

4. 청소년 약물남용의 단계징후

(1) 약물남용의 단계

김혜숙 등(1994)은 청소년의 약물남용은 약물의 사용이 관련 요소 등의 영향을 받지 않고 먼저 일어난 일차적 약물남용이 아니라 약물사용이 관련요인등의 영향으로 발생하는, 즉 약물자체가 목적이라기 보다는 호기심, 시간때우기, 친구와 어울리기, 괴로움 잊기 등과 같은 사회·심리적 기능을 갖고 있는 이차적 약물남용에 해당한다 하였다.

약물사용은 다음의 세가지 단계로 나눌 수 있는데 〈표 7-2〉와 같다.

〈표 7-2 청소년 약물사용의 단계 및 특징〉

		단 계 적 특 징
1단계	위기단계	• 이차적 약물사용 • 실험적 혹은 사회도구적 약물 사용 • 청소년기의 심리·사회적 특징에 의해 시발됨 • 사회적응에 심각한 문제를 보이지 않으나 약물사용의 충동을 경험한다.
2단계	남용단계	• 이차적 약물사용에서 일차적 약물사용으로의 전환 • 상황적 약물사용 • 일상생활에서 역기능적 행동 및 태도로 인한 문제가 외부로 드러난다. • 청소년기의 특징으로 시작되었다 하더라도 그 이후 시기에 계속적으로 문제가 남아 있게 된다.
3단계	의존단계	• 일차적 약물 사용 • 심화된 약물 사용 • 약물로 비롯된 문제행동의 근원이 어린 시절에 있다. • 생활전체에 통합적 개입이 요구된다.

자료 : 청소년 대화의 광장, 약물남용 청소년 상담 프로그램(Ⅰ), 1995

5. 우리나라 청소년의 흡연 및 음주 실태

우리나라 청소년의 약물남용에 대한 다양한 종류의 실태조사가 있어 왔으나 그 실태를 정확히 파악하기에는 어려움이 있다. 특히 청소년들이 본인들의 약물 사용에 대해 처벌의 두려움을 가질 수 있기 때문에 정확한 답변을 회피하거나 사실과 다르게 답할 수 있으므로 약물과 관련된 설문조사에서 그 질문지의 구성과 그에 대한 청소년들의 답의 해석에 있어서 신중하여야만 한다.

최근 늘어나고 있는 청소년의 흡연 및 음주는 그 자체가 비행행위로 간주될 뿐만 아니라 각종 비행의 통로(Gateway) 역할을 한다는 점에서 심각한 사회문제라 할 수 있다. 청소년 흡연 및 음주빈도는 조사 시기 및 조사방법에 다라 차이를 보이나, 흡연과 음주를 시작한 평균 나이가 하향되고 있는 추세이다.

(1) 음주 · 흡연 · 약물이용 경험

여성가족부의 「청소년유해환경접촉 종합실태조사」에 의하면, 지금까지 흡연 · 음주 · 약물을 경험한 적이 있는지 알아본 결과, 청소년의 43.5%가 음주를, 21.4%가 흡연을, 1%가 환각성물질을 이용해 본적이 있다고 응답하였다. 즉, 청소년 중 절반에 가까운 이들은 음주를, 10명 중 2명은 흡연을 경험함으로써 흡연보다는 음주에 대한 경험률이 높았다. 반면 환각성 물질을 경험해 본 이들은 매우 적어 청소년들이 환각성 물질을 접하는 것이 술이나 담배에 비해 상대적으로 쉽지 않음을 보여준다. 성별에 따른 경험률을 살펴보면, 음주나 흡연, 환각성 물질에 있어서 여자(음주 38.5%, 흡연 12.3%, 환각성 물질 0.8%)보다는 남자 청소년(음주 48%, 흡연 29.7%, 환각성 물질 1.2%) 에게서 경험률이 높게 나타났다.

교급별 차이를 보면 이 역시 중학생(음주 29.8%, 흡연 14.7%)보다는 고등학생(음주 56.5%, 흡연 27.7%)에게서 경험률이 높게 나타났으며 환각성 물질의 경험률(중학생 1%, 고등학생 1.1%)에는 큰 차이가 없었다.

〈표 7-3 음주 · 흡연 · 약물이용 경험 실태조사〉

		사례수 (명)	이용경험(%)		
			음주*	흡연*	환각성물질*
전체		72,435	43.5	21.4	1.0
성별	남자	36,655	48.0	29.7	1.2
	여자	35,780	38.5	12.3	0.8
교급	중학생	36,530	29.8	14.7	1.0
	고등학생	35,905	56.5	27.7	1.1

* "2013년 청소년건강행태온라인조사"(교육부·보건복지부·질병관리본부)의 조사결과임.

(2) 처음 음주 · 흡연 시기

○ 음주 및 흡연을 처음으로 경험한 시기를 살펴 본 결과, 평균연령이 각각 12.9세와 12.6세로 나타났으며 흡연이 습관화되어 매일 담배를 피우기 시작한 때는 평균 13.5세로 나타났다.

– 음주 및 흡연 경험 시기, 그리고 흡연의 습관화 시작 시기에 있어서 성별에 따

른 큰 차이는 없었으나 음주 및 매일 흡연에 있어서 남자청소년의 시작시기가 여자청소년보다 조금 앞섰다.

〈표 7-4 음주와 흡연 처음이용시기〉

		사례수 (명)	처음 이용 시기(세)*						
			중 1	중 2	중 3	고 1	고 2	고 3	평균
음주	전체	31,520	10.0	10.9	12.1	13.1	13.8	14.2	12.9
	남자	17,385	9.9	10.8	11.9	13.0	13.7	14.2	12.8
	여자	14,135	10.1	11.2	12.3	13.2	13.9	14.4	13.0
흡연	전체	15,337	10.8	11.6	12.3	12.7	13.0	13.3	12.6
	남자	10,838	10.8	11.6	12.3	12.7	13.0	13.3	12.6
	여자	4,499	10.9	11.7	12.2	12.7	13.1	13.4	12.6

"2013년 청소년건강행태온라인조사"(교육부·보건복지부·질병관리본부)의 조사결과임.

〈표 7-5 매일 흡연 시작 시기〉

		사례수 (명)	매일 흡연 시작 시기(세)*						
			중 1	중 2	중 3	고 1	고 2	고 3	평균
흡연	전체	3,302	10.9	11.7	12.6	13.3	13.8	14.1	13.5
	남자	2,623	10.9	11.6	12.6	13.2	13.7	14.0	13.5
	여자	679	11.1	12.1	12.4	13.4	13.9	14.4	13.6

(3) 음주율 · 흡연율 및 평균 이용일수

최근 음주 및 흡연 평균일수를 살펴보면 대부분의 청소년들이 최근 음주 및 흡연 경험이 없다고 응답하였으나 청소년의 16.2%는 지난 한 달간 1회 이상 음주를 하였으며 4.8%는 지난 1년 동안 매일 담배를 피운 것으로 나타났다. 특히 남학생의 7.4%, 고등학생의 7.7%는 매일 흡연한 것으로 나타나 적지 않은 청소년들이 흡연이 습관화된 것으로 파악된다.

〈표 7-6 음주율 · 흡연율 및 평균 이용일수〉

		사례수1) (명)	없다 (%)	있다(%)2)					
				월 1~2일	월 3~5일	월 6~9일	월 10~19일	월 20~29일	매일
음주		72,435	83.8	9.1	3.2	1.8	1.3	0.5	0.3
성별	남자	36,655	80.6	10.1	4.0	2.4	1.7	0.7	0.4
	여자	35,780	87.2	8.0	2.3	1.2	0.8	0.3	0.2
교급	중학생	36,530	91.7	4.8	1.5	0.9	0.6	0.3	0.2
	고등학생	35,905	76.2	13.3	4.9	2.7	1.9	0.7	0.4
흡연		72,435	90.3	1.7	0.8	0.7	0.8	0.9	4.8
성별	남자	36,655	85.5	2.3	1.1	1.0	1.2	1.4	7.4
	여자	35,780	95.4	1.0	0.5	0.4	0.4	0.4	1.9
교급	중학생	36,530	94.5	1.4	0.8	0.6	0.5	0.6	1.7
	고등학생	35,905	86.2	1.9	0.9	0.8	1.1	1.3	7.7

1) 사례수의 경우에는 가중치를 적용하지 않았으며, 백분율은 가중치를 적용하였음.
2) "2013년 청소년건강행태온라인조사"(교육부·보건복지부·질병관리본부)의 조사결과임.

6. 약물중독 청소년 지원방안 및 대책

청소년들은 음주 경험을, 10명 중 2명은 흡연을 경험하였으며, 최근 음주 및 흡연 관련 예방교육 경험 정도에서 음주 예방교육은 10명 중 4명, 흡연 예방교육은 6명 정도가 받은 것으로 나타났다. 이는 흡연과 음주가 청소년 발달에 어떻게 유해한 영향을 주는지에 대한 청소년의 이해가 높지 않은 것을 짐작할 수 있으며, 청소년의 흡연 · 음주의 유해성 에 대한 교육이 더욱 강화되고 내실화될 필요가 있음을 보여준다. 한편으로는 그동안의 예방교육 에도 불구하고 여전히 이러한 실태를 보이는 것을 고려하여, 청소년의 흡연 · 음주 예방을 위한 다양한 접근법을 고려할 필요가 있다.

또한 흡연과 음주를 처음으로 경험한 시기는 12세~13세이지만, 고등학생이 중학생보다 음주 및 흡연 정도가 다소 높았는데, 이에 대한 교육 경험률이 중학생보다 낮은 것을 고려할 때, 특히 초등학교 시기부터 고등학교 전 과정까지 흡연·음주의 유해성과 폐해에 대해 더욱 인지시킬 필요 가 있다. 무엇보다, 음주의 경우 주변으로부터 술을 줄이라는 충고는 15.2%가, 또 술을 마시고 기 억이 끊긴 경험이 있는 경우는 22.9%로 나타나는 등 음주 정도가 꽤 심각한 수준이라는 것을 알 수 있으며, 응답자 10명 중 약 1명은 술을 마시고 오토바이나 자전거 운전을 하거나, 술을 마시고 다른 사람과 시비를 벌인 경험이 있다고 응답하는 등 음주관련 문제행동이 적지 않아 이에 대한 예방 및 개입의 필요성을 보여주고 있다.

청소년쉼터, 소년원, 보호관찰소 등을 통한 위기청소년 조사결과 이들의 흡연 및 음주, 그리 고 환각성 물질에 대한 경험율이 일반청소년들보다 훨씬 높게 나타났으며, 음주 이후 문제행동 역시 그 경험율이 일반청소년의 세배이상 높은 것을 고려할 때 이들을 대상으로 하는 약물 오· 남용에 대한 집중적인 교육이 강화될 필요가 있다.

(1) 흡연 · 음주의 유해성에 대한 전문가 양성 및 교급별 교재 개발

본 조사에서 음주 및 흡연을 처음으로 경험한 시기는 12~13세였으며, 흡연이 습관화되어 매일 담배를 피우기 시작한 때는 평균 13.5세로 나타난 것을 볼 때, 흡연·음주의 유해성에 대한 교육 은 매우 조기에 강력하게 실시될 필요가 있다. 그러나 고등학생의 경우 예방교육 경험율이 중학생 보다 낮은데, 이들의 흡연 및 음주 실태를 고려하여 교급별로 더욱 실효성 있는 교육이 실시될 필 요가 있다. 이를 위해서 현재 정부에서는 절주교육 전문가 양성 및 교육을 실시하고 있는데, 더욱 지속적으로 관련 전문가를 양성하고, 무엇보다 이들의 교육이 효과성을 담보할 수 있도록 관련 교 재 및 매뉴얼이 교급별로 다양하게 개발될 필요가 있다. 무엇보다 이러한 전문가와 교재 및 매뉴 얼을 활용한 실효성있는 교육이 될 수 있도록 모니터링할 필요가 있다.

(2) 흡연 · 음주예방을 위한 또래집단 및 소집단을 활용한 교육 실시 · 확대

현재 흡연 · 음주예방을 위한 교육은 대체로 학급/학년별 단체로 교육이 이루어지는 집체교육방 식이지만, 이러한 교육방식에 대해서는 그 효과를 확인하기 어렵다. 또한 흡연과 음주의 시작이 많은 경우 또래압력에 의한 경우가 많은 것을 고려할 때, 이러한 또래압력에 어떻게 대처할 수 있 는지에 대해 소집단을 활용하거나 일대일이나 또래 친구와 함께 하는 등 다양한 접근법을 마련하 여 교육을 실시할 필요가 있다. 또한 무엇보다 이러한 소집단 교육 및 프로그램에 대해서는 그 효 과성을 검증하고 이를 학교를 포함한 다양한 기관에서 실시할 수 있도록 확대하여야 한다.

지역사회 내에서 청소년들이 이용하는 시설이나 기관의 청소년지도사와 상담사 등 관련 종사 자들 역시 흡연·음주의 유해성에 대한 인식을 더욱 강화할 필요가 있다. 호기심이 많고 모방에 대 한 욕구가 큰 청소년의 특성에 대한 이해가 깊은 청소년관련 전문가들을 통해 흡연 및 음주가 어 떻게 심각한 결과를 초래할 수 있는지에 대한 이해를 기초로 더욱 효과적인 교육이 실시될 수 있 다. 특히 이들은 소집단 활동에 전문가이기 때문에 보다 효과적인 예방교육이 가능할 것으로 사료 된다.

(3) 약물중독 정도에 따른 맞춤식 서비스 제공

약물남용 청소년을 중독 정도에 따라 세분화함으로써 경미한 단계에는 일반석 상담, 중독이 심화되지 않은 단계에서는 치료적 상담, 중독 정도가 심한 경우에는 관계당국으로부터 중재, 그리고 병적으로 중독된 자를 치료하는 전문치료 등으로 접근해야 할 것이다(강미숙, 2000 재인용).

(4) 위기청소년 대상 흡연 · 음주 및 마약류 오 · 남용의 폐해에 대한 교육 강화

대상자일 뿐 아니라 환각물질 이용이 상대적으로 높을 것을 볼 때, 이들을 대상으로 하는 집중적인 약물 오 · 남용교육이 강화되어야 한다. 현재 전국에 분포되어 있는 중독관리통합지원센터의 경우 일부에서 청소년들을 대상으로 교육을 실시하고 있는데, 현재의 시설규모와 인력으로는 성인 과 청소년 모두를 대상으로 하는 효과성 있는 교육에 제한이 있을 수 있다. 따라서 전문화된 인력 이 상습 흡연 및 음주 청소년을 대상으로 집중적인 교육이 실시될 수 있도록 필요한 인프라 구축 을 더욱 고려하고, 적극적으로 이러한 교육을 확대 · 실시할 필요가 있다.

5) 청소년대상 술 · 담배 판매 근절 대책 강화

1) 청소년대상 술·담배 불법 판매 모니터링 및 현 처벌 수준의 실효성 제고

현재 정부에서는 여성가족부 청소년보호중앙점검단을 중심으로 편의점과 음식점을 대상으로 담배와 주류 판매행위를 단속하고 있으며, 신분증 확인을 위한 캠페인도 실시하고 있다. 그러나 여전히 청소년들이 술과 담배를 구매·사용하고 있는 것을 볼 때 이러한 사업이 더욱 확대, 강화될 필요가 있다. 특히 신분증 확인을 하지 않거나, 또는 확인을 하고도 술·담배를 불법 판매하는 경우 가 많기 때문에 판매자에 대한 교육을 더욱 강화하여야 하며, 술·담배 불법판매 시 현재의 처벌수 준에 대해서도 그 실효성을 다시한번 제고할 필요가 있다.

2) 신분증 확인을 위한 전 세대의 협조를 위한 인식 개선

담배 및 주류 판매 업소에서 간혹 신분증 확인에 어려움을 호소하는 경우가 있어 신분증 확인 에 대한 전 세대의 협조를 위한 캠페인이 실시될 필요가 있다. 신분증확인과 관련하여 성인들이 불쾌감을 느끼기 보다는 지역사회의 아동·청소년보호를 위한 당연한 절차로 여기고 기꺼이 신분 증 확인에 협조할 수 있도록 보다 적극적인 언론홍보가 요청된다. 또한 지역사회의 자원봉사자를 활용하여 이러한 청소년대상 불법판매 모니터링과 적극적인 아동청소년 보호를 위한 다양한 캠페 인 등의 활동 방안도 고려해 볼 수 있다.

3) 청소년의 다양한 술·담배 구매경로에 대한 모니터링 필요

편의점과 같은 오프라인에서의 청소년의 술·담배 구매뿐 아니라 인터넷을 포함한 SNS를 통한 대리구매에 대한 확인 및 단속이 더욱 철저히 이루어질 필요가 있다. 온라인상에서의 술·담배의 불법 판매 및 청소년의 구매를 실시간으로 단속할 수 있도록 상시 모니터링 할 수 있어야 하며, 특히 온라인상에서의 대리구매 역시 처벌의 대상이 됨을 적극적으로 홍보할 필요가 있다. 현재 인 터넷의 담배구매대행 사이트의 경우 주로 국내담배의 해외배송을 위한 목적이 대부분이나 여전히청소년 대상 판매에 대한 고지가 없는 경우도 있으며, 국내배송이 철저하게 제한되어 있는지 지속 적으로 모니터할 필요가 있다.

4) 가정에서의 청소년의 간접흡연 노출 예방

본 조사에서 전체 응답자의 30.7%가 최근 일주일 동안 가정에서 간접흡연에 노출된 적이 있다는 결과는 가정 내 간접흡연의 위험성에 대한 인식개선과 홍보가 매우 필요함을 시사한다. 따라서 언론매체와 주민자치센터의 홍보물, 그리고 학교유인물 등을 활용한 가정 내 간접흡연 실태와 이 위험성에 대해 더욱 활발히 논의하고 이에 대한 정보를 제공할 필요가 있으며, 가정 내 인식개선을 위한 홍보 및 캠페인 노력을 더욱 강화할 필요가 있다.

1. 청소년 유해약물 이란?
○ 주세법의 규정에 의한 주류 ○ 담배사업법의 규정에 의한 담배 ○ 마약류 관리에 관한 법률에 의한 마약류 ○ 유해화학물질관리법에 의한 환각물질(톨루엔, 초산에틸, 메틸알콜 등) ○ 그 밖에 중추신경에 작용하여 습관성, 중독성, 내성 등을 유발하여 인체에 유해하게 작용할 수 있는 약물로 여성가족부 장관이 고시한 약물입니다. ※ 여성가족부 장관 고시약물 : 칼라풍선류
2. 청소년 유해물건 이란?
청소년에게 음란한 행위를 조장하는 성기구, 음란성·포악성·잔인성·사행성 등을 조장하는 완구류 등 여성가족부장관이 고시한 물건입니다. ※ 여성가족부 장관 고시물건 : 레이저포인터류, 성기구 5종, 전자담배 기기장치류
3. 규제 및 처벌은?
청소년대상 판매·대여·배포 금지, 유해표시 ※ 청소년에게 주류나 담배를 판매한 자 : 2년 이하 징역 또는 1천만원 이하 벌금(행정처분 또는 위반 횟수마다 100만원 과징금) ※ 청소년에게 환각물질이나 유해약물·유해물건(여성가족부 고시)를 판매한 자 : 3년 이하 징역 또는 1천만원 이하 벌금(행정처분 또는 위반 횟수마다 100만원 과징금) ※ 청소년 유해약물 등의 청소년유해표시를 하지 아니한 자 : 2년 이하 징역 또는 1천만원 이하 벌금(행정처분)
4. 부모동의하에 청소년에게 술을 판매한 행위가 청소년보호법을 위반한 것인지?
친권자의 동의를 받은 경우라도 19세 미만의 청소년에게 술을 판매한 것은 청소년보호법 위반이며, 그에 따른 처벌을 받게됩니다.

5. 동일업소에서 청소년에게 술과 담배를 함께 제공한 경우, 과징금 부과 등 행정처분은?

청소년보호법 제54조제2항 및 시행령 제44조의 규정에 따른 [별표11]에 의해, 위반 횟수마다 주류판매자 100만원, 담배판매자 100만원으로 규정하고 있어 술과 담배를 동일인에게 판매하였다면 과징금 처분은 각각 부과합니다.

6. 담배자판기에서 청소년이 담배를 구입한 경우, 청소년보호법으로 처분을 받게 되는지?

국민건강증진법에 따라 담배자판기에는 성인인증장치를 부착하여야 하며 설치장소도 한정되어 있는 바, 청소년이 자판기에서 타인의 신분증을 이용해 담배를 구매한 경우 자판기 업주는 청소년보호법에 따른 처벌보다는 국민건강증진법 위반 여부를 확인해야할 것입니다.

7. 레이져포인터류 판매를 위한 진열이 청소년보호법 위반인지?

"레이져 포인터류"는 청소년유해물건으로 고시되어 있으나 청소년유해물건을 진열한 것으로는 청소년보호법의 저촉을 받는다고 볼 수는 없으며, 청소년에게 판매한 경우 청소년보호법에 위반입니다.

8. 청소년의 금연을 목적으로 부모와 함께 찾아와 전자담배를 구입하고자 할 경우 판매해도 되는지?

부모가 동의한 경우라도 청소년에게 전자담배를 판매할 수는 없으며, 금연보조제라도 카트리지가 분리되어 있어 니코틴을 주입할 수 있는 것은 청소년에게 판매할 수 없습니다.

08장 청소년과 정신건강

1. 정신건강 개념

정신건강의 이해를 위하여 먼저 신체와 마음에 대하여 알아볼 필요가 있다. 우선, '신체'는 전체적으로 볼 때 뇌를 포함하는 생물학적인 유기체를 의미할 수 있으며, 또한 보통 사람이 말하는 느낄 수 있는 신체의 주관적 느낌, 정서, 감각을 의미할 수 있다. 반면에 '내 마음이 신체와 싸운다'라는 표현에서는 신피질이라는 물질적 몸이 뇌로 표현되는 변연계와 싸운다는 뜻이 아니라, 그의 합리적 의지가 그의 느낌이나 욕망과 싸운다는 말로 이해할 수 있다.(조옥경, 2008)

즉, 신체와 정신의 범주가 구분되지만, 물질의 몸과 정신의 마음이 연결되는 것이며, 정신건강이라 함은 일상생활을 언제나 독립적이며 자주적으로 처리해 나갈 수 있고, 스트레스에 대한 통제력을 갖추고, 원만한 개인생활과 사회생활을 할 수 있는 상태를 말한다.(교육학대백과사전, 1998)

유엔 세계보건기구(WHO)에서도 "정신은 사고, 정서, 언어 및 행동과 관련된 현상들로써 사고나 감정의 작용을 다스리는 인간의 마음이라는 사전적 의미를 가지고 있으며, 건강이란 단지 질병이 없거나 허약하지 않은 상태만이 아니라 신체적·정신적·사회적·영적으로 양호한 상태(well-being)"라고 정신과 건강을 정의한다. 이는 인간은 신체적이며, 정신적, 사회적 존재인 동시에 영성으로 대표되는 도덕과 인성 등을 갖춘 존재라 할 수 있으며, 건강이라 함은 이중 어느 한 부분에 국한 되지 않고 모든 부분에서 병적이지 않고 기능이 충분하게 발휘되는 상태라 이해된다.

이를 다시 말하자면, 건강을 유지하기 위해 질병에 대해 이해하고 대처해야 하듯이 정신 건강을 유지하기 위해 정신성 상태를 진단하고 양호한 상태로 이끄는 것이 중요하다 할 것이다.

켄 윌버의 통합이론 관점에서 보면 즉, 개인의 물질적인 신체와 정신의 측면은 물론 개인의 행동이나 상대방과의 상호작용, 그리고 문화 정서적 행위와 그 사회를 둘러쌓고 있는 체계에 영향을 미치며 상호작용하는 환경 시스템까지를 포괄적으로 이해하여야 한다.

현대 사회의 심신 건강을 환경 체계 부분에서 살피자면, 정신건강을 위협하는 요소의 양상이 개인의 문제에 국한 된 것이 아니라, 산업화와 기계화에 따른 사회체계가 비인간화 현상과 일상에서의 과잉 자극으로 인해 개인에게 각종 신체적 질병은 물론 무력감, 고립감, 불안감을 일으키고 있다 할 것이다.

따라서, 정신건강의 목적은 개인의 건강한 정신 및 복지 향상과 정신장애 혹은 정신 질환의 예방 및 치료에 있는 것이다. 정신적으로 건강한 사람의 특징을 살펴보면, 첫째, 자신의 강점과 약점을 모두 수용할 수 있으며, 둘째, 현실 적응이 빠르며 스트레스와 좌절을 극복하는 힘이 있으며, 셋째, 개인이 균형과 통합을 이루어 주변 환경에 효율적으로 적응하고 대처해나가며 능률적으로 일한다.

청소년의 정신 건강에 영향을 주는 것은 학업문제, 가정문제 그리고 대인관계로 친구와의 관계, 교사와의 관계, 부모와의 관계에서 느끼는 스트레스 등을 주요 요인으로 볼 수 있을 것이다. 특히 대인관계 등은 건강한 성격 형성과 유지 및 사회적, 도덕적 가치와 태도 형성에 영향을 미쳐 정신건강에 긍정적 부정적으로 작용할 수 있다.

2. 청소년기 정서의 특징 및 정신 건강 문제

인간이 사회생활을 영위함에 사실에 대한 판단과 결정 과정에서 이성적 사고만으로 수행할 수 없다. 이 생활이 다양해지는 것은 감정과 정서가 함께 작동하기에 가능하다. 이로 인해 기쁘고, 슬프고, 즐겁고, 고통스럽고, 분노하기도 혹은 밉기도 한 것이다.

이제 정서의 의미를 보고자 한다, 광의로는 감정(feeling)과 같은 의미로 사용하고 있고, 협의로 말할 때는 정서와 감정을 구분하여 사용하는 것이 보통이어서 감정은 쾌감과 불쾌의 차원의 미분화된 흥분 상태를 말하는 것이며, 정서란 공포, 기쁨, 분노와 같이 쾌감과 불쾌의 감정이 보다 분화된 상태로서 정서적인 자극상황에 대처하기 위하여 특정한 신체적인 변화와 동기화된 행동을 수반하는 것을 말한다.(임승권, 2002)

인간의 생애발달주기 중, 청소년기에 대한 관심은 기원 전 그리스시대부터임을 알 수 있다. 플라톤은 아동기와 청년기의 사회화 과정에 주목하여 아동기는 인성이 형성되는 시기이며, 청년기는 이성이 발달하는 시기로 보았으며, 아리스토텔레스는 청소년들은 성숙한 사람에 비해 불안정하고, 인내심과 자기통제 능력은 부족하지만, 자신의 삶을 스스로 선택하고 결정하는 능력이 발달하는 중요한 성숙의 시기로 보았다. 그럼에도 중세에 이르기까지 아동과 청소년은 독립적인 인격체로 인정받지 못하고 '축소된 성인'으로 간주되었다. 이후 청소년에 대한 개념이 올바로 정립되기 시작한 것은 루소(Jean Jacques Rousseau, 1712~1778)가 1762년에 청소년기 개념을 소개하면서, 어린이를 성인과 동일하게 취급해서는 안 되며 '축소된 성인'이 아니라 '독립된 인격체'로 보아야 한다고 주장하면서부터다. 그는 특히 12세 이전의 어린이들은 성인의 엄격한 통제로부터 자유로워야하며, 그들의 세상을 자유롭게 경험할 수 있어야 한다고 믿었다. 그리고 12~15세에 신체적 성장과 함께 이성과 자의식이 형성되며, 15~20세에 정서적으로 성숙하면서 도덕심을 갖게 된다고 했다. 산업혁명 이후 사회가 급격히 변하면서 대략 1890년경부터 심리학이나 사회학, 교육학, 그리고 도시개혁자나 상담자들 사이에서 '청소년'이라는 개념이 널리 사용되기 시작했다. 그중에서 스탠리 홀(G. Stanley Hall, 1844~1924)은 청소년의 신체적, 정서적 발달과정을 체계화하고 이론화하는데 크게 기여했다.(배규한, 2008)

인간의 성장 발달에 있어 신체적 환경이 중요하고 필요하듯이 심리적 정서적 환경과 조건이 많은 부분을 차지하고 있다. 우리가 경험하는 심한 공포, 분노, 혹은 과도한 스릴 등으로 인한 흥분이나 우울 등의 정서는 모두가 자율신경계에 영향을 미치고 그에 따라 이른바 내분비선의 분비를 억제한다. 따라서 소화액의 분비를 방해하며 혈액의 분포, 혈류의 속도, 또는 호흡 따위에 변화를 가져올 뿐만 아니라 명확한 사고와 각각의 운동기관의 협동을 제지하게 하고 있다. 이것을 이해하게 되면 어째서 심한 걱정이나 근심이 있을 때 식욕이 떨어지고, 신경이 예민해졌을 때나 긴장이 심할 경우 명확히 사고되지 않고 기억이 되지 않으며, 또 심한 정서가 야기된 후에는 심신이 지치거나 나른하게 되는지 그 이유를 알 수 있는 것이다. 우리의 신체는 정서적 긴장에 잘 순응할 수 있도록 되어있어서 이러한 순응기제를 통하여 심각한 장애를 거치지 않고서도 긴장상황을 이겨내게 되는 것이다.(임승권, 2002)

청소년기는 물질의 몸이라 표현 할 수 있는 '신체'가 급속한 성장 변화의 폭이 확대되는데, 이러한 현상이 현대사회에 들어서면서 더욱 두드러지고 있다. 급속한 변화에 따른 호르몬 분비에 의한 2차 성징과 인지능력의 발달 등 생리학적인 물질적 몸의 변화와 아울러 심리적인 성장 역시 급속한 변화를 보임에 따라 보이는 청소년기의 정신건강의 문제에 대한 관심이 지대하게 되었다. 특히 현대사회의 구조는 한 개인이 성인의 개체로 성숙되기까지 훈련의 과정이 점점 더 길어짐에 따라 청소년기가 더욱 확대되고 있기에 청소년기 정서의 문제는 더 큰 관심을 기울여야할 상황이다.

게다가 청소년기는 다른 생애주기보다 정서적으로 더욱 힘들고 예민하게 반응하는 점은 정신건강의 문제로부터 살필 수 있다. 청소년기는 아동기에서 성인기로 전환되어가는 발달학적 과업인 주체적 인격체로 성장하는 과정에서 발생하는 신체와 더불어 정서의 문제를 살필 필요가 있다. 즉, 신체적 몸이라고 하는 유기체의 부분만이 아니라 심리적 기초라 할 수 있는 정신적·정서적 잠재력에 대한 구조도 갖고 있기에 인간은 신체적 측면에서의 반응과 마찬가지로 정서적 측면에서도 개인적으로 반응하고 있는 것이다.(임승권, 2002)

청소년기의 대표적인 정신 병리로는 청소년 우울증, 정신증적 장애, 행동 장애, 물질 남용 장애 등을 들 수 있다. 또한 매사에 흥미가 없어지고 식욕감퇴와 체중 감소, 체중 증가, 불면 혹은 수면과다 등 기본적인 신체기능의 변화로 쉽게 피로해지고, 사고나 주의집중력의 감퇴 등과 함께 스스로를 무가치하게 느끼고, 죽음과 자살에 대하여 생각하기도 한다.(이시형, 1997) 이는 많은 동기가 좌절되면, 우울해진다. 욕구가 충족되지 못하고 반복적으로 좌절될 때, 우울해지고 세상을 살아갈 즐거움을 상실하고 목적을 달성하지 못하면, 자신은 무가치한 존재라고 생각하며 자신만의 세계에 파묻히게 된다.

청소년의 정신 건강 문제는 심리내적 문제뿐만이 아니라 사회적인 문제로 인식되고 있음을 보았다. 즉, 사회적인 문제가 야기되는 것에 그 심각성이 더해지는 것이다. 가정 혹은 학교폭력에서 시작된 반사회성은 사회로 확장됨은 물론 다시 가정으로 되돌아져 부모에게 폭력을 행사하는 경우까지로 이어지게 되는 사례를 보게 된다.

3. 청소년기 스트레스

사람이 있는 곳에는 스트레스가 존재하며, 그 스트레스는 가벼울 수도 있고, 심각할 수도 있다. 동양철학에서는 스트레스를 내면의 평화가 결여된 것으로 간주하였고, 서양문화에서는 정서 조절의 상실로 여겼다. Serge Kahili King은 스트레스를 개인에 의해 경험된 모든 변화로 정의하였고, Lazarussms 사건 혹은 요구되는 것들이 개인이 가진 대처 능력들을 넘어설 때 생기는 불안한 상태로 정의하였다.(이동훈, 2013)

'스트레스'라는 용어는 라틴어인 'strictus, stringere (팽팽하다 좁다)에서 유래되었다. 17세기에는 곤란, 역경, 어려움 혹은 고생을 의미하는 말이었다. 먼저는 물리학, 공학에서 '스트레스'라는 용어를 사용하였다. 물리적인 힘의 당김과 저항하는 능력과 관계있는데, 어떤 요인에 의해서 발생하는 압력 혹은 물리적 압박을 말한다.

이후 20세기에 들어와 정신신체 의학에 관심이 높아지면서 의학자들이 '스트레스'라는 용어를 사람에게 적용하여, 질병이나 정신질환의 원인으로 간주하였다. 이는 인간에게 가해지는 힘인 압력, 강한 영향력을 말한다.

이후 사람들에게 나타나는 특별한 신체적 반응을 일으키는 생리적인 상태를 설명하는 과정에서 정신건강분야에서 '스트레스' 개념을 도입하였다. 다시 말해서 스트레스는 특정한 생물학적 작용에 의하여 환경과 개인 간 상호작용의 균형이 깨어진 상태라 할 수 있다.

'스트레스'의 정의는 '반응으로서의 스트레스', '자극으로서의 스트레스', 그리고 '자극과 반응의 상호작용으로서의 스트레스'로 나누어 설명할 수 있다.

(1) 반응으로 보는 관점의 스트레스

미국의 생리학자 캐논(Canon)이 생명체의 생존을 위한 시스템을 연구하면서 '스트레스'라는 단어를 생리학적으로 사용했다. 즉, 추위나 산소 결핍 등으로 생명체가 스트레스를 받았을 때, 생존 수단으로 투쟁-도피 반응을 밝히고, 이때 일어나는 항상성 유지에 장애가 왔을 때 경험하는 상태를 '스트레스'로 정의하였다.

생화학자 젤리에(Salye)가 제창한 적응증후군(General Adptation Synd- rome)으로 생물학과 의학에서 사용되었다. 외부로부터 가해지는 유해 작용에 대한 생체의 방어기능을 설명하는 것으로 인식하였다. 즉, 적응을 요구하는 것들에 대한 반응으로 보았으며, 적응 자원이 소실되면 심리적 또는 신체 생리적으로 불편한 측면이 있다.

(2) 자극으로 보는 관점의 스트레스

외적, 내적 자극을 포함하여 스트레스는 다양한 자극들을 말한다. 스트레스는 환경 속에 잠재하여 개인을 비 구조화하고 있는 환경의 여러 양상으로 생각할 수 있다.

라짜루스(Lazarus, 1977)는 자극으로써의 스트레스를 세 가지 유형으로 나눴다. 첫째는, 다수인에게 격변을 일으키거나 영향을 주는 중대한 변화로 천재지변, 전쟁과 같은 어느 누구도 통제할 수 없는 사건을 말하며, 둘째는 일부사람에게 영향을 주는 변화로 사랑하는 사람의 죽음, 생명을 위협하는 병이나 무력하게 하는 질병, 직장의 해고, 이혼, 출산 등 해롭거나 위협을 줄 수 있는 부정적인 경험들을 말하며, 셋째는 일상의 골칫거리로서 일상생활에서 경험하는 사건들을 말한다.(장선철, 2009)

(3) 자극과 반응의 상호작용으로서의 스트레스

스트레스에 대해 인간과 환경간의 역동적인 상호관계성과 심리적 과정을 강조하는 입장으로, 스트레스를 결정하는 것은 자극 혹은 반응 자체가 아니라고 보고 개인이 스트레스 자극을 어떻게 평가하고 해석하고 대처하는 지를 중요하게 생각한다. (이동훈, 2013) 자극과 반응 사이에서 매개하는 개인의 역동적인 면을 부각시킨 상호작용으로서의 스트레스는 개인의 주변 생활환경과의 복잡하고 역동적인 특성으로 정의되었다.

스트레스는 결코 큰일에 직면하거나 특별한 경우에만 경험하는 것이 아닌 일상의 사소한 일에서도 스트레스를 유발하는데, 다만 이를 반복, 경험하면 부정적 효과를 미치게 되는 것이다.

스트레스의 효과적인 면을 살펴보자면, 스트레스가 꼭 괴로운 것만은 아니다. 위험에 의한 긴장 등 나쁜 스트레스도 있지만, 좋은 일에 흥분을 해도 스트레스가 발생할 수 있다. 예컨대 상을 받기 위해 연단 앞에서 기다릴 때의 긴장, 결혼식장에서 입장을 기다리는 신부의 두근거림 등도 일종의 스트레스 반응이다. 그래서 학계에서는 일상적으로 우리가 경험하는 불편하고 괴로운 스트레스를 '역기능적 스트레스(distress)'라 하여 좌절감, 과잉부담, 갈등, 생활의 변화, 탈핍성 스트레스 및 압력 등에서 그 근원을 찾을 수 있다. 그리고 좋은 일이지만 자율신경계가 스트레스 반응을 보이는 것을 '기능적 스트레스(eustress)'라고 부른다. 월드컵 축구 경기를 보다가 한국 선수가 골을 넣자 환호성을 지르다 심장마비로 사망하는 사건이 벌어지는 것도 유스트레스가 지나칠 때 벌어지는 일이다.

스트레스는 위급반응과 일반적응증후군으로 나타나는 신체반응과 근육반응, 위장반응, 심장순환계반응, 피부반응이 나타나는 신체적 질병, 그리고 인지적 손상, 과제 수행의 손상, 정서적인 반응(불안, 분노와 공격, 우울과 무감동)로 나눌 수 있다. 이 스트레스는 개인에 따라 그 회복의 속도가 다르게 나타나는데, 최근 연구에 따르면 스스로 스트레스에서 회복할 수 있는 물질을 가지고 있고, 이 물질을 활성화하면 스트레스를 극복하게 할 수 있다.

우리나라 청소년 역시 가정과 학교생활을 막론하고 스트레스에서 자유롭지 못하다. 이는 외적·내적 요구가 개인이 가지고 있는 적응 자원보다 지나치게 많을 때 경험하게 되는데, 스트레스 반응은 위험한 상황에 처하게 될 때, 이를 극복하기 위해 작동하게 되는 것이다. 이 스트레스로 인해 우리 청소년의 일부는 조기유학, 대안학교 등으로 현실 탈출을 시도하는 사례가 있음을 보게 되는데, 아래 표의 청소년 스트레스에 대한 인지율을 살피자면, 가정의 경우 다소 가벼울 수 있으나, 가정, 학교 모두 심리적 지원이 긴급함을 알 수 있다.

〈표 8-1 청소년의 스트레스 인지율〉

(단위: %)

	가정생활		학교생활	
	2008	2012	2008	2012
청소년	41.4	40.6	64.4	62.1
남 자	38.8	36.6	61.2	55.2
여 자	43.7	44.6	67.7	69.6

자료: 통계청, 「사회조사」 2008 · 2012

위에서 살핀바와 같이 인간은 스트레스 상황에서 신체적 및 심리적으로 반응하게 되어있는 바, 스트레스로 유발되는 반응들에 대한 이해만큼이나 스트레스에 적절하게 대처하는 것도 매우 중요한 일이다. 지속적 스트레스가 주는 위해성도 중요하지만, 대처 방안에 따라 도피하거나 공격적 대응 혹은 견디지 못하고 정신적 붕괴나 부적응을 경험하기도 하는데, 이에 대한 대처가 필요하다. 스트레스에 대한 대처 방식은 직접적 대처와 방어적 대처로 나누어진다. 직접적 대처는 문제에 초점을 두고, 스트레스 상황과 자기 자신을 객관적으로 평가하여 어떤 반응이 적절할 것인지를 의식적으로 그리고 합리적으로 판단하여 반응하는 적극적인 대처 방식으로 문제 중심적 대처방식이 대표적이라 할 수 있으며, 방어적 대처는 문제에 대해 정서적으로 반응하는 것으로 정서 중심적 대처방식이다. 즉, 방어적 대처는 스트레스를 일으키는 객관적 조건 자체는 그대로 놓아둔 채 그 상황에서 느끼게 되는 내적 긴장이나 고통을 완화시키는 것에 중점을 두는 대처 방식이라 할 수 있다.(이동훈, 2013)

또한, 이에 대응하는 방법이 얼마나 적절하고 효과적이며 성숙되어 있느냐에 따라 흔히 유아적 대처반응, 미숙반응 및 성숙반응으로 나누기도 한다. 유아적 반응은 유아나 정서적으로 미숙한 사람들이 보여주는 미숙한 반응으로 무책임할뿐더러, 화를 내거나 신경질적 반응으로 스트레스는 해소됨 없이 존속될 뿐이며, 미숙반응은 비효과적이면서 자신에게 관심을 집중시키는 반응이며, 성숙반응은 스트레스를 근원적으로 처리하고, 현실적으로 대처하여 수용하고 적응하는 과제 지향적 대처방안이다. (임승권, 2002)

4. 청소년의 우울

사람은 세상을 살아가며 누구나 기쁘고 행복한 순간을 맞기도 하고, 반대로 실패와 손해, 그리고 사랑하는 사람과의 이별 혹은 사별의 경험을 하게 되고, 이러한 과정에서 스트레스를 받게 되면 정서적으로 우울해지거나 열등감 혹은 후회감 따위를 느끼게 되지만, 그다지 길게 지속되지는 않는다. 다만, 이 우울의 지속 혹은 그 상태가 강하고 다양한 증상이 나타날 때 문제가 된다. 우울의 감정 상태는 단순한 슬픔 혹은 우울한 상태의 수준부터 지속적인 상실감이나 무력감, 더 나아가 자살을 포함한 정신병적 수준까지 다양하게 살필 수 있다.

우울은 우울한 기분을 주된 증상이 나타나는 기분장애로 우울, 우울증 및 임상적인 우울 등으로 구분된다. 우울함은 기본적으로 실패와 상실에 대한 심리적 반응으로 지속적인 슬픔, 좌절감, 고독감, 허무감, 절망감, 불행감, 불안, 초조감, 무가치감, 비정상적인 죄책감, 피로상태, 체중변화, 수면문제, 섭식문제, 즐거운 활동에 대한 흥미감소, 집중력 및 결단력의 감소, 더 나아가 자살기도 등으로 나타난다.(이배근, 2005)

우울증을 유발하는 대부분의 스트레스 상황은 애정 대상의 상실을 느끼는 것이며, 병적인 우울증은 사랑의 대상을 잃고 난 후 그 대상에 대하여 억압되었던 적개심을 나타내기도 하며, 정서적 불안정, 죄책감, 자기경멸이 생기며 그런 것 때문에 비사회적이 되며 사회적 책임도 거부하며 이런 상태가 지속될 때는 흔히 자살을 기도하기도 한다.(임승권, 2002)

특히, 이 같은 병적 수준의 우울은 청소년기와 중년기의 연령층에서 많이 발병하며, 남자보다 여자들에게서 더욱 많이 보고되고 있다.(민성길, 1990, 장선철, 2009 재인용) 우울 상태의 초기 혹은 경한 시기에는 모든 체험과 생활에서 정서적 공감이 없어지고 현실감이 소실되는 일종의 이인증(depersonalization)이 뚜렷하게 나타난다. 평소의 신선한 정서적 표현이 없어지고 기분이 좋지 않고 일상적인 일에 관심이 없어지고 생기가 없고 자신이 어딘가 예전과는 다른 목석과 같은 사람이 된 것 같은 느낌을 갖는다. 좀 더 심해지면 자기 무능력감, 열등의식, 절망감, 허무감이 생기고 삶의 의미를 상실한다.

우울증의 사고 내용 장애는 자기 건강, 사회적 지위, 가정의 앞날, 사업의 장래성 등 모든 것이 절망적이라고 확신하는 것이다. 건강염려증, 신체망상, 빈곤망상, 허무망상 등이 있고 후회와 자책을 많이 한다. 이와 같은 현상은 큰 죄를 졌기 때문이라고 믿는 죄업망상도 생긴다. 그 결과 자살과 죽음을 끊임없이 생각하고 피해망상이 생기는 수도 있다. 특히 건강염려증과 죄업망상은 우울증의 주요 증상으로 진단된다. 우울증에서 가장 흔한 신체증상은 수면장애이다. 잠들기도 힘들지만 깊이 잘 수 없고 새벽 일찍 잠이 깨어 다시 잠들기도 힘들다. 우울증에서는 이 후기 불면증이 특징적이다. 식욕부진, 변비, 소화불량, 체중감소, 피로, 두통, 권태감, 압박감, 월경불순, 성욕감퇴가 중요한 신체증상이다. 몸이 약하다, 허하다, 간이 나쁘다, 심장이 약하다, 암이 생긴 것 같다, 위장이 나쁘다, 힘이 약하다 등과 같은 신체 증상 호소가 많다. 보통 6~9개월 지속된다. 가면성 우울증이란, 겉으로는 신체증상을 많이 호소하나 자세히 알고 보면 우울증이 늘 깔려 있다.(장선철, 2009)

우울증의 원인은 아직까지 확실하게 규명되어 있지는 않으나, 유전적 소인, 직업, 경제상태, 신체적 건강 및 기능상실 등이 관여하는 것으로 보고 있다. 국내의 청소년들을 대상으로 한 연구에서 우울증은 자신의 신체, 학업성적, 성격과 연관되어 발생되며, 특히 신체적으로 열등감을 느낄 때나 질환이 있을 때 평균 이상의 우울을 보인다고 하였다. 연령, 성, 가족 구성원의 우울력, 스트레스적인 사건 및 환경 등도 영향을 미치는 것으로 알려졌으며, 특히 우리나라 청소년들은 대부분 사춘기에 다양한 변화와 함께 학업, 입시 및 진로문제 등과 같은 우울 유발 요인들이 많기 때문에 우울 발생 가능성이 더욱 높은 것으로 보았다. (이배근, 2005)

정신과를 찾는 청소년 외래 환자 중에서 우울장애가 가장 빈도가 높은 장애의 하나로 보고되고 있는데, 우울장애가 심한 청소녕의 경우 학업 성적을 비관하거나 친구와의 갈등이 있을 때 충동적으로 자살하는 경향이 점점 높아지고 있다. 아동·청소년기의 우울장애는 각 단계마다 갖는 발달 과제와 긴밀한 관련을 갖는 임상적인 특징이 있어 조급함으로 나타나기도 하고, 전형적인 증상인 과도한 수면과 동기 저하로 나타나기도 한다. 인지적인 기능의 발달, 시간적인 개념의 발달, 사회적인 경험의 발달, 좌절에 대하여 반응하는 특성 등 각 발달 단계에 따른 차이 등에 의하여 임상적인 특징이 결정된다. 다시 말해서, 아동과 청소년의 우울증은 성인과 달리 쉽게 흥분하고 신경이 과민한 것이 특징일 수 있으며, 과민한 기분이 우울한 기분을 대체할 수 있다는 것이다. 이는 아동이나 청소년의 경우에는 과민성(irritability)을 통해 자신의 고통을 표현하며 우울한 감정을 겉으로 드러내지 않을 수도 있다는 것을 인정한 것이다. 이것이 아동·청소년기의 우울을 '가면성 우울증(masked depression)'이라고 부르는 이유이기도 하다.

학령기 아동은 단순히 슬픈 감정을 표현하는 것 외에도 자기비난, 또는 원망, 부정적인 자기상이 함께 나타날 수 있으며, 이러한 특성이 청소년기까지 지속될 수 있다. 청소년기는 인지 기능의 발달이 이미 성인의 수준이 도달하며, 이러한 인지 기능의 발달이 청소년기 우울장애의 임상적인 특징을 결정하는 중요한 요인이다. 미래에 대한 암울한 생각과 사고나 행동상에서의 신중한 고려의 결여는 왜 청소년기의 자살이 급증하는가를 설명해주는 청소년기의 발달학적인 특징이라 할 수 있다.(이동훈, 고영건, 권해수 외, 2013)

우울증의 증상은 항상 나타나는 것은 아니지만, 표현이 느리거나 저조하며, 자신의 본심을 감추기 위해 가식적 활동과 유모어를 쓰는 경우가 있으며, 자기 자신이나 타인에게 적대적인 태도를 보이는 것도 이 우울증과 깊은 관계가 있고, 이 우울의 문제에서 가장 심각한 것은 자살이다.

4. 청소년의 자살

청소년기 자살은 앞서 언급한 우울 등의 기분장애가 자살의 주요 위험 요인으로 우울증 환자에게는 자살 소망이 있는 것으로 본다. 우울장애와 자살, 양극성 장애와 자살은 이 문제의 병인과 역학 패턴이 동일하기 때문에 중복되는 점이 있다할 수 있는 반면 분명한 차이가 있다. 기분장애를 보이는 아동과 청소년은 대부분이 자살시도나 자살사망을 하지 않으며, 반대로 자살하는 모든 아동과 청소년이 기분장애가 있는 것도 아니기 때문이다.(이동훈, 고영건, 권해수 외, 2013)

먼저, 용어를 정의하자면, '자살'이란 당사자가 자유의지에 의하여 자신의 생명을 스스로 끊는 행위를 말한다. 유엔 세계보건기구(WHO)에서 정의한 바로는 "자살은 치명적인 결과를 초래하는 자해행위이며, 자살행위란 어느 정도의 자살 의도를 가지고 그 동기를 인지하면서 자기 자신에게 가한 상해"라고 하였다.

자살의 용어를 정의하면서, 자신이 스스로 생명을 포기한다는 사실 외에 대두되는 문제점들을 짚어보았다.(최병목, 2002) "자살이라는 형식으로 처벌을 실행 한 경우나,

특공대 등과 같이 죽음의 길임을 알면서 자원하는 경우처럼 자살의 환경이 만들어진 경우에 대한 윤리관과 종교관에서 반드시 살펴볼 사안이다. 자살 긍정론자는 자살을 인간은 누구나 자기의 생명에 관하여 절대적인 권리를 가진다고 하는 윤리적 입장에서 시인한다. 종교적 관습으로는 인도의 서티(Suttee)등에서 볼 수 있듯이 남편과 사별한 아내가 남편과 극락에 가서 살기를 바라면 남편의 뒤를 따라 자살하는 경우가 있었다. 또한 주군(主君)의 죽음에 대하여 신하가 따라죽는 관습이 있었다. 반면에 자살 부정론자는 자살은 신과 국왕에 대한 의무를 포기하는 것이라고 비난하였으며, 기독교에서는 자살이 신을 모독하는 행위라고 죄악시하였다."

자살에 대한 논의는 실제 자살뿐 아니라 자살시도와 자살생각까지 포함한다. 청소년의 자살행동은 '아동에서 성인으로 변화하는 과정에서 작용하는 생물학적, 심리적, 사회적 그리고 문화적 힘의 상호작용에서 일어나는 어려움의 결과'로서, 자살생각(죽음에 대한 일반적인 생각으로부터 자살을 하는 수단에 대한 생각까지를 포함), 자살계획(자살생각을 넘어서는 행동적 차원을 포함하지만 자해적 행동에는 이르지 않은 유서 작성, 소지품 정리, 인터넷 등을 통한 자살 관련 정보수집 등을 포함, 자살의도라고도 함, 자살시도(고의적이고 실제적인 자해 등을 포함), 자살사망(자살 실행으로 죽음에 이르는 실제적 자살)의 네 가지 차원으로 구분할 수 있다.(이동훈, 고영건, 권해수 외, 2013)

자살은 15세로부터 24세의 청소년들에게 있어서 세 번째 사망요인으로 사고와 살인 다음으로 높은 비율의 요인을 차지하고 있는데, 청소년들의 자살과 관련된 위험 요소에는 ① 우울증의 가족사, ② 이전의 우울했던 에피소드, ③ 가족 갈등, ④ 저조한 학업성적 등을 포함시켜 자살의 환경적 요인, 또한 자살을 시도하거나 자살을 한 사람들은 가족 내에서 자살을 시도했거나 자살을 한 가족의 역사를 가지고 있기 때문에 자살의 유전적인 요인으로 보고 있다. 그리고 청소년들의 자살 행동에는 반드시 심각한 가족의 혼란이 연루되어 있다. 자살하는 사람의 표현에는 그동안 자신의 내면에 쌓여 있던 가족성원의 생각과 감정을 대표할 수 있다는 것을 인지하는 것이 중요하다. 아울러 부모의 별거, 이혼, 폭력 등으로 인한 역기능적인 가정 환경이 높은 자살률과 상관관계가 있다고 하였다.(최병목, 2002)

청소년기의 자살행동의 특성을 살펴보면, 첫째, 청소년기는 성인에 비해 정신과적 질환에 의한 자살은 적은 편이다. 이러한 현상은 청소년기 우울증의 특성이 성인의 우울증과 달리 발달단계상 나타나는 가변적인 경우가 많다는 것으로 설명할 수 있다.

둘째, 청소년기의 자살은 충동성이 강하게 작용한다. 성인의 경우 견디기 힘든 우울감, 절망감, 무력감 등 자신의 위기 상황에 대한 신중한 평가가 자살을 결정짓는 큰 요소인데 반해 청소년의 경우는 충동성이 매우 큰 결정인자가 된다. 따라서 청소년 자살의 경우는 예측이 어렵고, 문제해결의 방편 혹은 수단으로 쉽게 충동적으로 옮기는 경향이 강하다. 셋째, 청소년은 자신의 심리적인 고통을 극단적인 방법으로 표현하는 경우가 많다. 청소년기는 남에게 괴로움과 고민을 알로 알리고 도움을 청하기 보다는 행동화하는 경향이 강하다. 즉, 청소년의 자살시도는 삶에 대한 완전한 포기라기보다는 가정, 사회에 대한 감춰진 호소, 즉 도움을 청하는 울음이라는 것이다. 넷째, 청소년기에는 동반자살이나 모방자살이 많이 일어난다. 청소년기는 판타지나 소설류나 인터넷 게임 등의 영향으로 죽음에 대한 환상을 가진 경우가 많다. 또한 다른 연령층에 비해 자신의 내적 자살동기보다 외적 영향을 많이 받기도 한다. 따라서 평상시 유대관계를 깊게 갖고 있던 대상, 또래와 동반자살을 시도하거나 친구나 대중매체의 영향을 쉽게 받아 모방 자살을 시도하기도 한다.

끝으로 앞서 언급한 바와 같이 우울증과 관련하여 주목해야 할 문제는 자살이다. 자살의 원인은 다양하겠으나, 자살을 하는 사람들은 심리적 고통이나 압력으로부터 벗어나기 위한 도피 수단으로 자살을 선택하게 된다. 자살을 유발하는 가장 중요한 심리적 요인은 절망감이라고 알려져 있다. 즉, 문제해결 방식의 하나로 자살을 선택하는 것이다. 자살의 위험성이 높은 청소년의 자살 예방을 위해서는 자살의 위험성을 정확하게 평가하는 일이 필요하다. 즉, 자살에 대한 욕구의 정도, 자살에 대한 구체적인 계획 여부, 자살 암시 등을 살펴보고, 이 밖에도 과거의 자살기도 경력, 현재 우울증상의 심각도, 최근의 상실경험 등을 탐색한다. 이와 함께 자살이 아닌 다른 방법으로 절망감을 느끼는 상황을 대처할 수 있는 현실적인 방법을 강구하면서, 가족, 친구, 지역사회와 같은 심리적지지 자원을 확보하는 일이 필요하다.(이동훈, 고영건, 권해수 외, 2013)

09장 청소년복지의 실천방법 : 청소년 개별상담

청소년상담은 청소년을 대상으로 하는 상담의 한분야로, 전문가와의 관계를 기반으로 청소년기의 발달특성과 적응의 문제를 다루는 전문적인 활동이다(이난,2011:92). 이 장에서는 청소년 복지의 실천에 있어 보편적으로 활용되고 있는 상담이론을 중심으로 기법과 청소년개별상담의 실제에 대해 간략하게 살펴보고자 한다.

제1절 청소년 상담의 개념과 목표

1. 청소년상담의 개념

상담의 한분야인 청소년상담의 개념을 이해하기위해서는 먼저 상담에 대한 개념적 이해가 우선되어야 한다. Rogers(1952)는 "상담자와의 안전한 관계에서 내담자가 과거에 부정했던 경험을 다시 통합하여 새로운 자기로 변화하는 과정"이라고 하였으며, Hahn Maclean(1955)은 "상담이란 혼자서 해결할 수 없는 문제로 곤란을 받고 있는 개인과 이 개인의 제반적이며 개인적인 곤란을 해결하는 데 도움을 줄 수 있는 훈련과 경험을 해 온 전문가와 1:1의 관계에서 이루어진다."고 하였다.

이현림(2009)은 상담에 대한 다양한 정의에 대해 공통점을 몇 가지로 분류하였는데 그 내용을 보면 다음과 같다.

첫째, 상담은 개인 대 개인의 관계이며, 둘째, 상담은 언어적 수단에 의한 역동적인 상호작용이다. 셋째, 상담은 전문적인 조력을 주는 관계이며, 넷째, 상담은 학습의 과정이고 다섯째, 상담은 사적인 관계이다.

청소년상담은 청소년이 갖고 있는 다양한 특성으로 인해 성인상담과는 차별적인 특성을 갖는다(정순례 외,2011). 특히 청소년의 상담은 가족, 친구, 학교, 교사 등의 주변인물이나 여러 다양한 주변 환경과 밀접한 관련이 있으므로 이에 대한 개입이 필요하다. 이와 같이 청소년상담은 청소년이 처한 상황과 발달과정의 특성으로 청소년상담은 청소년기의 특수성, 문제의 특수성, 환경의 특수성 등이 고려되어야 한다.

박재황(1993)은 청소년상담을 "청소년 및 청소년 관련인과 청소년 관련기관을 대항으로 직접봉사, 자문활동 그리고 매체를 통하여 청소년의 바람직한 발달 및 성장을 추구하는 활동"으로 정의하고 있다.

이혜성외(1996:30)는 "발달단계상 청소년기에 속해있는 청소년과 이와 관련이 있는 사람이나 기관을 대상으로 청소년기에 갖는 특정한 문제를 해결하도록 하는 조력활동"이라고 정의하고 있다.

이성진(2004:15)은 "성장기에 있는 청소년이 사회에 잘 적응하고 자신의 잠재 가능성을 최대한으로 실현 할 수 있도록 도와주기 위한 전문적인 활동"으로 정의하였다.

따라서 청소년개별상담은 청소년기의 특수한 문제로 도움을 필요로 하는 청소년과 전문 상담가의 1:1 관계를 통해 청소년의 문제를 해결할 수 있도록 도우며, 나아가 청소년의 바람직한 발달과 성장을 위한 행동변화를 촉진하는 조력활동이라고 할 수 있다.

2. 청소년상담의 목표

이혜성외(1996:30)는 청소년상담의 목표로 행동변화의 촉진, 적응기술의 증진, 의사결정기술의 함양, 인간관계의 개선, 내담자의 잠재력개발, 자아정체감 확립, 긍정적 자아개념형성, 건전한 가치관정립 등 8가지 상담목표를 제시하였다.

홍봉선・남미애(2015:63)는 이혜성외의 청소년 상담의 목표를 토대로 청소년복지의 접근에 있어 청소년 개별상담이 추구해야 할 목표를 6가지로 제시하였다

첫째, 청소년행동 변화의 촉진으로 청소년 내담자로 하여금 좀 더 생산적이고 만족스러운 삶을 살 수 있도록 청소년 내담자의 행동 변화를 가져오는 것이 필요하다.

둘째, 청소년의 적응기술증진이다. 청소년기의 발달과업은 청소년기에 일어나는 다양한 변화에 대해 슬기롭게 대처하여 건강한 성인으로 성장할 수 있도록 하는 것이다. 다양한 환경으로부터의 요구와 자신의 욕구를 조율해서 원만한 사회적 기능을 수행하고 적응할 수 있는 기술을 갖도록 도와주는 것이다.

셋째, 의사결정 기술의 함양이다. 대부분의 청소년들은 즉각적이고 충동적으로 결정을 내리는 경우가 많다. 따라서 상담을 통해 합리적인 의사결정 과정을 체험하고 학습할 수 있어야 한다.

넷째, 인간관계의 개선으로 청소년기는 아동기에 비해 대인관계가 확대되고 대인관계에 의해 자아정체감을 형성하기도 하며 사회생활의 적응력도 높인다. 따라서 인간

관계를 원만히 할 수 있도록 돕는 것은 청소년 상담의 중요한 목표가 된다.

다섯째, 청소년의 잠재력개발이다. 청소년들은 성장과정에 있으므로 얼마든지 변화 가능한 무한한 잠재력을 가지고 있다. 따라서 청소년 자신의 능력을 바르게 인식하고 자신의 특성이나 잠재력을 새롭게 발견하도록 하는 것은 중요한 목표가 된다.

여섯째, 청소년의 자아정체감 확립이다. 자아정체감의 학립은 청소년기의 가장 중요한 발달과업이며, 자아정체감을 확립하지 못하면 정체위기를 경험하게 된다. 부정적인 자아상과 자아개념을 갖게 되면 자기 자신에 대해 열등감을 갖게 되고 원만한 인간관계를 형성하기도 어렵다. 이런 의미에서 청소년들이 자아정체감을 확립하도록 하는 것은 중요하다.

제2절 청소년 상담이론

청소년상담에서의 이론적인 접근은 상담의 목적과 내담자의 특성, 상담자의 전문성에 따라 다양한 접근방법이 적용될 수 있다. 대표적인 접근방법으로 청소년이 자신에 대해 어떻게 자각하고 느끼는지에 관심을 갖는 것으로 인간중심상담, 실존주의 상담, 형태주의 상담, 정신분석 상담 등이 있으며, 이와 함께 청소년이 느끼는 심리 정서적인 문제를 사고와 연결하여 인지과정의 변화에 초점을 두려고 하는 합리적 정서・행동상담, 교류분석 등이 있다. 그리고 청소년의 문제가 되는 행동을 변화시킴으로써 사고를 변화시키려고 하는 행동수정과 현실치료 등이 있으며, 청소년의 다양성을 인정하면서 결점이나 문제보다는 강점에 초점을 두고 청소년의 역량을 강화해 나가도록 돕는 해결중심상담이 있다. 따라서 본 장에서는 청소년 개별상담에서 보편적으로 활용되고 있다고 판단되어지는 인간중심상담, 합리적 정서・행동상담, 현실치료, 해결중심상담을 중심으로 살펴보고자 한다.

1. 인간중심상담

인간내면에 잠재되어있는 능력에 대한 신뢰를 기반으로 한 인간중심상담은 미국의 심리학자인 칼 로저스(Carl Rogers,1902~1987)에 의해 창시되어 발전한 상담의 접근방법이다. 이 이론은 인본주의와 실존주의의 영향을 받았으며, Freud의 정신분석이론과 지시적인 상담에 대해 반대하며 새로운 상담 원리인 비 지시시적 상담을 제시하였다. 비지시적 상담은 클라이언트의 긍정적인 성장가능성을 중시한다는 면에서 클라이언트중심 상담으로 개칭되었으며, 많은 장면에서 활용되어지면서 현재는 인간중심상담으로 불리어지고 있다.

Rogers는 인간을 결정론적인 입장으로 본 Freud와 달리 인간은 자유로운 존재로, 미래지향적이며 자아실현을 하는 존재이며 선천적으로 선하다고 보았다. 또한 인간은 스스로 문제를 해결할 수 있는 능력을 가지고 있기 때문에 잠재력을 발휘할 수 있는 적절한 환경이 주어진다면 인간은 무한히 성장 발전할 수 있는 존재라고 가정한다. 이러한 관점에서 인간중심상담에서는 상담자가 따듯하고 수용적인 분위기를 조성해준다면, 상담자가 어떤 방향을 구체적으로 제시해주지 않아도 내담자는 얼마든지 점진적으로 성장 발달할 수 있다는 것이다. 따라서 상담자는 내담자를 이해하고 수용하며 지지해 주는 최적의 환경을 제공하는 사람으로서 비지시적이어야 한다고 주장한다.

(1) 주요개념

인간중심에서는 개인의 주관적인 경험을 강조한다. 따라서 인간의 모든 행동은 개인이 삶속에서 경험되어지는 사건들을 보고 해석한 결과라고 본다. 로저스는 개인은 태어날 때 온전한 유기체로 태어나지만 성장하면서 의미 있는 타인들로부터 관심과 사랑을 받기위해 맞추어 살면서 아이는 조건화된 가치관을 가지고 성장하게 된다는 것이다. 이때 본래 가지고 있는 온전한 유기체의 가치관과 기대되어지는 가치관의 사이에서의 갈등이 심리적인 문제를 일으킨다는 것이다(장성화외, 2013:139-140).

이러한 관점에서 볼 때 청소년의 자아개념형성은 주변사람들의 가치체계에 따른 평가가 청소년에게 내재된 것이며, 이러한 주변사람들의 가치에 따른 평가는 청소년들의 발달특성을 고려하지 않고 행동만을 본 것이다. 이러한 평가를 청소년이 자기 자신에게 내재화 시켰을 때 청소년의 자아개념과 경험 간에는 불일치가 생겨 청소년의 부적응적인 행동을 유발시키는 원인이 된다는 것이다(천성문,1998:101-102).

인간중심상담의 주요개념을 살펴보면 아래의 〈표 9-1〉과 같다.

〈표 9-1 주요개념〉

주 요 개 념	내 용
유기체(organism)	유기체는 사상, 행동 및 신체적 모두를 포함한 개인을 말한다. 유기체의 개념에서 Rogers는 "경험은 나에게 최고의 권위이다" 라고 말한 것처럼 경험을 중시한다.
자기(자아:self)	자아는 사고, 감정, 의지 등의 자아발전을 통해 자신과 타인을 구별하고 통제하는 주체이다.
자아개념(self-concept)	자아개념은 현재 자신의 모습에 대한 인식 및 어떤 존재가 되길 원하는지에 대한 인식으로 구성된 자기상이다.
실현경향성 (actualizing tendency)	실현경향성은 인간을 행동하게 하는 최상의 동기이며, 외부적인 환경 통제가 아닌 자율성을 추구한다. 실현경향성은 인간의 성장발달의 모든 면에서 영향을 미친다.
자아실현경향성 (self-actualization)	자아실현은 인간이 진정한 자신이 되는 과정이며, 좀 더 발전적인 인간으로 되어가는 과정이다.
자아일치 (self-congruence)	자아일치란 있는 그대로의 '현실적인 나'와 되고 싶은 '이상적인 나'가 일치되는 것이다.
방어와 방어성	방어와 방어성은 자기와 타인을 의식하여 일어나는 정신적인 기능이다. 주로 자기방어로 자신을 보호하기 위한 수단으로 사용된다.

참고 : 임상록외(2012:73-75)내용을 참고하여 작성함.

인간중심적 상담은 인간에 초점을 맞춘 상담기법으로 내담자가 자신을 개방하고, 내면적인 세계를 이해하도록 돕는다. 또한 내담자의 자아실현경향을 방해하는 장애물을 제거함으로써 내담자가 보다 참다운 자기발견 및 자아실현을 돕는 것이 목표이다.

(2) 상담절차

인간중심상담의 과정을 설명하면 다음과 같다(박옥임외, 2013: 168)

제1단계 : 경직된 경험 상태에 있는 개인은 자신에 대한 이야기를 할 수 없다. 친밀하게 터놓고 대화하는 것은 위험한 것이다.

제2단계 : 내담자가 자신이 충분히 수용되고 있음을 경험하게 되면 가끔 감정들이 표현되기도 한다.

제3단계 : 약간 느슨해지고 유동적이 된 태도의 변화가 방해받지 않고, 계속 자신이 있는 그대로 수용되고 있다고 느낄 수 있게 되면, 보다 많은 감정과 사적인 표현을 하게 된다.

제4단계 : 내담자가 여전히 있는 그대로의 자신이 수용되고 이해되고 있다고 느낄 때, 보다 자유로운 감정의 흐름이 가능해진다.

제5단계 : 전에 부인되었던 감정들이 이제는 비록 두려움이 있기는 하지만 의식 속으로 흘러나온다.

제6단계 : 전에 부인했던 감정을 즉각적으로 현재의 경험들로 수용한다. 자신의 무제를 주체적으로 대체해 갈 수 있게 된다.

제7단계 : 상담자의 도움을 필요로 하지 않는다. 개인은 자유롭게 경험하면서 충분히 기능하는 인간으로 성장한다.

(3) 상담기법

인간중심상담에서는 상담가가 어떤 특별한 방법이나 기법의 사용을 최대한 사용하지 않을 것을 강조한다. 그보다는 청소년과의 자유롭고 신뢰론 관계가 더 중요하게 작용한다고 본다. 즉, 상담자는 마치 내담자가 된 것처럼 내담자가 느끼고 생각한 것을 그대로 표현하여 전달하는 것 외에는 아무것도 아니라는 것이다. 단지 청소년이 어떤 두려움이나 불안을 느끼지 않고 편안하게 자신의 경험을 말할 수 있도록 수용적이고 공감적인 분위기를 마련할 뿐이며, 청소년의 문제에 대해 어떠한 진단이나 판단, 지시, 설득, 충고도 하지 않아야 한다는 것이다. 이처럼 로저스는 내담자에 대한 상담자의 태도를 가장 중요하게 여겼으며, 자신의 문제를 해결할 수 있는 답을 가장 잘 알고 있는 사람은 내담자 자신이라고 하였다.

여기서는 내담자의 내면세계를 이해하기 위해 사용되는 상담자의 촉진적인 방법인 공감(empathy, 공감적 이해 empathic understanding), 무조건적인 긍정적인 존중(unconditional positive regard), 진실성(congruence, 일치성)의 내용을 살펴보겠다.

1) 공감(empathy, 공감적 이해 empathic understanding)

공감이란 상담가가 내담자의 감정에 빠져들지 않으면서 그의 생각, 감정, 경험에 대하여 상담자 자신의 주관적인 입장에서가 아니라 마치 상담자 자신의 감정인 것처럼 내담자의 입장에서 듣고 반응하는 것이다. 나아가 상담자는 내담자가 말한 경험 속에 숨겨진 감정이나 미쳐 내담자도 인식하고 있지 못했던 부분까지 포착해야 한다.

공감을 표현하는 일반적인 공식으로는 '~때문에(특정 감정을 유발한 선행사건이나 행동) ~한 느낌이 드는군요(내담자의 감정)'라고 표현할 수 있다.

청소년 : **"이번 기말고사를 잘 보려고 친구들이 축구하자는 것도 안하고 정말 많이 노력했어요. 그런 데 엄마는 점수가 중간고사 때보다 떨어졌다고 야단만 치시는 거예요. 정말이지 그냥 다 때려치우고 포기하고 싶은 심정 이예요(울먹거린다)."**

상담자 : **기본적 공감-"너는 시험을 잘 보려고 열심히 노력했는데 엄마가 너의 노력은 보지도 않고 점수 떨어졌다고 야단부터 치셔서 너의 마음이 허탈해졌구나."**
깊은 공감-"엄마에게 좋은 아들로 인정받고 싶었구나!"

2) 무조건적인 긍정적 존중(unconditional positive regard)

이것은 내적이든 외적이든 판단적인 행동을 보이지 않는 것으로서 상담가가 조사를 하거나 해석을 하지 않고 또 시인이나 부정하는 태도를 보임이 없어 클라이언트를 전적으로 신뢰하고 수용하는 것을 말한다(설기문, 1992 : 141). 대체적으로 자기를 수용하지 못하는 내담자는 다른 사람에게 방어적인 행동을 보이게 되는데 이는 타인이 자신을 중요하게 여기지 않을 것이라 여겨지기 때문이다. 그 결과 내담자는 점차 주위사람들과 멀어지게 되고 그렇게 됨으로써 내담자는 역시 자신은 사람들에 관심과 인정을 받지 못하는 사람이라고 확신하게 됨으로써 역기능적인 관계는 되풀이되게 된다. 따라서 상담자의 무조건적인 존중은 내담자로 하여금 이러한 악순환적인 관계의 틀을 깨트리게 하여 새로운 관계의 경험을 하게 한다.

청소년 : **"저는 평소에 친구들과 잘 어울리지 못해요. 친구들은 저를 싫어해요. 그런데 옆에 있는 친구가 저를 비웃듯 쳐다보잖아요. 어떻게 해야 할지.. 가슴만 답답하고 정말 막막해요. 이런 상황이 너무 싫고 힘들어요."**

상담자 : **"친구가 너를 비웃는데도 아무것도 할 수 없어 답답하고 화도 나고 힘들었겠구나. 그래 네가 이렇게 답답해하고 힘들어 하는 것을 보면 이 일은 정말 쉽지 않은 일인 것 같구나!"**

3) 진실성(genuineness, 일관성 congruence)

진실성은 자기개방이나 자기공개(자기노출)와는 다른 의미이다. 자기개방은 자신에 관한 정보나 경험 느낌 등을 드러내는 것이지만, 진실성은 상담자가 내담자와의 관계에서 나타내는 반응이 순간순간 상담자가 내적으로 경험하고 느끼는 바와 합치되는 상태를 의미하는 것이다. 그러므로 진실성은 가식적이지 않아야하며 있는 그대로 자신의 모습을 진솔하게 나타내야 하며, 표현한 것이 진실 되고 일관성이 있어야 한다는 것이다. 그러므로 상담자는 내담자에 대한 자신의 느낌을 인식해야하고 그것을 정확하게 표현할 수 있어야 한다.

〈상황: 매번 상담시간에 10분씩 지각을 하는 청소년이 있는데 그때마다 비슷한 변명을 해왔다〉

청소년- "선생님 죄송해요. 오늘은 절대 안 늦으려고 했는데 또 지각을 했네요. 다시는 늦지 않을게요."

상담자- "네가 자주 늦는 게 마음에 걸렸어. 늦지 않겠다고 약속하지만 그게 잘 안되는가 보구나. 오늘은 이 점에 대해 이야기해 보는 것이 좋을 것 같다."(홍봉선·남미애,2015:70-72)

2. 엘리스의 합리적 정서·행동상담

(1) 주요개념

정신분석적 접근에서는 현재의 갈등이나 불안 고민의 원인들은 과거의 어떤 사건에 대한 갈등이 원인이라고 보기 때문에 내담자로 하여금 잊혀졌던 과거의 기억을 의식화하는 작업을 하지만, Ellis는 정서장애를 유발하는 것은 과거의 어떤 사건 자체가 아니라 자신이 처한 상황과 사건에 대한 사건에 대한 왜곡된 지각에서 출발한다는 것을 알았다. 따라서 이 치료에서는 비합리적인 신념과 생각을 합리적인 것으로 대치하는 작업이 진행된다(이장호, 1982:86-87).

엘리스는 사고의 중요성을 강조하면서 인간이 합리적일 수도 있고 비합리적일 수도 있다고 주장한다. 예를 들어 부모님이 이혼하셨다고 가정해보자. 부모님이 이혼했다고 해서 모든 청소년들이 다 학업도 마치지 않고 비행청소년이 되는 것은 아니라는 것이다. 어떤 청소년은 스스로 무가치하다고 여기어 좌절하고 부모님과 자신에 대해 분노와 적개심을 갖고 자포자기를 하기도하지만, 어떤 청소년은 슬픔과 이별의 아픔을 충분히 애도한 후 있는 그대로를 받아들이며 일어나 다시 건전한 삶을 되찾을 수 있다는 것이다. Ellis는 이렇게 차이가 날 수 있는 것은 바로 사고방식의 차이 때문이라고 보았다.

비합리적인 신념에는 "나는 반드시 ~해야만 해", "나는 절대로 ~해서는 안돼"와 같은 당위적인 것이 많다. 당위주의에는 "나는 절대로 실수해서는 안 돼.", "'나는 모든 면에서 유능하고 완벽하게 수행해야만 한다.'와 같은 자신에 대한 당위와 "친구들은 나에게 항상 우정을 보여야만 해", '부모님은 항상 나를 사랑해 주어야만 한다.'와 같은 타인에 대한 당위, 그리고 "우리 가정은 항상 사랑으로 가득 차 있어야 만 해"와 같은 조건에 대한 당위가 있다.

합리적인 신념에는 "나는 나를 존중하고 다른 사람들로부터 인정받고 사랑받기보다는 사랑하는 것에 신경 쓴다.", "내가 원하는 데로 일이 잘되면 좋겠지만, 내가 원하는 데로 되지 않는다고 해서 파멸은 아니다."," 내가 겪고 있는 어려움이 즐거운 것은 아니지만 걱정한다고 해서 사라지는 것은 아니다. 이 일을 처리하기 위해서 최선을 다할 것이며, 만약 처리하는 것이 불가능하다면 그 일이 어쩔 수 없다는 것을 받아들인다." 와 같은 것이 있다.

〈표 9-2 합리적 신념과 비합리적 신념의 기준〉

기 준	내 용
융통성	'모든, 항상, 반드시, 꼭, ~이어야만' 같은 단어가 들어가는 생각은 예외가 인정되지 않고 융통성이 없어서 비합리적이다.
현실성	인간이 현실 속에서 달성 가능한 목표를 향해 꾸준히 노력할 때 개인의 가치가 인정된다. 그러므로 심리적 좌절과 고통이 따르는 현실적이지 못한 생각은 비합리적이다.
기능적 유용성	개인의 생각이 현실을 행복하게 사는 데 도움이 되는가의 여부이다. 개인의 생각이 삶을 유쾌하게 만드는 데 도움이 된다면 합리적이라 할 수 있다.

* 장성화외(2011:155)에서 발췌함.

1) ABCDE 모형

합리적 정서-행동상담(Rational Emotional Behavior Therapy : REBT)에서 선행사건 A(Activating event)는 실제 사건, 상황, 환경, 개인의 태도 등을 말한다. 신념 B(Belief)는 A에 대한 개인의 태도나 사고방식을 말한다. 결과 C(Consequence)는 A 때문에 생겼다고 하는 정서적 행동적 결과를 말하며 비합리적인 생각을 지닌 사람은 대개 지나친 불안이나 원망, 비판 죄책감 같은 감정을 느끼게 된다. 논박 D(Dispute)는 자신이 가지고 있는 비하리적인 신념이나 사고에 대해 직면하여 그 생각이 맞는 것인지 검토해 볼 수 있도록 상담자가 논박을 하는 것이다. 효과 E(Effect)는 내담자가 가진 비합리적인 신념을 철저하게 논박함으로써 합리적인 신념으로 대치한 후 느끼는 자기수용적인 태도와 긍정적인 감정의 결과를 말한다.

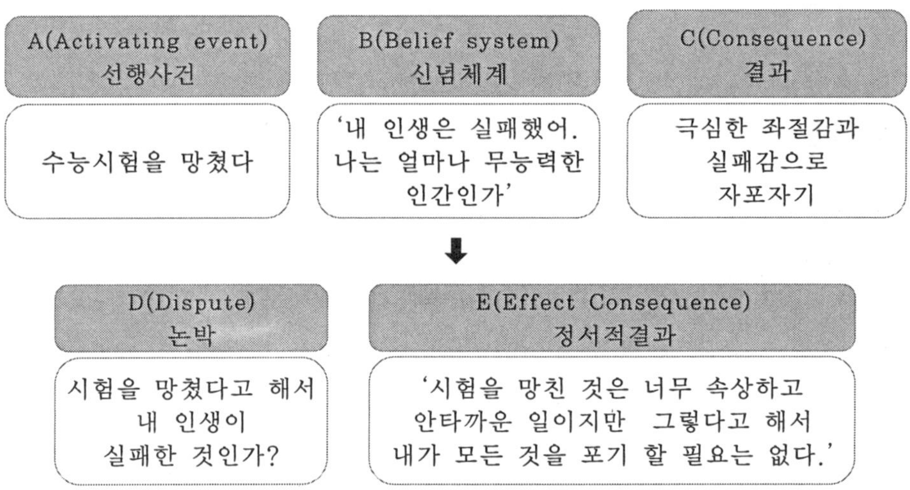

[그림 9-1] Ellis의 ABCDE 모형

(2) 상담목표

청소년을 위한 합리적 정서·행동 상담의 목적은 청소년으로 하여금 현실적이며 합리적인 신념과 인생관을 갖게 함으로써 비합리적인 자기 파괴적 신념들을 줄여 융통성 있고 건설적인 삶을 살아가도록 돕는 것이다. 이렇게 하기 위해서는 비합리적인 신념들을 철저히 논박함으로써 합리적인 신념체제로 바꾸어주어 죄책감, 불안, 적개심, 분노, 좌절감 등과 같은 부정적인 정서와 자기 파괴적인 행동을 제거하거나 줄일 수 있도록 하는데 그 목표를 둔다(홍경자,1984:5-6).

(3) 상담기법

REBT에서 중요한 기법으로는 인지적 설명기법, 정서적 기법, 행동적 기법이 있다. 첫째, 인지적 설명기법은 상담자가 내담자의 비합리적인 신념에 대해 적극적으로 논박하여 내담자 스스로 받아들이는 방법을 가르치는 것이다. 둘째, 정서적 기법은 자신이 만들어낸 '자기비하'와 같은 부정적인 정서가 얼마나 파괴적인지를 알게 하여 자기 자신이 가치로운 사람임을 알게 하는 것이다. 모델링, 역할놀이, 합리·정서 상상, 부끄러움제거연습 등이 있다. 셋째, 행동적 기법은 행동치료에서 사용하는 기법들인 체계적 둔감법, 이완 기법, 모델링, 자기관리 원칙 등을 그대로 사용하며, 내담자들이 힘들어하는 어려운 행동들을 실제로 해 봄으로써 행동의 변화와 더불어 생각, 정서까지 변화시키는데 초점을 둔다.

3. 현실치료

현실치료는 1950년대 윌리엄 글래서(William Glasser)에 의해 연구 소개되었다. Glasser는 인간을 긍정적 관점에서 보았으며 외부의 어떤 힘에 의해 인간이 결정된다는 결정론적 입장에서 보는 것을 반대하였다. 현실치료에서는 인간은 성장 할 수 있는 힘을 가지고 있으며, 환경을 통제할 수 있는 존재이며, 자신의 욕구를 충족시키고 성공적인 정체감을 발전시킬 수 있다고 본다.

(1) 주요개념

〈표 9-3 현실치료의 주요개념〉

주요개념	내 용
통제이론	통제이론은 모든 생명체의 생리적이고 사회심리적인 행동을 설명해 주는 생물학적 이론이다.
인간의 기본적인 욕구	-사랑과 소속의 욕구(love and belonging need) 인간이 살아가는데 원동력이 되는 기본적인 욕구로 가정, 학교,직장과 같은 사회에 소속되어 관계를 유지하면서 사랑을 주고받으며 협력하고자 하는 욕구이다.

	- 힘의 욕구(power need) 인간이 경쟁하고 성취하고자 하는 욕구이다.
	- 자유에 대한 욕구(freedom need) 자신의 욕구에 따라 선택하고 내적으로 자유롭고 싶어 하는 욕구이다.
	- 즐거움에 대한 욕구(fun need) 새로운 것을 배우고 즐기고자하는 욕구이다.
인간의 기본적인 욕구	- 생존에 대한 욕구(survival need) 생물학적 존재로써 살고자 하고 생식을 통한 자기 확장을 원하는 욕구이다.
전 행동 (total behavior)	전행동은 활동하기(acting), 생각하기(thinking), 느끼기(feeling), 신체의 반응(physiology)로 4가지로 구성되어 있으며, 인간은 전 행동을 통해 자신이 원하는 것을 얻으려고 한다.
지각체계	지각체계는 오감 즉 시각, 청각, 미각, 촉각, 후각을 통해 현실을 경험하게 되고 감각체계와 지식여과기, 가치여과기로 구성을 거치면서 특별한 사진기로 찍혀서 지각세계에 전달된다.

임상록외(2012;155-159)에서 요약정리 함.

(2) 현실치료의 상담의 목표

현실치료의 상담은 정서적으로 강하고 합리적인 내담자가 되도록 돕는 것이다.

또한 내담자가 보다 자율적이고 자신의 욕구를 충족시키며 현재와 미래를 즐겁게 살아나갈 수 있도록 인도하는데 역점을 두고 인간 스스로 인생의 방향을 효율적으로 설정하고 행동 할 수 있도록 도와주는 것이 목표이다.

(3) 행동 변화를 일으키는 상담의 절차(WDEP)

글레서(Glasser)와 워볼딩(Wubbolding)은 현실치료에서 사용할 수 있는 주요절차를 WDEP라고 설명하고 있다. 그 내용은 〈표 9-4〉와 같다.

〈표 9-4 행동변화를 이끄는 WDEP〉

구 분	내 용
W(what) (욕구 바램 지각탐색) What do you want?	내담자의 질적 세계를 탐색하기 위해 내담자가 주변 사람이나 자기 자신에게 원하는 것을 알게 하고, 자신의 심리적 욕구 중 충족된 것과 충족되지 않은 것을 구분할 수 있도록 하며, 내담자가 주위 사람이나 세상을 어떻게 보는지 질문을 통해 알 수 있게 한다. "지금 현재 당신이 진정으로 바라는 것은 무엇입니까?" "사람들이 당신에게 원하는 것은 무엇이라고 생각합니까?"
D(doing, 행동) What are you doing?	현재 행동 탐색하기는 상담초기 내담자가 어디로 가고 있고, 그의 행동 방향이 어디로 진행 중인지 생활의 전반적인 방향을 알 수 있도록 도와준다. "당신은 지금 무엇을 하고 있습니까?" " 당신은 자신의 문제를 해결하기위해 어떤 노력을 하였습니까?"
E(Evaluation, 평가) Evaluate What are you doing?	상담자는 내담자의 욕구, 지각, 전체행동에 대해 질문함으로써 내담자가 자신의 행동결과를 즉시하고 자신을 평가 할 수 있도록 격려하고 도와주어야 한다. 이러한 자기평가는 현실치료에서 매우 중요하게 다루어진다. "당신이 원하는 것은 현실적이거나 실현가능한 것인가요?" "당신은 지금의 행동이 당신에게 도움이 되나요?" "당신은 현재 당신이 원하는 방향으로 가고 있나요?"
P(plan, 계획) Make a plan.	계획하기의 목적은 내담자가 계획단계를 통해 성공적인 경험을 할 수 있도록 하며, 나아가 내담자에게 자신의 선택이나 활동에 대해 책임 능력이 있다는 사실을 인정하고 통제 할 수 있도록 도와주는 것이다. 따라서 계획은 단순하고, 실현가능하며, 측정가능하고, 즉각적이어야 하며, 관계가 있어야 하고, 계획한 사람이 통제할 수 있는 것이어야 하며, 실천할 수 있는 것이어야 하고, 계속 행해질 수 있는 것이어야 한다.

* 김인자역, 1991:51-125에서 요약정리 함.

(4) 상담기법

현실치료의 상담기술은 상담자와 내담자가 친밀감과 신뢰성을 기반으로 하여, 내담자가 주변 사람들과 긍정적인 관계를 맺고 자신의 목표를 달성 할 수 있도록 조력하는 것이다. 여기에는 질문, 유머, 토의와 논쟁, 맞닥뜨림, 역설적 기법 등이 있다.

그 내용을 살펴보면 다음과 같다.(임상록외 2012:160-169의 내용을 요약 함)

1) 질문하기

질문은 내담자의 욕구와 원함이 무엇인지, 그 욕구를 충족시키고 있는지, 그리고 욕구충족을 위한 행동 중에서 부정적인 것을 긍정적인 것으로 고치기 위해서는 어떻게 해야 하는지에 대한 질문을 하는 것으로, 내담자가 계획, 행동, 선택하도록 하여 자신의 삶을 변화 시키는 방법을 스스로 선택하고 통제 할 수 있도록 하는 것이다.

2) 유머 사용하기

상담과정에서 내담자는 자신의 욕구 충족과 관련된 행동, 생각, 느낌 등을 인식하는 것이 상담의 중요한 과정이므로 긴장할 수 있고, 상담자는 자신의 어리석음이나 실수 등으로 긴장할 수 있다. 때문에 상담자는 이러한 긴장을 유머를 사용하여 풀 수 있다.

3) 역설적 기법

모순된 욕구나 지시를 주어 내담자를 딜레마에 빠지게 하는 것으로 언어충격기법이다. 역설적 기법은 강력한 도구이므로 충분히 훈련을 받은 상담자가 실시해야한다. 나아가 상담자는 역설적 기법을 사용하면 안 되는 윤리적인 문제(상황 : 위기상황, 자살, 폭력, 약물중독)에 대해 알고 있어야 한다.

〈 예, 내담자가 전과자의 문제, 중독자의 입장을 상담자는 경험이 없으니 상담자는 알 턱이 없다며 논쟁에 끌어드리려 하는 상황〉

상담자 : "맞아요. 나는 그런 무책임한 일을 잘 할 줄 모르니 더 무책임하게 되는 데는 도움이 안 되겠네요. 어차피 당신은 혼자서도 무책임한 일을 잘 할 수 있으니 나의 도움이 필요 없지요"

이와 같이 내담자가 전혀 기대하지 않았던 방법으로 내담자를 대함으로써 내담자는 자신의 문제를 새롭게 인식할 수 있으며, 행동변화를 위한 가능성이 높아질 수 있다.

4) 맞닥뜨림 하기(직면)

내담자가 계획을 이행하지 않은 것에 대해 늘어놓는 변명들을 들어주지 않는 기법이다.

〈예, 전공학과가 싫어서 학교를 그만두고 싶어지자 그 책임을 어머니에게 돌림〉

상담자 : 다른 모든 일도 어머니가 시키면 그대로 하셨습니까?

내담자 : 아니요

상담자 : 다른 일은 어머니가 시키는 대로 하지 않으면서 학과 선택에 있어서는 어떻게 어머니가 시키는 대로 했습니까?

이렇게 곧장 대응함으로써 학과선택은 자신이 선택한 것이므로 자신의 책임임을 인식시킨다.

4. 해결중심상담

(1) 주요개념

해결중심치료는 1970년 초에 스티브 세이지(Steve de Shazer)와 그의 부인 인수버그(Insoo Kim Berg)가 중심이 되어 개발되었으며, 단기가족치료센터(BriefFamily Therapy Center)의 동료들과 함께 발전되어온 최근의 강점관점 상담 접근이다. 해결중심상담의 주요개념을 살펴보면 다음과 같다(정문자외 역 2013:413-417의 내용을 요약정리 함).

해결중심 상담에서는 내담자의 문제를 나아지게하기위하여 문제의 원인을 찾아내는 것에 초점을 두지 않는다. 그보다는 성공에 초점을 둔다. 내담자는 자신의 상황에 대한 전문가이며 자신을 괴롭히는 것이 무엇인지 아는 것처럼 자신에게 필요한 것도 알기 때문이다. 따라서 해결중심상담은 내담자가 효율적으로 문제를 해결할 수 있는 자원과 능력을 이미 가지고 있다고 믿으며, 부정적인 사고방식으로 인해 그 효율성이 약화되어 왔다고 가정 한다. 그러므로 내담자가 그동안 잊고 있던 자신의 능력에 관심을 기울이면 실패에 대한 집착에서 벗어나 유용성을 회복할 수 있다고 본다.

또한 내담자가 문제에 머물러서 나아가지 못하는 것은 문제가 항상 일어나고 있다고 보기 때문이다. 따라서 해결중심 상담사는 내담자가 문제의 원인에 집중하지 않게 하며, 상담사 역시 문제에 대한 추측을 피하고 병리적인 면을 탐색하기 위한 '문제대화[72)]'를 멀리한다. 왜냐하면 문제 중심적인 사고는 내담자가 이미 사용해온 효과적인 해결책을 인식하지 못하게 하거나 상황에 대해 규정하는 잘못된 행동이 지속되어 문제로 나타나기 때문이다. 그러므로 해결중심상담에서는 내담자가 문제가 일어나지 않

72) 문제언어는 해결책언어와 다른 경향이 있다. 문제대화(problem talk)는 부정적이고 과거에 초점을 맞추고, 종종 영구적임을 시사하고, 해결책 언어는 좀 더 긍정적이며, 희망적이고, 미래지향적이다(Michael P. Nichols; 정문자외 역(2012:415)

았던 때를 기억하게 하여 자신도 문제가 일어나지 않았던 때가 있으며 이러한 예외는 아직도 유용한 해결책임을 보도록 도와주는 것이다

인수버그(Insoo Kim Berg)와 드 세이저(Steve de Shazer,1993)의 관점에서 보면 변화하는데 필요한 것은 문제가 "언어화" 되는 방식의 변경이다. 해결중심상담에서 이처럼 긍정적으로 말하게 하는 것에 초점을 두는 것은 긍정적으로 생각하게 되면, 자기 문제를 해결하기 위하여 긍정적으로 행동하게 할 것이라고 가정하기 때문이다.

(2) 상담의 과정과 기법

1) 사정(정문자외 역 2013:418-419의 내용을 요약정리 함).

해결중심상담에 있어 사정절차는 문제해결접근에서 하는 것과는 매우 다르다. 상담자는 내담자가 이해받고 있다고 느낄 정도만 문제 대화를 듣는다. 내담자 스스로가 어떤 변화를 원하는지를 아는 전문가라고 보기 때문에 무엇이 문제인지를 규명하여 바로잡는 방법에 대한 계획을 세우는 데 전문가의 역할을 하지 않으며, 문제를 해결하기위해 문제에 대한 설명이나 문제의 원인을 찾는 것에 중요성을 두지 않는다.

"상담실에 온 결과 어떤 일이 생기면 상담실에 오길 잘했다고 나중에 말 할 수 있을까요?"

"어떤 일이 생기면 오늘 오신 것이 시간 낭비가 아닐까요?" 와 같은 질문은 목표를 발전시키는데 도움이 된다.

일단 목표가 잘 서술되면 상담자는 내담자에게 목표에 대한 현재의 진전정도를 사정하도록 청한다. 이러한 내담자의 평가는 자신이 목표로부터 얼마만큼 떨어져있는지의 정도와 이후 목표에 다가가기위해 어떻게 해야 할 지 구체적인 행동을 결정하게하고, 나아가 진전 상태를 평가할 수 있게 한다.

2) 치료기법

해결중심상담의 기본전략은 내담자의 준거 틀에 초점을 맞추어 목표를 발전시키는 것과, 예외에 기초하여 해결책을 만들어내는 두 가지 전략에 근거(De Jong & Berg,2002)하며, 일반적으로 단기치료(3-5회 정도)로 진행된다. 치료기법에 대한 내용은 〈표 9-5〉와 같다.

〈표 9-5 치료기법〉

구 분	내 용
문제 기술	내담자의 준거 틀 내에서 내담자의 언어를 사용한다. "제가 어떻게 도우면 좋을까요?"와 같은 질문이 있을 수 있다.
목표 설정	해결중심 상담에서 목표 설정은 당신은 무엇을 원하는가? 그 원하는 것을 이루기 위해 당신은 무엇을 할 것인가(Berg, 1994)라는 두 가지 요소를 가진다(홍봉선 남미애,2015:96 재인용). 모호하고 불분명한 목표를 질문을 통해 구체적이고 행동적인 것으로 전환한다. "구체적으로 이것을 어떻게 하실 건가요?" "구체적으로 어떤 것을 보면 당신의 문제(혹은 목표)가 해결된 것을 알 수 있을까요?"
기적 질문	기적질문은 내담자의 문제를 제거하는 것이 아니라 상상을 통하여 해결책에 대한 그림을 그려보게 하는 기법이다. "만일 당신이 자고 있는 동안 기적이 일어나 당신의 문제가 극적으로 해결됩니다. 당신은 잠을 자고 있어서 기적이 일어난 것을 모릅니다. 그런데 아침에 일어나니 모든 문제가 해결되어 있습니다." "당신은 문제가 해결되었다는 것을 어떻게 알 수 있을까요?" "처음 알아차린 것은 무엇인가요?" "그 사람이 다르게 행동한다면 그것이 당신 자신에게 어떤 차이를 가져올까요?"
예외 질문	예외란 문제의 예외 상황을 말하는 것으로 문제가 없을 때를 조사하여 내담자가 이미 잠정적인 해결책을 가지고 있음을 깨닫게 한다. 또한 내담자가 잘 기억할 수 있는 것으로 가장 최근에 일어난 예외를 발견하는 것이 유용함. "최근에 문제가 일어났지만 문제가 되지 않았을 때(다루기 쉬웠을 때)는 언제였나요?" "문제가 일어나지 않은 때는 무엇이 다른가요?" "당신은 어떤 작은 변화를 알아차릴까요?"
대처 질문	내담자는 당면한 어려움이 크므로 이례적인 일들을 찾기 힘들어 한다. 대처질문을 통해 내담자가 어떻게 잘 견디고 있는지 알 수 있다. " 당신은 지금까지 그 어려운 상황 속에서 어떻게 잘 견딜 수가 있었습니까?" "놀랍습니다. 이제까지 일어난 모든 것을 감안할 때 어떻게 잘 대처하고 있는지 모르겠군요. 어떻게 하고 있나요? 어떻게 잘 견디고 있나요?"
척도 질문	척도질문은 숫자를 사용하여 내담자에게 자신의 문제, 성공에 대한 태도, 정서적 친밀도, 자아 존중감, 변화에 대한 확신, 진행에 대한 평가 등 내담자의 다양한 상황에 대한 수준을 수치로 표현하도록 하는 방법이다. "만약 기적(목표)이 10점이고 최악의 상태가 0점이라면 지금 몇 점에 있나요?" "1점을 어떻게 올릴 수 있을까요?" " 점수가 1점 더 높다면 어떤 모습일까요?" "5점이라는 것을 어떤 모습을 통해 알 수 있을까요?"
칭찬 하기	칭찬은 내담자의 긍정적인 부분을 암시하는 것으로 칭찬이 효과적이기 위해서는 더 해야 할 행동에 초점을 맞춰야 한다(~을 안 해서 좋다와 같이 하지 말아야 할 행동에 초점을 두어서는 안 됨). 칭찬은 성공적인 전략을 부각시키며 내담자가 효과적으로 하고 있는 것에 초점을 맞추게 하는데 사용될 수 있다. " 와~!! 어떻게 그렇게 하셨어요?", " 과거에 어떤 직업을 가졌나요?"(성공경험, 자신감)
휴식 취하기 · 피드백 주기	내담자가 상담을 어떻게 평가하는지 행동계획은 어떻게 세우고 있는지를 알아보는 것이다. 상담자는 내담자가 말한 문제, 문제의 배경, 내담자의 목표, 상담 전 변화와 강점에 대해 요약 한다. "오늘 말씀해 주신 것은~~~", "제가 한 말이 맞나요?", " 제가 중요한 것을 빠뜨렸거나, 혹은 더 하실 말씀이 있으신가요?"

*정문자외 역(2013:421-433)과 홍봉선 · 남미애(2015:97-102)의 내용을 요약정리 함.

제3부

청소년복지의 발전방향

03 부 청소년복지의 발전방향

10장 청소년복지의 과제

청소년 복지의 과제로는 이념적 측면. 연구대상과 접근방법의 측면, 청소년 복지서비스의 생산레짐의 측면 등에서 접근이 가능하다.

1. 이념적 측면

청소년복지의 이념에서 우리나라에 부족한 것이 사회적 형평성의 이념과 민주성의 이념 및 절제된 가외성이념이 논의될 수가 있다.

(1) 형평성이념

형평성이란 사회적 형평성을 말하며 존롤즈의 사회적 정의와 관련 되는 바 여기에서 형평성은 중심부와 주변부만 아니라 주변부에서 다시 중심부적 주변부와 주변부적 주변부로 나뉜다.

가령 범죄소년은 주변부이지만 집안이 부유하고 다양한 사회적 자본이 많은 범죄소년은 주변부에서 중심부이나 가난한 범죄소년은 주변부적인 주변부이므로 여기에서 사회적 형평성은 앞에서 말한 주변부외에 주변부적인 주변부를 당연히 포함한다.

가령 다문화가정의 청소년에서도 부유하거나 재력이 많거나 사회적 자본이 많고 가정기능이 좋은 청소년은 주변부에서도 중심부이나 그렇지 않은 다문화청소년은 주변부적인 주변부이다.

따라서 여기에서 사회적 형평성은 중심부에 대응하는 주변부외에도 주변부에서 다시 주변부를 포함한다.

우리나라의 청소년 복지는 지나치게 우리나라 청소년의 복지서비스에 중점이 두어져 있어 상대적으로 다문화가정의 청소년이나 이주배경청소년의 복지서비스의 생산에서는 소홀하므로 이에 대한 과제가 앞으로의 과제이다.

특히 다문화청소년 복지는 다문화가정복지에 포함되어 취급되는 경향이 있으므로 앞으로의 방향은 이러한 통합된 것에서 분리되어 별개로 취급하는 방향으로 나아가야 한다.

가령 예를 들면 다문화가정의 청소년 복지를 들 수가 있다.

〈표 10-1 다문화가정청소년학생비율〉

연 도	2006	2007	2008	2009	2010	2011	2012
학생수(명)	9,389	14,654	20,180	26,015	31,788	38,678	46,954

출처: 무지개청소년센터 홈페이지 자료실

위의 통계에서 알 수 있듯이 해가 갈수록 다문화청소년의 숫자가 증가하는 바 이의 시사점은 이에 대한 다품종 소량생산적인 청소년 복지가 이루어 져야 하는데 현재는 그렇지 못하고 있다는 문제점이 있다.

가령 예를 들어서 다문화청소년에서도 미국 등 선진국의 부모를 가진 아동과 동남아 등 후진국에서 이주하여 왔거나 한부모를 두고 있는 학생 등 다양함에도 현재의 교육서비스나 청소년 복지의 서비스는 이러한 개별성에 초점보다는 일괄적으로 취급하는 경향이 있으므로 이에 대한 새로운 접근이 필요하다.

동시에 이러한 다문화가정의 청소년중에서도 다시 주변부적인 청소년에 대하여 더욱더 많은 관심과 자원의 배치가 필요하나 이런 주변부적인 형평성이념이 잘 되지 않는 바 가령 다문화청소년가정에서도 가난하거나 장애인 청소년,방임된 청소년,학업중단청소년 등이 상대적인 주변부중의 주변부의 영역이나 이들도 다문화청소년프레임에 묻히는 실정이다.

동시에 중학교 등 중등학교에서의 중도탈락자에 대한 청소년 복지적 접근이 부족하며 현재 이에 대해서는 복지의 사각지대에 있으며 특히

다문화청소년의 경우에는 취약계층으로 인하여 학업 중도탈락이 더 심각할 수 있으므로 사회복지적 차원과 학제적 대책이 복지적으로 접근되어야 한다.

현재는 중등학교 중도 탈락자에 대하여 지역사회복지기관별로 사례관리 등이 행해

지고 있으나 근본적인 대안이 되지 못하며 유교사회적 특성으로 인하여 중학교등을 중도에서 그만 두어 공장에 취업하는 경우나 범죄에 노출되는 경우 관심을 덜 받게 되고 사회적 낙인이 심하는 문제가 있다.

이외에도 난민청소년의 문제, 소년법에서의 의료청소년의 의료사회복지문제, 소년법에서의 위탁보호대상에서의 결손가정의 소년문제,은둔형외톨이에 대한 사회복지적 대응,수용자 가족중 청소년의 학업이나 생계문제,범죄피해자 가족중에서의 청소년의 문제, 형집행법에서의 대동유아의 사회복지기관에서의 수용에 의한 사회복지적 문제 , 장애청소년, 트랜스젠더청소년의 문제 등 사회주변부적인 문제에 대한 청소년사회복지의 접근과 자원의 배치가 절실히 필요한 것이 여기에서 말하는 사회형평성의 이념의 달성방안이다.

(2) 민주성의 이념

우리나라 청소년 복지의 과제중의 하나는 청소년이 어리다는 이유로 청소년의 동의가 필요없이 강제적으로 행해지는 영역이 많다는 사실로 이는 청소년사회복지의 민주성을 저해하므로 이러한 민주성을 제고하는 방향으로 청소년 사회복지적 정책을 수립하는 방향으로 나아가야 한다.

구체적으로 예를 들면 범죄소년에 대한 보호처분에서 현재는 범죄소년이나 촉법소년에 대한 의사나 동의없이 일방적으로 보호처분이 부과되는 바 이러한 문제는 보호공공재의 실효적 생산성을 저해하며 청소년복지에도 도움이 되지 않는다.

현재 범죄소년과 촉법소년 및 우범소년 등에 대해서 가해지는 보호처분의 종류가 있는 바 이런 보호처분에서는 당사자인 소년의 동의없이 행해지는 경우가 있는 바 가령 소년법에서의 1호처분에서는 보호자외의 사람에게 감호위탁할 시에는 소년의 동의없이 일방적으로 위탁하며 2호처분인 수강명령과 3호처분인 사회봉사명령도 마찬가지로 범죄소년의 의사나 동의없이 일방적으로 행해지는 현상은 청소년사법복지의 비민주성을 드러내고 있다고 할 수가 있다.

또한 범죄소년에 대한 보호관찰의 프로그램이나 소년원에서의 교과과정도 소년의 의사나 선호보다는 관료제적으로 운영되는 고객친화적인 프로그램이 되지 못하고 있는 바 근본이유는 행정적 운영이다.

따라서 청소년사회복지의 방향으로 민주성의 이념을 제고하기 위해서는 클라이언트인 청소년의 선호권을 행사하는 방향으로 관련 법이 개정되어야 한다.

가령 일부학교에서 시범적으로 시행되는 학교사회복지사의 경우에도 현재는 학교와 관련협회가 계약을 맺어서 당해학교에 학교사회복지사를 배치하는 관료적태도를 보이고 있으나 이런 경우에도 학생들의 평가를 반영하여 학교사회복지사를 재임용하는 고객친화적인 경로혁신적 제도의 개선이 필요하며 마찬가지의 논리로 장애청소년에 대한 관련 사회복지도 분기마다 해당 사회복지사에 대한 장애청소년의 의견을 반영하여 사회복지사의 교체요구권을 인정하는 방향으로 나아가는 것이 사회복지의 실효성을 제고하고 민주성의 이념을 제고하는 길이 된다고 할 것이다.

물론 이러한 법제도의 개혁은 일반사회복지의 관련 법의 제도적 개정을 선행적으로 필요로 한다. 가령 기초수급자나 독거노인에 대한 담당 사회복지사의 관련 서비스나 관료적 행태에 대해서 불만이 있는 경우에는 그러한 사유가 타당한 경우에는 다른 사회복지사로 교체를 요구하는 교체요구권이 있어야 하며 이는 다른 모든 사회복지제도에도 마찬가지로 인정되어야 한다.

2015년부터 전국의 교도소에 배치되는 사회복지사의 경우에도 마찬가지로 클라이언트인 수용자의 적절하고 타당한 요구에 관련 사회복지서비스의 제공이 원활하지 않는 경우에도 관련 사회복지사에 대한 민주적 제제가 있어야 할 것이다.

(3) 절제된 가외성의 이념

청소년사회복지에서 가외성의 이념은 매우 중요하다고 할 것이다.가외성이란

여분의 의미로 중복장치로 조직의 신뢰성과 안정성을 제고하는 중요한 이념의 하나이며 다른 사회복지보다도 아직 자라는 과정에 있는 청소년의 사회복지에서는 매우 중요하다고 할 수가 있다.

가령, 현재 소년법에 의한 소년보호처분에서 제7호처분의 경우에는 보호청소년에 대한 교정복지와 의료복지, 생활복지, 교육복지가 중첩적으로 작용하며 이중에서도 교육복지는 의료소년원과 일반사회에서 동시적으로 진행되는 가외성의 성격이 강한바 이는 의료청소년에 대한 교육이라는 교육서비스의 제공이 자라는 청소년에게 매우 중요하기 때문에 그렇다고 할 수가 있다

그리고 소년법에 의한 보호처분의 일종인 감호위탁의 경우에도 부모에 의한 교정복지와 위탁보호위원에 의한 교정복지와 판사 등 사법기관에 의한 교정복지와 지역사회와 학교에서의 교정복지가 매우 중첩적으로 역동적으로 혼합되어 작용하게 되는 가외성장치의 혼합인 것이다.

범죄소년은 법적으로 부모로부터 바른 행동을 교화받을 의무가 있으며 동시에 소년법적으로 위탁보호위원에 의한 교정서비스를 의무적으로 받아야 하며 동시에 법적으로 판사와 관련 직원에 의한 교정복지서비스를 받아야 하며 이는 일반학교에서 이루어지는 교정도 마찬가지로 작용되기 때문에 가벼운 범죄를 행한 범죄소년이나 촉법소년이나 범죄를 행할 우려가 있는 우범소년에게는 교정복지라는 청소년 복지가 매우 중첩적으로 작용하는 가외성의 철저한 이념을 반영하고 있는 바 그 만큼 자라나는 청소년에 대한 청소년 교정복지의 중요성이 그만큼 중요하기 때문이며 특히 소위 피아제(piaget)가 말하는 구체적 조작기나 형식적 조작기에 있는 아동의 경우에는 더욱더 이러한 가외성의 이념이 중요하다고 할 수가 있다.

그런데 문제는 청소년 복지의 연구나 시행과정에서 이러한 가외성이념에 대한 정확한 이해나 접근이 없이 시행되는 경향이 강하여 가외성의 이념의 본래적 철학이 반영되지 못하고 있다는 것인 바 이는 관련기관들의 할거주의 적 경향과 이기적 속성에서 기인하는 바 이런 심각한 무질서한 가외성의 작용으로 오히려 능률성이나 생산성의 이념이 크게 저해 되어 그 결과 자원에서의 효율적 배치가 되지 못하는 파레토의 최적이 달성되지 못하는 한계를 지니는 문제점이 있다.

가령, 전술한 바와 같이 보호소년에 대한 교정복지서비스의 제공기관들이 각기 독자적으로 프로그램을 집행하다보니 중복적인 프로그램도 많고 그 결과 불필요하거나 교정복지서비스의 생산성과 무관한 프로그램들이 조직이기적이거나 관료적으로 집행되는 문제점이 발생하게 되며 이는 국가예산의 낭비를 가져오므로 이러한 문제점을 줄이기 위해서는 가외성을 가지는 청소년 복지의 경우에는 통합적 차원에서 지나친 가외성이나 불필요한 가외성장치가 발생하지 않도록 하는 유기적인 관련거버넌스적인 제도의 정립이 시급하며 이러한 절제된 가외성장치가 필요한 이유가 바로 이것이다.

2. 연구대상의 측면

우리나라 청소년 사회복지의 연구대상이나 연구내용은 거의가 대동소이하여 청소년과 가정, 청소년과 비행, 청소년과 약물, 청소년과 정신건강, 청소년과 범죄, 청소년 관련 법과 제도, 청소년 관련 사회복지기관, 다문화가정과 청소년 등으로 되어 있어서 청소년복지의 외연을 넓히지 못하는 근본적 한계가 있는 바 이는 청소년 사회복지의 학문적 정체성을 문제시되는 결과를 초래하므로 경로의존적인 연구대상에서 벗어나서 경로혁신적인 연구대상으로의 연구방향을 확대하는 것이 앞으로의 청소년사회복지의 과제라고 할 수가 있다.

가령, 현재는 국내의 모든 청소년복지에서 청소년 정치학은 다루지 않으나 이는 매우 위험한 접근으로 헌법의 민주적 시민의 내용을 저해할 수가 있다.

알다시피 우리나라 헌법의 목적은 모든 국민의 민주성과 올바른 정치사회화가 목적인데도 현재의 청소년은 아직 어리거나 선거권 등 참정권이 없다는 이유로 청소년의 정치복지에는 아예 취급하지 않는다.

청소년은 누구보다도 기성인들에 의한 정치적 선동에 세뇌되기 쉬운 취약층이며 상징폭력에 쉽게 시달릴 수 있으므로 청소년에게는 어떠한 기득권세력에 의한 상징적 폭력에 상징세뇌되지 않고 상징감옥이나 상징우상화에 상징포로가 되지 않도록 청소년 시절부터 철저한 민주적인 객관적인 정치사회화가 예비적으로 내면화되어야 하는데도 현재는 이러한 정치적 복지가 철저히 외면 당하고 있다.

특히 더욱더 중요한 사실은 청소년의 정치복지서비스가 재산이나 신분, 성적 등에 따라서 달리 제공된다는 사실은 주변부적인 청소년에게 청소년 정치복지의 중요성을 시사한다고 할 수가 있다.

가령 아프리카나 최근 급증하는 시리아 등의 난민청소년의 경우에는 보다 더 본국의 올바른 정치에 대한 사회화가 중요함에도 이러한 내용은 전혀 시행되지 않으며 우리나라의 일반적인 정치화만 강요하고 있다.

우리나라의 경우에도 일반인문고에 비해서 실업계나 전문고교학생들에 경우에서는 정치사회화에 대한 교육의 내용이 워낙 빈약하며 이는 청소년 정치복지에서 심각한 편중현상을 초래하며 나중에 정치계층화나 우민화의 경향을 초래하는 민주주의의 형해화를 초래할 수 있다.

더구나 범죄소년이 수감된 소년교도소나 소년원의 경우에는 사실상 학교의 역할을 함에도 이러한 소년원의 프로그램에는 정지적 사회화에 대한 내용이나 관련 프로그램은 아예 없는 바 이는 올바른 교화와 민주시민을 양성한다는 형집행법의 취지에도 어긋나며 청소년 정치복지의 심각한 위기라고 할 수가 있다.

범죄와 정치영역은 전혀 다름에도 응보적 관점으로 소년원에서의 정치사회화에 대한 내용이 없다는 것은 문제라고 할 수가 있다.

청소년 정치복지가 잘 되어야 이들이 성인이 되었을 때 우리나라의 올바른 민주화가 될 수 있기 때문이다.

청소년의 정치복지외에도 청소년과 인권문제도 거의 다루지 않는 분야인데 청소년의 인권문제도 중요한 청소년 사회복지의 영역이다.

가령 청소년과 사회권, 청소년과 성의 결정권(트랜스젠더의 문제나 젠더의 문제),청소년과 문화권, 청소년과 여가권,청소년과 효 등이 주요한 의제인 바 가령 현재는 유교적 상징이 강한 결과로 청소년에 대해서 사회가 암묵적이나 공식적으로 청소년에게 일방적인 효만 강조하나 일방적인 효에 대한 거부권도 청소년에게 있을 수 있으며 효의 개념이 수평적이며 상호적 개념이라는 청소년 효복지의 연구나 내용이 빈약한데서 오는 결과이다.

3. 청소년복지서비스 생산레짐

현행 청소년 복지의 연구동향이나 내용은 청소년사회복지서비스의 생산과 수요와 생산조직인 생산레짐의 측면에서는 거의 다루지 않고 있다.

청소년 사회복지의 서비스는 공공재와 민간재및 혼합재(공공재와 민간재의 혼합) 나뉘어져 있으며 이러한 청소년 사회복지의 수요자인 청소년과 청소년 사회복지의 서비스의 공급자인 청소년 관련기관과 사회복지사에 대한 청소년 복지경제학적인 레짐적 접근이 거의 없다.

왜 청소년 사회복지서비스는 반드시 공공관료제로만 공급해야 하는 가에 대한 의문이 없이 당연한 것으로 세뇌되는 실정이다.

가령, 소년법에서 나오는 소년보호처분에서 보호처분은 왜 반드시 국가기구인 보호관찰소가 관료제적으로 공급해야 만 하는가 에 대한 의문이 없이 보호관료독점서비스 공급레짐을 당연한 것으로 수용하고 있다.

이러한 청소년 복지에 대한 관료독점생산레짐은 필연적으로 높은 서비스 가격과 낮은 품질(가령 재범률의 문제)및 보수적인 태도와 이중적 관료제나 역관료제나 이중적 차별성 및 동조과인 등의 수많은 독점관료공공재의 생산레짐의 문제를 가져오는게 필수적이다.

따라서 범죄소년에 대한 보호관찰이나 수강명령의 집행도 공공관료제가 아닌 민간부분에 맡기거나 제3섹터적으로 생산이 가능함에도 현재 이러한 제도 혁신이 없이

청소년복지의 대부분이 공공관료제로 생산되는 것은 문제가 많으므로 일정한 경우에는 공공부분인 관료제와 민간부분이 경쟁에 맡겨 생산성이 높은 조직이나 청소년의

선호가 더 높은 조직에 더 많은 예산을 지원하는 체제로 나가는 청소년복지서비스의 생산레짐에서 경쟁체제로 나가야 하는 것이 앞으로의 청소년 사회복지생산레짐에서의 과제이다.

가령 보호관찰이나 수강명령의 집행에서 현재의 국가공무원체제인 보호관료제에만 맡기는 형태에서 벗어나서 민간부분에게도 보호관찰이나 수강명령을 맡기도록 하여 완전 경쟁체제로 맡기는 것이 훨씬 낫고 장차 해당 클라이언트의 선호에 의해 집행기관이 선택되도록 하는 고객지향적인 생산레짐의 형태가 되어야 한다.

그렇게 해야 재범률의 저하 등 경쟁의 이익이 해당 클라이언트인 청소년의 교정복지의 생산성을 제고하고 사회전체의 파레토 최적이 달성될 수가 있다.

이외에 청소년장애복지나 다문화 청소년 복지 등 다른 분야의 청소년 사회복지에서도 국가기관(지방으로부터 위임받은 사회복지관포함)외에 자생적인 민간기구와 경쟁생산레짐으로 나아가는 방향으로 나가는 것이 청소년복지서비스의 생산성의 제고에 낫다.

결론적으로 사회복지생산레짐에서 탈관료제적인 요소와 더불어 사회혁신채권의 발행을 통한 경쟁체제의 도입이 필요하다.

동시에 수많은 관련 법의 고객지향적 정비와 더불어 민주적 통제수단도 필요하다고 할 수가 있다.

4. 청소년 사회복지의 접근방법의 과제

현재 우리나라의 청소년복지의 대부분은 거의 다 청소년 복지를 사회과학의 한 분야로 여기는 경향이 강하나 이는 잘못되었다.

청소년 복지는 결코 사회복지의 한분야이거나 사회과학의 한분야가 아니라

철학 등 인문학과 체조,체육,미술,음악, 자연과학 등 모든 학문을 포함하는 응용과학의 하나로서 청소년 사회복지분야를 접근해야 한다.

다시 말해서 청소년 사회복지는 사회과학의 하나로 접근하지 말고 응용과학의 하나로 접근해야 하는 것이 앞으로의 과제이다.

청소년 사회복지의 응용과학성은 다음과 같다.

(1) 청소년복지와 사회과학

여기에는 법학, 경제학, 사회복지학, 경영학, 사회학, 교육학, 정치학 등이 있다.

(2) 청소년 복지와 인문과학

인문학, 철학 등이 청소년 복지와 연결된다.

(3)청소년과 예체능학

여기에는 체육과 미술 등 예능분야가 청소년 복지와 연결된다.

가령 체조를 단순히 체육의 관점이 아닌 체조의 단계적 순서성이 해당 국가의 정치체제와 어떤 연관이 있는지를 청소년 정치복지의 관점에서 접근이 가능하다.

가령, 식민지 시대의 국민체조는 모든 청소년과 국민의 행동을 단순화시키고 단계화시켜서 정치적 우상화를 시키고 탈정치화와 정치적 무관심을 촉진시키는 메카니즘으로 작용하는 계기가 되는 점에서 청소년 정치복지와 관련이 있다.

이외에도 음악과 미술도 마찬가지이다.

(4) 청소년복지와 자연과학

청소년복지는 자연과학성을 가지고 있다.

가령 소년교도소에서 제공하는 급식이나 의료서비스를 영양학적 측면이나 임상의료가 아닌 청소년 복지에서 접근이 가능하다.

청소년에게 제공하는 음식이 청소년의 우울증이나 공격성과 어떤 연관이 있는 지를 알수가 있고 이런 것이 청소년 교정복지와 연결된다.

마찬가지로 소년교도소에서 제공하는 의료서비스도 단순한 의료사회복지적 차원이 아니고 청소년의 질병(가령 우울증 등의 호소)을 청소년의 가정문제 등 사회문제와연관시키고 사정과 개입이 있게 되는 인문사회적 의료의 성격을 가지는 점에서 청소년 복지와 연관이 된다.

(5) 기타학문과의 연관성

여가학, 게임학 등 다양한 학문이 청소년복지와 연관된다.

부 록 1

다문화가정 청소년 비행과 사회복지실천

부록 1 다문화가정 청소년 비행과 사회복지실천

요 약

글로벌화 시대가 진전되면서 국제적인 노동력 이동의 흐름에 따라 1990년대 이후 국내 저출산과 고령화를 대비하여 유입된 결혼이주여성이 급증하여 이른바 외국인 170만명 시대가 되었다. 그러나 한국사회는 다문화가정의 가정폭력에 이어 다문화 자녀들에게 까지 편견과 차별은 물론 학교 부적응, 집단 따돌림, 소외, 사회적응부진 등 다양한 문제가 사회병리 현상을 낳고 있다.

이에 복지사각지대에 놓인 다문화가정 청소년의 특성과 비행 등을 살펴보고 이에 대비한 사회복지실천 개입전략을 모색하였다.

제1절 서 론

「다문화가정」은 현재 국내에 거주하고 있는 국제결혼가정을 통상 의미한다. 즉, 외국인어머니와 배우자 그리고 그 자녀, 외국인아버지와 한국인어머니, 그리고 그 자녀, 외국인어머니와 외국인남편, 그 자녀로 구성된 가정을 말하는 것이다.

그동안 혼혈아동을 부르는 명칭으로는 '혼혈아', '코메리칸', '아메리시안', '아이꼬노', '코시안' 등이 사용되어져 왔다. '혼혈아동'이라는 단어는 '우리와는 혈통이 다른'이라는 부정적인 의미를 내포하고 있고, 한국인(Korean)과 아시아인(Asian)의 합성어인 '코시안(Kosian)' 또는 '온누리안'이라는 말도 애초에 만들어진 의도와는 다르게 부정적인 내용을 언론에서 다룸으로써 또 다른 차별적 의미를 담게 되었다. 이러한 용어의 부정적 이미지를 해소하고자 '다문화가정(족)'으로 고쳐 부르는 것이 합당하다고 생각하여 2003년, 30여개의 시민단체로 구성된 건강가정시민연대는 '다문화가족'이나 '다문화 가족 2세'로 부르자고 제안하여 큰 호응을 얻어 관련단체에서 고쳐 부르고 있다.

이러한 한국 사회의 급속한 변화는 1987년 이후 제조업과 건설부문의 인력이 부족하던 시기에 이주노동자가 대량 유입되면서부터 시작되었다. 그러다가 1990년대 중반부터는 이주노동자 보다 여성결혼이민자의 비율이 급격히 증가하였다.

2014년 4월 법무부에서 국내 체류 중인 외국인이 179만 7,618명으로 밝힘으로써 향후 외국인 200만 시대를 예고하였다. 이렇게 우리사회에 급속하게 진행된 외국인들의 유입은 서구의 경우 몇 세대에 걸쳐서 일어날 수 있는 일이 불과 30년이라는 기간 동안 동시에 발현된 셈이 된다.

여성결혼이민자들 역시 Korean dream을 성취하기 위해 본국에 빚을 내어서라도 국경을 넘기로 결심하고 국제결혼을 선택한 자들이다. 여성결혼이민자들은 최근 우리 사회의 저출산과 고령화로 인구 및 노동력감소의 심각한 국가적 위기에서 한국 며느리를 대신하여 가정을 지키며 대를 잇는 중요한 역할을 담당하여 왔다. 그럼에도 불구하고 그들이 선택한 결혼생활은 녹록치 않다. 미숙한 언어로 가족과의 의사소통의 어려움에서 부터 사회적 편견과 차별, 임신·출산의 어려움, 보육 및 교육문제, 자녀의 학교부적응, 취업의 어려움, 자국 송금에 대한 부담, 경제적 빈곤, 부부갈등, 가정폭력 등 그들이 생각지도 못한 다양한 어려움을 경험하고 있다. 여성결혼임자의 상당수는 그들이 본국에서 꿈꾸어 왔던 이상은 이루어지기 힘든 환상이 되고 말았다. 그러나 이 땅에서 놓치고 싶지 않는 단 한가지 간절한 소망이 있다면 자녀에 대한 한 가닥의 희망일 것이다. 이국땅의 낯선 환경을 극복하며 살아가야할 이유는 자녀들의 안녕과 행복을 소망하기 때문이며, 자녀의 성공이 그들의 최고의 기쁨이요 보람이라고 해도 과언은 아닐 것이다. 자신의 자녀만큼은 그들이 경험한 차별과 편견에서 벗어나 보다 나은 환경에서, 보다 나은 교육을 받고, 이 사회의 주류로 성장해 나가는 것이다.

그러나 한국에서 홀로 자녀를 낳고 양육하며, 교육시키는 것은 너무나 힘든 현실임을 점차 깨닫게 된다. 그들의 자녀 역시 그들이 받았던 편견과 인종차별을 답습하고 있으며, 자신의 선택과 상관없이 부모의 이중문화를 받아들여야하는 부담 속에서 정체성 혼란 등 많은 어려움을 호소하고 있기 때문이다. 실제로 다문화자녀들은 부모가 외국인이라는 이유로 학교 친구들로부터 집단 따돌림, 왕따, 소외를 당하고 있으며, 이는 학교 부적응, 성적부진, 심지어 정서적인 장애를 겪는 등 심각한 사회문제로 표출되고 있다.

이러한 시점에서 다문화자녀들이 우리 사회의 인종차별과 편견에서 벗어나 이 땅의 주류로 성장할 수 있는 사회복지 실천개입은 매우 시급하다. 다문화자녀들이 주체적으로 살아갈 수 있는 장기적이며, 체계적인 대책이 세워지지 않으면 이미 선진국에서 경험한 사례처럼 향후 많은 사회적 비용과 사회통합에 심각한 부작용이 발생될 우려가 크다. 이에 본고에서는 다문화자녀에 관한 문제를 중심으로 살펴봄으로써 다문화자녀에게 정책적으로 지원할 수 있는 방안을 모색하고자 한다. 이러한 작업은 다문화자녀들이 청소년기의 과제인 정체성을 확립하고, 자신의 역량을 충분히 발휘하며, 지구촌 시대에 문화적 소양을 갖춘 주체자로 살아갈 수 있는 사회복지 개입 근거를 제공할 것이다.

제2절 본 론

1. 다문화 가정의 정의

다문화 가정(multicultural families)이란 우리와 다른 민족적, 문화적 배경을 가진 사람들로 구성된 가정을 통칭하는 말로서 2006년 4월 건강 가정 시민 연대가 가정 용어 개선을 위해 사용을 권장하면서 처음 등장했다. 이 용어는 2006년 5월 교육부에서 다문화 가정 자녀들을 위한 지원책을 발표하며 공식적으로 채택되어 널리 사용되고 있다.

서로 다른 문화와 생활 습관을 가진 사람들이 이룬 국제결혼가정들은 태생적으로 극복해야 할 많은 문제를 안고 출발하는 것이며 외국인이주노동자가정 또한 모국과 다른 문화와 생활 습관 속에서 살고 있음으로 다양한 문제점들이 표출되고 있다

(1) 외국인 이주 노동자 가정

외국인이주노동자들을 구성원으로 하는 다문화 가정은 1980년대 이후부터 한국의 경제 규모가 확대됨에 따라 급격히 늘어나게 되었다. 저출산과 고령화에 따른 생산가능 인구의 감소와 이른바 3D 업종에 대한 기피 현상으로 인해 앞으로도 한국의 외국인 이주 노동자 가정은 지속적으로 증가할 전망이다.

(2) 국제결혼 이주자 가정

국제결혼으로 인한 결혼 이주자로 인해 파생된 다문화 가정은 초기에는 외국인 남성과 국내 여성과의 결합이 많았으나 최근에는 국내 남성과 외국인 여성과의 결혼이 많아지는 추세다. 특히 국내 남성과 동남아시아 지역 외국인 여성과의 국제결혼은 1990년대 말부터 농촌 지역에 불기 시작한 '농촌 총각 장가보내기' 붐에 의해 본격화되더니 2004년에는 전체 농어촌 지역의 결혼 건수의 27.4%에 해당할 만큼 그 수가 급격히 늘어나고 있다. 이러한 국제결혼 증가율은 자연스럽게 혼혈 아동의 증가로 이어져서, 펄벅재단의 조사에 따르면 2006년 현재 아시안계 한국인 혼혈아인 '코시안(Kosian)'은 3만 명으로 추정된다고 한다. 지속적인 증가 추세를 보이는 코시안의 수는 2029년에 이르면, 무려 신생아 3명 중 1명 꼴인 167만 명에 육박할 전망이다.

(3) 새터민으로 이루어진 다문화 가정

새터민으로 이루어진 다문화 가정은 같은 민족이지만 오랜 세월 동안 서로 다른 정치 체제하에서 생활해 옴으로써 생기는 사회·문화적 적응 및 지역사회 내에서의 갈등이 사회적 쟁점으로 대두되고 있다. 새터민의 한국 정착의 중요한 요소는 취업이기는 하지만 직장을 얻더라도 남한 사회의 문화와 가치관을 일방적으로 수용할 수밖에 없는 데서 발생할 수 있는 갈등을 경험하고 있다.

이들 다문화 가정 사람들은 각각 성장한 문화적 배경에 따라 각각 1세대와 2세대로 나뉠 수 있다. 1세대는 한국 내 거주 이전 단계에서 유아기와 성년기를 보내면서 자국의 문화적 배경을 가진 세대를 들 수 있고, 2세대는 한국 내에서 출생하고 성장한 경우이다. 그리고 그 중간 단계로서 1.5세대를 들 수 있는데, 이들은 한국이 아닌 곳에서 출생하여 유아기를 보내고 한국에서 초·중등학교의 학령기를 보내고 있는 구성원들이라 할 수 있다.

2. 다문화 가정의 증가 배경

오늘날 한국 사회는 외국인 노동자의 유입과 국제결혼 등으로 다인종·다문화 사회로 급격히 변모하고 있다. 이와 함께 다문화가정 학생의 수도 큰 폭으로 증가해왔는데, 2006년부터 해마다 다문화가정의 자녀가 증가하여 2014년 4월 기준으로 우리나라 초·중·고교에 재학 중인 다문화가정의 아동·청소년의 수는 67,806명(초등학생 71.2%, 중학생 18.5%, 고등학생 10.3%)에 이르고 있다(교육부, 2014). 이러한 수치는 다문화가정 학생의 수를 처음 조사한 2006년 9,389명에서 매년6천~8천 명씩 늘어나 8년 만에 7배 증가한 수치이다. 이처럼 최근 다문화가정 학생의 수가 급속히 증가하고 있지만 이들은 학업 및 행동에서 다양한 형태의 부적응을 보이고 있으며 일반학생들과 통합되지 못하고 소외계층으로 인식되는 경향을 보이고 있어 교육적 개입의 필요성이 증가되고 있는 실정이다.

또한 일반 공립학교에 다니는 외국인 근로자 자녀의 수도 초·중·고등학교를 통틀어 1,209명으로 집계되는데 이들 가운데 초등학생의 비중이 전체의 62.5%나 된다. 이들 집단에서 초등학생의 비중이 큰 것은 최근 우리나라 인구 구성비 가운데 다문화 가정의 비율이 급격하게 변화되어 가고 있는 추이를 반영하는 것으로서 이는 앞으로 초등학교 교육 현장에 인종적, 문화적, 언어적 다양성이 더욱 심화될 것임을 예고하고 있다.

한국 사회의 저출산·고령화·고학력화 추세, 전 지구화, 지식 정보화라는 세계적 추세를 고려할 때 지금과 같은 외국 노동 인력의 유입이나 국제결혼으로 인한 민족적·문화적 혼재 현상은 앞으로 더욱더 가속화될 전망이다. 이는 우리 사회가 더 이상 순혈주의에 기반을 둔 단일 민족, 단일문화, 단일 언어 사용 국가가 아니라 이미 다인종, 다문화 사회로 진입했음을 의미한다.

3. 다문화가정 청소년 특성 및 비행

(1) 다문화가정 청소년의 특성

최근 다문화 사회가 화두가 되면서 다문화가정 청소년들의 적응과정에서 나타나는 문화적 적응, 사회적 적응, 심리적 적응에 대한 관심이 높아지고 있다. 다문화가정이란 한 가족 내에 다양한 문화가 공존하다는 의미로 사용되기 시작하면서 서로 다른 인종 사 이에서 태어난 자녀를 일컫는 '혼혈인 가족', '국제 결혼가정', '이중문화 가정'이라고 부르기도 한다. 최근에는 차별적 용어 개선 이후 다양한 정책과 서비스에서 다문화가정과 다문화가정을 별다른 구분없이 사용하고 있다. 즉 다문화가정 청소년이란 두 가지 이상의 문화권에 걸쳐 성장하고 생활하는 청소년을 의미한다.

다문화가정 청소년은 외국인 부모로부터 학습된 문화와 한국문화 적응 사이에서 나타나는 문화의 차이로 인해 부적응 현상을 보이기도 하는데, 구체적인 내용은 다음과 같다

1) 신체적 차이에 따른 적응의 곤란

다문화가정 청소년은 외모·피부색깔·눈동자 등 신체적인 차이로인해 지역사회 및 기타 주변의 직·간접적인 차별을 경험하며 나아가 사회적응에까지 어려움을 겪게 된다. 특히, 외모에 민감한 사춘기시절 이러한 신체적 특징으로 인한 스트레스는 학업 및 교우관계에도 영향을 끼치게 된다.

보건복지부 조사연구에 따르면 외모를 이유로 또래친구들에게 집단따돌림을 경험한 비율이 17.6%이었고, 외모의 차이를 인지할수록 그들의 학교적응력이 낮아지는 것으로 나타났다. 특히 외모가 비슷한 중국동포보다는 상이한 외모를 가진 다른 나라 출신 부모의 자녀들이 집단 따돌림을 더욱 많이 경험하고 있는 것으로 나타났다.

외형적인 차이에서 비롯되는 사회적 고립감과 소외감은 지역사회로의 화합을 저해하기 때문에 대부분이 집단으로 거주하는 특성을 가진다. 특히, 현재 초등학교에 재학중인 다문화가정 청소년들은 위와 같은 어려움이 감소되지 않은 채 중 · 고교 진학 연령대로 진입할 경우 정서적 발달에도 좋지 않은 결과를 초래하여 무단결석, 가출, 폭력 등의 사례가 늘어나 사회문제가 될 우려가 있다.

2) 언어사용의 미숙

다문화가정 청소년은 외국출신 부모의 영향으로 한국어보다는 부모의 출신국 언어에 익숙해져 있는 경향이 있다. 이처럼 가정의 불충분한 한국어 습득 환경은 아동의 언어발달에 직접적인 영향을 미치게되어 친구들과의 관계 형성 및 교육에 부정적인 영향을 미친다. 언어사용의 미숙함으로 인한 기초학력 수준의 미달은 집단 따돌림의 중요한 요인의 하나로 작용한다. 특히, 어머니가 대부분의 보육을 책임지는 대한민국에서 외국인 어머니의 영향 아래서 자란 다문화가정 청소년들은 더욱 그러한 문제를 가지고 있다.

다문화가정 자녀들이 말을 배우는 영유아기 시기에 한국말이 서투른 외국인 아버지 또는 어머니의 영향에서는 언어발달이 늦어지는 경향을 보이게 되고 의사소통의 어려움을 겪게 되어 일반자녀들과 비교할 때 언어능력의 차이를 보인다. 미숙한 언어발달

로 인하여 학령기에 접어들면서 학교생활의 어려움을 겪는 청소년들이 드러남을 언급하고 있다. 의사소통 자체에는 별 문제가 없으나 읽기, 쓰기, 독해와 어휘력, 작문능력이 현저히 떨어져 학습과 관련하여 학습능력의 부진을 초래하기도 한다. 이런 학습부진은 다문화가정 청소년의 학업포기로 이어 학교부적응이 되기도한다. 또한, 다문화가정 청소년의 언어능력의 저하는 자신감 저하, 우울, 불안, 스트레스, 또래관계까지 영향을 주는 것으로 나타났다.

3) 경제적 어려움의 조건

다문화가정은 빈곤문제와 밀접한 관련을 맺고 있다. 다문화가정 부모들의 낮은 소득 수준은 자녀들에게 충분한 교육의 기회를 제공하지 못하는 것은 물론 여타의 사회문제를 초래할 수 있다. 부모의 낮은 사회·경제적 지위는 가족기능, 거주지역과 같은 물을 미치기 때문이다. 특히, 우리나라 다문화가정의 대부분이 농촌지역에 밀집되어 있을뿐만 아니라 기초생활수급지원을 받지 못하는 가정이 많아 교육환경조성 및 교육비용 마련이 어려운 상황이다. 다문화가정 청소년들이 취학연령이 되었을 때 대부분의 어머니들은 한국학교의 차별적인 교육을 염려하여 외국인학교에 보내기를 희망하지만 외국인학교에 보낼 때의 높은 교육비를 감당할 수 없는 처지에 있다. 저소득층의 다문화가정 청소년은 교육기회가 상대적으로 적어 학습부진을 경험하기도 하는데 이처럼 주거 및 교육환경의 부적합함은 청소년의 신체적·정신적 건강과 직결되어 비행을 유발할 수 있다.

4) 심리적 문제

다문화가정 청소년들 역시 일반 청소년과 마찬가지로 청소년기 의리적 환경에 영향을 미치고, 이는 자녀의 지적 발달 및 학업성취에 부정적인 영향특성을 경험한다. 청소년기는 심리적으로 불안한 시기로 다문화가정 청소년은 가정환경적 요인과 사회적인 차별 등으로 인해 보다 심각한 심리적 문제를 갖는 경우가 많다.

다문화가정 청소년이 가지는 심리적 특성은 부정적인 자아개념과 정체성의 문제 등 크게 두가지로 나눌 수 있다. 자아개념은 자기 자신에 대한 지각으로 적응행동과 밀접한 관련이 있으며, 정체성은 개인이 속해 있는 사회에 대한 소속감과 일체감을 통해 자신이 타인과 다른 고유한 존재라고 인식하는 것을 말한다. 자아개념이 긍정적인 청소년의 경우 학교생활에 적응하여 학교에 대한 감정이나 태도·동기가 긍정적이기 때문에 대인관계가 원만하여 학업성적이 높은 특징을 가지는데 이는 개인의 성장은 물론 학교와 사회에 긍정적인 영향을 준다. 그러나 다문화가정 청소년은 청소년시기에 자신이 속해 있는 사회 및 집단에서 자아정체성의 혼란을 경험하고 있다. 다문화가정 청소년들의 자아정체성 혼란이 시작된 시기는 보통 초등학교 때부터 나타나는데, 이들은 상대적으로 일반학생에 비해 언어와 문화, 그리고 가치관의 차이로 인해 정체성의 혼란이 발생하게 되어 집단따돌림의 대상이 되기도 한다.

이렇듯 다문화가정 청소년들은 청소년으로 성장함으로써 일반적으로 겪게 되는 스트레스와 함께 어머니(또는 아버지)의 나라문화와 한국문화 사이에서의 문화차이를 극복하고 적응하는데 있어서 문화적응 스트레스가 상대적으로 나타나기도 한다.

5) 사회적응의 어려움

다문화가정 청소년들은 한국사회의 편견으로 인해 따돌림을 당하면서 심리적 고립감, 정서적 소외감을 경험하게 되어 사회적응의 어려움을 겪게 된다. 특히, 다문화가정 자녀는 두 부모가 가진 서로 다른 가치관과 생활 풍습으로부터 어떤 것을 따라야 할지 혼란을 겪을 수 있다. 다문화가정 청소년의 사회적응 어려움은 학교에서의 부적응을 유발하고 결국 비행에까지 이르게 한다고 볼 수 있다. 다문화가정 청소년의 사회화과정의 특징을 한국어가 서툰 외국인 부모와 함께 생활함으로 인해 발생할 수 있는 늦은 언어발달, 다른 외모에 따른 또래 집단으로부터의 소외, 미숙한 한국어로 인한 수업 및 교과서 이해의 어려움을 야기하고, 이는 사회적응의 어려움으로 작용하여 결국에는 비행에까지 이를 수도 있다.

(2) 다문화가정 청소년 비행

1) 다문화가정 청소년 비행의 개념

① 청소년 비행의 개념 등

다문화가정 청소년의 범죄는 일반 청소년에 비해 다문화가정 청소년이라는 신분적인 차이만 있을 뿐, 그 행위유형은 비슷하다. 특히, 청소년 범죄의 경우 청소년이 반사회적 행위를 하거나 사회규범에 어긋나는 행위를 함으로써, 즉 법에 저촉되지 않는 행위 등을 포함하는 '비행'을 저지르는 것이 기초가 되어 차차 법에 저촉되는 범죄로 이어지게 되는 경향이 있다. 따라서 여기서는 청소년 범죄의 개념보다는 청소년 비행이라는 개념에 초점을 맞춰 이를 정의하고자 한다.

학문적인 영역에서 청소년비행을 정의하는 것을 살펴보면, 일반적으로 청소년비행은 소년범죄 뿐만 아니라 사회학에서 의미하는 경한비행과 지위비행을 모두 포괄하는 것으로 정의할 수 있다. 즉, 법에 저촉되는 행위인 범죄는 물론이고 범죄의 구성요건에는 해당하지 않으나 그 사회에서 청소년에게 기대되는 규범에 벗어난 일탈행동도 청소년 비행이라고 규정할 수 있다. 여기서 다문화가정 청소년의 비행은 앞서 언급한 바와 같이 행위주체가 일반청소년이 아닌 다문화가정 청소년이라는 점만 차이가 있을 뿐, 다문화가정 청소년에게만 해당하는 비행이 따로 있는 것은 아니다. 다만, 일반청소년과 다른 가정환경적 요인을 가지고 있으며, 일반청소년과 달리 친구요인과 학교요인이 영향을 미치는데 차이가 있기 때문에 다문화가정 청소년의 비행의 원인은 일반청소년과 다른 특성

을 가지고 있다.

② 다문화가정의 특성과 청소년비행

가정의 분위기는 가족구성원 간의 화합 정도, 그리고 특히 가정의 핵심축을 형성하는 부모들의 부부간 사이가 얼마나 좋은가에 달려있다. 가정의 분위기는 가정의 가장 중요한 기능 중인 하나의 사회화기능의 수행에 영향을 미친다. 일반적으로 결손가정은 사회화, 사회통제, 사회구조적 측면에서 자녀에 대한 지원, 관심, 사회화, 통제 및 감독 등이 양친가정에 비하여부족하기 때문에 자녀의 비행을 초래한다. 특히, 다문화가정의 이혼율이 앞서 살펴본바와 같이 일반 가정에 비해 높다는 점에서 다문화가정 청소년은 정상적이지 않은 가정에서 성장할 가능성이 높다. 따라서 다문화가정 청소년의 비행을 논함에 있어 결손가정의 여부는 빠지지 않고 고려되어야 할 영향요인이라 할 수 있다. 또한, 국내 다문화가정 특성상 문화적 충돌 및 가정폭력 등의 이유로 인해, 가정의 분위기기 좋지 않은 경우가 많은 편인데 이러한 이유로 인해 가정의 부정적 분위기가 형성되어 자연스럽게 다문화가정 청소년이 비행으로 이어질 수 있는 것이다. 한편, 부모와의 유대관계 또한 비행과 큰 연관성이 있게 되는데, 부모와 자녀간의 긍정적 유대는 비행을 통제하게 된다. 결국, 부모와 자녀간의 관계가 좋을수록 비행을 통제하는 힘이 강하다는 것이다. 그런데 다문화가정 청소년이 있는 가정에서는 문화에 대한 이해수준의 차이로 인해 부모와 자녀간의 애착수준 등이 일반 가정에 비해 약할 수 있으며 이러한 요인들 또한 다문화가정 청소년비행에 영향을 줄 수 있다.

2) 다문화가정 청소년범죄의 환경영향적 특성

한국의 다문화청소년들이 겪는 고통의 원인을 정리해 보면

첫째, 양친간의 언어와 문화적 차이의 문제로서, 양친의 서로 다른 문화와 언어를 함께 접함으로써 언어 발달이 미숙해 지고, 그로인한 가치관과 정체성의 혼란을 초래한다는 것이다. 둘째, 경제적 빈곤과 가정해체의 문제로, 특히 경제적 사유로 인해한국인 가정의 6세 이하 보육시설 이용률이 56.8%인데 비해 다문화가정에서는 14.5%에 그치는 등 학습시기에 언어 등 문화습득 환경의 제공 기회가 미흡하다. 셋째, 집단따돌림의 문제로, 모(母)가 외국인이라는 선입견, 의사소통의 문제, 기타 특별한 이유도 없이 타 학생과 다르다는 이유만으로 다문화가정 자녀 10명 중 2명이 집단따돌림을 겪고 있다. 특히, 국회 보건복지위 자료에 따르면 취학연령에 해당되는 우리나라 다문화가정 청소년들의 미취학 실태 확인 결과, 초등생 연령자녀는 15%, 중학교 연령자녀는 39.7%, 고등학교 연령자녀는 69.6%가 학교를 다니지 않은 것으로 확인되었다. 이 같은 결과는 상급학교로 갈수록 경제적 또는 학교생활의 어려움 때문에 진학을 포기하거나 중도탈락하고 있다는 것이다. 결국 국제결혼 가정 내 의사소통 문제와 문화적 차이, 경제적 빈곤 등이 가정해체 사유였고, 가정해체(결손가정)가 청소년이 범죄를 저지르게 되는 일반적인 원인이 된다면, 이 같은 다문화청소년들의 환경, 특히 학교 내 집단따돌림까지 겪는 상황은 그들이 비행을 저지르기에 적합한 구조라는 결론에 이르게 된다.

또 빈곤가정이나 결손, 갈등가정 등과 같이 가정의 결함 등이 있는 경우 청소년의 인격형성에 부정적 영향을 주어 비행 또는 범죄로 이어질 수 있는 요인이 될 수도 있다.

4. 다문화가정의 자녀를 위한 지원의 필요성

다문화 가정 학생 중에는 한국어를 전혀 못하는 학생부터 한국어를 하기는 하지만 일상 언어 수준에 그치고 학습 언어는 능숙하지 못한 학생이 많은데 이들의 낮은 언어능력이 여타 다른 교과의 학습에 직·간접적으로 영향을 미치게 된다는 것이다. 이렇게 다문화 가정 자녀의 언어 부적응 문제는 낮은 학업 성취도의 결정적 원인이 되고, 또 이러한 낮은 성취도는 학력의 격차로 이어지고 더 나아가 사회적 지위의 격차로 연결됨으로써 이들이 장차 우리 사회의 새로운 소외 계층을 형성할 가능성이 높아진

다는 점에서 우려할 만하다.

이러한 우려는 실제로 국제결혼 자녀 학생 가운데 기초학력 미달자가 전체 초등학생 기초학력 미달 비율인 1.45%에 비해서 무려 7.5%에 달하는 것으로 나타나 이들의 기초학력이 심각한 상황에 있음이 드러나고 있다. 다문화 가정 자녀들은 한국어에 유창하더라도 읽기 능력이 떨어지고 수학 문제를 풀 때도 문제가 지시하는 내용을 이해하지 못하여 수학 문제를 풀지 못하는 경우가 많고, 국어와 한국의 문화와 역사, 사회생활을 소개하는 사회 과목을 특히 어려워하고 있어 학교 환경에서 많은 어려움을 겪고 있다.

여기서 우리가 주목해야 할 부분은, 해외 이주 노동자 가정의 자녀들은 미처 한국어를 배울 기회가 없었다는 점을 감안하여 차치하고라도 한국에서 나고 자랐기 때문에 한국어로 의사소통하는 데 별문제가 없는 코시안계 다문화 가정 자녀들이 기초 문식력이 떨어져 학교 환경에서 성공하지 못한 채 심각한 학업 부진을 보이고 있다는 점이다. 이들 코시안계 학생들의 학업 부진은 특히 그 외국인 어머니의 한국어 실력이 낮을수록 두드러진다는 점에서 부모의 한국어 능력이나 이들 가정의 언어문화 등의 제반 환경적 요인이 다문화를 배경으로 하는 학생들에게 직·간접적으로 상당한 영향을 미친다.

한국어의 사용이 미숙한 외국인 어머니 밑에서 나고 자란 다문화 가정 자녀들은 언어 사용이 미숙하기 때문에 학교에서의 적응이 어렵고, 이러한 학교에서의 부적응은 그대로 학력 격차로 이어져 상급 학교에 진학하거나 좋은 직업을 선택할 수 있는 기회로부터 점점 멀어져 새로운 소외 계층으로 밀려날 가능성이 높아진다는 점에서 그 문제가 심각하다. 다문화 가정 자녀들에 대한 교육적 지원이 필요한 이유는 이들이 한국 사회의 건강한 일원으로 뿌리를 내리고 살아갈 수 있는 힘을 갖게 하기 위해서이다.

5. 다문화가정 청소년 대책 및 사회적응 프로그램 개발방안

(1) 사회정책적 대책

다문화가정 청소년만을 위한 것은 아니지만, Ngo 등(2011)은 다문화사회에서의 범죄 및 피해예방을 위한 일차적 예방대책을 몇 가지로 제시하였다. 그 내용을 보면, 첫째, 다문화 구성원들이 건강, 교육, 사회서비스 등에 대해 접근이 용이하도록 돕고 이러한 분야의 유용성을 촉진시켜야 한다고 제시하고 있다. 특히 이주민의 정착과 통합을 다루는 특수화된 프로그램과 서비스가 있어야 한다. 둘째, 다양한 문화에 대한 이해, 수용, 사회적 통합과 응집을 촉진시켜야 한다. 셋째, 다문화구성원들에게 사회경제적 기회를 제공해야 한다. 넷째, 다문화조직이나 리더를 지지해야 한다(Ngo et al.,2011: 52). 다섯째, 지속적이면서 종합적인 프로그램을 발전시켜야만 한다. 특히 아동 및 청소년의 건강한 발달에 도움이 되는 서비스를 우선적으로 제공해야 한다(Ngo et al., 2011: 53)는 것이다.

따라서 다문화가정 청소년의 피해를 예방하기 위한 사회적 차원의 대책들은 일반적인 대책과 다문화가정 청소년에 초점을 맞춘 대책, 다문화가정에 초점을 맞춘 대책들로 구분해 볼 수 있을 것이다.

1) 일반적인 대책

① 학생들을 대상으로 다문화의 이해를 돕는 교육실시

학교차원에서 일반학생들을 대상으로 인권교육과 다문화의 이해를 돕는 교육을 실시할 필요가 있다. 다문화가정 청소년 중 비행피해를 경험한 사람들의 피해이유 중 다문화관련 특성 즉, '외모나 피부색이 달라서', '부모가 외국인이라서', '한국말이 서툴러서'를 합한 비율이1/4가량 되었다. 이러한 결과들을 고려한다면 다문화관련 인식을 개선하는 것이 중요할 것이다. 청소년 대상 인권교육이 필수적으로 필요하다고 하였다. 특히 의도하지 않아도 남에게 피해를 줄 수 있으며, 이런 부분에 대한 감수성을 키워주는 것이 필요하다고 보았다. 특히 초등학생들을 대상으로 한 인식개선교육이 필요하다. 이는 어릴 때부터 인권에 민감하도록 하는 교육이 필요하며, 이러한 교육은 다문화가정 청소년을 포함한 다른 사람에 대한 인권침해를 예방하는데 기여할 수 있기 때문이다.

따라서 초등학교부터 학교에서의 인권교육이 실시될 필요가 있을 것이다. 이와 더불어 다문화에 대한 이해를 돕는 교육이 필요하다. 교육은 다문화에대한 이해를 돕기 위해 필요한 내용들로 구성되어야 할 것이다. 이와 관련하여 다문화 교육도 세분화될 필요가 있다는 의견이 있다. 다른 국가의 문화를 소개하는 것에 머무를 것이 아니라 각 국가의 장점, 우리나라와의 교류 등을 소개해주는 것이 필요하다고 제시된다. 이렇듯 각 국가의 장점이나 우리나라와의 관계 등을 알려주는 교육이 이루어진다면, 다문화가정 청소년의 출신국가들에 대해 멸시나 비난이 아닌 존중과 이해를 할 수 있을 것이다.

② 교사의 다문화에 대한 인식제고를 위한 교육실시

교사들의 다문화에 대한 인식제고를 위하여 교사들을 위한 다문화관련 교육이필요할 것이다. 다문화가정 학생이 차지하는 비율이 증가할 것을 고려한다면 교사들의 다문화에 대한 이해를 높이고, 다문화가정 학생에 대해 적절하게 교육, 반응할 수 있도록 하는 것이 필요하다. 이와 더불어 학교폭력에 있어서의 문화적 피해를 고려하고, 이에 대응하는 방안 또한 교사교육에서 다루어질 필요가 있다. 따라서 교사연수시에 혹은 학교차원에서 교사교육에 이러한 교육내용을 포함시켜야 할 것이다.

참고로 미국의 안전한 시작(Safe Start) 프로그램은 교사들을 위한 교육과정이다. 이는 인종차별, 사회적 불평등, 대인폭력 등 폭력의 사회적 원인에 대해 이해하도록 돕고, 다문화 상담(cross-cultural counseling), 반-편견 기술(anti-biastechnique), 문화적인 자각(cultural self-awareness), 문화적 역량(cultural competence) 등을 포함하고 있다.

외국의 선행연구에 의하면, 인종차별주의적 괴롭힘 피해발생시 교사에게 말할 수 있고 교사가 대응할 것이라고 믿을수록 피해가 적은 것으로 나타나고 있다(Verkuyten and Thijs, 2002). 이러한 점들을 고려한다면 교사의 다문화에 대한인식제고 및 다문화가정 학생들에 대한 이해와 관심이 중요하며, 이를 위한 교육이 실시될 필요가 있다.

③ 다문화학생 차별예방을 위한 기준지침 사용

학교에서 의식적이든 무의식적이든 다문화가정 청소년에게 차별을 하거나 피해를 주지 않도록 판단할 수 있는 기준이 필요하다. 이와 관련하여 미국의 '점수매겨보기'(Making the Grade) 프로그램을 참고할 만하다. 이는 학교나 지역사회가 인종평등기준(racial equity standards)에 얼마나 부합하는지를 측정하는 도구(tool)이다. 이것은 컴퓨터 프로그램으로 컴퓨터에 간단히 설치할 수 있다. 그리고 설문조사처럼 여러 항목에 대하여 인종 평등을 평가할 수 있다. 각 항목에대한 대답이 끝나면, 이 프로그램은 A부터 F까지 성적을 매겨 준다. 그리고 학교 또는 지역이 평등 교육의 의무를 수행하지 못하는 영역이 어딘지를 설명해주고 있다(Applied Research Center 홈페이지). 우리나라의 경우 다문화가정 청소년 평등 기준을 만들고 학교교장, 교사,

학생, 학부모 등이 이용할 수 있도록 프로그램을 제공해 보는 것도 고려해 볼 만하다. 이는 특히 학교 교장이나 교사의 다문화가정 청소년에 대한 공평한 반응 등에도 긍정적인 영향을 미칠 것이다.

④ 일반청소년과 다문화가정 청소년의 교류활성화

일반청소년과 다문화가정 청소년간의 교류를 활성화하는 것이 필요할 것이다. 고성혜 등(2008)의 연구에 의하면 일반학생들 중 외국인 근로자나 다문화가정학생과의 교류경험이 있는 학생의 경우 다문화가정 학생과 친구로 지낼 생각이있다고 응답한 비율이 66.2%로 교류경험이 없는 학생의 47.5%보다 높은 것으로 나타났다. 이는 다문화가정 학생과 일반학생간의 교류활성화가 이들의 심리적거리를 좁히는 동시에 다문화가정 청소년의 긍정적 자원에의 접근가능성을 높이게 하는 방안이 될 수 있음을 시사해 준다. 청소년시기에는 친구관계가 중요할 수 있으며, 다문화가정 청소년이 긍정적인 친구관계를 맺을 수 있도록 도와주는 것이 필요하다. 특히 중도입국 청소년은 언어적문제 등으로 한국청소년들과 친구관계를 맺기 어려울 수 있다. 따라서 중도입국청소년들이 한국청소년들과 긍정적 교제를 할 수 있도록 도와주는 것이 필요할 것이다. 이렇듯 일반학생과 다문화학생간의 모임을 활성화하는 것도 필요할 것이다. 이는 다문화가정 청소년의 긍정적 자원에 대한 접근을 높이고, 친구에 대한 애착을 높여줌으로써 피해나 가해예방에 도움이 될 것이다.

2) 다문화가정 청소년에 대한 사회적응 프로그램 개발방안

① 다문화가정 청소년의 학교생활 지원

㉠ 언어발달 및 학업증진을 위한 지원

다문화가정 청소년의 한국어 교육 및 학업증진을 도움으로써 학교생활을 잘 할 수 있도록 돕는 것이 필요하다. 먼저 이들의 눈높이에 맞춘 한국어 교육이 필요하다. 이 연구의 설문조사결과에 의하면, 다문화가정 청소년 중 자신의 한국어 실력에 대해 매우 잘한다는 응답이 81.1%이긴 하지만, 어느 정도 한다는 응답도 17%에 달했다. 이는 다문화가정 청소년 중 한국어 실력이 완벽하지 못한 경우에 해당될 것이다. 이러한 결과를 고려한다면 다문화가정 청소년의 한국어 실력을 향상시킬 수 있도록 돕는 교육이 필요하다. 이와 더불어 학업능력을 향상시킬 수 있도록 돕는 것도 필요하다. 다문화가정 초등학생의 경우 일반 초등학생에 비해 학교를 그만두고 싶다는 생각이 '공부하기 싫어서'가 아니라 일반청소년에 비해 '공부를 못 따라가서'라 한다. 다문화가정 청소년의 학업능력을 향상시킬 수 있도록 돕고, 이들이 학교생활에 적응할 수 있도록 하는 것이 필요할 것이다. 이를 위해서 다문화가정 학생들에게 필요한 맞춤형 교육을 실시하는 것이 필요하다. 다문화가정 학생들을 위한 것임을 드러내지 않고 개별적으로 맞춤교육을 부가적으로 실시하되, 다문화가정청소년에 대해서는 필요한 경우 한국어 보충교육과 학업능력 향상을 위한 교육 등이 실시될 필요가 있다. 이는 다문화가정 청소년을 공교육내에서 지원함으로써 학교밖에서의 위험요인들에 노출시키는 것을 막는 데에도 도움이 될 것이다.

㉡ 중도입국 청소년의 공교육 지원

중도입국청소년의 경우 외국에서 태어나 생활하다가 한국으로 들어오게 됨으로 국내에서 출생한 다문화가정 청소년에 비해서 한국어 능력 등이 특히 부족할 것이다. 중도입국자녀의 경우 43% 정도는 학교밖에 있는 것으로 추정되어, 이들의 공교육 진입 지원이 필요한 상황이다. 2012년 1월을 기준으로 중도입국자녀 중 학령기 아동은 약 4,480명(법무부통계)이나 재학 중인 학생은 2,540명이다(재학률 57%)(여성가족부, 2012: 9).

현재 초등학교의 경우에는 중도입국자녀 등을 위한 특별학급이 6개 학교에서설치 운영되고 있다(안산 원곡·원일·시화·미원초/대전 흥룡·자운초)(여성가족부, 2012: 7). 이렇듯 초등학교의 경우 어느 정도 프로그램들이 마련되고 있으나 중고등학교의 경우 이들에게 적합한 진학이나 진로안내에 대한 지침이 별로없다. 그에 따라 개별 교사의 관심이나 적극성으로 이들의 진로 안내가 좌우되고 있는 상황이다(양계민·조혜영, 2011: 242). 따라서 중도입국 청소년이 공교육으로 진입할 수 있도록 돕는 체계가 구축될 필요가 있다. 중도입국 청소년이 있는 학교에서 한국어 능력이 부족한 학생들을 위한 특별학급 운영, 중고등학교에서 중도입국청소년을 지원하기 위한 매뉴얼 등이 필요할 것이다. 중도입국청소년의 공교육지원은 비구조화 된 일상활동을 감소시키고, 한국사회에 대한 적응을 도움으로써 비행피해나 가해예방에 도움이 될 것이다.

② 다문화가정 청소년을 위한 심리적 지원

다문화가정 청소년을 위한 심리적 지원이 필요하다. 다문화가정 초등학생은 일반 초등학생에 비해 우울감과 분노는 높으며, 자존감은 낮았다. 외국의 경우에도 소수민족 청소년에 대한 예방적 개입을 다루는 연구들은 이러한 청소년들이 정신질환이 있는 것은 아니지만, 정신질환이 생길 위험이 있는 것으로 보고 있다(Miranda et al., 2005: 121). 이러한 점들을 고려한다면 다문화가정 청소년에 대한 심리적 지원을 통하여 이들이 건강하게 지내도록 도와주는 것이 필요하다. 현재 다문화가정 청소년을 위한 전문적인 상담기관은 거의 없는 상황이며, 이들을 위한 전문화된 상담기관을 각 지역에 설치하는 것도 무리일 수 있다. 이러한 상황에서 기존의 청소년 상담기관 등을 활용하는 것에 대해 고려해 보아야 할 것이다. 예를 들면, 청소년복지지원법 제29조에 근거하여 청소년상담복지센터가 서울특별시와 6개 광역시, 전국 각 도에 설치되어 있으며, 총 190개 시설이 있다(청소년상담복지개발원 홈페이지). 이 센터들은 청소년에 대한 상담·긴급구조·자활 프로그램들을 운영하고 있다(서울시 청소년상담복지센터 홈페이지).

기존 프로그램을 다문화가정 청소년에게 적용할 때 이들의 특성에 맞게 내용과 방법 등을 수정해 보는 것이 필요하다. 먼저 이들의 특성을 고려하여 프로그램 내용을 다룰 필요가 있다. 다문화가정 청소년의 특성과 관련해서 생각해 보면, 분노와 우울감 치유, 자존감을 향상시키는 것과 더불어 앞날에 대한 긍정적 태도를 심어주는 노력, 외국출신 부모에 대한 자긍심을 갖도록 도와주는 것 등이 필요하다.

프로그램 방법과 관련해서는 다문화가정 청소년을 위한 심리적 지원 방법 중하나로 예술 프로그램을 통한 지원을 고려해 볼 만하다. 참고로 캐나다 MOSAIC 조직에서는 캐나다로 진입한 이주민과 난민청소년을 위해 연극프로그램을 제공하고 있다. 이는 이들에게 연극을 통해 삶의 경험을 되돌아보게 하고, 자신의 삶에서 긍정적인 변화를 어떻게 만들어갈 수 있는지를 연습하는 하나의 수단이다. 이 프로그램에서는 참여자들이 자신의 삶에 대해 여러 가지 이야기를 하고, 이를 통해 연극 장면들을 만들어 내게 된다. 즉, 연극을 통해 청소년들은 세상에서 직면하는 문제들에 대해 가능한 해결책들을 만들어 내게 되는 것이다. 이 프로그램은 14-19세를 대상으로 하지만, 그 외 연령층에 대해서도 개방을 해 놓고 있다(MOSAIC 홈페이지). 우리나라의 경우도 다문화가정 청소년들이 흥미를 갖고 참여할 수 있는 연극 프로그램 등을 고려해 볼 만하다.

③ 지역사회교육전문가의 관심과 지원

다문화가정이면서 취약한 가정출신인 청소년들이 많이 재학하고 있는 학교차원에서 이들에 대해 지원을 하는 것이 필요하다. 이 연구의 설문조사결과에 의하면 일반청소년의 경우 가정의 사회경제적 수준이 비행피해와 관련되지 않은반면, 다문화가정 청소년의 경우 가정의 사회경제적 수준이 낮을수록 피해를 많이 경험하는 것으로 나타났다. 또한 심층면접 사례에서도 다문화출신이라는 점과 경제적으로 어려운 상황을 피해자가 공격해서 비행으로 이어진 경우가 있었다. 이는 다문화가정이면서 경제적으로 어려운 가정이 피해에 취약할 수 있음을 시사해 주는 것이다.

문화적 지지를 통해 청소년들이 자신의 문화에 대한 자부심을 가질 수 있도록 하고, 다른 배경 청소년의 문화에 대한 이해도 높임으로써 민족집단간의 긴장, 갈등을 감소시키도록 하고 있다. 그리고 예술 수업을 진행하고 있는데, 이는 성공을 경험해 보지 못한 학생들에게 예술을 통해 성공을 경험하도록 해 주고, 이것이 학업에도 이어질 수 있도록 하고 있다.

우리나라의 경우 학교내에 다문화가정 학생을 위한 별도 조직을 운영하는 것은 다문화가정 학생이 원치 않는 노출을 하게 만들 수 있다는 점 등의 우려가 있다. 다만 다문화가정 청소년을 위한 멘토링이나 학습지원, 자녀와 부모에 대한 상담서비스 등이 효과적이었던 점들을 고려해서 이러한 내용들에 대한 지원이 필요할 것이다.

④ 다문화가정 청소년을 위한 콜센터 운영

다문화가정 청소년을 지원하는 콜센터 등도 고려해 볼 필요가 있다. 포스코와 여성가족부에서는 결혼이민자 대상 한국생활 안내, 생활고충 상담 등을 위한 다누리 콜센터를 2011년 6월에 개소하였다. 이 콜센터는 중국어, 베트남어, 캄보디아어 등 10개 언어 서비스를 제공하고 있어서 결혼이주여성 등에게 유용할 수 있다(여성가족부, 2012: 6). 다만 결혼이주여성에게 초점을 맞춘 지원서비스가 주를 이루어서 중도입국 청소년 등 한국어 능력이 되지 않는 다문화가정 청소년에게 도움을 줄 수 있는 콜센터도 고려해 볼 필요가 있다. 기존 콜센터에서 청소년을 위한 지원을 하던가 아니면 청소년을 위한 별도 콜센터를 운영하는 방법을 고려해 볼 필요가 있다. 이들을 위해서 몇 개 언어서비스를 하고, 이들에게 정보제공 및 상담을 제공해 줄 수 있다면 이는 하나의 보호요인이 될 수 있을 것이다.

⑤ 중도입국청소년의 적응을 돕는 프로그램 운영

앞에서 본 바와 같이 중도입국청소년에 대한 선행연구들은 중도입국 청소년의 환경적 취약성을 보여주고 있다(장명선·송연숙, 2011; 이병철·송다영, 2011). 또한 중도입국청소년은 한국사회에서의 적응문제 등을 겪으며, 부적응할 경우 비행피해나 가해와도 관련될 수 있을 것이다. 이러한 점을 고려한다면 중도입국청소년의 적응을 돕는 것이 필요하다. 제도적으로 중도입국청소년을 위한 적응프로그램이 존재한다면 이들의 입장에서 한국사회에 수용되고 있다는 인식을 가질 수 있을 것이다. 또한 실질적인 적응 지원을 통해 한국사회에의 적응이 용이할 수 있을 것이다. 따라서 이러한 적응 프로그램이 확대실시 될 필요가 있다. 현재 운영되는 것은 중도입국 청소년의 초기적응을 돕는 '레인보우스쿨'과 예비학교 등이다. 먼저 레인보우스쿨을 보면, 이는 중도입국 청소년(9-24세) 대상초기 적응프로그램으로 운영되고 있다(여성가족부, 2012: 7). 무지개청소년지원센터는 2010년 수원과 안산에서 레인보우스쿨을 시범운영하였으며, 2011년 전국11개 지역에서 확대운영하고 있다(서울지역 2개소는 센터가 직영, 나머지 9개소는 지역기관에 위탁운영-부산, 인천, 광주, 익산, 청주, 수원, 안산, 파주, 제주특별자치도). 이는 중도입국청소년을 대상으로 한국생활에 필요한 한국어와 생활정보, 사회적 관계 향상프로그램 등을 제공하여 입국초기 청소년들에게 자신감과 사회성 회복 등 원활한 초기정착을 지원하는 것을 목표로 하는 것이다(여성가족부·무지개청소년센터, 2011: 63). 부모의 재혼이나 취업 등으로 중도에 입국하는 청소년들의 적응을 돕는 프로그램이 확대될 필요가 있다.

⑥ 다문화가정 청소년 지원을 위한 기관간 연계 및 통합서비스망 구축

다문화가정 청소년 지원을 위한 기관간 연계, 통합서비스망 구축이 필요하다. 다문화가정 청소년은 일반학교, 다문화대안학교, 사회서비스기관, 다문화관련 기관 등에서 지원하고 있다. 다문화가정 청소년에게 특정 지원이 필요할 경우 지원받을 수 있는 기관 목록이 존재하고, 이를 통해 체계적인 지원이 되어야 할 것이다. 특히 한국어가 익숙하지 않은 중도입국 청소년의 경우 심리치료 등을 받기 위해서는 이중언어가 가능한 사람이 있는 기관을 이용해야만 할 것이다. 이를 위해서는 기관별 목록과 이중언어가 가능한 사람이 있는 기관들에 대한 전체적인 목록이 존재하고, 기관간 협조체계가 구축되어야만 할 것이다. 이러한 체계구축과 더불어 다문화가정 청소년을 위한 지원들을 제공함에 있어 방문서비스, 찾아가는 서비스도 적극적으로 시행될 필요가 있다.

(2) 형사정책적 대책

1) 경찰단계의 지원방안

첫째, 경찰에서는 다문화가정 청소년의 피해나 가해예방을 위해 범죄예방교육을 실시하고 있다. 학교나 다문화가족지원센터 등에서 다문화가정 학부모와 자녀에 대해 학교폭력 등 범죄예방교육을 실시하는데 '레인보우 캅(Rainbow-Cop)' 운영하여 다문화가정 자녀의 특수한 사정을 고려한 범죄피해 예방대책을 마련하고, 학교생활 적응을 지원하는 전담 외사경찰활동이 필요하다는 취지에서 이루어졌다. 운영현황을 보면, 지방청에 3명, 각 서에 1명씩을 지정하여 레인보우 캅을 구성하였다(총 12명).

또한 각 학교별로 전 외사경찰관 분담 담당관을 지정하여 341개교에 1,813명을 지정하고 있다(경찰청 외사국 내부자료).23) 이는 범죄피해에 취약할 수 있는 다문화가정 자녀의 학교폭력예방을 위한 활동임과 동시에 각 자치단체 등 유관기관과의 협조체제를 통하여 다문화가정 청소년에 대한 실질적인 지원을 도모하는 것이다.

앞으로 다문화가정 청소년과 부모를 대상으로 피해나 가해예방을 위한 구체적인 내용을 설명해 주고, 피해발생시 경찰에서 지원할 수 있는 정보 등을 제공해 줄 필요가 있다. 특히 중도입국청소년들에 대한 경찰의 지원이 필요할 것이다. 한편, 일반학교의 경우 다문화가정 청소년에 대한 구별된 프로그램을 제공하는 것은 바람직하지 않을 것이다. 다만 다문화가정 학생수가 많은 학교를 우선적으로 대상학교로 삼고, 해당학교에 귀화한 경찰관 또는 사회적으로 성공한 외국인을 학교폭력예방 강사로 위촉·활용하는 방안을 고려해 볼 필요가 있다.

둘째, 경찰이 다문화가정 청소년들이 밀집해 있는 학교 등을 방문, 점검하고 필요한 지원뿐만 아니라 학교밖 다문화가정 청소년의 활동영역을 중심으로 한 순찰활동도 필요하다. 이를 위해서 다문화가정 청소년을 지원하는단체, 학교 등과의 연계 또한 필요할 것이다.

2) 다문화가정 비행청소년에 대한 효과적 처우방안

다문화가정 비행청소년에 대한 효과적 처우를 위해서는 첫째, 다문화가정 청소년의 특성을 고려한 프로그램 제공이 필요할 것이다. 다문화가정 청소년은 가정, 학교, 친구에 대한 애착이 일반청소년에 비해 낮고, 학대피해는 상대적으로 높을 수 있으며. 또한 자존감은 상대적으로 낮은 반면, 우울감과 분노는 상대적으로 높을 수 있다는 특성들은 비행으로 이어질 가능성도 배제할 수 없을 것이다. 따라서 비행청소년에 대한 처우에서 이러한 측면들을 개선할 수 있는 프로그램이 제공될 필요가 있을 것이다.

둘째, 피해와 가해의 중첩현상이 나타날 수 있다. 또한 다문화가정 초등학생의 경우 일반 초등학생에 비해 여러 가지 피해를 더 경험하는 것을 알 수 있었다. 이는 다문화가정 초등학생 비행청소년의 경우 가해자 처우에서 피해를 치유하는 것이 포함되어야 함을 시사해 준다. 상처를 치유하고, 역량을 강화시켜 주는 프로그램이 뒤이은 비행가해를 예방하는데 도움이 될 것이다.

셋째, 비행청소년에 대한 효과적 처우를 위해서는 가정에 대한 개입이 필요할 것이다. 다문화가정의 경우 어머니가 외국출신인 경우가 많으며, 이들의 한국어능력이 부족한 경우들이 있을 것이다. 따라서 비행청소년 부모교육에 있어서 필요할 경우 외국출신 어머니가 자유롭게 의사소통할 수 있는 이중언어 가능자를 활용할 필요가 있다. 그래서 외국출신 어머니에 대해서도 부모교육이 적절하게 이루어질 필요가 있을 것이다. 또한 필요할 경우 가정에 대한 지원을 위해 외부자원과 연계시켜주는 것이 필요하다.

넷째, 다문화지원체계와의 협력관계 구축이 필요할 것이다. 다문화가정 청소년의 특성을 고려한 처우, 외국출신 어머니에 대한 교육 및 자원연계 등을 위해서는 다문화지원체계와 협력체계를 구축할 필요가 있다.

3) 다문화가정 청소년 피해자 지원방안

첫째, 피해보고 체계를 구축하는 방안을 고려해 볼 필요가 있다. 다문화가정청소년에게 피해가 발생할 경우 쉽게 보고할 수 있는 수단이 필요하다. 참고로 캐나다의 경우 인종차별 사건 보고 서식(Racist Incidents Report Form)이 있다. 이는 인종차별 피해경험을 간결하게 보고할 수 있는 문서양식이다. 한 페이지로되어 있으며, 학교, 상점, 호텔, 음식점, 사무실이나 경찰서 등에서 발생한 인종차별 사건을 보고하기 원하는 사람들이 사용할 수 있는 양식이다. 즉, 피해 당사자뿐만 아니라 목격자들도 활용할 수 있다. 보고해야하는 핵심내용들을 적도록 안내가 되어있고, 작성을 마친 후 어떻게 대처해야 하는지도 보고서 양식 상단에 간단하게 쓰여 있다. 즉, '작성을 마치면, 사건이 발생한 곳의 학교 교장 ,선생님, 상점 주인 등에게 전해주라. 그리고 복사본을 가지고 있고, 해당 센터(Regional Multicultural Youth Council, RMYC)로 팩스를 보낼 수도 있다'고 되어있다(Regional Multicultural Youth Council 홈페이지).

우리나라의 경우도 학교나 청소년관련 센터, 주민센터 등 청소년들이 주로 이용하거나 쉽게 접근가능한 기관들에 이러한 간단한 양식을 구비해 놓고, 청소년들이 피해를 입을 경우 어디서든 쉽게 보고할 수 있도록 하는 것이 필요하다. 그리고 작성된 양식을 다문화가정 청소년 지원기관에 보내도록 하는 체계를 갖추는 방안을 고려해 볼 필요가 있다.

둘째, 다문화가정 청소년의 피해는 일반청소년의 피해와 유사한 면이 많을 것이다. 그러나 다문화가정 청소년의 경우 한국어가 상대적으로 서투르고, 외국인부모의 학교생활정보 부족, 학교폭력 대응정보도 부족할 수 있다. 따라서 다문화가정 청소년의 폭력피해 여부에 대해 민감하게 살피고, 지원하려는 노력이 필요할 것이다. 이를 위해서는 다문화가정 청소년의 특성을 이해하고 지원해 줄 수 있는 피해지원기관이 필요하다. 필요한 경우 다국어 서비스를 제공하고, 다문화가정 청소년의 특성을 고려해서 피해지원을 해 줄 수 있는 방안이 필요하다. 이를 위해서 다문화가정 청소년을 위한 피해자지원센터를 설치해서 이들의 피해지원체계를 구축하고 필요한 지원들을 하는 것을 고려해 볼 필요가 있다.

셋째, 다문화가정 청소년 피해자에 대한 심리적 지원이 효과적으로 제공될 필요가 있다. 다문화가정 청소년의 경우 일반청소년과 달리 괴롭힘, 따돌림 피해감정을 갖고 있는 경향이 있을 수 있다. 또한 외국의 연구에서도 개인적 특성에 기반한 피해보다는 문화적 배경에 기반해서 피해를 당하는 경우 분노가 더 큰 것으로 나타나고 있다(Monks et al., 2008). 따라서 분노 등의 감정을 치유하는 등 이들에게 필요한 심리적 치유프로그램이 제공될 필요가 있다.

제3절 결 론

외국인 노동자와 결혼이민자들이 국내에 유입된 후 인권문제를 비롯한 다양한 사회적 문제가 야기되었으나 이에 대한 정부의 개입은 뒤늦게 서서히 이루어졌다. 결혼이민자에 대한 지원은 2000년대에 들어서면서 여성가족부와 보건복지부 중심의 관련 부처에서 개별적이고 산발적으로 조금씩 진행되어 왔다. 그러나 최근 이주자녀의 교육문제가 심각하게 가시화되자 중앙정부 차원에서 2006년 4월 "여성결혼이민자 가족의 사회통합 지원 대책" 등을 발표하였다. 이에 각 행정부서에서 정책과제 제시와 적극적인 방법들이 모색되었고, 지방자치단체와 시민단체들도 합류한 결과 결혼이민자 지원은 어느 정도 보편화되었다. 그러나 여전히 다문화 2세인 자녀들에 대한 지원은 미흡한 수준이며, 현실적으로 우리사회에서 다문화자녀에 대한 현황이나 실태 등 기초적인 연구나 조사도 이루어지지 않은 상황이다. 백년대계 차원에서 본다면 다문화자녀들에 대한 개입이 이미 늦었으나 시작은 반이라는 관점에서 받아들이고 체계적인 토대를 착실히 쌓아나감이 무엇보다 중요할 것으로 보인다.

그동안 우리사회는 다문화가정 청소년들을 바라볼 때 "그들에게 문제가 있다."는 시각에서 보아왔다. 그렇기 때문에 다문화가정 청소년들 대부분은 학교 및 사회생활에 만족하지 못하고 오히려 심각한 부적응 상태에 있을 것이라고 생각하지만 우리사회의 기존 생각과는 매우 다른 대부분의 다문화가정 청소년들은 우리사회에 대해 만족하고 있을 뿐 아니라 학교 및 사회생활에 잘 적응하고 있었다. 이는 우리사회의 다문화가정 청소년에 대한 인식의 전환이 필요하다는 것을 의미할 뿐만 아니라 다문화가정청소년에 대한 사회적응력 향상 프로그램의 접근방식 또한 변화가 요구된다.

사회적응력 향상 프로그램개발은 무엇보다도 우선적으로 다문화가정 청소년에 대한 가장 기본적이며, 핵심적인 것은 이들을 역량강화(empowerment)시켜 사회 적응성을 향상시키는 전략이 필요하리라 본다. 즉, 자아정체감을 확립하고 자존감을 회복하여 독립적인 개체로 자신의 삶을 변화시킬 수 있는 능력을 고양시키는 것이 우선적으로 필요하다. 나아가 청소년들에게 세계화시대의 다문화이해교육과 국제이해교육 등을 통해 문화적 역량과 소양을 키울 수 있도록 그들의 지평을 넓혀주어야 할 것이다. 이에 다문화자녀들의 욕구에 대처하기 위한 개입을 3가지로제시하면 다음과 같다.

첫째, 정부차원의 정책적인 지원이 시급하다

다문화가정의 경제적인 어려움은 아동의 교육, 의료 등에 직접적인 영향을 미치기 때문에 정부차원의 적극적인 대책과 지원이 절실하다. 결혼이민가구의 52.9%가 최저생계비 이하의 빈곤가정이며, 기초생활보장 수급자는 13.7%에 불과하다(보건복지부, 2005). 따라서 상당수의 결혼이민자 가구는 빈곤과 생계형 경제활동으로 인해 자녀를 돌볼 여력이 부족하며, 유치원이나 보육시설 이용률(27.3%)이 일반가정(56.8%)의 절반에도 못 미치는 등 자녀의 교육환경이 매우 취약하다(경북여성정책개발원, 2006). 외국인근로자 가정의 경제적 상황은 더욱 열악하며, 새터민 역시 경제적인 어려움이 크다. 따라서 정부의 경제적인 지원과 함께 자녀 교육영역에 특별한 지원이 책정되어야 한다.

둘째, 학교의 다문화교육을 실시함으로써 다문화자녀를 수용함이 필요하다.

먼저 학교 교사들에게 글로벌시대에 부응하여 다문화를 수용하고 배려하는 다문화교육을 실시함이 필요하다. 국제화교육을 통해 이를 통해 일반학생들도 다문화자녀를 포용할 수 있도록 교육시켜야하며 다문화자녀들이 차별과 편견을 받지 않고 자유롭게 학교생활을 할 수 있는 분위기를 조성함이 필요하다. 또한 그동안 소외당하며, 정서적인 어려움을 당한 다문화자녀들의 상처가 회복될 수 있도록 심리, 정서적인 상담지원이 제공되어져야 한다. 나아가 다문화학생의 수업을 지원할 수 있는 프로그램을 개발함이 필요하다. 즉 학습지원 도우미나 언어지원 또는 멘토링을 통하여 다문화자녀의 정서적인 지원까지 포함할 수 있는 프로그램이 요구된다. 또한 다문화자녀가 부모님 나라에 대한 긍지를 가지며, 자아정체감을 회복하고 다문화자녀의 강점인 이중문화와 이중언어를 강화시켜 국제화시대를 대비함이 필요하다.

자녀교육은 학교와 가정이 함께 병행할 때 성공적으로 이루어질 수 있으므로 부모교육프로그램을 통해 다문화자녀의 어려움을 이해하고 부모, 자녀 간 갈등을 해소할 수 있는 심리, 사회적 지지 서비스를 제공함이 필요하다. 또한 멘토링을 통해 부모들의 자녀양육에 필요한 다양한 정보제공, 상담, 한글교육 등이 요구된다. 또한 다문화부모들 간의 자조집단을 조직하여 다문화자녀 양육과 교육상의 어려움을 토로하고 피드백을 받음으로 서로 지지할 수 있는 관계형성을 이루어나가는 프로그램의 개발이 요구된다.

셋째, 범국민적인 국제이해교육을 통해 다문화에 대한 인식개선이 필요하다.

다문화에 대한 편견과 차별에서 벗어나 국제적 소양을 갖추고, 세계 각국의 역사와 문화에 대한 이해를 통해 이들의 가치와 존엄을 인식하여 국제화시대에 걸 맞는 폭넓은 안목으로 더불어 함께 살아가는 공동체의식을 고취시킴이 필요하다. 이러한 분위기 조성을 위하여 전국민적 차원에서 다문화 인식개선 캠페인, 홍보, 교육이 지속적으로 이루어져야 할 것이다.

넷째, 다문화자녀를 지원할 수 있는 문화적 역량을 갖춘 전문인력 양성이 필요하다.

다문화가족과 자녀의 개입은 다문화에 대한 보다 전문적인 지식과, 가치, 기술이 요구된다. 따라서 다문화자녀에 대한 맞춤서비스 제공을 위하여 프로그램을 개발하고 보급할 수 있는 내국인 또는 경험과 역량을 갖춘 외국인 전문가를 양성하는 것이 필요하다.

무엇보다도 다문화자녀들이 안심하고 자신의 능력을 맘껏 발휘할 수 있는 진정한 다문화사회가 이루어져야한다. 이를 위하여 다문화사회에서 발생할 수 있는 다양한 문제에 적극적으로 예방하고 대처하기 위해 정부 주도 하에 다문화지원 전달체계를 체계화하고, 학교와 사회가 적극 협력해 나갈 때 국제화시대에 걸 맞는 다문화사회를 이룩해 나갈 수 있을 것이다.

부 록 2

청소년관련법규

청소년 헌장

청소년기본법

청소년 복지지원법

청소년보호법

청소년활동진흥법

부록 2 청소년관련법규

청소년 헌장

청소년은 자기 삶의 주인이다. 청소년은 인격체로서 존중받을 권리와 시민으로서 미래를 열어 갈 권리를 가진다. 청소년은 스스로 생각하고 선택하며 활동하는 삶의 주체로서 자율과 참여의 기회를 누린다.

청소년은 생명의 가치를 존중하며 정의로운 공동체의 성원으로 책임있는 삶을 살아간다.가정 학교 사회 그리고 국가는 위의 정신에 따라 청소년의 인간다운 삶을 보장하고 청소년 스스로 행복을 가꾸며 살아갈 수 있도록 여건과 환경을 조성한다.

<청소년의 권리>

1. 청소년은 생존에 필요한 기본적인 영양 주거 의료 교육 등을 보장받아 정신적 신체적으로 균형 있게 성장할 권리를 가진다.
1. 청소년은 출신 성별 종교 학력 연령 지역 등의 차이와 신체적 정신적 장애 등을 이유로 차별 받지 않을 권리를 가진다.
1. 청소년은 물리적 폭력뿐만 아니라 공포와 억압을 포함하는 정신적인 폭력으로부터 보호 받을 권리를 가진다.
1. 청소년인 사적인 삶의 영역을 침해받지 않을 권리를 가진다.
1. 청소년은 자신의 생각과 느낌을 자유롭게 펼칠 권리를 가진다.
1. 청소년은 자유로운 의사에 따라 건전한 모임을 만들고 올바른 신념에 따라 활동할 권리를 가진다.
1. 청소년은 배움을 통해 진리를 추구하고 자아를 실현해 갈 권리를 가진다.
1. 청소년은 일할 권리와 직업을 선택할 권리를 가진다.
1. 청소년은 여가를 누릴 권리를 가진다.
1. 청소년은 건전하고 다양한 문화 예술 활동에 자유롭게 참여할 권리를 가진다.
1. 청소년은 다양한 매체를 통하여 자신의 삶에 필요한 정보에 접근할 권리를 가진다.
1. 청소년은 자신의 삶과 관련된 정책결정 과정에 민주적 절차에 따라 참여할 권리를 가진다.

<청소년의 책임>

1. 청소년은 자신의 삶을 소중히 여기며 자신이 선택한 삶에 책임을 진다.
1. 청소년은 앞 세대가 물려준 지혜를 시대에 맞게 되살려 다음 세대에 물려줄 책임이 있다.
1. 청소년은 가정 학교 사회 국가 인류공동체의 성원으로서 자기와 다른 삶의 방식도 존중할 줄 알아야 한다.
1. 청소년은 삶의 터전인 자연을 소중히 여기고 모든 생명들과 더불어 살아간다.
1. 청소년은 통일 시대의 주역으로서 평화롭게 공존하는 방법을 익힌다.
1. 청소년은 남녀평등의 가치를 배우고 이를 모든 생활에서 실천한다.
1. 청소년은 가정에서 책임을 다하며 조화롭고 평등한 가족문화를 만들어간다.
1. 청소년은 서로에게 정신적 신체적 폭력을 행사하지 않는다.
1. 청소년은 장애인을 비롯한 소외받기 쉬운 사람들과 더불어 살아간다.

청소년기본법

제1장 총칙

제1조 (목적) 이 법은 청소년의 권리 및 책임과 가정·사회·국가·지방자치단체의 청소년에 대한 책임을 정하고 청소년정책에 관한 기본적인 사항을 규정함을 목적으로 한다. [개정 2015.2.3] [[시행일 2015.5.4]]
[전문개정 2014.3.24]

제2조 (기본이념) ① 이 법은 청소년이 사회구성원으로서 정당한 대우와 권익을 보장받음과 아울러 스스로 생각하고 자유롭게 활동할 수 있도록 하며 보다 나은 삶을 누리고 유해한 환경으로부터 보호될 수 있도록 함으로써 국가와 사회가 필요로 하는 건전한 민주시민으로 자랄 수 있도록 하는 것을 기본이념으로 한다.
② 제1항의 기본이념을 구현하기 위한 장기적·종합적 청소년정책을 추진할 때에는 다음 각 호의 사항을 그 추진 방향으로 한다. [개정 2015.2.3] [[시행일 2015.5.4]]
1. 청소년의 참여 보장
2. 창의성과 자율성을 바탕으로 한 청소년의 능동적 삶의 실현
3. 청소년의 성장 여건과 사회 환경의 개선
4. 민주·복지·통일조국에 대비하는 청소년의 자질 향상
[전문개정 2014.3.24]

제3조 (정의) 이 법에서 사용하는 용어의 뜻은 다음과 같다.
1. "청소년"이란 9세 이상 24세 이하인 사람을 말한다. 다만, 다른 법률에서 청소년에 대한 적용을 다르게 할 필요가 있는 경우에는 따로 정할 수 있다.
2. "청소년육성"이란 청소년활동을 지원하고 청소년의 복지를 증진하며 근로 청소년을 보호하는 한편, 사회 여건과 환경을 청소년에게 유익하도록 개선하고 청소년을 보호하여 청소년에 대한 교육을 보완함으로써 청소년의 균형 있는 성장을 돕는 것을 말한다.
3. "청소년활동"이란 청소년의 균형 있는 성장을 위하여 필요한 활동과 이러한 활동을 소재로 하는 수련활동 · 교류활동 · 문화활동 등 다양한 형태의 활동을 말한다.
4. "청소년복지"란 청소년이 정상적인 삶을 누릴 수 있는 기본적인 여건을 조성하고

조화롭게 성장 · 발달할 수 있도록 제공되는 사회적 · 경제적 지원을 말한다.

5. “청소년보호”란 청소년의 건전한 성장에 유해한 물질 · 물건 · 장소·행위 등 각종 청소년 유해 환경을 규제하거나 청소년의 접촉 또는 접근을 제한하는 것을 말한다.
6. “청소년시설”이란 청소년활동 · 청소년복지 및 청소년보호에 제공되는 시설을 말한다.
7. “청소년지도자”란 다음 각 목의 사람을 말한다.
   가. 제21조에 따른 청소년지도사
   나. 제22조에 따른 청소년상담사
   다. 청소년시설, 청소년단체 및 청소년 관련 기관에서 청소년육성에 필요한 업무에 종사하는 사람
8. “청소년단체”란 청소년육성을 주된 목적으로 설립된 법인이나 대통령령으로 정하는 단체를 말한다.

[전문개정 2014.3.24]

제4조 (다른 법률과의 관계) ① 이 법은 청소년육성에 관하여 다른 법률보다 우선하여 적용한다.

② 청소년육성에 관한 법률을 제정하거나 개정할 때에는 이 법의 취지에 맞도록 하여야 한다.

[전문개정 2014.3.24]

제5조 (청소년의 권리와 책임) ① 청소년의 기본적 인권은 청소년활동·청소년복지·청소년보호 등 청소년육성의 모든 영역에서 존중되어야 한다.

② 청소년은 인종 · 종교 · 성별 · 나이 · 학력 · 신체조건 등에 따른 어떠한 종류의 차별도 받지 아니한다.

③ 청소년은 외부적 영향에 구애받지 아니하면서 자기 의사를 자유롭게 밝히고 스스로 결정할 권리를 가진다.

④ 청소년은 안전하고 쾌적한 환경에서 자기발전을 추구하고 정신적·신체적 건강을 해치거나 해칠 우려가 있는 모든 형태의 환경으로부터 보호받을 권리를 가진다.

⑤ 청소년은 자신의 능력을 개발하고 건전한 가치관을 확립하며 가정·사회 및 국가의 구성원으로서의 책임을 다하도록 노력하여야 한다.

[전문개정 2014.3.24]

제5조의2 (청소년의 자치권 확대) ① 청소년은 사회의 정당한 구성원으로서 본인과 관련된 의사결정에 참여할 권리를 가진다.
② 국가 및 지방자치단체는 청소년이 원활하게 관련 정보에 접근하고 그 의사를 밝힐 수 있도록 청소년 관련 정책에 대한 자문·심의 등의 절차에 청소년을 참여시키거나 그 의견을 수렴하여야 한다.
③ 국가 및 지방자치단체는 청소년과 관련된 정책 수립 절차에 청소년의 참여 또는 의견 수렴을 보장하는 조치를 하여야 한다.
[전문개정 2014.3.24]

제6조 (가정의 책임) ① 가정은 청소년육성에 관하여 1차적 책임이 있음을 인식하여야 하며, 따뜻한 사랑과 관심을 통하여 청소년이 개성과 자질을 바탕으로 자기발전을 실현하고 국가와 사회의 구성원으로서의 책임을 다하는 다음 세대로 성장할 수 있도록 노력하여야 한다.
② 가정은 학교 및 청소년 관련 기관 등에서 실시하는 교육프로그램에 청소년과 함께 참여하는 등 청소년을 바르게 육성하기 위하여 적극적으로 노력하여야 한다.
③ 가정은 정보통신망을 이용한 유해매체물 접촉을 차단하는 등 청소년 유해환경으로부터 청소년을 보호하기 위하여 필요한 노력을 하여야 한다.
④ 가정의 무관심·방치·억압 또는 폭력 등이 원인이 되어 청소년이 가출하거나 비행(非行)을 저지르는 경우 친권자 또는 친권자를 대신하여 청소년을 보호하는 자는 보호의무의 책임을 진다.
[전문개정 2014.3.24]

제7조 (사회의 책임) ① 모든 국민은 청소년이 일상생활에서 즐겁게 활동하고 더불어 사는 기쁨을 누리도록 도와주어야 한다.
② 모든 국민은 청소년의 사고와 행동양식의 특성을 인식하고 사랑과 대화를 통하여 청소년을 이해하고 지도하여야 하며, 청소년의 비행을 바로잡는 등 그 선도에 최선을 다하여야 한다.
③ 모든 국민은 청소년을 대상으로 하거나 청소년이 쉽게 접할 수 있는 장소에서 청소년의 정신적·신체적 건강에 해를 끼치는 행위를 하여서는 아니 되며, 청소년에게 유해한 환경을 정화하고 유익한 환경이 조성되도록 노력하여야 한다.
④ 모든 국민은 경제적 · 사회적 · 문화적 · 정신적으로 어려운 상태에 있는 청소년들에게 특별한 관심을 가지고 이들이 보다 나은 삶을 누릴 수 있도록 노력하여야 한다.
[전문개정 2014.3.24]

제8조 (국가 및 지방자치단체의 책임) ① 국가 및 지방자치단체는 청소년육성에 필요한 법적 · 제도적 장치를 마련하여 시행하여야 한다.

② 국가 및 지방자치단체는 근로 청소년을 특별히 보호하고 근로가 청소년의 균형 있는 성장과 발전에 도움이 되도록 필요한 시책을 마련하여야 한다.

③ 국가 및 지방자치단체는 청소년에 대한 가정과 사회의 책임 수행에 필요한 여건을 조성하여야 한다.

④ 국가 및 지방자치단체는 이 법에 따른 업무 수행에 필요한 재원을 안정적으로 확보하기 위한 시책을 수립·실시하여야 한다.

[전문개정 2014.3.24]

제8조의2 (교육 및 홍보) ① 국가 및 지방자치단체는 이 법 및 「아동의 권리에 관한 협약」에서 규정한 청소년의 권리와 관련된 내용을 널리 홍보하고 교육하여야 한다.

② 청소년 관련 기관과 청소년단체는 청소년을 대상으로 청소년의 권리에 관한 교육적 조치를 시행하여야 한다.

[본조신설 2012.2.1]

제2장 청소년정책의 총괄·조정 [개정 2015.2.3] [시행일 2015.5.4]

제9조 (청소년정책의 총괄 · 조정)

청소년정책은 여성가족부장관이 관계 행정기관의 장과 협의하여 총괄 · 조정한다. [개정 2015.2.3] [[시행일 2015.5.4]]

[전문개정 2014.3.24]

[본조제목개정 2015.2.3] [[시행일 2015.5.4]]

제10조 (청소년정책위원회)

① 청소년정책에 관한 주요 사항을 심의·조정하기 위하여 여성가족부에 청소년정책위원회를 둔다.

② 청소년정책위원회는 다음 각 호의 사항을 심의·조정한다.

1. 제13조제1항에 따른 청소년육성에 관한 기본계획의 수립에 관한 사항
2. 청소년정책의 분야별 주요 시책에 관한 사항
3. 청소년정책의 제도개선에 관한 사항

4. 청소년정책의 분석·평가에 관한 사항
5. 둘 이상의 행정기관에 관련되는 청소년정책의 조정에 관한 사항
6. 그 밖에 청소년정책의 수립·시행에 필요한 사항으로서 대통령령으로 정하는 사항

③ 청소년정책위원회는 위원장 1명을 포함하여 20명 이내의 위원으로 구성한다.

④ 위원장은 여성가족부장관이 되고, 위원은 다음 각 호의 사람이 된다. 이 경우 복수 차관이 있는 기관은 해당 기관의 장이 지명하는 차관으로 한다.

1. 기획재정부차관
2. 교육부차관
3. 미래창조과학부차관
4. 통일부차관
5. 법무부차관
6. 행정자치부차관
7. 문화체육관광부차관
8. 산업통상자원부차관
9. 보건복지부차관
10. 고용노동부차관
11. 방송통신위원회부위원장
12. 국민안전처차관
13. 경찰청장
14. 그 밖에 대통령령으로 정하는 관계 중앙행정기관의 차관 또는 차관급 공무원
15. 청소년정책에 관하여 학식과 경험이 풍부한 사람 중에서 여성가족부장관이 위촉하는 사람

⑤ 제4항제15호에 따른 위원의 임기는 2년으로 한다.

⑥ 청소년정책위원회에서 심의·조정할 사항을 미리 검토하거나 위임된 사항을 처리하는 등 청소년정책위원회의 운영을 지원하기 위하여 청소년정책위원회에 청소년정책실무위원회를 둔다.

⑦ 제1항부터 제6항까지에서 규정한 사항 외에 청소년정책위원회 및 청소년정책실무위원회의 운영 등에 필요한 사항은 대통령령으로 정한다.

[전문개정 2015.2.3] [[시행일 2015.5.4]]

제11조 (지방청소년육성위원회의 설치)

① 청소년육성에 관한 지방자치단체의 주요 시책을 심의하기 위하여 특별시장·광역시

장·특별자치시장·도지사·특별자치도지사(이하 "시·도지사"라 한다) 및 시장·군수·구청장(자치구의 구청장을 말한다. 이하 같다)의 소속으로 지방청소년육성위원회를 둔다.

② 지방청소년육성위원회의 구성·조직 및 운영 등에 필요한 사항은 조례로 정한다.

[전문개정 2014.3.24]

제12조 (청소년특별회의의 개최) ① 국가는 범정부적 차원의 청소년정책과제의 설정·추진 및 점검을 위하여 청소년 분야의 전문가와 청소년이 참여하는 청소년특별회의를 해마다 개최하여야 한다. [개정 2015.2.3] [[시행일 2015.5.4]]

② 청소년특별회의의 참석대상·운영방법 등 세부적인 사항은 대통령령으로 정한다.

[전문개정 2014.3.24]

제13조 (청소년육성에 관한 기본계획의 수립) ① 여성가족부장관은 관계 중앙행정기관의 장과 협의한 후 제10조에 따른 청소년정책위원회의 심의를 거쳐 청소년육성에 관한 기본계획(이하 "기본계획"이라 한다)을 5년마다 수립하여야 한다. [개정 2015.2.3] [[시행일 2015.5.4]]

② 기본계획에는 다음 각 호의 사항이 포함되어야 한다.

1. 이전의 기본계획에 관한 분석·평가
2. 청소년육성에 관한 기본방향
3. 청소년육성에 관한 추진목표
4. 청소년육성에 관한 기능의 조정
5. 청소년육성의 분야별 주요 시책
6. 청소년육성에 필요한 재원의 조달방법
7. 그 밖에 청소년육성을 위하여 특히 필요하다고 인정되는 사항

[전문개정 2014.3.24]

제14조 (연도별 시행계획의 수립 등) ① 여성가족부장관 및 관계 중앙행정기관의 장과 지방자치단체의 장은 기본계획에 따라 연도별 시행계획(이하 "시행계획"이라 한다)을 수립·시행하여야 한다.

② 관계 중앙행정기관의 장과 지방자치단체의 장은 다음 연도 시행계획 및 전년도 시행계획에 따른 추진실적을 대통령령으로 정하는 바에 따라 매년 여성가족부장관에게 제출하여야 한다.

③ 여성가족부장관은 전년도 시행계획에 따른 추진실적을 분석·평가하고, 그 결과를 관계 중앙행정기관의 장과 지방자치단체의 장에게 통보한다.

④ 여성가족부장관 및 관계 중앙행정기관의 장과 지방자치단체의 장은 제3항에 따른 분석·평가 결과를 다음 연도 시행계획에 반영하여야 한다.

⑤ 여성가족부장관은 제3항에 따른 추진실적의 분석·평가를 위하여 필요한 경우에는 국공립 연구기관 또는 「정부출연연구기관 등의 설립·운영 및 육성에 관한 법률」에 따른 정부출연연구기관을 청소년정책 분석·평가에 관한 전문지원기관으로 지정하여 분석·평가 업무를 지원하게 할 수 있다.

⑥ 시행계획의 수립, 추진실적의 분석·평가 및 제5항에 따른 전문지원기관의 지정 등에 필요한 사항은 대통령령으로 정한다.

[전문개정 2015.2.3] [[시행일 2015.5.4]]

제15조 (계획 수립의 협조) ① 여성가족부장관 및 관계 중앙행정기관의 장과 지방자치단체의 장은 기본계획 및 시행계획을 수립·시행하기 위하여 필요한 때에는 관련 기관·법인 및 단체의 장에게 협조를 요청할 수 있다. [개정 2015.2.3] [[시행일 2015.5.4]]

② 제1항에 따른 협조 요청을 받은 자는 특별한 사정이 없으면 협조하여야 한다.

[전문개정 2014.3.24]

제16조 (청소년의 달) 청소년의 능동적이고 자주적인 주인의식을 드높이고 모든 국민이 청소년육성에 참여하는 분위기를 조성하기 위하여 매년 5월을 청소년의 달로 한다.

[전문개정 2014.3.24]

제3장 삭제 [2008.2.29]

제16조의2 삭제 [2008.2.29 제8852호(정부조직법)]

제16조의3 삭제 [2008.2.29 제8852호(정부조직법)]

제16조의4 삭제 [2008.2.29 제8852호(정부조직법)]

第16條의5 삭제 [2008.2.29 제8852호(정부조직법)]

第16條의6 삭제 [2008.2.29 제8852호(정부조직법)]

第16條의7 삭제 [2008.2.29 제8852호(정부조직법)]

第16條의8 삭제 [2008.2.29 제8852호(정부조직법)]

제4장 청소년시설

第17條 (청소년시설의 종류) 청소년활동에 제공되는 시설, 청소년복지에 제공되는 시설, 청소년보호에 제공되는 시설에 관한 사항은 따로 법률로 정한다.
[전문개정 2014.3.24]

第18條 (청소년시설의 설치 · 운영) ① 국가 및 지방자치단체는 청소년시설을 설치·운영하여야 한다.
② 국가 및 지방자치단체 외의 자는 따로 법률에서 정하는 바에 따라 청소년시설을 설치 · 운영할 수 있다.
③ 국가 및 지방자치단체는 제1항에 따라 설치한 청소년시설을 청소년단체에 위탁하여 운영할 수 있다.
[전문개정 2014.3.24]

第19條 (청소년시설의 지도 · 감독) 국가 및 지방자치단체는 청소년시설의 적합성·공공성·안전성에 대한 국민의 신뢰를 확보하고, 그 설치와 운영을 지원하기 위하여 필요한 지도·감독을 할 수 있다.

제5장 청소년지도자

第20條 (청소년지도자의 양성) ① 국가 및 지방자치단체는 청소년지도자의 양성과 자

질 향상을 위하여 필요한 시책을 마련하여야 한다.

② 제1항에 따른 청소년지도자의 양성과 자질 향상을 위한 연수 등에 관한 기본방향과 내용은 대통령령으로 정한다.

[전문개정 2014.3.24]

제21조 (청소년지도사) ① 여성가족부장관은 청소년지도사 자격검정에 합격하고 청소년지도사 연수기관에서 실시하는 연수과정을 마친 사람에게 청소년지도사의 자격을 부여한다.

② 여성가족부장관은 청소년지도사 자격검정에 합격한 사람의 연수를 위하여 필요한 경우에는 대통령령으로 정하는 바에 따라 청소년지도사 연수기관을 지정할 수 있다.

③ 다음 각 호의 어느 하나에 해당하는 사람은 청소년지도사가 될 수 없다. [개정 2015.6.22] [[시행일 2015.9.23]]

1. 미성년자, 피성년후견인 또는 피한정후견인
2. 파산선고를 받고 복권되지 아니한 사람
3. 금고 이상의 형을 선고받고 그 집행이 끝나거나 집행을 받지 아니하기로 확정된 후 3년이 지나지 아니한 사람
4. 금고 이상의 형을 선고받고 그 집행유예의 기간이 끝나지 아니한 사람

4의2. 제3호 및 제4호에도 불구하고 다음 각 목의 어느 하나에 해당하는 죄를 저지른 사람으로서 형 또는 치료감호를 선고받고 확정된 후 그 형 또는 치료감호의 전부 또는 일부의 집행이 끝나거나(집행이 끝난 것으로 보는 경우를 포함한다) 집행이 유예·면제된 날부터 10년이 지나지 아니한 사람

가. 「아동복지법」 제71조제1항의 죄

나. 「성폭력범죄의 처벌 등에 관한 특례법」 제2조의 성폭력범죄

다. 「아동·청소년의 성보호에 관한 법률」 제2조제2호의 아동·청소년대상 성범죄

5. 법원의 판결 또는 법률에 따라 자격이 상실되거나 정지된 사람

④ 여성가족부장관은 제1항에 따른 자격검정을 대통령령으로 정하는 바에 따라 청소년단체 또는 「한국산업인력공단법」에 따른 한국산업인력공단에 위탁할 수 있다. [신설 2015.2.3] [[시행일 2015.5.4]]

⑤ 제1항에 따른 청소년지도사의 등급, 자격검정, 연수 및 자격증 발급 절차 등에 필요한 사항은 대통령령으로 정한다. [개정 2015.2.3] [[시행일 2015.5.4]]

[전문개정 2014.3.24]

제21조의2 (청소년지도사 자격의 취소) 여성가족부장관은 청소년지도사가 다음 각 호의 어느 하나에 해당하는 경우에는 그 자격을 취소하여야 한다. [개정 2015.6.22] [[시행일 2015.9.23]]

1. 제21조제3항의 결격사유에 해당하게 된 경우
2. 거짓이나 그 밖의 부정한 방법으로 자격을 취득한 경우
3. 자격증을 다른 사람에게 빌려주거나 양도한 경우

[전문개정 2014.3.24]

제21조의3 (부정행위자에 대한 제재) 여성가족부장관은 청소년지도사 자격검정에서 부정행위를 한 사람에 대하여는 그 자격검정을 정지시키거나 무효로 하고, 그 처분을 받은 날부터 3년간 자격검정 응시자격을 정지한다.

[본조신설 2015.6.22] [[시행일 2015.9.23]]

제22조 (청소년상담사) ① 여성가족부장관은 청소년상담사 자격검정에 합격하고 청소년상담사 연수기관에서 실시하는 연수과정을 마친 사람에게 청소년상담사의 자격을 부여한다.

② 제1항에 따른 청소년상담사의 자격검정, 연수 및 결격사유 등에 관하여는 제21조 제2항부터 제5항까지,제21조의2 및 제21조의3을 준용한다. [개정 2015.2.3, 2015.6.22] [[시행일 2015.9.23]]

[전문개정 2014.3.24]

제23조 (청소년지도사·청소년상담사의 배치 등) ① 청소년시설과 청소년단체는 대통령령으로 정하는 바에 따라 청소년육성을 담당하는 청소년지도사나 청소년상담사를 배치하여야 한다.

② 국가 및 지방자치단체는 제1항에 따라 청소년단체나 청소년시설에 배치된 청소년지도사와 청소년상담사에게 예산의 범위에서 그 활동비의 전부 또는 일부를 보조할 수 있다.

③ 국가와 지방자치단체는 제1항에 따른 청소년지도사 및 청소년상담사의 보수가 제25조에 따른 청소년육성 전담공무원의 보수 수준에 도달하도록 노력하여야 한다. [신설 2015.2.3] [[시행일 2015.5.4]]

[전문개정 2014.3.24]

제24조 (청소년지도사 · 청소년상담사의 채용 등) ① 「교육기본법」 제9조에 따른 학교(이하 "학교"라 한다)는 청소년육성에 관련되는 업무를 수행할 때에 필요하면 청소년지도사나 청소년상담사를 채용할 수 있다.

② 국가 및 지방자치단체는 제1항에 따라 채용된 청소년지도사나 청소년상담사의 보수 등 채용에 필요한 경비의 전부 또는 일부를 보조할 수 있다.

[전문개정 2014.3.24]

제24조의2 (청소년지도사 · 청소년상담사의 보수교육) ① 청소년시설, 청소년단체 및 학교 등에서 각각 그 업무에 종사하는 청소년지도사와 청소년상담사는 자질 향상을 위하여 정기적으로 보수교육을 받아야 한다.

② 청소년시설, 청소년단체 및 학교 등을 운영하는 자는 해당 시설, 단체 및 학교 등에 종사하는 청소년지도사와 청소년상담사에 대하여 제1항에 따른 보수교육을 이유로 불리한 처우를 하여서는 아니 된다.

③ 여성가족부장관은 제1항에 따른 보수교육을 여성가족부령으로 정하는 바에 따라 관계 기관 또는 단체에 위탁할 수 있다.

④ 제1항에 따른 보수교육의 대상·기간·내용·방법 및 절차와 제3항에 따른 위탁 등에 필요한 사항은 여성가족부령으로 정한다.

[전문개정 2014.3.24]

제25조 (청소년육성 전담공무원) ① 특별시 · 광역시 · 특별자치시 · 도 · 특별자치도(이하 "시 · 도"라 한다), 시 · 군 · 구(자치구를 말한다. 이하 같다) 및 읍 · 면 · 동 또는 제26조에 따른 청소년육성 전담기구에 청소년육성 전담공무원을 둘 수 있다.

② 제1항에 따른 청소년육성 전담공무원은 청소년지도사 또는 청소년상담사의 자격을 가진 사람으로 한다.

③ 청소년육성 전담공무원은 관할구역의 청소년과 청소년지도자 등에 대하여 그 실태를 파악하고 필요한 지도를 하여야 한다.

④ 관계 행정기관, 청소년단체 및 청소년시설의 설치·운영자는 청소년육성 전담공무원의 업무 수행에 협조하여야 한다.

⑤ 제1항에 따른 청소년육성 전담공무원의 임용 등에 필요한 사항은 조례로 정한다.

[전문개정 2014.3.24]

제26조 (청소년육성 전담기구의 설치) ① 청소년육성에 관한 업무를 효율적으로 운영

하기 위하여 시·도 및 시·군·구에 청소년육성에 관한 업무를 전담하는 기구를 따로 설치할 수 있다.

② 제1항에 따른 청소년육성 전담기구의 사무 범위, 조직 등에 필요한 사항은 조례로 정한다.

[전문개정 2014.3.24]

제27조 (청소년지도위원) ① 특별자치시장·특별자치도지사·시장·군수·구청장은 청소년육성을 담당하게 하기 위하여 청소년지도위원을 위촉하여야 한다.

② 제1항에 따른 청소년지도위원의 자격·위촉절차 등에 필요한 사항은 조례로 정한다.

[전문개정 2014.3.24]

제6장 청소년단체

제28조 (청소년단체의 역할) ① 청소년단체는 다음 각 호의 역할을 수행하기 위하여 최선의 노력을 하여야 한다.

1. 학교교육과 서로 보완할 수 있는 청소년활동을 통한 청소년의 기량과 품성 함양
2. 청소년복지 증진을 통한 청소년의 삶의 질 향상
3. 유해환경으로부터 청소년을 보호하기 위한 청소년보호 업무 수행

② 청소년단체는 제1항에 따른 역할을 수행할 때에 청소년의 의견을 적극 반영하여야 한다.

[전문개정 2014.3.24]

제28조의2 (청소년단체 임원의 결격사유) ① 청소년단체의 임원은 여성가족부장관으로부터 설립허가를 받은 법인의 임원과 「비영리민간단체지원법」에 따라 등록된 비영리민간단체의 대표자, 관리인 또는 그 밖에 회칙으로 정한 임원으로 한다.

② 다음 각 호의 어느 하나에 해당하는 사람은 청소년단체의 임원이 될 수 없다. [개정 2015.6.22] [[시행일 2015.9.23]]

1. 제21조제3항 각 호(제4호의2는 제외한다)의 어느 하나에 해당하는 사람
2. 삭제 [2015.6.22] [[시행일 2015.9.23]]
3. 제1호 및 제2호에도 불구하고「아동복지법」제71조,「보조금 관리에 관한 법률」제40조 부터 제42조까지 또는「형법」제28장·제40장(제360조는 제외한다)의 죄

를 범하거나 이 법을 위반하여 다음 각 목의 어느 하나에 해당하는 사람
가. 100만원 이상의 벌금형을 선고받고 그 형이 확정된 후 5년이 지나지 아니한 사람
나. 형의 집행유예를 선고받고 그 형이 확정된 후 7년이 지나지 아니한 사람
다. 징역형을 선고받고 그 집행이 끝나거나(집행이 끝난 것으로 보는 경우를 포함한다) 집행이 면제된 날부터 7년이 지나지 아니한 사람

4. 제1호부터 제3호까지의 규정에도 불구하고 「성폭력범죄의 처벌 등에 관한 특례법」 제2조(제1항제1호는 제외한다)의 성폭력범죄 또는 「아동 · 청소년의 성보호에 관한 법률」 제2조제2호의 아동·청소년대상 성범죄를 저지른 사람으로서 형 또는 치료감호를 선고받고 확정된 후 그 형 또는 치료감호의 전부 또는 일부의 집행이 끝나거나(집행이 끝난 것으로 보는 경우를 포함한다) 집행이 유예 · 면제된 날부터 10년이 지나지 아니한 사람

③ 임원이 제2항 각 호의 어느 하나에 해당하게 되었을 때에는 그 자격을 상실한다.
[전문개정 2014.3.24]

제29조 (청소년단체에 대한 지원 등) ① 국가 및 지방자치단체는 청소년단체의 조직과 활동에 필요한 행정적인 지원을 할 수 있으며, 예산의 범위에서 그 운영 · 활동 등에 필요한 경비의 일부를 보조할 수 있다.
② 학교 및 「평생교육법」 제2조제2호의 평생교육기관은 청소년단체의 청소년활동에 필요한 지원과 협력을 할 수 있다.
③ 개인·법인 또는 단체는 청소년단체의 시설과 운영을 지원하기 위하여 금전이나 그 밖의 재산을 출연할 수 있다.
④ 제1항에 따른 지원 및 보조의 범위 등에 필요한 사항은 대통령령으로 정한다. [전문개정 2014.3.24]

제30조 (수익사업) ① 청소년단체는 정관에서 정하는 바에 따라 청소년육성과 관련한 수익사업을 할 수 있다.
② 제1항에 따른 수익사업의 범위, 수익금의 사용 등에 필요한 사항은 대통령령으로 정한다.
[전문개정 2014.3.24]

제31조 삭제 [2010.5.17] [[시행일 2010.8.18]]

제32조 삭제 [2010.5.17] [[시행일 2010.8.18]]

제33조 삭제 [2010.5.17] [[시행일 2010.8.18]]

제34조 삭제 [2010.5.17] [[시행일 2010.8.18]]

제35조 삭제 [2010.5.17] [[시행일 2010.8.18]]

제36조 삭제 [2010.5.17] [[시행일 2010.8.18]]

제37조 삭제 [2010.5.17] [[시행일 2010.8.18]]

제38조 삭제 [2010.5.17] [[시행일 2010.8.18]]

제39조 삭제 [2010.5.17] [[시행일 2010.8.18]]

제40조 (한국청소년단체협의회) ① 청소년단체는 청소년육성을 위한 다음 각 호의 활동을 하기 위하여 여성가족부장관의 인가를 받아 한국청소년단체협의회를 설립할 수 있다.

1. 회원단체의 사업과 활동에 대한 협조·지원
2. 청소년지도자의 연수와 권익 증진
3. 청소년 관련 분야의 국제기구활동
4. 외국 청소년단체와의 교류 및 지원
5. 남·북청소년 및 해외교포청소년과의 교류·지원
6. 청소년활동에 관한 조사 · 연구 · 지원
7. 청소년 관련 도서 출판 및 정보 지원
8. 청소년육성을 위한 홍보 및 실천 운동
9. 제41조에 따른 지방청소년단체협의회에 대한 협조 및 지원
10. 그 밖에 청소년육성을 위하여 필요한 사업

② 한국청소년단체협의회는 법인으로 한다.

③ 한국청소년단체협의회는 주된 사무소의 소재지에서 설립등기를 함으로써 성립한다.
④ 한국청소년단체협의회에 관하여 이 법에 규정된 것을 제외하고는 「민법」 중 사단법인에 관한 규정을 준용한다.
⑤ 국가는 한국청소년단체협의회의 운영과 활동에 필요한 경비를 지원할 수 있다.
⑥ 한국청소년단체협의회는 설립 목적에 지장이 없는 범위에서 수익사업을 할 수 있으며, 발생한 수익은 한국청소년단체협의회의 운영 또는 한국청소년단체협의회의 시설 운영 외의 목적에 사용할 수 없다.
⑦ 개인·법인 또는 단체는 한국청소년단체협의회의 운영과 사업 등을 지원하기 위하여 금전이나 그 밖의 재산을 출연하거나 기부할 수 있다.
⑧ 한국청소년단체협의회는 제1항에 따른 활동의 일부를 정관에서 정하는 바에 따라 회원단체에 위탁할 수 있다.
[전문개정 2014.3.24]

제41조 (지방청소년단체협의회) ① 특정지역을 활동 범위로 하는 청소년단체는 청소년 육성을 위하여 그 지역을 관할하는 시·도의 조례로 정하는 바에 따라 시·도지사의 인가를 받아 지방청소년단체협의회를 설립할 수 있다.
② 지방자치단체는 예산의 범위에서 해당 지방청소년단체협의회의 운영경비의 전부 또는 일부를 지원할 수 있다.
[전문개정 2014.3.24]

제42조 삭제 [2012.2.1 제11290호(청소년복지 지원법)] [[시행일 2012.8.2]]

제42조의2 삭제 [2012.2.1 제11290호(청소년복지 지원법)] [[시행일 2012.8.2]]

제42조의3 삭제 [2012.2.1 제11290호(청소년복지 지원법)] [[시행일 2012.8.2]]

제42조의4 삭제 [2012.2.1 제11290호(청소년복지 지원법)] [[시행일 2012.8.2]]

제42조의5 삭제 [2012.2.1 제11290호(청소년복지 지원법)] [[시행일 2012.8.2]]

제43조 삭제 [2012.2.1 제11290호(청소년복지 지원법)] [[시행일 2012.8.2]]

제44조 삭제 [2012.2.1 제11290호(청소년복지 지원법)] [[시행일 2012.8.2]]

제45조 삭제 [2012.2.1 제11290호(청소년복지 지원법)] [[시행일 2012.8.2]]

제46조 삭제 [2012.2.1 제11290호(청소년복지 지원법)] [[시행일 2012.8.2]]

제46조의2 삭제 [2012.2.1 제11290호(청소년복지 지원법)] [[시행일 2012.8.2]]

제7장 청소년활동 및 청소년복지 등 [개정 2014.3.24]

제47조 (청소년활동의 지원) ① 국가 및 지방자치단체는 청소년활동을 지원하여야 한다.
② 제1항에 따른 청소년활동의 지원에 관한 사항은 따로 법률로 정한다.
[전문개정 2014.3.24]

제48조 (학교교육 등과의 연계) ① 국가 및 지방자치단체는 청소년활동과 학교교육·평생교육을 연계하여 교육적 효과를 높일 수 있도록 하는 시책을 수립·시행하여야 한다.
② 여성가족부장관이 제1항에 따른 시책을 수립할 때에는 미리 관계 기관과 협의하여야 하며, 전문가의 의견을 들어야 한다.
③ 제2항에 따른 협의를 요청받은 관계 기관은 특별한 사유가 없으면 이에 따라야 한다.
[전문개정 2014.3.24]

제48조의2 (청소년 방과 후 활동의 지원) ① 국가 및 지방자치단체는 학교의 정규교육으로 보호할 수 없는 시간 동안 청소년의 전인적(全人的) 성장·발달을 지원하기 위하여 다양한 교육 및 활동 프로그램 등을 제공하는 종합적인 지원 방안을 마련하여야 한다.
② 제1항의 종합적인 지원 방안 마련에 필요한 사항은 대통령령으로 정한다.
[전문개정 2014.3.24]

제49조 (청소년복지의 향상) ① 국가는 청소년들의 의식·태도·생활 등에 관한 사항을 정기적으로 조사하고, 이를 개선하기 위하여 청소년의 복지향상 정책을 수립·시행

하여야 한다.
② 국가 및 지방자치단체는 기초생활 보장, 직업재활훈련, 청소년활동 지원 등의 시책을 추진할 때에는 정신적 · 신체적 · 경제적 · 사회적으로 특별한 지원이 필요한 청소년을 우선적으로 배려하여야 한다.
③ 국가 및 지방자치단체는 청소년의 삶의 질을 향상하기 위하여 구체적인 시책을 마련하여야 한다.
④ 제1항부터 제3항까지의 규정에 관하여는 따로 법률로 정한다.
[전문개정 2014.3.24]

제50조 삭제 [2012.2.1 제11290호(청소년복지 지원법)] [[시행일 2012.8.2]]

제51조 (청소년 유익환경의 조성) ① 국가 및 지방자치단체는 청소년이 정보화 능력을 키울 수 있는 환경을 조성하기 위하여 노력하여야 한다.
② 국가 및 지방자치단체는 청소년에게 유익한 매체물의 제작·보급 등을 장려하여야 하며 매체물의 제작·보급 등을 하는 자에게 그 제작·보급 등에 관한 경비 등을 지원할 수 있다.
③ 국가 및 지방자치단체는 주택단지의 청소년시설 배치 등 청소년을 위한 사회환경과 자연환경을 조성하기 위하여 노력하여야 한다.
[전문개정 2014.3.24]

제52조 (청소년 유해환경의 규제) ① 국가 및 지방자치단체는 청소년에게 유해한 매체물과 약물 등이 유통되지 아니하도록 하여야 한다.
② 국가 및 지방자치단체는 청소년이 유해한 업소에 출입하거나 고용되지 아니하도록 하여야 한다.
③ 국가 및 지방자치단체는 폭력·학대·성매매 등 유해한 행위로부터 청소년을 보호·구제하여야 한다.
④ 제1항부터 제3항까지의 규정에 따른 청소년에게 유해한 매체물·약물·업소·행위 등의 규제에 관하여는 따로 법률로 정한다.
[전문개정 2014.3.24]

제8장 청소년육성기금

제53조 (기금의 설치 등) ① 청소년육성에 필요한 재원을 확보하기 위하여 청소년육성기금(이하 "기금"이라 한다)을 설치한다.

② 기금은 여성가족부장관이 관리·운용한다.

③ 여성가족부장관은 기금의 관리·운용에 관한 사무의 전부 또는 일부를 다음 각 호의 기관 중에서 선정하여 위탁할 수 있다.

1. 제40조에 따른 한국청소년단체협의회
2. 「청소년활동 진흥법」 제6조에 따른 한국청소년활동진흥원
3. 「정부출연연구기관 등의 설립·운영 및 육성에 관한 법률」에 따라 설립된 한국청소년정책연구원
4. 「국민체육진흥법」 제36조에 따른 서울올림픽기념국민체육진흥공단

④ 기금의 관리·운용에 필요한 사항은 대통령령으로 정한다.

[전문개정 2014.3.24]

제54조 (기금의 조성) ① 기금은 다음 각 호의 재원으로 조성한다. [개정 2014.12.23 제12856호(국민체육진흥법)] [[시행일 2015.1.1]]

1. 정부의 출연금
2. 「국민체육진흥법」 제22조제4항제1호및 「경륜·경정법」 제18조제1항제1호에 따른 출연금
3. 개인·법인 또는 단체가 출연하는 금전·물품이나 그 밖의 재산
4. 기금의 운용으로 생기는 수익금
5. 그 밖에 대통령령으로 정하는 수입금

② 제1항제3호에 따라 출연하는 자는 용도를 지정하여 출연할 수 있다. 다만, 특정단체 또는 개인에 대한 지원을 용도로 지정할 수 없다.

[전문개정 2014.3.24]

제55조 (기금의 사용 등) ① 기금은 다음 각 호의 사업에 사용한다. [개정 2015.2.3] [[시행일 2015.5.4]]

1. 청소년활동의 지원
2. 청소년시설의 설치와 운영을 위한 지원
3. 청소년지도자의 양성을 위한 지원

4. 청소년단체의 운영과 활동을 위한 지원
5. 청소년복지 증진을 위한 지원
6. 청소년보호를 위한 지원
7. 청소년정책의 수행 과정에 관한 과학적 연구의 지원
8. 기금 조성 사업을 위한 지원
9. 그 밖에 청소년육성을 위하여 대통령령으로 정하는 사업

② 국가나 지방자치단체는 제53조제2항 및 제3항에 따른 기금의 관리기관(이하 "기금관리기관"이라 한다)의 기금 조성을 지원하기 위하여 기금관리기관에 국유 또는 공유의 시설·물품이나 그 밖의 재산을 그 용도나 목적에 지장을 주지 아니하는 범위에서 무상으로 사용·수익하게 하거나 대부할 수 있다.

③ 기금관리기관은 청소년육성 또는 기금의 조성을 위하여 기금의 일부 또는 기금관리기관의 시설·물품 등 재산의 일부를 청소년단체의 기본재산에 출연하거나 출자할 수 있다.

④ 기금관리기관은 기금 조성의 전망을 고려하여 기금 사용을 조절함으로써 궁극적으로 청소년육성을 위한 재원 확보에 기여할 수 있는 장기계획을 수립하여 시행하여야 한다.

[전문개정 2014.3.24]

第56조 (지방청소년육성기금의 조성) ① 시 · 도지사는 관할구역의 청소년활동 지원 등 청소년육성을 위한 사업 지원에 필요한 재원을 확보하기 위하여 지방청소년육성기금을 설치할 수 있다.

② 제1항에 따른 지방청소년육성기금의 조성·용도 등에 필요한 사항은 조례로 정한다.

[전문개정 2014.3.24]

제9장 보칙

제57조 (국유·공유 재산의 대부 등) ① 국가나 지방자치단체는 청소년시설의 설치, 청소년단체의 육성을 위하여 필요한 경우에는 「국유재산법」또는 「공유재산 및 물품 관리법」에도 불구하고 그 용도에 지장을 주지 아니하는 범위에서 청소년시설이나 청소년단체에 국유 · 공유 재산을 무상으로 대부하거나 사용 · 수익하게 할 수 있다.

② 제1항에 따른 국유·공유 재산의 대부·사용·수익의 내용 및 조건에 관하여는 해당

재산을 사용·수익하려는 자와 해당 재산의 관리청 또는 지방자치단체의 장 사이의 계약에 따른다.

[전문개정 2014.3.24]

제58조 (조세 감면 등) ① 국가는 다음 각 호의 기관과 그 기관에서 운영하는 청소년 시설에 대하여 「조세특례제한법」에서 정하는 바에 따라 조세를 감면할 수 있고, 「부가가치세법」에서 정하는 바에 따라 부가가치세를 감면할 수 있다.

1. 제40조에 따른 한국청소년단체협의회
2. 제41조에 따른 지방청소년단체협의회
3. 「청소년복지 지원법」 제22조에 따른 한국청소년상담복지개발원
4. 「청소년복지 지원법」 제29조에 따른 청소년상담복지센터
5. 「청소년복지 지원법」 제30조에 따른 이주배경청소년지원센터
6. 「정부출연연구기관 등의 설립·운영 및 육성에 관한 법률」에 따라 설립된 한국청소년정책연구원
7. 그 밖의 청소년단체

② 국가는 다음 각 호의 재산 등에 대해서는 「조세특례제한법」에서 정하는 바에 따라 소득계산의 특례를 적용할 수 있다.

1. 제1항 각 호의 기관과 그 기관에서 운영하는 청소년시설에 출연되거나 기부된 재산
2. 제54조에 따라 기금에 출연된 금전이나 그 밖의 재산

③ 국가는 제1항 각 호의 기관과 그 기관에서 운영하는 청소년시설에서 청소년활동에 사용하기 위하여 수입하는 다음 각 호의 어느 하나에 해당하는 용품 등에 대해서는 「관세법」에서 정하는 바에 따라 관세를 감면할 수 있다.

1. 실험 · 실습 · 시청각 기자재와 그 밖에 필요한 용품
2. 고도의 정밀성 등으로 수입이 불가피한 청소년 시설·설비

[전문개정 2014.3.24]

제59조 (감독 등)

① 국가 및 지방자치단체는 청소년육성을 위하여 필요하면 다음 각 호의 기관에 대하여 업무 · 회계 및 재산에 관한 사항을 보고하게 하거나 소속 공무원으로 하여금 그 장부 · 서류나 그 밖의 물건을 검사하게 할 수 있다.

1. 청소년시설
2. 제40조에 따른 한국청소년단체협의회

3. 제41조에 따른 지방청소년단체협의회
4. 그 밖의 청소년단체

② 제1항에 따라 검사를 하는 공무원은 그 권한을 표시하는 증표를 지니고 이를 관계인에게 보여주어야 한다.

[전문개정 2014.3.24]

제60조 (포상) 정부는 청소년육성에 관하여 현저한 공로가 있거나 다른 청소년에게 모범이 되는 자에게 포상을 할 수 있다.

[전문개정 2014.3.24]

제61조 (유사명칭의 사용금지) 이 법에 따른 한국청소년단체협의회가 아닌 자는 한국청소년단체협의회 또는 이와 유사한 명칭을 사용하지 못한다.

[전문개정 2014.3.24]

제62조 (수수료 등) ① 다음 각 호의 어느 하나에 해당하는 사람은 여성가족부령으로 정하는 바에 따라 수수료를 내야 한다.

1. 청소년지도사 자격검정에 응시하거나 연수과정을 이수하는 사람
2. 청소년상담사 자격검정에 응시하거나 연수과정을 이수하는 사람

② 청소년시설을 설치·운영하는 자 및 위탁운영을 하는 단체는 청소년시설을 이용하는 자로부터 이용료를 받을 수 있다.

[전문개정 2014.3.24]

제63조 (권한의 위임 · 위탁) 여성가족부장관은 이 법에 따른 권한의 일부를 대통령령으로 정하는 바에 따라 시 · 도지사에게 위임하거나 청소년단체에 위탁할 수 있다.

[전문개정 2014.3.24]

제63조의2 (벌칙 적용에서 공무원 의제) 제21조제4항(제22조제2항에서 준용하는 경우를 포함한다)에 따라 위탁받은 자격검정 업무에 종사하는 사람은 「형법」 제129조 부터 제132조까지의 규정을 적용할 때에는 공무원으로 본다.

[본조신설 2015.2.3] [[시행일 2015.5.4]]

제10장 벌칙

제64조 (벌칙) 제30조에 따라 정관에서 정하는 사업 외의 수익사업을 한 자는 2년 이하의 징역 또는 2천만원 이하의 벌금에 처한다.
[전문개정 2014.3.24]

제65조 (양벌규정) 법인의 대표자나 법인 또는 개인의 대리인, 사용인, 그 밖의 종업원이 그 법인 또는 개인의 업무에 관하여 제64조의 위반행위를 하면 그 행위자를 벌하는 외에 그 법인 또는 개인에게도 해당 조문의 벌금형을 과(科)한다. 다만, 법인 또는 개인이 그 위반행위를 방지하기 위하여 해당 업무에 관하여 상당한 주의와 감독을 게을리하지 아니한 경우에는 그러하지 아니하다.
[전문개정 2010.5.17] [[시행일 2010.8.18]]

제66조 (과태료) ① 다음 각 호의 어느 하나에 해당하는 자에게는 500만원 이하의 과태료를 부과한다.
1. 제59조제1항에 따른 보고를 하지 아니하거나 검사를 거부·방해 또는 기피한 자
2. 제61조를 위반한 자

② 제24조의2제1항 및 제2항을 위반한 자에게는 100만원 이하의 과태료를 부과한다.
③ 제1항과 제2항에 따른 과태료는 대통령령으로 정하는 바에 따라 여성가족부장관 또는 지방자치단체의 장이 부과·징수한다.
[전문개정 2014.3.24]

부칙 [1991.12.31 제4477호]

제1조 (施行日) 이 법은 1993년 1월 1일부터 시행한다.

제2조 (廢止法律) 청소년육성법은 이를 폐지한다.

제3조 (청소년육성위원회등에 관한 경과조치) 이 법 시행당시 종전의 청소년육성법 제8조제1항의 규정에 의한 청소년육성위원회는 제12조제1항의 규정에 의한 청소년육성위원회로, 동법 제8조제2항의 규정에 의한 청소년육성실무위원회는 제12조제3항의 규정에 의한 청소년육성실무위원회로, 동법 제8조제3항의 규정에 의한 청소년육성지방위원회는 제13조의 규정에 의한 지방청소년위원회로 본다.

제4조 (청소년지도위원에 관한 경과조치) 이 법 시행당시 종전의 청소년육성법 제9조의 규정에 의하여 위촉된 청소년지도위원은 제22조의 규정에 의하여 위촉된 것으로 본다.

제5조 (청소년육성종합계획에 관한 경과조치) 이 법 시행당시 종전의 청소년육성법 제10조의 규정에 의한 종합계획은 제15조의 규정에 의한 연도별 시행계획으로 본다.

제6조 (설치중인 청소년시설에 대한 경과조치) 이 법 시행당시 종전의 청소년육성법 제12조제2항의 규정에 의하여 설치중인 청소년시설은 제26조제2항의 규정에 의하여 설치중인 수련시설로 본다.

제7조 (청소년시설에 관한 경과조치) 이 법 시행당시 종전의 청소년육성법 제12조제2항의 규정에 의하여 신고한 청소년시설은 제26조제3항의 규정에 의하여 등록한 수련시설로 본다.

제8조 (청소년시설의 사용료에 관한 경과조치) 이 법 시행당시 종전의 청소년육성법 제14조제3항의 규정에 의하여 신고한 사용료는 제32조제2항의 규정에 의하여 승인받은 이용료로 본다.

제9조 (한국청소년단체협의회에 관한 경과조치) 이 법 시행당시 종전의 청소년육성법 제18조의 규정에 의한 한국청소년단체협의회는 제25조의 규정에 의한 한국청소년단체협의회로 본다.

제10조 (한국청소년연구원에 관한 경과조치) 이 법 시행당시 종전의 청소년육성법 제19조의 규정에 의한 한국청소년연구원은 제50조의 규정에 의한 한국청소년개발원으로 본다.

제11조 (청소년육성기금에 관한 경과조치) 이 법 시행당시 종전의 청소년육성법 제27조의 규정에 의하여 설치한 청소년육성기금은 제63조의 규정에 의하여 설치된 것으로 본다.

제12조 (다른 법률과의 관계) 이 법 시행당시 다른 법령에서 종전의 청소년육성법 또는 그 규정을 인용한 것은 이 법중에 그에 해당하는 규정이 있는 때에는 종전의 청소년육성법에 갈음하여 이 법 또는 이 법의 해당 조항을 인용한 것으로 본다.

부칙 [1993.3.6 제4541호(정부조직법)]

제1조 (施行日) 이 법은 공포한 날부터 시행한다. 〈단서 생략〉

제2조 생략

제3조 (문화체육부 신설에 따른 다른 법률의 개정) ①내지 ⑨생략
⑩청소년기본법중 다음과 같이 개정한다.
제10조, 제14조제3항, 제19조제2항, 제21조제1항, 제25조제1항, 제26조제1항·제2항·제4항, 제29조, 제31조제1항·제2항·제4항, 제32조제2항, 제33조, 제34조제1항, 제38조제3항·제4항, 제39조제1항, 제40조제1항 내지 제4항, 제41조제1항·제2항, 제43조제2항, 제45조제2항, 제50조제1항제11호, 제51조제2항, 제52조제2항·제4항, 제53조제2항, 제55조제1항·제2항, 제57조제5호, 제58조제2항·제4항, 제59조제2항, 제62조제1항, 제65조제1항·제2항, 제73조 및 제76조제3항 내지 제5항중 "체육청소년부장관"을 각각 "문화체육부장관"으로 한다.
제20조제2항, 제28조, 제31조제3항, 제32조제3항 및 제72조중 "체육청소년부령"을 각각 "문화체육부령"으로 한다.
⑪내지 〈35〉생략

제4조 및 제5조 생략

부칙 [1994.1.7 제4719호(체육시설의설치·이용에관한법률)]

제1조 (施行日) 이 법은 30일이 경과한 날부터 시행한다.

제2조 내지 제7조 생략

제8조 (다른 법률의 개정) ①청소년기본법중 다음과 같이 개정한다.
제38조제2항제1호중 "체육시설의설치·이용에 관한 법률 제8조"를 "체육시설의 설치·이용에 관한 법률 제22조"로 한다.
②및 ③생략

제9조 생략

부칙 [1995.12.29 제5076호]

제1조 (施行日) 이 법은 공포후 6월이 경과한 날부터 시행한다.

제2조 (수련시설 설치·운영의 허가에 관한 경과조치) 이 법 시행당시 종전의 규정에 의하여 문화체육부장관으로부터 수련시설의 설치·운영허가를 받은 자는 이 법에 의하여 시·도지사로부터 수련시설의 설치·운영허가를 받은 것으로 본다.

제3조 (수련시설의 운영책임자에 관한 경과조치) 이 법 시행당시 종전의 규정에 의하여 수련시설의 등록을 한 자 및 수련시설위탁운영단체는 이 법 시행후 6월이내에 제26조의3의 개정규정이 정하는 바에 의하여 수련시설의 운영책임자를 선임하여야 한다.

제4조 (수련시설의 대표자 등의 결격사유에 관한 경과조치) 이 법 시행당시 종전의 규정에 의하여 수련시설의 허가를 받은 법인의 대표자 및 임원과 법인이 아닌 단체의 대표자, 수련시설위탁운영단체의 대표자 및 임원이 제26조의4 각호의 1에 해당하는 경우에는 이 법 시행후 6월이내에 대표자 또는 해당 임원을 변경하여야 한다. 다만, 그 기간중에 기간의 경과 등으로 대표자 또는 해당 임원이 동규정에 해당하지 아니하게 된 때는 그러하지 아니하다.

제5조 (벌칙에 관한 경과조치) 이 법 시행전의 행위에 대한 벌칙의 적용에 있어서는 종전의 규정에 의한다.

부칙 [1997.12.13 제5453호 (행정절차법의시행에따른공인회계사법등의정비에관한법률)]

제1조 (施行日) 이 법은 1998년 1월 1일부터 시행한다. 〈단서 생략〉
제2조 생략

부칙 [1999.1.18 제5635호]

①(**施行日**) 이 법은 공포후 6월이 경과한 날부터 시행한다.

②(**벌칙에 관한 경과조치**) 이 법 시행전의 행위에 대한 벌칙의 적용에 있어서는 종전의 규정에 의한다.

③(**청소년지도사 자격검정 응시에 관한 특례**) 이 법 시행당시 종전의 제20조제1항의 규정에 의하여 청소년지도사 양성기관에서 소정의 과정을 이수한 자는 동조동항의 개정규정에 불구하고 검정에 응시할 수 있다.

④(**수련시설의 폐지등의 승인에 관한 경과조치**) 이 법 시행당시 종전의 제34조의2제2항의 규정에 의하여 시·도지사의 승인을 얻은 자는 이 법에 의하여 시·도지사에게 신고한 것으로 본다.

부칙 [1999.1.29 제5733호 (政府出捐研究機關등의設立 · 운영및육성에관한法律)]

제1조 (施行日) 이 법은 공포한 날부터 시행한다.

제2조 내지 제4조 생략

제5조 (다른 법률의 개정) ①내지 ⑪생략
⑫청소년기본법중 다음과 같이 개정한다.
제7장의 제목 "한국청소년개발원 · 한국청소년상담원등"을 "한국청소년상담원"으로 한다.
제50조 내지 제56조를 각각 삭제한다.
제57조에 제2항 및 제3항을 각각 다음과 같이 신설한다.
②상담원은 법인으로 하고, 그 주된 사무소의 소재지에서 설립등기를 함으로써 성립한다.
③상담원은 필요한 경우에 정관이 정하는 바에 의하여 분원을 둘수 있다.
제57조의2를 다음과 같이 신설한다.

제57조의2 (定款) ①상담원의 정관에는 다음 각호의 사항을 기재하여야 한다.
1. 목적
2. 명칭
3. 주된 사무소의 소재지
4. 사업에 관한 사항
5. 임원 및 직원에 관한 사항
6. 이사회에 관한 사항
7. 재산 및 회사에 관한 사항
8. 공고에 관한 사항
9. 정관의 변경에 관한 사항

②상담원의 정관을 변경하고자 하는 때에는 문화관광부장관의 인가를 받아야 한다.

제59조의2 및 제59조의3을 각각 다음과 같이 신설한다.

제59조의2(出捐金등) ①정부는 예산의 범위안에서 상담원의 사업 및 운영에 소요되는 경비를 지원할 수 있다.

②개인·법인 또는 단체는 상담원의 운영 또는 사업등을 지원하기 위하여 금전 기타 재산을 출연할 수 있다.

제59조의3(사업계획서등의 제출) ①상담원은 대통령령이 정하는 바에 의하여 사업계획서 및 예산서를 작성하여 사업연도 개시전까지 문화관광부장관에게 제출하여야 한다.

②상담원은 사업연도마다 세입·세출결산서를 작성하여 문화관광부장관이 지정하는 공인회계사의 감사를 받아 다음 사업연도의 3월 20일까지 문화관광부장관에게 제출하여야 한다.

제60조를 다음과 같이 한다.

제60조 (민법의 준용) 상담원에 관하여 이 법에 규정한 것을 제외하고는 민법중 재단법인에 관한 규정을 준용한다.

제65조제2항중 "제50조의 규정에 의한 개발원"을 "정부출연연구기관등의설립·운영및육성에관한법률에 의하여 설립된 한국청소년개발원"으로 한다.

제68조제1항중 "개발원·상담원"을 "정부출연연구기관등의설립·운영및육성에관한법률에 의하여 설립된 한국청소년개발원, 상담원"으로 하고, 동조제2항중 "개발원 및 상담원"을 "정부출연연구기관등의설립·운영및육성에관한법률에 의하여 설립된 한국청소년개발원과 상담원"으로 한다.

제69조제1항중 "청소년단체·개발원"을 "청소년단체"로 한다.

제71조중 “협의회 · 개발원”을 “협의회”로, “한국청소년단체협의회 · 한국청소년개발원”을 “한국청소년단체협의회”로 한다.
⑬내지 〈21〉생략

제6조 내지 제11조 생략

부칙[1999.2.8 제5893호(河川法)]

제1조 (施行日) 이 법은 공포후 6월이 경과한 날부터 시행한다.

제2조 내지 제4조 생략

제5조 (다른 법률의 개정) ①내지 〈43〉생략
〈44〉청소년기본법중 다음과 같이 개정한다.
제45조제1항제6호중 “하천법 제23조”를 “하천법 제30조”로, “동법 제25조”를 “동법 제33조”로 한다.
〈45〉내지 〈47〉생략

제6조 생략

부칙 [1999.2.8 제5911호(公有水面埋立法)]

제1조 (施行日) 이 법은 공포후 6월이 경과한 날부터 시행한다.

제2조 내지 제6조 생략

제7조 (다른 법률의 개정) ①내지 ④생략
⑤청소년기본법중 다음과 같이 개정한다.
제45조제1항제5호중 “공유수면매입법 제4조제1항”을 “공유수면매입법 제9조제1항”으로 한다.
⑥내지 〈35〉생략
제8조 생략

부칙 [1999.2.8 제5914호(公有水面管理法)]

제1조 (施行日) 이 법은 공포후 6월이 경과한 날부터 시행한다.

제2조 및 제3조 생략

제4조 (다른 법률의 개정 등) ①내지 〈26〉생략
〈27〉청소년기본법중 다음과 같이 개정한다.
제45조제1항제4호를 다음과 같이 한다.
4. 공유수면관리법 제5조의 규정에 의한 공유수면의 점·사용허가 및 동법 제8조의 규정에 의한 실시계획의 인가 또는 신고
〈28〉내지 〈41〉 생략

제5조 생략

부칙 [2001.12.31 제6569호]

제1조 (시행일) 이 법은 공포한 날부터 시행한다. 다만, 제3조제7호 · 제20조 · 제21조 · 제33조 · 제62조 · 제62조의2 및 제76조제2항제5호의 개정규정은 2002년 7월 1일부터 시행한다.

제2조 (청소년지도사에 관한 경과조치) 2002년 7월 1일 당시 종전의 규정에 의하여 청소년지도사의 자격을 부여받은 자는 제20조제1항의 개정규정에 의한 청소년지도사의 자격을 부여받은 것으로 본다.

제3조 (재단법인 한국청소년상담원의 권리 · 의무승계 등에 관한 특례) ①재단법인 한국청소년상담원은 이 법 시행후 2월 이내에 이 법에 의한 한국청소년상담원의 정관을 작성하여 문화관광부장관의 인가를 받아야 한다.
②재단법인 한국청소년상담원은 제1항의 규정에 의한 인가를 받은 때에는 이 법에 의한 한국청소년상담원의 설립등기를 하여야 한다.
③재단법인 한국청소년상담원은 제2항의 규정에 의하여 설립등기를 마친 때에는 민법중 법인의 해산 및 청산에 관한 규정에 불구하고 해산된 것으로 본다.
④이 법에 의한 한국청소년상담원은 설립등기일에 재단법인 한국청소년상담원의 모든

권리·의무 및 재산을 승계한다.

⑤이 법 시행 당시의 재단법인 한국청소년상담원의 임·직원은 이 법에 의한 한국청소년상담원의 임·직원으로 임명된 것으로 보며, 임원의 임기는 종전의 임명일부터 기산한다.

부칙 [2002.2.4 제6656호 (공익사업을위한토지등의취득및보상에관한법률)]

제1조 (시행일) 이 법은 2003년 1월 1일부터 시행한다.

제2조 내지 제10조 생략

제11조 (다른 법률의 개정) ①내지 〈60〉생략

〈61〉청소년기본법중 다음과 같이 개정한다.

제42조제2항중 "토지수용법"을 "공익사업을위한토지등의취득및보상에관한법률"로 한다.

〈62〉내지 〈85〉생략

제12조 생략

부칙 [2002.12.30 제6841호(산지관리법)]

제1조 (시행일) 이 법은 공포후 9월이 경과한 날부터 시행한다.

제2조 내지 제10조 생략

제11조 (다른 법률의 개정) ①내지 〈57〉생략

〈58〉청소년기본법중 다음과 같이 개정한다.

제38조제1항제6호를 다음과 같이 한다.

6. 산지관리법 제14조·제15조의 규정에 의한 산지전용허가 및 산지전용신고와 산림법 제62조제1항의 규정에 의한 보안림구역안에서의 행위의 허가

제45조제1항제10호를 다음과 같이 한다.

10. 산지관리법 제14조·제15조의 규정에 의한 산지전용허가 및 산지전용신고, 산림법 제62조제1항의 규정에 의한 보안림구역안에서의 행위의 허가 및 동법 제90조제1항의

규정에 의한 입목벌채 등의 허가
〈59〉내지 〈74〉생략

제12조 생략

부칙 [2004.2.9 제7162호]

제1조 (시행일) 이 법은 공포후 1년이 경과한 날부터 시행한다. 다만, 부칙 제2조의 시행을 위한 준비행위는 이 법 시행일전이라도 이를 할 수 있다.

제2조 (한국청소년진흥센터의 설립준비) ① 문화관광부장관은 제31조의 개정규정에 의한 한국청소년진흥센터(이하 "진흥센터"라 한다)의 설립에 관한 사무를 관장하게 하기 위하여 설립준비위원회(이하 "준비위원회"라 한다)를 구성한다.
② 준비위원회는 설립준비위원장(이하 "준비위원장"이라 한다)을 포함한 5인 이내의 설립준비위원(이하 "준비위원"이라 한다)으로 구성한다.
③ 준비위원장과 준비위원은 문화관광부장관이 위촉한다.
④ 준비위원회는 이 법 시행전까지 정관을 작성하여 문화관광부장관의 인가를 받아야 한다.
⑤ 준비위원은 제4항의 규정에 의하여 인가를 받은 때에는 지체없이 연명으로 진흥센터의 설립등기를 한 후 소장에게 사무를 인계하여야 한다.
⑥ 준비위원장 및 준비위원은 제5항의 규정에 의한 사무인계가 끝난 때에는 해촉된 것으로 본다.

제3조 (지방청소년위원회에 대한 경과조치) 이 법 시행 당시 종전의 규정에 의한 지방청소년위원회는 제11조의 개정규정에 의한 지방청소년육성위원회로 본다.

제4조 (청소년기본계획에 대한 경과조치) 이 법 시행 당시 종전의 규정에 의한 청소년육성에 관한 기본계획은 제13조의 개정규정에 의한 기본계획으로 본다.

제5조 (청소년수련시설에 대한 경과조치) 이 법 시행 당시 종전의 규정에 의한 청소년수련시설은 제17조의 개정규정에 의한 청소년활동시설로 본다.

제6조 (사단법인 한국청소년단체협의회의 권리·의무 승계에 관한 경과조치) ① 이 법

시행 당시 사단법인 한국청소년단체협의회는 이 법 시행후 3월 이내에 제40조의 개정규정에 의한 한국청소년단체협의회(이하 "협의회"라 한다)의 정관을 작성하여 문화관광부장관의 설립인가를 받아야 한다.

② 이 법 시행 당시 사단법인 한국청소년단체협의회는 제1항의 규정에 의한 설립인가를 받은 때에는 협의회의 설립등기를 하여야 한다.

③ 이 법 시행 당시 사단법인 한국청소년단체협의회는 제2항의 규정에 의한 설립등기를 마친 때에는 민법중 해산 및 청산에 관한 규정에 불구하고 해산된 것으로 본다.

④ 협의회는 설립등기일에 사단법인 한국청소년단체협의회의 모든 권리·의무 및 재산을 승계한다.

⑤ 이 법 시행 당시 사단법인 한국청소년단체협의회의 임·직원은 협의회의 임·직원으로 임명된 것으로 보며, 임원의 임기는 종전의 임명일부터 기산한다.

부칙 [2005.3.24 제7421호]

제1조(시행일) 이 법은 공포 후 3월 이내에 청소년위원회의 조직에 관한 대통령령이 시행되는 날부터 시행한다.

제2조(조직 폐지 및 신설에 따른 소관사무 및 공무원 등에 관한 경과조치) ① 이 법 시행 당시 문화관광부장관의 소관사무 중 청소년에 관한 사무는 청소년위원회가 승계한다.

② 이 법 시행 당시 문화관광부 청소년국 소속 공무원은 청소년위원회소속 공무원으로 본다.

③ 이 법 시행 당시 제1항의 규정에 의하여 청소년위원회가 승계하는 문화관광부장관의 소관사무에 관한 문화광광부령은 청소년위원회규칙으로 본다.

제3조(다른 법률의 개정) ①청소년활동진흥법 일부를 다음과 같이 개정한다.

제3조제1항, 제39조제1항 각호외의 부분, 제42조제2항, 제43조제2항 및 제72조제3항 중 "문화관광부장관"을 각각 "청소년위원회"로 한다.

제39조제1항제6호, 제41조제1항제5호 및 제43조제3항·제4항 중 "문화관광부장관이"를 각각 "청소년위원회가"로 한다.

제45조제1항·제2항 및 제13조제2항 각호 외의 부분중 "문화관광부장관에게"를 각각 "청소년위원회에"로 한다.

제69조중 "문화관광부장관은"을 "청소년위원회는"으로 한다.

제12조제1항제4호·제2항, 제13조제1항 후단·제2항 각호외의 부분, 제17조제2항, 제19조제2항, 제26조제2항, 제27조제1항, 제31조제2항제3호·제5호, 동조제3항 및 제68조 각호외의 부분중 "문화관광부령"을 각각 "청소년위원회규칙"으로 한다.
②청소년복지지원법 일부를 다음과 같이 개정한다.
제7조제4항중 "문화관광부령"을 "청소년위원회규칙"으로 한다.
③한국청소년연맹육성에관한법률 일부를 다음과 같이 개정한다.
제3조중 "문화체육부장관은"을 "청소년위원회는"으로 하고, 제7조 및 제8조제1항중 "문화체육부장관에게"를 각각 "청소년위원회에"로 하며, 제8조제2항중 "문화체육부장관이"를 "청소년위원회가"로 하고, 제9조중 "문화체육부장관은"을 "청소년위원회는"으로 한다.
④스카우트활동육성에관한법률 일부를 다음과 같이 개정한다.
제6조중 "문화체육부장관이"를 "청소년위원회가"으로 하고, 제7조중 "문화체육부장관"을 "청소년위원회"로 하며, 제8조중 "문화체육부장관은"을 "청소년위원회는"으로 하고, 제9조중 "문화체육부장관이"를 "청소년위원회가"로 "문화체육부장관에게"를 "청소년위원회에"로 한다.
⑤청소년의성보호에관한법률 일부를 다음과 같이 개정한다.
제20조제1항 및 제3항 중 "청소년보호위원회"를 각각 "청소년위원회"로 한다.
⑥학교폭력예방및대책에관한법률 일부를 다음과 같이 개정한다.
제8조제3항제1호 중 "청소년보호위원회 위원장"을 "청소년위원회 위원회장"으로 한다.
⑦담배사업법 일부를 다음과 같이 개정한다.
제13조제3항중 "청소년보호위원회위원장"을 "청소년위원회 위원장"으로 하고, 제25조제4항 중 "청소년보호위원회 위원장"을 "청소년위원회 위원장"으로 한다.
⑧사법경찰관사의직무를행할자와그직무범위에관한법률 일부를 다음과 같이 개정한다.
제5조제29호중 "청소년보호위원회"를 "청소년위원회"로 한다.
⑨출판및인쇄진흥법 일부를 다음과 같이 개정한다.
제19조제2항중 "청소년보호위원회"를 "청소년위원회"로 한다.
제4조(조직 폐지 및 신설에 따른 다른 법령과의 관계) 이 법 시행 당시 다른 법령에서 청소년에 관한 사무와 관련하여 "문화관광부" 또는 "문화관광부장관"을 인용하는 경우에는 "청소년위원회"를 "문화관광부 소속 공무원"을 인용하는 경우에는 "청소년위원회 소속 공무원"을 청소년위원회가 승계하는 문화관광부장관 소관사무에 관한 "문화관광부령"을 인용한 경우에는 "청소년위원회규칙"을 각각 인용한 것으로 본다.

부칙 [2005.3.31 제7428호(채무자 회생 및 파산에 관한 법률)]

제1조(시행일) 이 법은 공포 후 1년이 경과한 날부터 시행한다.

제2조 내지 제4조 생략

제5조(다른 법률의 개정) ①내지[116] 생략
[117]청소년기본법 일부를 다음과 같이 개정한다.
제21조제3항제2호 및 제35조제6항제2호중 "파산자"를 각각 "파산선고를 받은 자"로 한다.
[118]내지[145] 생략

제6조 생략

부칙 [2005.12.29 제7796호(국가공무원법)]

제1조 (시행일) 이 법은 2006년 7월 1일부터 시행한다.

제2조 내지 제5조 생략

제6조 (다른 법률의 개정) ① 내지 〈58〉 생략
〈59〉청소년기본법 일부를 다음과 같이 개정한다.
제16조의3제2항제1호중 "3급 이상 공무원"을 "3급 이상 공무원 또는 고위공무원단에 속하는 일반직공무원"으로 한다.
〈60〉 내지 〈68〉 생략

부칙 [2005.12.29 제7799호]

제1조 (시행일) 이 법은 공포 후 3월이 경과한 날부터 시행한다.

제2조 (조직명칭 변경에 따른 소관 사무 및 공무원 등에 관한 경과조치) 이 법 시행 전에 청소년위원회가 행한 사무와 이 법 시행당시 청소년위원회의 소관 사무는 국가

청소년위원회가 승계하고, 청소년위원회 위원 및 소속 공무원은 국가청소년위원회 위원 및 소속 공무원으로 본다.

제3조 (다른 법률의 개정) ①청소년활동진흥법 일부를 다음과 같이 개정한다.
제3조제1항, 제39조제1항 각 호 외의 부분 및 같은 항 제6호, 제41조제1항제5호, 제42조2항, 제43조제2항 내지 제4항, 제45조제1항·제2항, 제69조, 제72조제3항중 "청소년위원회"를 각각 "국가청소년위원회"로 한다.
②청소년보호법 일부를 다음과 같이 개정한다.
제2조제1호·제4호·제5호, 제8조제1항 내지 제6항, 제9조제1항·제2항, 제10조제1항, 제11조, 제12조제1항 내지 제6항, 제21조제1항 내지 제3항, 제22조제1항 내지 제3항, 제23조제1항 내지 제3항, 제26조제2항, 제33조의2제1항·제3항, 제42조제1항·제2항, 제43조제1항, 제46조, 제48조제1항, 제49조제1항·제3항·4항중 "청소년위원회"를 각각 "국가청소년위원회"로 한다.
③청소년의성보호에관한법률 일부를 다음과 같이 개정한다.
제20조제1항 및 제3항 중 "청소년위원회"를 각각 "국가청소년위원회"로 한다.
④한국청소년연맹육성에관한법률 일부를 다음과 같이 개정한다.
제3조, 제7조, 제8조제1항 및 제2항, 제9조 중 "청소년위원회"를 각각 "국가청소년위원회"로 한다.
⑤스카우트활동육성에관한법률 일부를 다음과 같이 개정한다.
제6조 내지 제9조 중 "청소년위원회"를 각각 "국가청소년위원회"로 한다.
⑥담배사업법 일부를 다음과 같이 개정한다.
제13조제3항, 제25조제4항 중 "청소년위원회"를 각각 "국가청소년위원회"로 한다.
⑦사법경찰관리의직무를행할자와그직무범위에관한법률 일부를 다음과 같이 개정한다.
제5조제29호 중 "청소년위원회"를 "국가청소년위원회"로 한다.
⑧출판및인쇄진흥법 일부를 다음과 같이 개정한다.
제19조제2항 중 "청소년위원회"를 "국가청소년위원회"로 한다.
⑨학교보건법 일부를 다음과 같이 개정한다.
제6조제1항제14호 중 "청소년위원회"를 "국가청소년위원회"로 한다.
⑩학교폭력예방및대책에관한법률 일부를 다음과 같이 개정한다.
제8조제3항제1호 중 "청소년위원회"를 "국가청소년위원회"로 한다.
⑪청소년복지지원법 일부를 다음과 같이 개정한다.
제13조제2항 중 "제42조 및 제46조"를 "제42조, 제46조 및 제46조의2"로 하고, 제17

조 중 "제46조"를 "제46조 및 제46조의2"로 하며, 제13조제2항 및 제17조 중 "지방청소년종합상담센터 및 지방청소년상담센터"를 각각 "기관"으로 한다.

제4조 (다른 법령과의 관계) 이 법 시행당시 다른 법령에서 청소년위원회를 인용한 경우에는 국가청소년위원회를, 청소년위원회 위원장을 인용한 경우에는 국가청소년위원회 위원장을, 청소년위원회 소속 공무원을 인용한 경우에는 국가청소년위원회 소속 공무원을 각각 인용한 것으로 본다.

부칙 [2007.4.11 제8342호(경륜 · 경정법)]

①**(시행일)** 이 법은 공포한 날부터 시행한다.

② 내지 ③ 생략

④**(다른 법률의 개정)** 청소년기본법 일부를 다음과 같이 개정한다.
제54조제1항제2호 중 "「경륜·경정법」 제15조제1항제1호"를 "「경륜·경정법」제18조제1항제1호"로 한다.

⑤ 생략

부칙 [2007.4.11 제8344호(국민체육진흥법)]

제1조(시행일) 이 법은 공포한 날부터 시행한다. [단서 생략]

제2조 내지 제7조 생략

제8조(다른 법률의 개정) ① 내지 ⑤ 생략
⑥청소년기본법 일부를 다음과 같이 개정한다.
제53조제3항 중 "제24조"를 "제36조"로 한다.
제54조제1항제2호 중 "제20조제3항제1호"를 "제22조제3항제1호"로 한다.

제9조 생략

부칙 [2007.5.11 제8432호(청소년기본법)]

제1조(시행일) 이 법은 공포한 날부터 시행한다.

제2조(다른 법률의 개정) 청소년기본법 일부를 다음과 같이 개정한다.
제53조제3항 중 "「정부출연연구기관 등의 설립· 운영 및 육성에 관한 법률」에 의하여 설립된 한국청소년개발원(이하 "청소년개발원"이라 한다)"을 "「정부출연연구기관 등의 설립· 운영 및 육성에 관한 법률」에 따라 설립된 한국청소년정책연구원(이하 "청소년정책연구원"이라 한다)"으로 한다.
제58조제1항 내지 제3항 중 "청소년개발원"을 각각 "청소년정책연구원"으로 한다.

제3조 생략

부칙 [2008.2.29 제8852호(정부조직법)]

제1조 (시행일) 이 법은 공포한 날부터 시행한다. 다만,…〈생략〉…, 부칙 제6조에 따라 개정되는 법률 중 이 법의 시행 전에 공포되었으나 시행일이 도래하지 아니한 법률을 개정한 부분은 각각 해당 법률의 시행일부터 시행한다.

제2조부터 제5조까지 생략

제6조 (다른 법률의 개정) ① 부터 〈755〉 까지 생략
〈756〉 청소년기본법 일부를 다음과 같이 개정한다.
제3장(제16조의2부터 제16조의8까지)을 삭제한다.
제37조제1항 및 제2항 중 "국가청소년위원회에"를 각각 "보건복지가족부장관에게"로 하고, 같은 조 제3항 전단 중 "국가청소년위원회는"을 "보건복지가족부장관은"으로 한다.
제43조제2항 중 "국가청소년위원회"를 "보건복지가족부장관"으로 하고, 같은 조 제4항 및 제5항 중 "국가청소년위원회가"를 각각 "보건복지가족부장관이"로 한다.
제53조제2항 중 "국가청소년위원회가"를 "보건복지가족부장관이"로 하고, 같은 조 제3항 중 "국가청소년위원회는"을 "보건복지가족부장관은"으로 한다.
제62조제1항 각 호 외의 부분 중 "각호의 1에 해당하는 자는 국가청소년위원회규칙이 정하는 바에 의하여"를 "각 호의 어느 하나에 해당하는 자는 보건복지가족부령으로 정하는 바에 따라"로 한다.

제9조, 제31조제1항제4호, 제36조제1항, 제42조제1항제9호, 제44조제1항 및 제48조제2항 중 "국가청소년위원회가"를 각각 "보건복지가족부장관이"로 한다.
제34조제2항, 제40조제1항 각 호 외의 부분 및 제66조제2항부터 제4항까지 중 "국가청소년위원회"를 각각 "보건복지가족부장관"으로 한다.
제21조제1항·제2항, 제22조제1항, 제34조제2항 및 제63조 중 "국가청소년위원회는"을 각각 "보건복지가족부장관은"으로 한다.
제10조제1항 중 "국가청소년위원회"를 "보건복지가족부"로 한다.
〈757〉 부터 〈760〉 까지 생략

제7조 생략

부 칙[2010.1.18 제9932호(정부조직법)]

제1조(시행일) 이 법은 공포 후 2개월이 경과한 날부터 시행한다. 〈단서 생략〉

제2조 및 제3조 생략

제4조(다른 법률의 개정) ① 부터 〈117〉 까지 생략
〈118〉 청소년기본법 일부를 다음과 같이 개정한다.
제9조, 제21조제1항·제2항, 제22조제1항, 제31조제1항제4호, 제34조제2항, 제36조제1항, 제37조제1항·제2항·제3항 전단, 제40조제1항 각 호 외의 부분, 제42조제1항제9호, 제43조제2항·제4항·제5항, 제44조제1항, 제48조제2항, 제53조제2항·제3항, 제63조 및 제66조제2항부터 제4항까지 중 "보건복지가족부장관"을 각각 "여성가족부장관"으로 한다.
제10조제1항 중 "보건복지가족부"를 "여성가족부"로 한다.
제62조제1항 각 호 외의 부분 중 "보건복지가족부령"을 "여성가족부령"으로 한다.
〈119〉 부터 〈137〉 까지 생략

제5조 생략

부 칙[2010.5.17 제10298호]

이 법은 공포 후 3개월이 경과한 날부터 시행한다.

부 칙[2011.5.19 제10658호]

이 법은 공포 후 6개월이 경과한 날부터 시행한다.

부 칙[2012.2.1 제11289호]

이 법은 공포한 날부터 시행한다. 다만, 제24조의2 및 제66조제2항의 개정규정은 2013년 1월 1일부터 시행한다.

부 칙[2012.2.1 제11290호(청소년복지 지원법)]

제1조(시행일) 이 법은 공포 후 6개월이 경과한 날부터 시행한다.

제2조부터 제5조까지 생략

제6조(다른 법률의 개정) ① 생략
② 청소년기본법 일부를 다음과 같이 개정한다.
제42조, 제42조의2부터 제42조의5까지, 제43조, 제44조, 제46조, 제46조의2 및 제50조를 각각 삭제한다.
제58조제1항부터 제3항까지의 규정 중 "협의회·지방청소년단체협의회·상담원·제46조 및 제46조의2의 규정에 의한 기관·청소년정책연구원"을 각각 "협의회, 지방청소년단체협의회, 「청소년복지 지원법」 제22조·제29조·제30조에 따른 한국청소년상담복지개발원·청소년상담복지센터·이주배경청소년지원센터, 청소년정책연구원"으로 한다.
제59조제1항 중 "협의회·지방청소년단체협의회·상담원·제46조 및 제46조의2에 따른 기관 등"을 "협의회·지방청소년단체협의회 등"으로 한다.
제61조 중 "상담원·협의회"를 "협의회"로, "한국청소년상담원·한국청소년단체협의회"를 "한국청소년단체협의회"로 한다.

제7조 생략

부 칙[2013.5.28 제11835호]

이 법은 공포한 날부터 시행한다.

부 칙[2014.1.21 제12329호(청소년활동 진흥법)]

제1조(시행일) 이 법은 공포 후 6개월이 경과한 날부터 시행한다.

제2조 및 제3조 생략

제4조(다른 법률의 개정) ①부터 ⑦까지 생략
⑧ 청소년기본법 일부를 다음과 같이 개정한다.
제53조제3항 중 "「청소년활동진흥법」"을 "「청소년활동 진흥법」"으로 한다.
⑨ 생략

부 칙[2014.3.24 제12535호]

제1조(시행일) 이 법은 공포한 날부터 시행한다.

제2조(금치산자 등에 대한 경과조치) 제21조제3항제1호의 개정규정에 따른 피성년후견인 또는 피한정후견인에는 법률 제10429호 민법 일부개정법률 부칙 제2조에 따라 금치산 또는 한정치산 선고의 효력이 유지되는 사람을 포함하는 것으로 본다.

부 칙[2014.12.23 제12856호(국민체육진흥법)]

제1조(시행일) 이 법은 2015년 1월 1일부터 시행한다.

제2조(다른 법률의 개정) 청소년 기본법 일부를 다음과 같이 개정한다.
제54조제1항제2호 중 "「국민체육진흥법」 제22조제3항제1호"를 "「국민체육진흥법」 제22조제4항제1호"로 한다.

부 칙[2015.2.3 제13180호]

제1조(시행일) 이 법은 공포 후 3개월이 경과한 날부터 시행한다.

제2조(기본계획에 관한 경과조치) 이 법 시행 당시 종전의 규정에 따라 수립된 기본계획은 제13조제1항의 개정규정에 따라 수립된 기본계획으로 본다.

부 칙[2015.6.22 제13370호]

제1조(시행일) 이 법은 공포 후 3개월이 경과한 날부터 시행한다.

제2조(청소년지도사 및 청소년상담사 결격사유에 관한 적용례) 제21조제3항제4호의2(제22조제2항에서 준용하는 경우를 포함한다)의 개정규정은 이 법 시행 후 최초로 형 또는 치료감호를 선고받고 확정된 사람부터 적용한다.

제3조(부정행위자에 대한 제재에 관한 적용례) 제21조의3(제22조제2항에서 준용하는 경우를 포함한다)의 개정규정은 이 법 시행 후 최초로 시행하는 자격검정에서 부정행위를 한 사람부터 적용한다.

제4조(청소년지도사 및 청소년상담사 결격사유에 관한 경과조치) 제21조제3항제3호(제22조제2항에서 준용하는 경우를 포함한다)의 개정 규정에도 불구하고 이 법 시행 전에 금고 이상의 형을 선고받고 확정된 사람에 대하여는 종전의 규정에 따른다.

제5조(청소년지도사 및 청소년상담사 자격의 취소에 관한 경과조치) 이 법 시행 당시 청소년지도사 및 청소년상담사인 사람이 이 법 시행 전에 발생한 사유로 제21조의2(제22조제2항에서 준용하는 경우를 포함한다)의 개정규정에 따른 자격 취소 사유에 해당하게 된 경우에는 같은 개정규정에도 불구하고 종전의 규정에 따른다.

청소년 복지지원법

제1장 총칙

제1조(목적) 이 법은 「청소년기본법」 제49조제4항에 따라 청소년복지 향상에 관한 사항을 규정함을 목적으로 한다.

제2조(정의) 이 법에서 사용하는 용어의 뜻은 다음과 같다.

1. "청소년"이란 「청소년기본법」 제3조제1호 본문에 해당하는 사람을 말한다.
2. "청소년복지"란 「청소년기본법」 제3조제4호에 따른 청소년복지를 말한다.
3. "보호자"란 친권자, 법정대리인 또는 사실상 청소년을 양육하는 사람을 말한다.
4. "위기청소년"이란 가정 문제가 있거나 학업 수행 또는 사회 적응에 어려움을 겪는 등 조화롭고 건강한 성장과 생활에 필요한 여건을 갖추지 못한 청소년을 말한다.

제2장 청소년의 우대 등

제3조(청소년의 우대) ① 국가 또는 지방자치단체는 그가 운영하는 수송시설·문화시설·여가시설 등을 청소년이 이용하는 경우 그 이용료를 면제하거나 할인할 수 있다.

② 국가 또는 지방자치단체는 다음 각 호의 어느 하나에 해당하는 자가 청소년이 이용하는 시설을 운영하는 경우 청소년에게 그 시설의 이용료를 할인하여 주도록 권고할 수 있다.

1. 국가 또는 지방자치단체의 재정적 보조를 받는 자
2. 관계 법령에 따라 세제상의 혜택을 받는 자
3. 국가 또는 지방자치단체로부터 위탁을 받아 업무를 수행하는 자

③ 제1항 또는 제2항에 따라 이용료를 면제받거나 할인받으려는 청소년은 시설의 관리자에게 주민등록증, 학생증, 제4조에 따른 청소년증 등 나이를 확인할 수 있는 증표 또는 자료를 제시하여야 한다.

④ 제1항 또는 제2항에 따라 이용료를 면제받거나 할인받을 수 있는 시설의 종류 및 청소년의 나이 기준 등은 대통령령으로 정한다.

제4조(청소년증) ① 특별자치도지사 또는 시장 · 군수 · 구청장(자치구의 구청장을 말한다. 이하 같다)은 9세 이상 18세 이하의 청소년에게 청소년증을 발급할 수 있다.

② 제1항에 따른 청소년증은 다른 사람에게 양도하거나 빌려주어서는 아니 된다.

③ 누구든지 제1항에 따른 청소년증 외에 청소년증과 동일한 명칭 또는 표시의 증표를 제작 · 사용하여서는 아니 된다.

④ 제1항에 따른 청소년증의 발급에 필요한 사항은 여성가족부령으로 정한다.

제3장 청소년의 건강보장

제5조(건강한 심신의 보존) ① 국가 및 지방자치단체는 청소년의 건강 증진 및 체력 향상을 위한 질병 예방, 건강 교육 등의 필요한 시책을 수립하여야 하며, 보호자는 양육하는 청소년의 건강 증진 및 체력 향상에 노력하여야 한다.

② 국가 및 지방자치단체는 관련 기관과 협의하여 청소년의 건강·체력 기준을 설정하여 보급할 수 있다.

③ 제1항 및 제2항에 따른 시책의 마련 및 건강·체력 기준의 설정·보급에 필요한 사항은 대통령령으로 정한다.

제6조(체력검사와 건강진단) ① 국가 및 지방자치단체는 청소년의 체력검사와 건강진단을 실시할 수 있다.

② 국가 및 지방자치단체는 제1항에 따른 체력검사 및 건강진단의 결과를 청소년 본인에게 알려주어야 한다.

③ 국가 및 지방자치단체는 제1항 및 제2항에 따른 체력검사·건강진단의 실시와 그 결과 통보를 전문기관 또는 단체에 위탁할 수 있다.

④ 제1항 및 제2항에 따른 체력검사·건강진단의 실시와 그 결과 통보에 필요한 사항은 여성가족부령으로 정한다.

제7조(건강진단 결과의 분석 등) ① 국가 및 지방자치단체는 제6조에 따른 건강진단 결과를 분석하여 청소년의 건강 증진을 위하여 필요한 시책을 수립·시행하여야 한다.

② 국가 및 지방자치단체는 제1항에 따른 분석을 전문기관에 의뢰할 수 있다.

제8조(건강진단 결과의 공개 금지) 제6조에 따라 건강진단을 실시한 국가 · 지방자치단

체·전문기관 또는 단체에 근무하였거나 근무하는 사람은 제7조제1항에 따른 시책을 수립하거나 시행하기 위하여 불가피한 경우를 제외하고는 건강진단 결과를 공개하여서는 아니 된다.

제4장 지역사회 청소년통합지원체계 등

제9조(지역사회 청소년통합지원체계의 구축 · 운영) ① 지방자치단체의 장은 관할구역의 위기청소년을 조기에 발견하여 보호하고, 청소년복지 및 「청소년기본법」 제3조제5호에 따른 청소년보호를 효율적으로 수행하기 위하여 지방자치단체, 공공기관, 「청소년기본법」 제3조제8호에 따른 청소년단체 등이 협력하여 업무를 수행하는 지역사회 청소년통합지원체계(이하 "통합지원체계"라 한다)를 구축·운영하여야 한다.

② 국가는 통합지원체계의 구축 · 운영을 지원하여야 한다.

③ 통합지원체계에 반드시 포함되어야 하는 기관 또는 단체 등 통합지원체계의 구성 등에 필요한 사항은 대통령령으로 정한다.

제10조(운영위원회) ① 지방자치단체의 장은 통합지원체계의 원활한 운영을 위하여 필요하다고 인정하는 경우에는 제15조제2항에 따른 특별지원 대상자의 선정 등 대통령령으로 정하는 청소년 지원에 관한 사항을 심의하는 지역사회 청소년통합지원체계 운영위원회(이하 “운영위원회”라 한다)를 둘 수 있다.

② 운영위원회는 통합지원체계를 구성하는 기관·단체의 장 또는 종사자와 그 밖에 청소년복지에 대하여 지식과 경험이 풍부한 사람으로 구성한다.

③ 제1항 및 제2항에서 정한 사항 외에 운영위원회의 구성, 위원의 위촉 및 회의 절차 등 운영위원회의 운영에 필요한 사항은 해당 지방자치단체의 규칙으로 정한다.

제11조(주민의 자원 활동 지원) 국가 및 지방자치단체는 지역 주민들이 자발적으로 단체를 구성하여 위기청소년의 발견 · 보호 및 지원을 위한 활동을 하는 경우에는 그 단체의 활동을 지원할 수 있다.

제12조(상담과 전화 설치 등) ① 국가 및 지방자치단체는 모든 청소년이 필요한 사항에 관하여 전문가의 상담을 받을 수 있도록 하여야 한다.

② 국가 및 지방자치단체는 제1항에 따른 상담을 위하여 전화를 설치 · 운영하거나 정

보통신망을 운영하여야 한다.

③ 제2항에 따른 전화의 설치 · 운영 및 정보통신망의 운영에 필요한 사항은 대통령령으로 정한다.

제5장 위기청소년 지원

제13조(상담 및 교육) ① 국가 및 지방자치단체는 위기청소년에게 효율적이고 적합한 지원을 하기 위하여 위기청소년의 가족 및 보호자에 대한 상담 및 교육을 실시할 수 있다.

② 위기청소년의 가족 및 보호자는 국가 및 지방자치단체가 상담 및 교육을 권고하는 경우에는 이에 협조하여 성실히 상담 및 교육을 받아야 한다.

③ 국가 및 지방자치단체는 여성가족부령으로 정하는 일정 소득 이하의 가족 및 보호자가 제1항의 상담 및 교육을 받은 경우에는 예산의 범위에서 여비 등 실비(實費)를 지급할 수 있다.

제14조(위기청소년 특별지원) ① 국가 및 지방자치단체는 대통령령으로 정하는 바에 따라 위기청소년에게 필요한 사회적·경제적 지원(이하 "특별지원"이라 한다)을 할 수 있다.

② 특별지원은 생활지원, 학업지원, 의료지원, 직업훈련지원, 청소년활동지원 등 대통령령으로 정하는 내용에 따라 물품 또는 서비스의 형태로 제공한다. 다만, 위기청소년의 지원에 반드시 필요하다고 인정되는 경우에는 금전의 형태로 제공할 수 있다.

③ 특별지원 대상 청소년의 선정 기준, 범위 및 기간과 그 밖에 필요한 사항은 대통령령으로 정한다.

제15조(특별지원의 신청 및 선정) ① 다음 각 호의 어느 하나에 해당하는 사람은 위기청소년을 특별지원 대상 청소년으로 선정하여 줄 것을 특별자치도지사 또는 시장·군수·구청장에게 신청할 수 있다. 이 경우 제1호 중 보호자 및 제2호부터 제5호까지의 사람은 해당 청소년의 동의를 받아야 한다.

1. 청소년 본인 또는 그 보호자
2. 「청소년기본법」 제3조제7호에 따른 청소년지도자
3. 「초 · 중등교육법」 제19조제1항에 따른 교원

4. 「사회복지사업법」 제11조에 따른 사회복지사
5. 지방자치단체에서 청소년 업무를 담당하는 공무원

② 특별자치도지사 또는 시장 · 군수 · 구청장은 제1항에 따른 신청을 받은 경우에는 운영위원회의 심의를 거쳐 선정 여부와 지원 내용 및 기간을 결정하여야 한다.

③ 특별자치도지사 또는 시장·군수·구청장은 긴급하게 지원할 필요가 있다고 판단하는 경우 또는 운영위원회가 구성되지 아니한 경우에는 운영위원회의 심의를 거치지 아니하고 제2항의 결정을 할 수 있다.

제16조(청소년 가출 예방 및 보호 · 지원) ① 여성가족부장관 또는 지방자치단체의 장은 청소년의 가출을 예방하고 가출한 청소년의 가정 · 사회 복귀를 돕기 위하여 상담, 제31조제1호에 따른 청소년쉼터의 설치 · 운영, 청소년쉼터 퇴소 청소년에 대한 사후지원 등 필요한 지원을 하여야 한다.

② 보호자는 청소년의 가출을 예방하기 위하여 노력하여야 하며, 가출한 청소년의 가정 · 사회 복귀를 위한 국가 및 지방자치단체 등의 노력에 적극 협조하여야 한다.

③ 여성가족부장관 또는 지방자치단체의 장은 제1항에 따른 청소년 가출 예방 및 보호 · 지원에 관한 업무를 「청소년기본법」 제3조제8호에 따른 청소년단체(이하 "청소년단체"라 한다)에 위탁할 수 있다.

제17조 삭제 〈2014.5.28.〉

제18조(이주배경청소년에 대한 지원) 국가 및 지방자치단체는 다음 각 호의 어느 하나에 해당하는 청소년의 사회 적응 및 학습능력 향상을 위하여 상담 및 교육 등 필요한 시책을 마련하고 시행하여야 한다.

1. 「다문화가족지원법」 제2조제1호에 따른 다문화가족의 청소년
2. 그 밖에 국내로 이주하여 사회 적응 및 학업 수행에 어려움을 겪는 청소년

제6장 교육적 선도(善導)

제19조(교육적 선도의 실시 등) ① 특별자치도지사 또는 시장 · 군수 · 구청장은 다음 각 호의 어느 하나에 해당하는 청소년에 대하여 청소년 본인, 해당 청소년의 보호자 또는 청소년이 취학하고 있는 학교의 장의 신청에 따라 교육적 선도(이하 "선

도"라 한다)를 실시할 수 있다. 이 경우 해당 청소년의 보호자 또는 학교의 장이 선도를 신청하는 때에는 청소년 본인의 동의를 받아야 한다.

1. 비행 · 일탈을 저지른 청소년
2. 일상생활에 적응하지 못하여 가정 또는 학교 외부의 교육적 도움이 필요한 청소년

② 선도는 해당 청소년이 정상적인 가정·학교·사회 생활에 복귀하는 데에 도움이 되는 방법으로서 대통령령으로 정하는 방법에 따라 한다.

③ 선도의 기간은 6개월 이내로 한다. 다만, 특별자치도지사 또는 시장 · 군수 · 구청장은 선도의 결과를 검토하여 선도의 연장이 필요하다고 인정하는 경우 청소년 본인의 동의를 받아 6개월의 범위에서 한 번 연장할 수 있다.

④ 선도 대상자의 선정 기준 및 절차에 관한 사항은 여성가족부령으로 정한다.

제20조(시설의 설치 · 운영 등) 국가 및 지방자치단체는 선도에 필요한 시설의 설치·운영, 선도 프로그램의 개발·보급, 선도활동에 대한 지원 및 지도자 교육 등 선도의 실효성을 확보하기 위한 노력을 하여야 한다.

제21조(선도후견인) ① 국가 및 지방자치단체(제42조제2항에 따라 선도 업무를 위탁한 경우에는 그 선도 업무를 위탁받은 청소년단체를 말한다)는 선도 대상 청소년을 개인별로 전담하여 지도하는 선도후견인을 지정할 수 있다.

② 제1항에 따른 선도후견인은 「청소년기본법」 제3조제7호에 따른 청소년지도자 및 같은 법 제27조에 따른 청소년지도위원 중에서 지정한다.

③ 제1항에 따른 선도후견인의 임무 · 지정기준 등 세부적인 사항은 여성가족부령으로 정한다.

제7장 청소년복지지원기관

제22조(한국청소년상담복지개발원) ① 다음 각 호의 사업을 하기 위하여 한국청소년상담복지개발원(이하 "청소년상담원"이라 한다)을 설립한다.

1. 청소년 상담 및 복지와 관련된 정책의 연구
2. 청소년 상담 · 복지 사업의 개발 및 운영·지원
3. 청소년 상담기법의 개발 및 상담자료의 제작·보급
4. 청소년 상담·복지 인력의 양성 및 교육

5. 청소년 상담·복지 관련 기관 간의 연계 및 지원
6. 지방자치단체 청소년복지지원기관의 청소년 상담·복지 관련 사항에 대한 지도 및 지원
7. 청소년 가족에 대한 상담·교육
8. 청소년에 관한 상담·복지 정보체계의 구축·운영
9. 그 밖에 청소년상담원의 목적을 수행하기 위하여 필요한 부수사업

② 청소년상담원은 법인으로 한다.

③ 청소년상담원은 정관으로 정하는 바에 따라 분원(分院)을 둘 수 있다.

④ 청소년상담원은 그 주된 사무소의 소재지에서 설립등기를 함으로써 성립한다.

제23조(정관) ① 청소년상담원의 정관에는 다음 각 호의 사항이 포함되어야 한다.

1. 목적
2. 명칭
3. 주된 사무소의 소재지
4. 사업에 관한 사항
5. 임직원에 관한 사항
6. 이사회에 관한 사항
7. 재산 및 회계에 관한 사항
8. 업무와 그 집행에 관한 사항
9. 정관 변경에 관한 사항

② 청소년상담원이 정관을 변경하려는 경우에는 여성가족부장관의 인가를 받아야 한다.

제24조(사업계획서의 제출 등) ① 청소년상담원은 대통령령으로 정하는 바에 따라 사업계획서와 예산서를 작성하여 사업연도가 시작되기 전까지 여성가족부장관에게 제출하여 승인을 받아야 한다.

② 청소년상담원은 회계연도가 종료된 때에는 지체 없이 그 회계연도의 결산서를 작성하고 감사원규칙이 정하는 바에 따라 공인회계사나 회계법인을 선정하여 회계감사를 받은 후 다음 회계연도 2월 말일까지 여성가족부장관에게 제출하고, 3월 말일까지 승인을 받아 결산을 확정하여야 한다. 〈개정 2015.2.3.〉

제25조(보조금 및 출연 등) ① 정부는 예산의 범위에서 청소년상담원의 사업 및 운영에 드는 경비의 전부 또는 일부를 출연하거나 보조할 수 있다. 〈개정 2014.3.24.〉

② 개인 · 법인 또는 단체는 청소년상담원의 운영 또는 사업 등을 지원하기 위하여 금전이나 그 밖의 재산을 출연하거나 기부할 수 있다.
[제목개정 2014.3.24.]

제26조(임원) ① 청소년상담원에 원장 1명을 포함한 15명 이내의 이사와 감사 1명을 둔다.
② 이사(원장은 제외한다. 이하 이 조에서 같다) 및 감사는 비상임으로 한다.
③ 이사는 여성가족부장관이 임면(任免)하고, 그 임기는 2년으로 한다.
④ 감사는 「공공기관의 운영에 관한 법률」 제29조에 따른 임원추천위원회(이하 "임원추천위원회"라 한다)가 복수로 추천한 사람 중에서 기획재정부장관이 임면하고, 그 임기는 2년으로 한다.

제27조(원장) ① 원장은 임원추천위원회가 복수로 추천한 사람 중에서 여성가족부장관이 임면하고, 그 임기는 3년으로 한다.
② 원장은 청소년상담원을 대표하고 청소년상담원의 사무를 총괄한다.

제28조(「민법」의 준용) 청소년상담원에 관하여 이 법과 「공공기관의 운영에 관한 법률」에서 정한 사항을 제외하고는 「민법」 중 재단법인에 관한 규정을 준용한다.

제29조(청소년상담복지센터) ① 특별시장 · 광역시장 · 도지사 및 특별자치도지사(이하 "시 · 도지사"라 한다) 및 시장 · 군수 · 구청장은 청소년에 대한 상담 · 긴급구조 · 자활 · 의료지원 등의 업무를 수행하기 위하여 청소년상담복지센터를 설치 · 운영할 수 있다.
② 제1항에 따라 특별시 · 광역시 · 도 및 특별자치도에 설치된 청소년상담복지센터는 시 · 군 · 구의 청소년상담복지센터의 업무를 지도 · 지원하여야 한다.
③ 시장 · 군수 · 구청장은 제1항에 따라 시 · 군 · 구에 설치하는 청소년상담복지센터를 「청소년활동 진흥법」 제7조제1항에 따라 시 · 군 · 구에 설치하는 지방청소년활동진흥센터와 통합하여 운영할 수 있다. 〈 개정 2014.1.21.〉
④ 시 · 도지사 또는 시장 · 군수 · 구청장은 청소년상담복지센터를 청소년단체에 위탁하여 운영하도록 할 수 있다.
⑤ 시 · 도지사 또는 시장 · 군수 · 구청장은 청소년상담복지센터를 법인으로 설치할 수 있다.

⑥ 제1항에 따른 업무의 구체적인 내용과 청소년상담복지센터의 설치 · 운영 기준 및 종사자의 자격기준 등에 관하여 필요한 사항은 대통령령으로 정한다.

제30조(이주배경청소년지원센터) ① 여성가족부장관은 제18조에 따른 이주배경청소년 지원을 위한 이주배경청소년지원센터를 설치·운영할 수 있다.
② 이주배경청소년지원센터의 설치·운영 등에 필요한 사항은 대통령령으로 정한다.

제8장 청소년복지시설

제31조(청소년복지시설의 종류) 「청소년기본법」 제17조에 따른 청소년복지시설(이하 "청소년복지시설"이라 한다)의 종류는 다음 각 호와 같다.
1. 청소년쉼터: 가출청소년에 대하여 가정 · 학교 · 사회로 복귀하여 생활할 수 있도록 일정 기간 보호하면서 상담 · 주거 · 학업 · 자립 등을 지원하는 시설
2. 청소년자립지원관: 일정 기간 청소년쉼터의 지원을 받았는데도 가정 · 학교 · 사회로 복귀하여 생활할 수 없는 청소년에게 자립하여 생활할 수 있는 능력과 여건을 갖추도록 지원하는 시설
3. 청소년치료재활센터: 학습 · 정서 · 행동상의 장애를 가진 청소년을 대상으로 정상적인 성장과 생활을 할 수 있도록 해당 청소년에게 적합한 치료 · 교육 및 재활을 종합적으로 지원하는 거주형 시설

제32조(청소년복지시설의 설치) ① 국가 또는 지방자치단체는 「청소년기본법」 제18조 제1항에 따라 청소년복지시설을 설치 · 운영하여야 한다.
② 국가 또는 지방자치단체 외의 자는 청소년복지시설을 설치 · 운영하려면 해당 시설이 있는 지역을 관할하는 특별자치도지사 또는 시장·군수·구청장에게 신고하여야 한다.
③ 청소년복지시설을 설치 · 운영하는 자는 대통령령으로 정하는 바에 따라 청소년복지시설을 이용하는 청소년의 생명 · 신체에 손해가 발생하는 경우 이를 배상하기 위한 보험에 가입하여야 한다.
④ 제1항과 제2항에 따른 청소년복지시설의 설치 · 운영에 필요한 사항은 대통령령으로 정하고, 제2항에 따른 신고의 방법 · 절차에 관하여 필요한 사항은 여성가족부령으로 정한다.

제33조(휴업·폐업 등의 신고) 국가 또는 지방자치단체 외의 자가 제32조제2항에 따라 신고한 청소년복지시설을 휴업 또는 폐업하거나 그 운영을 재개(再開)하려면 여성가족부령으로 정하는 바에 따라 미리 관할 특별자치도지사 또는 시장·군수·구청장에게 신고하여야 한다.

제34조(청소년복지시설의 종사자) ① 청소년복지시설에는 각 시설의 사업 수행 및 운영에 필요한 종사자를 두어야 한다.

② 여성가족부장관 또는 지방자치단체의 장은 청소년복지시설 종사자를 양성하고 전문성을 높이기 위한 교육·훈련을 실시하여야 한다.

③ 제1항 및 제2항에 따른 청소년복지시설 종사자의 자격 및 배치기준, 교육·훈련 등에 필요한 사항은 여성가족부령으로 정한다.

제35조(시설개선, 사업정지, 폐쇄 등) ① 특별자치도지사 또는 시장·군수·구청장은 국가 또는 지방자치단체 외의 자가 신고한 청소년복지시설이 다음 각 호의 어느 하나에 해당하면 그 시설의 개선, 1개월 이내의 사업정지, 시설의 장의 교체 또는 시설의 폐쇄를 명할 수 있다.

1. 설치기준에 미달하게 된 경우
2. 사회복지법인이나 비영리법인이 설치·운영하는 시설인 경우 그 사회복지법인이나 비영리법인의 설립허가가 취소된 경우
3. 회계 부정, 이용자에 대한 인권 침해 등 불법행위가 확인된 경우
4. 사업정지 기간에 사업을 한 경우
5. 이 법 또는 이 법에 따른 명령을 위반한 경우

② 제1항에 따른 위반행위별 처분기준은 여성가족부령으로 정한다.

제36조(청문) 특별자치도지사 또는 시장·군수·구청장은 제35조제1항에 따라 시설의 개선, 사업정지, 시설의 장의 교체 또는 시설의 폐쇄를 명하려면 청문을 하여야 한다.

제9장 보칙

제37조(비밀 누설의 금지) 청소년상담원, 청소년상담복지센터, 이주배경청소년지원센터(이하 "청소년복지지원기관"이라 한다)나 청소년복지시설에서 청소년복지 업무에 종

사하거나 종사하였던 사람은 그 직무상 알게 된 비밀을 누설하여서는 아니 된다.

제38조(동일 명칭의 사용 금지) 이 법에 따른 청소년복지지원기관 또는 청소년복지시설이 아니면 한국청소년상담복지개발원, 청소년상담복지센터, 이주배경청소년지원센터 또는 청소년쉼터, 청소년자립지원관, 청소년치료재활센터의 명칭을 사용하지 못한다.

제39조(감독) ① 국가 및 지방자치단체는 필요한 경우에는 청소년복지지원기관 또는 청소년복지시설에 대하여 업무·회계 및 재산에 관한 사항의 보고 또는 자료의 제출을 명하거나, 소속 공무원으로 하여금 해당 장소에 출입하여 장부 또는 그 밖의 서류를 검사하거나 종사자에게 질문하게 할 수 있다.

② 제1항에 따라 출입·검사를 하는 공무원은 그 권한을 표시하는 증표를 지니고 이를 관계인에게 보여주어야 한다.

제40조(예산의 보조) 국가 및 지방자치단체는 예산의 범위에서 청소년복지지원기관 및 청소년복지시설, 관련 단체의 운영에 필요한 예산의 전부 또는 일부를 보조할 수 있다.

제41조(기관 · 시설 등의 평가) ① 여성가족부장관 및 시·도지사는 청소년복지지원기관 및 청소년복지시설 또는 이 법에 따라 청소년복지 업무를 위탁받은 기관이나 단체를 대상으로 여성가족부령으로 정하는 바에 따라 그 업무 실적을 정기적으로 평가할 수 있다. 다만, 다른 법령에 따라 성과평가 또는 경영평가를 한 경우에는 그러하지 아니하다.

② 여성가족부장관은 제1항에 따른 평가 결과를 청소년복지지원기관 및 청소년복지시설 등의 감독과 지원에 반영하는 등의 조치를 할 수 있다.

제42조(권한 등의 위임 및 위탁) ① 이 법에 따른 여성가족부장관 또는 시·도지사의 권한은 대통령령으로 정하는 바에 따라 그 일부를 각각 시·도지사 또는 시장·군수·구청장에게 위임할 수 있다.

② 이 법에 따른 국가 또는 지방자치단체의 업무는 대통령령으로 정하는 바에 따라 그 일부를 청소년단체에 위탁할 수 있다.

제42조의2(청소년복지지원기관 등의 위탁운영) ① 이 법에 따라 국가 또는 지방자치단체가 설치한 청소년복지지원기관 또는 청소년복지시설은 필요한 경우 청소년단체에 위탁하여 운영할 수 있다.

② 제1항에 따른 위탁운영의 기준 및 방법 등에 관하여 필요한 사항은 여성가족부령으로 정한다.

[본조신설 2013.5.28.]

제10장 벌칙

제43조(벌칙) ① 다음 각 호의 어느 하나에 해당하는 사람은 1년 이하의 징역 또는 1천만원 이하의 벌금에 처한다.

1. 제8조를 위반하여 건강진단 결과를 공개한 사람
2. 제37조를 위반하여 비밀을 누설한 사람

② 다음 각 호의 어느 하나에 해당하는 자는 6개월 이하의 징역 또는 500만원 이하의 벌금에 처한다.

1. 제32조제2항에 따른 신고를 하지 아니하고 청소년복지시설을 설치·운영한 자
2. 제35조제1항에 따른 사업의 정지명령 또는 시설의 폐쇄명령을 받고도 그 사업을 하거나 시설을 운영한 자

제44조(양벌규정) 법인의 대표자나 법인 또는 개인의 대리인, 사용인, 그 밖의 종업원이 그 법인 또는 개인의 업무에 관하여 제43조의 위반행위를 하면 그 행위자를 벌하는 외에 그 법인 또는 개인에게도 해당 조문의 벌금형을 과(科)한다. 다만, 법인 또는 개인이 그 위반행위를 방지하기 위하여 해당 업무에 관하여 상당한 주의와 감독을 게을리하지 아니한 경우에는 그러하지 아니하다.

제45조(과태료) ① 다음 각 호의 어느 하나에 해당하는 자에게는 500만원 이하의 과태료를 부과한다.

1. 제38조를 위반하여 동일 명칭을 사용한 자
2. 제39조제1항에 따른 보고 또는 자료 제출을 하지 아니하거나 검사를 거부·방해 또는 기피한 자

② 제33조를 위반하여 휴업 · 폐업 또는 운영 재개 신고를 하지 아니한 자에게는 300

만원 이하의 과태료를 부과한다.

③ 다음 각 호의 어느 하나에 해당하는 자에게는 50만원 이하의 과태료를 부과한다.

1. 제4조제2항을 위반하여 청소년증을 양도하거나 빌려준 사람 또는 양도받거나 빌린 사람
2. 제4조제3항을 위반하여 청소년증과 동일한 명칭 또는 표시의 증표를 제작하거나 사용한 자

④ 제1항부터 제3항까지의 규정에 따른 과태료는 대통령령으로 정하는 바에 따라 특별자치도지사 또는 시장·군수·구청장이 부과·징수한다.

부칙 <법률 제11290호, 2012.2.1.>

제1조(시행일) 이 법은 공포 후 6개월이 경과한 날부터 시행한다.

제2조(특별지원 대상 청소년 선정 등에 관한 경과조치) 이 법 시행 당시 종전의 규정에 따라 특별지원 대상으로 선정된 청소년은 이 법에 따라 특별지원 대상 청소년으로 선정된 것으로 본다.

제3조(한국청소년상담원에 대한 경과조치) 이 법 시행 당시 종전의 「청소년기본법」 제42조에 따라 설립、운영되고 있는 한국청소년상담원은 이 법에 따라 설립·운영되는 한국청소년상담복지개발원으로 본다.

제4조(시·도 청소년상담 및 긴급구조 등의 기관 등에 대한 경과조치) 이 법 시행 당시 종전의 「청소년기본법」 제46조에 따라 설치·운영되고 있는 시·도 청소년상담 및 긴급구조 등의 기관 또는 같은 법 제46조의2에 따라 설치·운영되고 있는 시·군·구 청소년지원 등의 기관은 제29조에 따라 설립된 청소년상담복지센터로 본다.

제5조(벌칙 및 과태료에 관한 경과조치) 이 법 시행 전의 행위에 대하여 벌칙 및 과태료 규정을 적용할 때에는 종전의 규정에 따른다.

제6조(다른 법률의 개정) ① 아동·청소년의 성보호에 관한 법률 일부를 다음과 같이

개정한다.

제14조제2항제3호를 삭제하고, 같은 항 제4호를 다음과 같이 한다.

4.「청소년복지 지원법」 제29조제1항에 따른 청소년상담복지센터 및 같은 법 제31조제1호에 따른 청소년쉼터

제22조제2항제12호를 삭제하고, 같은 항 제14호를 다음과 같이 한다.

14.「청소년복지 지원법」 제29조제1항에 따른 청소년상담복지센터 및 같은 법 제31조제1호에 따른 청소년쉼터

제30조 각 호 외의 부분 중 "「청소년복지지원법」제14조의 청소년쉼터, 「청소년기본법」 제46조의 청소년상담 및 긴급구조 등의 기관 및 같은 법 제46조의2의 청소년지원 등의 기관"을 "「청소년복지 지원법」 제29조제1항에 따른 청소년상담복지센터 및 같은 법 제31조제1호에 따른 청소년쉼터"로 한다.

제31조제1항 중 "성매매피해상담소, 「청소년기본법」 제46조의 청소년상담 및 긴급구조 등의 기관 및 같은 법 제46조의2의 청소년지원 등의 기관은"을 "성매매피해상담소 및 「청소년복지 지원법」 제29조제1항에 따른 청소년상담복지센터는"으로 한다.

제44조제1항제4호를 삭제하고, 같은 항 제7호를 다음과 같이 한다.

7.「청소년복지 지원법」 제29조제1항에 따른 청소년상담복지센터 및 같은 법 제31조제1호에 따른 청소년쉼터

제45조제1항제4호 중 "제44조제1항제4호의 청소년상담 및 긴급구조 등의 기관과 청소년지원 등의 기관, 같은 항 제5호"를 "제44조제1항제5호"로, "청소년쉼터"를 "청소년상담복지센터와 청소년쉼터"로 한다.

② 청소년기본법 일부를 다음과 같이 개정한다.

제42조, 제42조의2부터 제42조의5까지, 제43조, 제44조, 제46조, 제46조의2 및 제50조를 각각 삭제한다.

제58조제1항부터 제3항까지의 규정 중 "협의회 · 지방청소년단체협의회 · 상담원 · 제46조 및 제46조의2의 규정에 의한 기관 · 청소년정책연구원"을 각각 "협의회, 지방청소년단체협의회, 「청소년복지 지원법」 제22조 · 제29조 · 제30조에 따른 한국청소년상담복지개발원 · 청소년상담복지센터 · 이주배경청소년지원센터, 청소년정책연구원"으로 한다.

제59조제1항 중 "협의회 · 지방청소년단체협의회 · 상담원 · 제46조 및 제46조의2에 따른 기관 등"을 "협의회 · 지방청소년단체협의회 등"으로 한다.

제61조 중 "상담원 · 협의회"를 "협의회"로, "한국청소년상담원 · 한국청소년단체협의

회"를 "한국청소년단체협의회"로 한다.

제7조(다른 법령과의 관계) 이 법 시행 당시 다른 법령에서 종전의 「청소년복지지원법」의 규정을 인용한 경우에 이 법 가운데 그에 해당하는 규정이 있으면 종전의 규정을 갈음하여 이 법의 해당 조항을 인용한 것으로 본다.

부칙 <법률 제11836호, 2013.5.28.>

제1조(시행일) 이 법은 공포 후 6개월이 경과한 날부터 시행한다.

제2조(위탁기준 등에 관한 적용례) 제42조의2의 개정규정에 따른 위탁기준 및 방법은 이 법 시행 후 최초로 위탁하는 청소년복지지원기관·청소년복지지설부터 적용한다.

부칙 <법률 제12329호, 2014.1.21.> (청소년활동 진흥법)

제1조(시행일) 이 법은 공포 후 6개월이 경과한 날부터 시행한다.

제2조 및 제3조 생략

제4조(다른 법률의 개정) ①부터 ⑧까지 생략
⑨ 청소년복지 지원법 일부를 다음과 같이 개정한다.
제29조제3항 중 "「청소년활동진흥법」"을 "「청소년활동 진흥법」"으로 한다.

부칙 <법률 제12536호, 2014.3.24.>

이 법은 공포 후 3개월이 경과한 날부터 시행한다.

부칙 <법률 제12700호, 2014.5.28.> (학교 밖 청소년 지원에 관한 법률)

제1조(시행일) 이 법은 공포 후 1년이 경과한 날부터 시행한다.

제2조(다른 법률의 개정) 청소년복지 지원법 일부를 다음과 같이 개정 한다.
제17조를 삭제한다.

부칙 <법률 제13181호, 2015.2.3.>

이 법은 공포한 날부터 시행한다.

청소년보호법

제1장 총칙

제1조 (목적) 이 법은 청소년에게 유해한 매체물과 약물 등이 청소년에게 유통되는 것과 청소년이 유해한 업소에 출입하는 것 등을 규제하고 청소년을 유해한 환경으로부터 보호·구제함으로써 청소년이 건전한 인격체로 성장할 수 있도록 함을 목적으로 한다.

제2조 (정의) 이 법에서 사용하는 용어의 뜻은 다음과 같다. [개정 2013.3.22, 2013.6.4 제11862호(화학물질관리법), 2014.3.24] [[시행일 2015.1.1]]

1. "청소년"이란 만 19세 미만인 사람을 말한다. 다만, 만 19세가 되는 해의 1월 1일을 맞이한 사람은 제외한다.
2. "매체물"이란 다음 각 목의 어느 하나에 해당하는 것을 말한다.
   가. 「영화 및 비디오물의 진흥에 관한 법률」에 따른 영화 및 비디오물
   나. 「게임산업진흥에 관한 법률」에 따른 게임물
   다. 「음악산업진흥에 관한 법률」에 따른 음반, 음악파일, 음악영상물 및 음악영상파일
   라. 「공연법」에 따른 공연(국악공연은 제외한다)
   마. 「전기통신사업법」에 따른 전기통신을 통한 부호·문언·음향 또는 영상정보
   바. 「방송법」에 따른 방송프로그램(보도 방송프로그램은 제외한다)
   사. 「신문 등의 진흥에 관한 법률」에 따른 일반일간신문(주로 정치 · 경제 · 사회에 관한 보도 · 논평 및 여론을 전파하는 신문은 제외한다), 특수일간신문(경제 · 산업 · 과학 · 종교 분야는 제외한다), 일반주간신문(정치 · 경제 분야는 제외한다), 특수주간신문(경제 · 산업 · 과학 · 시사 · 종교 분야는 제외한다), 인터넷신문(주로 정치 · 경제 · 사회에 관한 보도 · 논평 및 여론을 전파하는 신문은 제외한다) 및 인터넷뉴스서비스
   아. 「잡지 등 정기간행물의 진흥에 관한 법률」에 따른 잡지(정치 · 경제 · 사회 · 시사 · 산업 · 과학 · 종교 분야는 제외한다), 정보간행물, 전자간행물 및 그 밖의 간행물
   자. 「출판문화산업 진흥법」에 따른 간행물, 전자출판물 및 외국간행물(사목 및 아

목에 해당하는 매체물은 제외한다)

차. 「옥외광고물 등 관리법」에 따른 옥외광고물과 가목부터 자목까지의 매체물에 수록 · 게재 · 전시되거나 그 밖의 방법으로 포함된 상업적 광고선전물

카. 그 밖에 청소년의 정신적·신체적 건강을 해칠 우려가 있어 대통령령으로 정하는 매체물

3. "청소년유해매체물"이란 다음 각 목의 어느 하나에 해당하는 것을 말한다.

가. 제7조제1항 본문 및 제11조에 따라 청소년보호위원회가 청소년에게 유해한 것으로 결정하거나 확인하여 여성가족부장관이 고시한 매체물

나. 제7조제1항 단서 및 제11조에 따라 각 심의기관이 청소년에게 유해한 것으로 심의하거나 확인하여 여성가족부장관이 고시한 매체물

4. "청소년유해약물등"이란 청소년에게 유해한 것으로 인정되는 다음 가목의 약물(이하 "청소년유해약물"이라 한다)과 청소년에게 유해한 것으로 인정되는 다음 나목의 물건(이하 "청소년유해물건"이라 한다)을 말한다.

가. 청소년유해약물

1) 「주세법」에 따른 주류

2) 「담배사업법」에 따른 담배

3) 「마약류 관리에 관한 법률」에 따른 마약류

4) 「화학물질관리법」에 따른 환각물질

5) 그 밖에 중추신경에 작용하여 습관성, 중독성, 내성 등을 유발하여 인체에 유해하게 작용할 수 있는 약물 등 청소년의 사용을 제한하지 아니하면 청소년의 심신을 심각하게 손상시킬 우려가 있는 약물로서 대통령령으로 정하는 기준에 따라 관계 기관의 의견을 들어 제36조에 따른 청소년보호위원회(이하 "청소년보호위원회"라 한다)가 결정하고 여성가족부장관이 고시한 것

나. 청소년유해물건

1) 청소년에게 음란한 행위를 조장하는 성기구 등 청소년의 사용을 제한하지 아니하면 청소년의 심신을 심각하게 손상시킬 우려가 있는 성 관련 물건으로서 대통령령으로 정하는 기준에 따라 청소년보호위원회가 결정하고 여성가족부장관이 고시한 것

2) 청소년에게 음란성·포악성·잔인성·사행성 등을 조장하는 완구류 등 청소년의 사용을 제한하지 아니하면 청소년의 심신을 심각하게 손상시킬 우려가 있는 물건으로서 대통령령으로 정하는 기준에 따라 청소년보호위원회가 결정하고 여성가족부장관이 고시한 것

5. "청소년유해업소"란 청소년의 출입과 고용이 청소년에게 유해한 것으로 인정되는 다음 가목의 업소(이하 "청소년 출입 · 고용금지업소"라 한다)와 청소년의 출입은 가능하나 고용이 청소년에게 유해한 것으로 인정되는 다음 나목의 업소(이하 "청소년고용금지업소"라 한다)를 말한다. 이 경우 업소의 구분은 그 업소가 영업을 할 때 다른 법령에 따라 요구되는 허가·인가·등록·신고 등의 여부와 관계없이 실제로 이루어지고 있는 영업행위를 기준으로 한다.

가. 청소년 출입 · 고용금지업소

1) 「게임산업진흥에 관한 법률」에 따른 일반게임제공업 및 복합유통게임제공업 중 대통령령으로 정하는 것
2) 「사행행위 등 규제 및 처벌 특례법」에 따른 사행행위영업
3) 「식품위생법」에 따른 식품접객업 중 대통령령으로 정하는 것
4) 「영화 및 비디오물의 진흥에 관한 법률」 제2조제16호에 따른 비디오물감상실업 · 제한관람가비디오물소극장업 및 복합영상물제공업
5) 「음악산업진흥에 관한 법률」에 따른 노래연습장업 중 대통령령으로 정하는 것
6) 「체육시설의 설치 · 이용에 관한 법률」에 따른 무도학원업 및 무도장업
7) 전기통신설비를 갖추고 불특정한 사람들 사이의 음성대화 또는 화상대화를 매개하는 것을 주된 목적으로 하는 영업. 다만, 「전기통신사업법」등 다른 법률에 따라 통신을 매개하는 영업은 제외한다.
8) 불특정한 사람 사이의 신체적인 접촉 또는 은밀한 부분의 노출 등 성적 행위가 이루어지거나 이와 유사한 행위가 이루어질 우려가 있는 서비스를 제공하는 영업으로서 청소년보호위원회가 결정하고 여성가족부장관이 고시한 것
9) 청소년유해매체물 및 청소년유해약물등을 제작 · 생산 · 유통하는 영업 등 청소년의 출입과 고용이 청소년에게 유해하다고 인정되는 영업으로서 대통령령으로 정하는 기준에 따라 청소년보호위원회가 결정하고 여성가족부장관이 고시한 것
10) 「한국마사회법」 제6조제2항에 따른 장외발매소(경마가 개최되는 날에 한정한다)
11) 「경륜 · 경정법」 제9조제2항에 따른 장외매장(경륜 · 경정이 개최되는 날에 한정한다)

나. 청소년고용금지업소

1) 「게임산업진흥에 관한 법률」에 따른 청소년게임제공업 및 인터넷컴퓨터게임

시설제공업
2) 「공중위생관리법」에 따른 숙박업, 목욕장업, 이용업 중 대통령령으로 정하는 것
3) 「식품위생법」에 따른 식품접객업 중 대통령령으로 정하는 것
4) 「영화 및 비디오물의 진흥에 관한 법률」에 따른 비디오물소극장업
5) 「화학물질관리법」에 따른 유해화학물질 영업. 다만, 유해화학물질 사용과 직접 관련이 없는 영업으로서 대통령령으로 정하는 영업은 제외한다.
6) 회비 등을 받거나 유료로 만화를 빌려 주는 만화대여업
7) 청소년유해매체물 및 청소년유해약물등을 제작·생산·유통하는 영업 등 청소년의 고용이 청소년에게 유해하다고 인정되는 영업으로서 대통령령으로 정하는 기준에 따라 청소년보호위원회가 결정하고 여성가족부장관이 고시한 것

6. "유통"이란 매체물 또는 약물 등을 판매 · 대여 · 배포 · 방송 · 공연 · 상영 · 전시 · 진열 · 광고하거나 시청 또는 이용하도록 제공하는 행위와 이러한 목적으로 매체물 또는 약물 등을 인쇄 · 복제 또는 수입하는 행위를 말한다.
7. "청소년폭력 · 학대"란 폭력이나 학대를 통하여 청소년에게 신체적 · 정신적 피해를 발생하게 하는 행위를 말한다.
8. "청소년유해환경"이란 청소년유해매체물, 청소년유해약물등, 청소년유해업소 및 청소년폭력 · 학대를 말한다.

제3조 (가정의 역할과 책임) ① 청소년에 대하여 친권을 행사하는 사람 또는 친권자를 대신하여 청소년을 보호하는 사람(이하 "친권자등"이라 한다)은 청소년이 청소년유해환경에 접촉하거나 출입하지 못하도록 필요한 노력을 하여야 하며, 청소년이 유해한 매체물 또는 유해한 약물 등을 이용하고 있거나 유해한 업소에 출입하려고 하면 즉시 제지하여야 한다.

② 친권자등은 제1항에 따른 노력이나 제지를 할 때 필요한 경우에는 청소년 보호와 관련된 상담기관과 단체 등에 상담하여야 하고, 해당 청소년이 가출하거나 비행 등을 할 우려가 있다고 인정되면 청소년 보호와 관련된 지도·단속 기관에 협조를 요청하여야 한다.

제4조 (사회의 책임) ① 누구든지 청소년 보호를 위하여 다음 각 호의 조치 등 필요한 노력을 하여야 한다.

1. 청소년이 청소년유해환경에 접할 수 없도록 하거나 출입을 하지 못하도록 할 것

2. 청소년이 유해한 매체물 또는 유해한 약물 등을 이용하고 있거나 청소년폭력·학대 등을 하고 있음을 알게 되었을 때에는 이를 제지하고 선도할 것
3. 청소년에게 유해한 매체물과 유해한 약물 등이 유통되고 있거나 청소년유해업소에 청소년이 고용되어 있거나 출입하고 있음을 알게 되었을 때 또는 청소년이 청소년폭력·학대 등의 피해를 입고 있음을 알게 되었을 때에는 제21조제3항에 따른 관계기관등에 신고·고발하는 등의 조치를 할 것

② 매체물과 약물 등의 유통을 업으로 하거나 청소년유해업소의 경영을 업으로 하는 자와 이들로 구성된 단체 및 협회 등은 청소년유해매체물과 청소년유해약물등이 청소년에게 유통되지 아니하도록 하고 청소년유해업소에 청소년을 고용하거나 청소년이 출입하지 못하도록 하는 등 청소년을 보호하기 위하여 자율적인 노력을 다하여야 한다.

제5조 (국가와 지방자치단체의 책무) ① 국가는 청소년 보호를 위하여 청소년유해환경의 개선에 필요한 시책을 마련하고 시행하여야 하며, 지방자치단체는 해당 지역의 청소년유해환경으로부터 청소년을 보호하기 위하여 필요한 노력을 하여야 한다.

② 국가와 지방자치단체는 전자·통신기술 및 의약품 등의 발달에 따라 등장하는 새로운 형태의 매체물과 약물 등이 청소년의 정신적·신체적 건강을 해칠 우려가 있음을 인식하고, 이들 매체물과 약물 등으로부터 청소년을 보호하기 위하여 필요한 기술개발과 연구사업의 지원, 국가 간의 협력체제 구축 등 필요한 노력을 하여야 한다.

③ 국가와 지방자치단체는 청소년 관련 단체 등 민간의 자율적인 유해환경 감시·고발 활동을 장려하고 이에 필요한 지원을 할 수 있으며 민간의 건의사항을 관련 시책에 반영할 수 있다.

④ 국가와 지방자치단체는 청소년을 보호하기 위하여 청소년유해환경을 규제할 때 그 의무를 충실히 수행하여야 한다.

제6조 (다른 법률과의 관계) 이 법은 청소년유해환경의 규제에 관한 형사처벌을 할 때 다른 법률보다 우선하여 적용한다.

제2장 청소년유해매체물의 결정 및 유통 규제

제7조 (청소년유해매체물의 심의 · 결정) ① 청소년보호위원회는 매체물이 청소년에게 유해한지를 심의하여 청소년에게 유해하다고 인정되는 매체물을 청소년유해매체물로 결정하여야 한다. 다만, 다른 법령에 따라 해당 매체물의 윤리성 · 건전성을 심의할 수 있는 기관(이하 "각 심의기관"이라 한다)이 있는 경우에는 예외로 한다.

② 청소년보호위원회는 매체물이 청소년에게 유해한지를 각 심의기관에서 심의하지 아니하는 경우 청소년 보호를 위하여 필요하다고 인정할 때에는 심의를 하도록 요청할 수 있다.

③ 청소년보호위원회는 제1항 단서에도 불구하고 다음 각 호의 어느 하나에 해당하는 매체물에 대하여는 청소년에게 유해한지를 심의하여 유해하다고 인정하는 경우에는 그 매체물을 청소년유해매체물로 결정할 수 있다.

1. 각 심의기관이 심의를 요청한 매체물
2. 청소년에게 유해한지에 대하여 각 심의기관의 심의를 받지 아니하고 유통되는 매체물

④ 청소년보호위원회나 각 심의기관은 매체물 심의 결과 그 매체물의 내용이 「형법」 등 다른 법령에 따라 유통이 금지되는 내용이라고 판단하는 경우에는 지체 없이 관계 기관에 형사처벌이나 행정처분을 요청하여야 한다. 다만, 각 심의기관별로 해당 법령에 따로 절차가 있는 경우에는 그 절차에 따른다.

⑤ 청소년보호위원회나 각 심의기관은 다음 각 호의 어느 하나에 해당하는 매체물에 대하여는 신청을 받거나 직권으로 매체물의 종류, 제목, 내용 등을 특정하여 청소년유해매체물로 결정할 수 있다.

1. 제작 · 발행의 목적 등에 비추어 청소년이 아닌 자를 상대로 제작·발행된 매체물
2. 매체물 각각을 청소년유해매체물로 결정하여서는 청소년에게 유통되는 것을 차단할 수 없는 매체물

⑥ 청소년보호위원회 심의 · 결정의 절차 등에 필요한 사항은 대통령령으로 정한다.

제8조 (등급 구분 등) ① 청소년보호위원회와 각 심의기관은 제7조에 따라 매체물을 심의 · 결정하는 경우 청소년유해매체물로 심의 · 결정하지 아니한 매체물에 대하여는 그 매체물의 특성, 청소년 유해의 정도, 이용시간과 장소 등을 고려하여 이용대상 청소년의 나이에 따른 등급을 구분할 수 있다. [개정 2015.6.22]

② 제1항에 따른 등급 구분의 종류 및 방법 등에 필요한 사항은 대통령령으로 정한다. [개정 2015.6.22]

제9조 (청소년유해매체물의 심의 기준) ① 청소년보호위원회와 각 심의기관은 제7조에 따른 심의를 할 때 해당 매체물이 다음 각 호의 어느 하나에 해당하는 경우에는 청소년유해매체물로 결정하여야 한다.

1. 청소년에게 성적인 욕구를 자극하는 선정적인 것이거나 음란한 것
2. 청소년에게 포악성이나 범죄의 충동을 일으킬 수 있는 것
3. 성폭력을 포함한 각종 형태의 폭력 행위와 약물의 남용을 자극하거나 미화하는 것
4. 도박과 사행심을 조장하는 등 청소년의 건전한 생활을 현저히 해칠 우려가 있는 것
5. 청소년의 건전한 인격과 시민의식의 형성을 저해(沮害)하는 반사회적 · 비윤리적인 것
6. 그 밖에 청소년의 정신적·신체적 건강에 명백히 해를 끼칠 우려가 있는 것

② 제1항에 따른 기준을 구체적으로 적용할 때에는 사회의 일반적인 통념에 따르며 그 매체물이 가지고 있는 문학적 · 예술적 · 교육적 · 의학적 · 과학적 측면과 그 매체물의 특성을 함께 고려하여야 한다.

③ 청소년 유해 여부에 관한 구체적인 심의 기준과 그 적용에 필요한 사항은 대통령령으로 정한다.

제10조 (심의 결과의 조정) 청소년보호위원회는 청소년 보호와 관련하여 각 심의기관이 동일한 매체물을 심의한 결과에 상당한 차이가 있을 경우 그 심의 결과의 조정을 요구할 수 있으며 요구를 받은 각 심의기관은 특별한 사유가 없으면 그 요구에 따라야 한다.

제11조 (청소년유해매체물의 자율 규제) ① 매체물의 제작자·발행자, 유통행위자 또는 매체물과 관련된 단체는 자율적으로 청소년 유해 여부를 결정하고 결정한 내용의 확인을 청소년보호위원회나 각 심의기관에 요청할 수 있다.

② 제1항에 따른 확인 요청을 받은 청소년보호위원회 또는 각 심의기관은 심의 결과 그 결정 내용이 적합한 경우에는 이를 확인하여야 하며, 청소년보호위원회는 필요한 경우 이를 각 심의기관에 위탁하여 처리할 수 있다.

③ 제2항에 따라 청소년보호위원회나 각 심의기관이 확인을 한 경우에는 해당 매체물에 확인 표시를 부착할 수 있다.

④ 매체물의 제작자·발행자, 유통행위자 또는 매체물과 관련된 단체는 청소년에게 유해하다고 판단하는 매체물에 대하여 제13조에 따른 청소년유해표시에 준하는 표시를 하거나 제14조에 따른 포장에 준하는 포장을 하여야 한다.

⑤ 청소년보호위원회나 각 심의기관은 제4항에 따라 청소년유해표시 또는 포장을 한 매체물을 발견한 경우 청소년 유해 여부를 결정하여야 한다.

⑥ 매체물의 제작자·발행자, 유통행위자 또는 매체물과 관련된 단체가 제4항에 따라 청소년유해표시 또는 포장을 한 매체물은 청소년보호위원회나 각 심의기관의 최종 결정이 있을 때까지 이 법에 따른 청소년유해매체물로 본다.

⑦ 정부는 자율 규제의 활성화를 위하여 매체물의 제작자·발행자, 유통행위자 또는 매체물과 관련된 단체에 청소년유해매체물 심의 기준 등에 관한 교육 및 관련 정보와 자료를 제공할 수 있다.

⑧ 제1항부터 제6항까지에 따른 청소년 유해 여부의 결정과 확인의 절차 및 방법 등에 필요한 사항은 대통령령으로 정한다.

제12조 (청소년유해매체물의 재심의) ① 매체물의 제작자·발행자나 유통행위자는 제7조에 따른 청소년보호위원회의 심의·결정에 이의가 있는 경우 심의·결정의 결과를 통지받은 날부터 30일 이내에 청소년보호위원회에 재심의를 청구할 수 있다.

② 제1항에 따른 재심의 청구는 제7조에 따른 심의·결정의 효력 및 제21조에 따른 청소년유해매체물 고시 절차의 진행에 영향을 주지 아니한다.

③ 청소년보호위원회는 제1항에 따른 재심의 청구를 받은 날부터 30일 이내에 심의·결정하여 그 결과를 청구인에게 통보하여야 한다. 다만, 30일 이내에 재심의 결정을 하기 어려운 경우에는 청소년보호위원회의 의결을 거쳐 30일의 범위에서 그 기간을 연장할 수 있다. [개정 2012.1.17] [[시행일 2012.9.16]]

④ 제1항에 따른 재심의 청구 및 결정 등에 필요한 사항은 여성가족부령으로 정한다.

제13조 (청소년유해표시 의무) ① 다음 각 호의 구분에 따른 자는 청소년유해매체물에 대하여 청소년에게 유해한 것임을 나타내는 표시(이하 "청소년유해표시"라 한다)를 하여야 한다. 다만, 다른 법령에서 청소년유해표시를 하여야 할 자를 따로 정한 경우에는 해당 법령에서 정하는 바에 따른다. [개정 2013.3.22] [[시행일 2013.9.23]]

1. 청소년유해매체물이 「영화 및 비디오물의 진흥에 관한 법률」에 따른 영화인 경우: 「영화 및 비디오물의 진흥에 관한 법률」 제2조제9호라목에 따른 영화상영업자
2. 청소년유해매체물이 「영화 및 비디오물의 진흥에 관한 법률」에 따른 비디오물인 경우: 해당 비디오물을 제작·수입·복제한 자 또는 제공하는 자

3. 청소년유해매체물이 「게임산업진흥에 관한 법률」에 따른 게임물인 경우: 해당 게임물을 제작·수입·복제한 자 또는 제공하는 자
4. 청소년유해매체물이 「음악산업진흥에 관한 법률」에 따른 음반, 음악파일, 음악영상물 및 음악영상파일인 경우: 해당 음반, 음악파일, 음악영상물 및 음악영상파일을 제작·수입·복제한 자 또는 제공하는 자
5. 청소년유해매체물이 「공연법」에 따른 공연(국악공연은 제외한다)인 경우: 「공연법」 제2조제3호에 따른 공연자 중 공연을 주재(主宰)하는 자
6. 청소년유해매체물이 「전기통신사업법」에 따른 전기통신을 통한 부호·문언·음향 또는 영상 정보인 경우: 해당 부호·문언·음향 또는 영상 정보를 제공하는 자
7. 청소년유해매체물이 「방송법」에 따른 방송프로그램인 경우: 「방송법」 제2조제3호에 따른 방송사업자
8. 청소년유해매체물이 「신문 등의 진흥에 관한 법률」에 따른 신문, 인터넷신문인 경우: 「신문 등의 진흥에 관한 법률」 제2조제7호에 따른 발행인
9. 청소년유해매체물이 「잡지 등 정기간행물의 진흥에 관한 법률」에 따른 잡지, 정보간행물, 전자간행물, 기타간행물인 경우: 해당 잡지, 정보간행물, 전자간행물, 기타간행물을 제작·수입·발행한 자 또는 제공하는 자
10. 청소년유해매체물이 「출판문화산업 진흥법」에 따른 간행물, 전자출판물, 외국간행물인 경우: 해당 간행물, 전자출판물, 외국간행물을 제작·수입·발행한 자 또는 제공하는 자
11. 청소년유해매체물이 광고선전물 중 간행물에 포함된 것인 경우: 해당 간행물의 표시의무자

② 제1항에 따른 청소년유해표시의 종류와 시기 · 방법, 그 밖에 필요한 사항은 대통령령으로 정한다. [개정 2013.3.22] [[시행일 2013.9.23]]

제14조 (포장 의무) ① 청소년유해매체물은 포장하여야 한다. 이 경우 매체물의 특성으로 인하여 포장할 수 없는 것은 포장에 준하는 보호조치를 마련하여 시행하여야 한다.

② 제1항에 따라 포장을 하여야 할 매체물의 종류, 포장에 준하는 보호조치, 포장의무자, 포장방법, 그 밖에 포장에 필요한 사항은 대통령령으로 정한다.

제15조 (표시 · 포장의 훼손 금지) 누구든지 제13조에 따른 청소년유해표시와 제14조에 따른 포장을 훼손하여서는 아니 된다.

제16조 (판매 금지 등) ① 청소년유해매체물로서 대통령령으로 정하는 매체물을 판매 · 대여 · 배포하거나 시청 · 관람 · 이용하도록 제공하려는 자는 그 상대방의 나이 및 본인 여부를 확인하여야 하고, 청소년에게 판매 · 대여 · 배포하거나 시청 · 관람 · 이용하도록 제공하여서는 아니 된다.

② 제13조에 따라 청소년유해표시를 하여야 할 매체물은 청소년유해표시가 되지 아니한 상태로 판매나 대여를 위하여 전시하거나 진열하여서는 아니 된다.

③ 제14조에 따라 포장을 하여야 할 매체물은 포장을 하지 아니한 상태로 판매나 대여를 위하여 전시하거나 진열하여서는 아니 된다.

④ 제1항에 따른 상대방의 나이 및 본인 여부의 확인방법, 그 밖에 청소년유해매체물의 판매 금지 등에 필요한 사항은 대통령령으로 정한다.

제17조 (구분 · 격리 등) ① 청소년유해매체물은 청소년에게 유통이 허용된 매체물과 구분 · 격리하지 아니하고서는 판매나 대여를 위하여 전시하거나 진열하여서는 아니 된다.

② 청소년유해매체물로서 제2조제2호가목부터 다목까지 및 사목부터 자목까지에 해당하는 매체물은 자동기계장치 또는 무인판매장치를 통하여 유통시킬 목적으로 전시하거나 진열하여서는 아니 된다. 다만, 다음 각 호의 어느 하나에 해당하는 경우에는 예외로 한다.

1. 자동기계장치나 무인판매장치를 설치하는 자가 이를 이용하는 청소년의 청소년유해매체물 구입 행위 등을 제지할 수 있는 경우
2. 청소년 출입 · 고용금지업소 안에 설치하는 경우

③ 제1항 및 제2항에 따른 구분 · 격리의 방법 등에 필요한 사항은 대통령령으로 정한다.

제18조 (방송시간 제한) 청소년유해매체물로서 제2조제2호바목에 해당하는 매체물과 같은 호 차목 · 카목에 해당하는 매체물 중 방송을 이용하는 매체물은 대통령령으로 정하는 시간에는 방송하여서는 아니 된다.

제19조 (광고선전 제한) ① 청소년유해매체물로서 제2조제2호차목에 해당하는 매체물 중 「옥외광고물 등 관리법」에 따른 옥외광고물을 다음 각 호의 어느 하나에 해당하는 장소에 공공연하게 설치 · 부착 또는 배포하여서는 아니 되며, 상업적 광고선전물을 청소년의 접근을 제한하는 기능이 없는 컴퓨터 통신을 통하여 설치 · 부착

또는 배포하여서도 아니 된다.

1. 청소년 출입·고용금지업소 외의 업소
2. 일반인들이 통행하는 장소

② 청소년유해매체물로서 제2조제2호차목에 해당하는 매체물(「옥외광고물 등 관리법」에 따른 옥외광고물은 제외한다)은 청소년을 대상으로 판매·대여·배포하거나 시청·관람 또는 이용하도록 제공하여서는 아니 된다.

③ 제1항과 제2항에 따른 광고선전의 제한 방법과 제한 장소, 그 밖에 광고 제한에 필요한 사항은 대통령령으로 정한다.

제20조 (청소년유해매체물의 결정 취소) 청소년보호위원회와 각 심의기관은 청소년유해매체물이 더 이상 청소년에게 유해하지 아니하다고 인정할 때에는 제7조에 따른 청소년유해매체물의 결정을 취소하여야 한다.

제21조 (청소년유해매체물 결정 등의 통보·고시) ① 각 심의기관은 청소년유해매체물의 결정, 확인 또는 결정 취소를 한 경우 청소년유해매체물의 목록과 그 사유를 청소년보호위원회에 통보하여야 한다.

② 여성가족부장관은 청소년보호위원회와 각 심의기관이 결정, 확인 또는 결정 취소한 청소년유해매체물의 목록과 그 사유 및 효력 발생 시기를 구체적으로 밝힌 목록표(이하 "청소년유해매체물 목록표"라 한다)를 고시하여야 한다.

③ 여성가족부장관은 청소년유해매체물 목록표를 각 심의기관, 청소년 또는 매체물과 관련이 있는 중앙행정기관, 지방자치단체, 청소년 보호와 관련된 지도·단속 기관, 그 밖에 청소년 보호를 위한 관련 단체 등(이하 "관계기관등"이라 한다)에 통보하여야 하고, 필요한 경우 매체물의 유통을 업으로 하는 개인·법인·단체에 통보할 수 있으며, 친권자등의 요청이 있는 경우 친권자등에게 통지할 수 있다.

④ 제2항 및 제3항에 따른 청소년유해매체물 목록표의 고시 및 통보 등에 필요한 사항은 여성가족부령으로 정한다.

제22조 (외국 매체물에 대한 특례) 누구든지 외국에서 제작·발행된 매체물로서 제9조의 심의 기준에 해당하는 청소년유해매체물(번역, 번안, 편집, 자막삽입 등을 한 경우를 포함한다)을 영리를 목적으로 청소년을 대상으로 유통하게 하거나 이와 같은 목적으로 소지하여서는 아니 된다.

제23조 (정보통신망을 통한 청소년유해매체물 제공자 등의 공표) ① 여성가족부장관은 「정보통신망 이용촉진 및 정보보호 등에 관한 법률」 제2조제1항제1호에 따른 정보통신망을 이용하여 청소년유해매체물을 제작·발행하거나 유통하는 자가 다음 각 호의 어느 하나에 해당하는 경우 해당 청소년유해매체물의 제작자·발행자나 유통행위자 등의 업체명 · 대표자명 · 위반행위의 내용 등을 공표할 수 있다.

1. 청소년유해매체물임을 표시하지 아니하고 청소년유해매체물을 청소년에게 제공한 경우
2. 청소년유해매체물의 광고를 청소년에게 전송하거나 청소년 접근을 제한하는 조치 없이 공개적으로 전시한 경우

② 여성가족부장관은 제1항에 따라 정보를 공표하기 전에 정보 공표 대상자에게 의견제출의 기회를 주어야 한다.

③ 제1항에 따른 공표의 방법과 절차 등에 필요한 사항은 대통령령으로 정한다.

제3장 청소년의 인터넷게임 중독 예방

제24조 (인터넷게임 이용자의 친권자등의 동의) ① 「게임산업진흥에 관한 법률」에 따른 게임물 중 「정보통신망 이용촉진 및 정보보호 등에 관한 법률」 제2조제1항제1호에 따른 정보통신망을 통하여 실시간으로 제공되는 게임물(이하 "인터넷게임"이라 한다)의 제공자(「전기통신사업법」 제22조에 따라 부가통신사업자로 신고한 자를 말하며, 같은 조 제1항 후단 및 제4항에 따라 신고한 것으로 보는 경우를 포함한다. 이하 같다)는 회원으로 가입하려는 사람이 16세 미만의 청소년일 경우에는 친권자등의 동의를 받아야 한다.

② 제1항의 친권자등의 동의에 필요한 사항은 「게임산업진흥에 관한 법률」에서 정하는 바에 따른다.

제25조 (인터넷게임 제공자의 고지 의무) ① 인터넷게임의 제공자는 16세 미만의 청소년 회원가입자의 친권자등에게 해당 청소년과 관련된 다음 각 호의 사항을 알려야 한다.

1. 제공되는 게임의 특성 · 등급(「게임산업진흥에 관한 법률」 제21조에 따른 게임물의 등급을 말한다) · 유료화정책 등에 관한 기본적인 사항
2. 인터넷게임 이용시간

3. 인터넷게임 이용 등에 따른 결제정보

② 제1항에 따른 고지에 필요한 사항은 「게임산업진흥에 관한 법률」에서 정하는 바에 따른다.

제26조 (심야시간대의 인터넷게임 제공시간 제한) ① 인터넷게임의 제공자는 16세 미만의 청소년에게 오전 0시부터 오전 6시까지 인터넷게임을 제공하여서는 아니 된다. [[시행일 2013.5.20: 심각한 인터넷게임 중독의 우려가 없는 것으로서 대통령령으로 정하는 기기를 이용한 인터넷게임에 대한 심야시간대 제공시간 제한에 관한 부분]]

② 여성가족부장관은 문화체육관광부장관과 협의하여 제1항에 따른 심야시간대 인터넷게임의 제공시간 제한대상 게임물의 범위가 적절한지를 대통령령으로 정하는 바에 따라 2년마다 평가하여 개선 등의 조치를 하여야 한다.

③ 제2항에 따른 평가의 방법 및 절차 등에 필요한 사항은 「게임산업진흥에 관한 법률」에서 정하는 바에 따른다.

제27조 (인터넷게임 중독 등의 피해 청소년 지원) ① 여성가족부장관은 관계 중앙행정기관의 장과 협의하여 인터넷게임 중독(인터넷게임의 지나친 이용으로 인하여 인터넷게임 이용자가 일상생활에서 쉽게 회복할 수 없는 신체적·정신적·사회적 기능 손상을 입은 것을 말한다) 등 매체물의 오용·남용으로 신체적·정신적·사회적 피해를 입은 청소년에 대하여 예방·상담 및 치료와 재활 등의 서비스를 지원할 수 있다.

② 제1항에 따른 지원에 관하여 구체적인 사항은 대통령령으로 정한다.

제4장 청소년유해약물등, 청소년유해행위 및 청소년유해업소 등의 규제

제28조 (청소년유해약물등의 판매·대여 등의 금지) ① 누구든지 청소년을 대상으로 청소년유해약물등을 판매·대여·배포(자동기계장치·무인판매장치·통신장치를 통하여 판매·대여·배포하는 경우를 포함한다)하거나 무상으로 제공하여서는 아니 된다. 다만, 교육·실험 또는 치료를 위한 경우로서 대통령령으로 정하는 경우는 예외로 한다.

② 누구든지 청소년의 의뢰를 받아 청소년유해약물등을 구입하여 청소년에게 제공하

여서는 아니 된다.

③ 청소년유해약물등을 판매·대여·배포하고자 하는 자는 그 상대방의 나이를 확인하여야 한다.

④ 다음 각 호의 어느 하나에 해당하는 자가 청소년유해약물 중 주류나 담배(이하 "주류등"이라 한다)를 판매·대여·배포하는 경우 그 업소(자동기계장치·무인판매장치를 포함한다)에 청소년을 대상으로 주류등의 판매·대여·배포를 금지하는 내용을 표시하여야 한다. 다만, 청소년 출입·고용금지업소는 제외한다. [신설 2014.3.24] [[시행일 2014.9.25]] [[시행일 2015.3.25: 주류등의 판매·대여·배포를 금지하는 내용의 표시에 관한 사항]]

1. 「주세법」에 따른 주류소매업의 영업자
2. 「담배사업법」에 따른 담배소매업의 영업자
3. 그 밖에 대통령령으로 정하는 업소의 영업자

⑤ 여성가족부장관은 청소년유해약물등 목록표를 작성하여 청소년유해약물등과 관련이 있는 관계기관등에 통보하여야 하고, 필요한 경우 약물 유통을 업으로 하는 개인·법인·단체에 통보할 수 있으며, 친권자등의 요청이 있는 경우 친권자등에게 통지할 수 있다. [개정 2014.3.24] [[시행일 2014.9.25]]

⑥ 다음 각 호의 어느 하나에 해당하는 자는 청소년유해약물등에 대하여 청소년유해표시를 하여야 한다. [개정 2013.3.22, 2014.3.24] [[시행일 2014.9.25]]

1. 청소년유해약물을 제조·수입한 자
2. 청소년유해물건을 제작·수입한 자

⑦ 제5항에 따른 청소년유해약물등 목록표의 작성 방법, 통보 시기, 통보 대상, 그 밖에 필요한 사항은 여성가족부령으로 정한다. [개정 2014.3.24] [[시행일 2014.9.25]]

⑧ 제4항에 따른 표시의 문구, 크기와 제6항에 따른 청소년유해표시의 종류와 시기·방법, 그 밖에 필요한 사항은 대통령령으로 정한다. [신설 2013.3.22, 2014.3.24] [[시행일 2014.9.25]] [[시행일 2015.3.25: 주류등의 판매·대여·배포를 금지하는 내용의 표시에 관한 사항]]

⑨ 청소년유해약물등의 포장에 관하여는 제14조 및 제15조를 준용한다. 이 경우 "청소년유해매체물" 및 "매체물"은 각각 "청소년유해약물등"으로 본다. [신설 2013.3.22, 2014.3.24] [[시행일 2014.9.25]]

제29조 (청소년 고용 금지 및 출입 제한 등) ① 청소년유해업소의 업주는 청소년을 고용하여서는 아니 된다. 청소년유해업소의 업주가 종업원을 고용하려면 미리 나이

를 확인하여야 한다.

② 청소년 출입·고용금지업소의 업주와 종사자는 출입자의 나이를 확인하여 청소년이 그 업소에 출입하지 못하게 하여야 한다.

③ 청소년유해업소의 업주와 종사자는 제1항 및 제2항에 따른 나이 확인을 위하여 필요한 경우 주민등록증이나 그 밖에 나이를 확인할 수 있는 증표(이하 이 항에서 “증표”라 한다)의 제시를 요구할 수 있으며, 증표 제시를 요구받고도 정당한 사유 없이 증표를 제시하지 아니하는 사람에게는 그 업소의 출입을 제한할 수 있다.

④ 제2항에도 불구하고 청소년이 친권자등을 동반할 때에는 대통령령으로 정하는 바에 따라 출입하게 할 수 있다. 다만, 「식품위생법」에 따른 식품접객업 중 대통령령으로 정하는 업소의 경우에는 출입할 수 없다.

⑤ 청소년유해업소의 업주와 종사자는 그 업소에 대통령령으로 정하는 바에 따라 청소년의 출입과 고용을 제한하는 내용을 표시하여야 한다.

제30조 (청소년유해행위의 금지) 누구든지 청소년에게 다음 각 호의 어느 하나에 해당하는 행위를 하여서는 아니 된다.

1. 영리를 목적으로 청소년으로 하여금 신체적인 접촉 또는 은밀한 부분의 노출 등 성적 접대행위를 하게 하거나 이러한 행위를 알선·매개하는 행위
2. 영리를 목적으로 청소년으로 하여금 손님과 함께 술을 마시거나 노래 또는 춤 등으로 손님의 유흥을 돋우는 접객행위를 하게 하거나 이러한 행위를 알선·매개하는 행위
3. 영리나 흥행을 목적으로 청소년에게 음란한 행위를 하게 하는 행위
4. 영리나 흥행을 목적으로 청소년의 장애나 기형 등의 모습을 일반인들에게 관람시키는 행위
5. 청소년에게 구걸을 시키거나 청소년을 이용하여 구걸하는 행위
6. 청소년을 학대하는 행위
7. 영리를 목적으로 청소년으로 하여금 거리에서 손님을 유인하는 행위를 하게 하는 행위
8. 청소년을 남녀 혼숙하게 하는 등 풍기를 문란하게 하는 영업행위를 하거나 이를 목적으로 장소를 제공하는 행위
9. 주로 차 종류를 조리·판매하는 업소에서 청소년으로 하여금 영업장을 벗어나 차 종류를 배달하는 행위를 하게 하거나 이를 조장하거나 묵인하는 행위

제31조 (청소년 통행금지 · 제한구역의 지정 등) ① 특별자치시장·특별자치도지사 · 시장 · 군수 · 구청장(구청장은 자치구의 구청장을 말하며, 이하 "시장 · 군수 · 구청장"이라 한다)은 청소년 보호를 위하여 필요하다고 인정할 경우 청소년의 정신적·신체적 건강을 해칠 우려가 있는 구역을 청소년 통행금지구역 또는 청소년 통행제한구역으로 지정하여야 한다. [개정 2013.3.22] [[시행일 2013.9.23]]

② 시장 · 군수 · 구청장은 청소년 범죄 또는 탈선의 예방 등 특별한 이유가 있으면 대통령령으로 정하는 바에 따라 시간을 정하여 제1항에 따라 지정된 구역에 청소년이 통행하는 것을 금지하거나 제한할 수 있다.

③ 제1항과 제2항에 따른 청소년 통행금지구역 또는 통행제한구역의 구체적인 지정기준과 선도 및 단속 방법 등은 조례로 정하여야 한다. 이 경우 관할 경찰관서 및 학교 등 해당 지역의 관계 기관과 지역 주민의 의견을 반영하여야 한다.

④ 시장 · 군수 · 구청장 및 관할 경찰서장은 청소년이 제2항을 위반하여 청소년 통행금지구역 또는 통행제한구역을 통행하려고 할 때에는 통행을 막을 수 있으며, 통행하고 있는 청소년은 해당 구역 밖으로 나가게 할 수 있다.

제32조 (청소년에 대하여 가지는 채권의 효력 제한) ① 제30조에 따른 행위를 한 자가 그 행위와 관련하여 청소년에 대하여 가지는 채권은 그 계약의 형식이나 명목에 관계없이 무효로 한다.

② 제2조제5호가목3) 및 나목3)에 따른 업소의 업주가 고용과 관련하여 청소년에 대하여 가지는 채권은 그 계약의 형식이나 명목에 관계없이 무효로 한다.

제5장 청소년 보호 사업의 추진

제33조 (청소년보호종합대책의 수립 등) ① 여성가족부장관은 3년마다 관계 중앙행정기관의 장 및 지방자치단체의 장과 협의하여 청소년유해환경으로부터 청소년을 보호하기 위한 종합대책(이하 이 조에서 "종합대책"이라 한다)을 수립 · 시행하여야 한다.

② 여성가족부장관은 종합대책의 추진상황을 매년 점검하여야 하고, 이를 위하여 관계 기관 점검회의를 운영할 수 있다.

③ 여성가족부장관은 종합대책 수립 및 제2항에 따른 점검회의 운영을 위하여 필요한 자료를 관계 기관의 장에게 요청할 수 있다. 이 경우 관계 기관의 장은 정당한 사

유가 없으면 이에 따라야 한다.

④ 여성가족부장관은 종합대책의 효과적 수립·시행을 위하여 청소년의 유해환경에 대한 접촉실태 조사를 정기적으로 실시하여야 하고, 관계 중앙행정기관 또는 지방자치단체의 장과 협력하여 청소년유해환경에 대한 종합적인 점검 및 단속 등을 실시할 수 있다.

⑤ 종합대책의 수립·시행과 제2항에 따른 점검회의의 운영 등에 필요한 사항은 대통령령으로 정한다.

제34조 (청소년의 유해환경에 대한 대응능력 제고 등) ① 여성가족부장관은 관계 중앙행정기관의 장과 협의하여 청소년의 유해환경에 대한 대응능력 제고와 청소년의 매체물 오용·남용으로 인한 피해의 예방 및 해소 등을 위하여 다음 각 호의 사업을 추진할 수 있다.

1. 청소년의 유해환경에 대한 대응능력 제고를 위한 교육 및 프로그램의 개발과 보급
2. 청소년의 유해환경에 대한 대응능력 제고와 관련된 전문인력의 양성
3. 청소년의 매체물 이용과 관련한 상담 및 안내
4. 매체물 오용 · 남용으로 피해를 입은 청소년에 대한 전문적 상담과 치료 등
5. 청소년유해약물 피해 예방 및 피해를 입은 청소년에 대한 치료와 재활

② 여성가족부장관은 제1항 각 호의 사업을 청소년 보호를 목적으로 하는 법인 또는 단체에 위탁하여 실시할 수 있다. 이 경우 여성가족부장관은 예산의 범위에서 사업 수행에 필요한 경비의 전부 또는 일부를 지원할 수 있다.

제34조의2 (환각물질 중독치료 등) ① 여성가족부장관은 다음 각 호의 사항을 지원하기 위하여 중독정신의학 또는 청소년정신의학 전문의 등의 인력과 관련 장비를 갖춘 시설 또는 기관을 청소년 환각물질 중독 전문 치료기관(이하 "청소년 전문 치료기관"이라 한다)으로 지정 · 운영할 수 있다. 이 경우 판별 검사, 치료와 재활에 필요한 비용의 전부 또는 일부를 지원할 수 있다.

1. 환각물질 흡입 청소년의 중독 여부 판별 검사
2. 환각물질 중독으로 판명된 청소년에 대한 치료와 재활

② 여성가족부장관은 환각물질 흡입 청소년에 대하여 본인, 친권자 등 대통령령으로 정하는 사람의 신청, 「소년법」에 따른 법원의 보호처분결정 또는 검사의 조건부기소유예처분 등이 있는 경우 청소년 전문 치료기관에서 중독 여부를 판별하기 위한 검사를 받도록 지원할 수 있다. 이 경우 검사 기간은 1개월 이내로 한다.

③ 여성가족부장관은 환각물질 중독자로 판명된 청소년에 대하여 본인, 친권자 등 대통령령으로 정하는 사람의 신청, 「소년법」에 따른 법원의 보호처분결정 또는 검사의 조건부기소유예처분 등이 있는 경우 청소년 전문 치료기관에서 치료와 재활을 받도록 지원할 수 있다. 이 경우 치료 및 재활 기간은 6개월 이내로 하되, 3개월의 범위에서 연장할 수 있다.

④ 여성가족부장관은 제2항 및 제3항에 따른 결정을 하는 경우에 정신과 전문의 등에게 자문할 수 있다.

⑤ 청소년 전문 치료기관의 장과 그 종사자 또는 그 직에 있었던 사람은 직무상 알게 된 비밀을 누설하여서는 아니 된다.

⑥ 제1항부터 제4항까지의 규정에 따른 청소년 전문 치료기관의 지정·운영, 중독 판별 검사 및 치료와 재활, 친권자 등의 신청 및 자문, 그 밖에 필요한 사항은 대통령령으로 정한다.

[본조신설 2014.5.28] [[시행일 2015.5.29]]

제35조 (청소년 보호 · 재활센터의 설치 · 운영) ① 여성가족부장관은 청소년유해환경으로부터 청소년을 보호하고 피해 청소년의 치료와 재활을 지원하기 위하여 청소년 보호 · 재활센터(이하 "청소년 보호 · 재활센터"라 한다)를 설치 · 운영할 수 있다.

② 여성가족부장관은 청소년 보호 · 재활센터의 설치 · 운영을 청소년 보호를 목적으로 하는 법인 또는 단체에 위탁할 수 있다. 이 경우 청소년 보호 · 재활센터의 설치 · 운영에 필요한 경비의 전부 또는 일부를 지원할 수 있다.

③ 청소년 보호 · 재활센터의 설치·운영에 필요한 세부사항은 대통령령으로 정한다.

제6장 청소년보호위원회

제36조 (청소년보호위원회의 설치) 다음 각 호의 사항에 관하여 심의 · 결정하기 위하여 여성가족부장관 소속으로 청소년보호위원회(이하 이 장에서 "위원회"라 한다)를 둔다.

1. 청소년유해매체물, 청소년유해약물등, 청소년유해업소 등의 심의 · 결정 등에 관한 사항
2. 제54조제1항에 따른 과징금 부과에 관한 사항
3. 여성가족부장관이 청소년보호를 위하여 필요하다고 인정하여 심의를 요청한 사항
4. 그 밖에 다른 법률에서 위원회가 심의·결정하도록 정한 사항

제37조 (위원회의 구성) ① 위원회는 위원장 1명을 포함한 11명 이내의 위원으로 구성하되, 고위공무원단에 속하는 공무원 중 여성가족부장관이 지명하는 청소년 업무 담당 공무원 1명을 당연직 위원으로 한다.

② 위원회의 위원장은 청소년 관련 경험과 식견이 풍부한 사람 중에서 여성가족부장관의 제청으로 대통령이 임명하고, 그 밖의 위원은 다음 각 호의 어느 하나에 해당하는 사람 중에서 위원장의 추천을 받아 여성가족부장관의 제청으로 대통령이 임명하거나 위촉한다.

1. 판사, 검사 또는 변호사로 5년 이상 재직한 사람
2. 대학이나 공인된 연구기관에서 부교수 이상 또는 이에 상당하는 직에 있거나 있었던 사람으로서 청소년 관련 분야를 전공한 사람
3. 3급 또는 3급 상당 이상의 공무원이나 고위공무원단에 속하는 공무원과 공공기관에서 이에 상당하는 직에 있거나 있었던 사람으로서 청소년 관련 업무에 실무 경험이 있는 사람
4. 청소년 시설·단체 및 각급 교육기관 등에서 청소년 관련 업무를 10년 이상 담당한 사람

제38조 (위원장의 직무 및 회의) ① 위원장은 위원회를 대표하고 위원회의 업무를 총괄한다.

② 위원장이 부득이한 사유로 직무를 수행할 수 없을 때에는 위원장이 지명한 위원이 그 직무를 대행한다.

③ 위원장은 위원회의 회의를 소집하고 그 의장이 된다.

④ 위원회의 회의는 재적위원 과반수의 출석으로 개의하고, 출석위원 과반수의 찬성으로 의결한다.

제39조 (위원의 임기) ① 위원의 임기는 2년으로 하며, 연임할 수 있다.

② 당연직 위원이 아닌 위원에 결원이 생겼을 때에는 결원된 날부터 30일 이내에 보궐위원을 임명하거나 위촉하여야 하며, 보궐위원의 임기는 전임자 임기의 남은 기간으로 한다. 다만, 전임자 임기의 남은 기간이 3개월 미만이고 재임 중인 위원의 수가 8명 이상인 경우에는 보궐위원을 선임하지 아니할 수 있다. [개정 2013.3.22] [[시행일 2013.9.23]]

제40조 (위원의 직무상 독립과 신분보장) ① 위원은 직무와 관련하여 외부의 지시나 간섭을 받지 아니한다.

② 위원은 다음 각 호의 어느 하나에 해당하는 경우가 아니면 본인의 의사에 반하여 면직되지 아니한다.
1. 금고 이상의 형을 선고받은 경우
2. 장기간의 심신쇠약으로 직무를 수행할 수 없게 된 경우

제41조 (회의 및 운영) 이 법에서 정한 사항 외에 위원회의 운영에 필요한 사항은 대통령령으로 정한다.

제41조의2 (유해매체물 심의 분과위원회) ① 여성가족부장관은 청소년보호위원회의 청소년유해매체물 심의·결정을 지원하기 위하여 유해매체물 심의 분과위원회를 둘 수 있다.
② 제1항에 따른 분과위원회의 구성과 운영 등에 필요한 사항은 대통령령으로 정한다.
[본조신설 2012.1.17] [[시행일 2012.9.16]]

제7장 보칙

제42조 (보고 등) 여성가족부장관 또는 시장·군수·구청장은 이 법에서 정하고 있는 사항의 이행 및 위반 여부를 확인하기 위하여 필요하다고 인정하면 청소년유해매체물과 청소년유해약물등을 유통하는 자와 청소년유해업소의 업주 등에게 대통령령으로 정하는 바에 따라 필요한 보고와 자료 제출을 요구할 수 있다.

제43조 (검사 및 조사 등) ① 여성가족부장관 또는 시장·군수·구청장은 이 법에서 정하고 있는 사항의 이행 및 위반 여부를 확인하기 위하여 필요하다고 인정하면 소속 공무원으로 하여금 청소년유해매체물 및 청소년유해약물등의 유통과 청소년의 청소년유해업소 고용 및 출입 등에 관련된 장부, 서류, 장소, 그 밖에 필요한 물건을 검사·조사하게 할 수 있으며, 대통령령으로 정하는 장소에서 당사자·이해관계인 또는 참고인의 진술을 듣게 할 수 있다.
② 여성가족부장관 또는 시장·군수·구청장은 필요하다고 인정하면 특별한 학식·경험이 있는 자에게 감정을 의뢰할 수 있다.
③ 제1항에 따라 업무를 수행하는 공무원은 그 권한을 표시하는 증표를 지니고 이를 관계인에게 보여주어야 한다.

제44조 (수거 · 파기) ① 여성가족부장관 또는 시장 · 군수 · 구청장은 청소년유해매체물 및 청소년유해약물등이 다음 각 호의 어느 하나에 해당하면 소유자나 유통에 종사하는 자에게 그 청소년유해매체물 또는 청소년유해약물등의 수거를 명할 수 있다. [개정 2013.3.22, 2014.3.24] [[시행일 2014.9.25]]

1. 제13조제1항 및 제28조제6항에 따른 청소년유해표시가 되어 있지 아니하거나 제14조(제28조제9항에서 준용하는 경우를 포함한다)에 따라 포장되지 아니하고 유통되고 있는 경우
2. 청소년에게 유해한지에 대하여 각 심의기관의 심의를 받지 아니하고 유통되고 있는 매체물로서 청소년유해매체물로 결정된 경우

② 여성가족부장관 또는 시장·군수·구청장은 제1항에 따른 수거명령을 받을 자를 알 수 없거나 수거명령을 받은 자가 이에 따르지 아니할 경우에는 대통령령으로 정하는 바에 따라 청소년유해매체물 또는 청소년유해약물등을 직접 수거하거나 파기할 수 있다.

③ 여성가족부장관, 시장·군수·구청장 또는 관할 경찰서장은 청소년이 소유하거나 소지하는 청소년유해약물등과 청소년유해매체물을 수거하여 폐기하거나 그 밖에 필요한 처분을 할 수 있다.

④ 여성가족부장관, 시장 · 군수 · 구청장 또는 관할 경찰서장은 제3항에 따른 처분을 한 경우에는 그 품명 · 수량 · 소유자 또는 소지자 및 그 처분 내용 등을 관계 장부에 적어야 한다.

⑤ 제1항부터 제3항까지에 따른 수거 · 파기 등에 필요한 사항은 대통령령으로 정한다.

제45조 (시정명령) ① 여성가족부장관 또는 시장 · 군수 · 구청장은 다음 각 호의 어느 하나에 해당하는 자에게 그 시정을 명할 수 있다. [개정 2013.3.22, 2014.3.24] [[시행일 2014.9.25]]

1. 제13조제1항 및 제28조제6항을 위반하여 청소년유해매체물 또는 청소년유해약물등에 청소년유해표시를 하지 아니한 자
2. 제14조(제28조제9항에서 준용하는 경우를 포함한다)를 위반하여 청소년유해매체물 또는 청소년유해약물등을 포장하지 아니한 자
3. 영리를 목적으로 제16조제2항을 위반하여 청소년유해매체물을 청소년유해표시가 되지 아니한 상태에서 판매나 대여를 위하여 전시하거나 진열한 자
4. 영리를 목적으로 제16조제3항을 위반하여 청소년유해매체물을 포장하지 아니한 상태에서 판매나 대여를 위하여 전시하거나 진열한 자

5. 영리를 목적으로 제17조제1항을 위반하여 청소년유해매체물을 구분·격리하지 아니하고 판매나 대여를 위하여 전시하거나 진열한 자
6. 영리를 목적으로 제17조제2항을 위반하여 청소년유해매체물로서 제2조제2호가목부터 다목까지 및 사목부터 자목까지에 해당하는 매체물을 자동기계장치나 무인판매장치를 통하여 유통시킬 목적으로 전시하거나 진열한 자
7. 제19조제1항을 위반하여 청소년유해매체물로서 제2조제2호차목에 해당하는 매체물 중 「옥외광고물 등 관리법」에 따른 옥외광고물을 청소년 출입 · 고용금지업소 외의 업소나 일반인들이 통행하는 장소에 공공연하게 설치 · 부착 또는 배포한 자 또는 상업적 광고선전물을 청소년의 접근을 제한하는 기능이 없는 컴퓨터 통신을 통하여 설치·부착 또는 배포한 자

7의2. 제28조제4항을 위반하여 주류등의 판매 · 대여 · 배포를 금지하는 내용을 표시하지 아니한 자 [[시행일 2015.3.25: 주류등의 판매 · 대여 · 배포를 금지하는 내용의 표시에 관한 사항]]

8. 제29조제5항을 위반하여 청소년유해업소에 청소년의 출입과 고용을 제한하는 내용을 표시하지 아니한 자

② 제1항에 따른 시정명령의 종류·절차 및 그 이행 등에 필요한 사항은 대통령령으로 정한다.

제46조 (처분의 이유 명시) 여성가족부장관 또는 시장 · 군수 · 구청장은 제44조와 제45조에 따른 처분을 할 때에는 대통령령으로 정하는 바에 따라 처분의 이유를 구체적으로 밝혀야 한다.

제47조 (관계 행정기관의 장의 협조) ① 여성가족부장관은 이 법의 시행을 위하여 필요하다고 인정할 때에는 관계 행정기관의 장의 의견을 들을 수 있다.

② 여성가족부장관은 이 법에 따른 의무를 반드시 이행하도록 하기 위하여 필요하다고 인정할 때에는 관계 행정기관의 장에게 필요한 협조를 의뢰할 수 있다.

제48조 (민간단체에 대한 행정적 지원 등) ① 여성가족부장관 또는 지방자치단체의 장은 청소년유해환경 개선활동을 수행하는 민간단체에 행정적 · 재정적 지원을 할 수 있으며, 지방자치단체의 장은 필요한 경우 효율적인 업무 수행을 위하여 대통령령으로 정하는 바에 따라 청소년유해환경으로부터 청소년을 보호하는 활동을 하고 있음을 나타내는 증표를 발급할 수 있다.

② 제1항에 따른 민간단체의 구체적인 종류 등은 여성가족부령으로 정한다.

제49조 (신고) ① 다음 각 호의 어느 하나에 해당하는 경우에는 누구든지 그 사실을 시장·군수·구청장에게 신고하여야 한다.

1. 청소년에게 유해하다고 생각되는 매체물과 약물 등이 청소년에게 유통되고 있는 것을 발견하였을 때
2. 청소년에게 유해한 업소에 청소년이 고용되어 있거나 출입하고 있는 것을 발견하였을 때
3. 그 밖에 이 법을 위반하는 사실이 있다고 인정할 때

② 시장 · 군수 · 구청장은 제1항에 따른 신고의 활성화를 위하여 필요한 시책을 시행하여야 하며 필요한 경우 신고자 포상 등을 할 수 있다.

제50조 (선도 · 보호조치 대상 청소년의 통보) ① 여성가족부장관, 시장 · 군수 · 구청장 및 관할 경찰서장은 제16조제1항, 제28조제1항, 제29조제1항·제2항, 제30조제1호부터 제3호까지 및 제7호부터 제9호까지를 위반하는 행위를 적극적으로 유발하게 하거나 나이를 속이는 등 그 위반행위의 원인을 제공한 청소년에 대하여는 친권자등에게 그 사실을 통보하여야 한다.

② 여성가족부장관, 시장 · 군수 · 구청장 및 관할 경찰서장은 제1항의 청소년 중 그 내용 · 정도 등을 고려하여 선도 · 보호조치가 필요하다고 인정되는 청소년에 대하여는 소속 학교의 장(학생인 경우만 해당한다) 및 친권자등에게 그 사실을 통보하여야 한다.

제51조 (지방청소년사무소의 설치 등) 특별시장 · 광역시장 · 특별자치시장 · 도지사 또는 특별자치도지사는 그 관할 구역의 청소년을 보호하기 위하여 조례로 정하는 바에 따라 지방청소년사무소를 설치하거나 그 밖에 필요한 조치를 할 수 있다. [개정 2013.3.22] [[시행일 2013.9.23]]

제52조 (권한의 위탁) 여성가족부장관은 이 법에 따른 권한의 일부를 대통령령으로 정하는 바에 따라 청소년 보호, 매체물 또는 약물 등과 관련된 비영리법인 또는 단체에 위탁할 수 있다.

제53조 (벌칙 적용 시의 공무원 의제) 청소년보호위원회의 사무에 종사하는 사람 중

공무원이 아닌 위원 또는 직원은 「형법」 제129조 부터 제132조까지 및 「특정범죄 가중처벌 등에 관한 법률」 제2조를 적용할 때에는 공무원으로 본다.

제54조 (과징금) ① 여성가족부장관은 제2조제2호사목 · 아목에 따른 매체물을 발행하거나 수입한 자가 제9조제1항 각 호의 심의 기준에 저촉되는 매체물을 제13조 및 제14조에 준하는 청소년유해표시 또는 포장을 하지 아니하고 해당 청소년유해매체물의 결정·고시 전에 유통하였거나 유통 중일 때에는 그 매체물을 발행하거나 수입한 자에게 2천만원 이하의 과징금을 부과 · 징수할 수 있다.

② 시장 · 군수 · 구청장은 제58조 각 호의 어느 하나 또는 제59조 각 호의 어느 하나에 해당하는 행위로 인하여 이익을 취득한 자에게 대통령령으로 정하는 바에 따라 1천만원 이하의 과징금을 부과·징수할 수 있다. 다만, 다른 법률에 따라 영업허가 취소, 영업소 폐쇄, 영업정지 또는 과징금 부과 등의 처분이 이루어진 경우에는 과징금을 부과 · 징수하지 아니한다.

③ 제1항 또는 제2항에 따른 과징금을 기한까지 납부하지 아니한 경우에는 여성가족부장관 또는 시장 · 군수 · 구청장이 국세 체납처분의 예 또는 「지방세외수입금의 징수 등에 관한 법률」에 따라 징수한다. [개정 2013.8.6 제11998호(지방세외수입금의 징수 등에 관한 법률)] [[시행일 2014.8.7]]

④ 여성가족부장관 또는 시장 · 군수 · 구청장은 다음 각 호의 어느 하나에 해당하는 사유로 과징금의 전액을 한꺼번에 납부하기 어렵다고 인정하는 경우에는 그 납부기한을 연장하거나 분할납부하게 할 수 있다.

1. 자연재해 또는 화재 등으로 재산에 큰 손실을 입은 경우
2. 영업에 큰 손실을 입어 중대한 위기에 처한 경우
3. 과징금을 한꺼번에 납부하면 생계가 곤란할 것으로 예상되는 경우
4. 그 밖에 제1호부터 제3호까지에 준하는 사유가 있는 경우

⑤ 제1항부터 제3항까지에 따라 과징금으로 징수한 금액은 징수 주체가 사용하되, 다음 각 호의 용도로 사용하여야 한다.

1. 청소년유해환경 개선을 위한 프로그램의 개발과 보급
2. 청소년에게 유익한 매체물의 제작과 지원
3. 민간의 청소년 선도·보호사업 및 청소년유해환경 개선을 위한 시민운동 지원
4. 그 밖에 청소년 선도·보호를 위한 사업으로서 대통령령으로 정하는 사업

⑥ 제1항부터 제4항까지에 따른 과징금의 부과기준, 과징금의 부과 및 납부방법, 그 밖에 과징금의 부과·징수에 필요한 사항은 대통령령으로 정한다.

제8장 벌칙

第55조 (벌칙) 제30조제1호의 위반행위를 한 자는 1년 이상 10년 이하의 징역에 처한다.

第56조 (벌칙) 제30조제2호 또는 제3호의 위반행위를 한 자는 10년 이하의 징역에 처한다.

第57조 (벌칙) 제30조제4호부터 제6호까지의 위반행위를 한 자는 5년 이하의 징역에 처한다.

第58조 (벌칙) 다음 각 호의 어느 하나에 해당하는 자는 3년 이하의 징역 또는 2천만 원 이하의 벌금에 처한다.

1. 영리를 목적으로 제16조제1항을 위반하여 청소년에게 청소년유해매체물을 판매·대여·배포하거나 시청·관람·이용하도록 제공한 자
2. 영리를 목적으로 제22조를 위반하여 청소년을 대상으로 청소년유해매체물을 유통하게 한 자
3. 제28조제1항을 위반하여 청소년에게 제2조제4호가목4)·5)의 청소년유해약물 또는 같은 호 나목의 청소년유해물건을 판매·대여·배포(자동기계장치·무인판매장치·통신장치를 통하여 판매·대여·배포한 경우를 포함한다)한 자
4. 제29조제1항을 위반하여 청소년을 청소년유해업소에 고용한 자
5. 제30조제7호부터 제9호까지의 위반행위를 한 자
6. 제44조제1항을 위반하여 청소년유해매체물 또는 청소년유해약물등을 수거하지 아니한 자

第59조 (벌칙) 다음 각 호의 어느 하나에 해당하는 자는 2년 이하의 징역 또는 1천만 원 이하의 벌금에 처한다. [개정 2013.3.22, 2014.3.24] [[시행일 2014.9.25]]

1. 제13조제1항 및 제28조제6항을 위반하여 청소년유해매체물 또는 청소년유해약물등에 청소년유해표시를 하지 아니한 자
2. 제14조(제28조제9항에서 준용하는 경우를 포함한다)를 위반하여 청소년유해매체물 또는 청소년유해약물등을 포장하지 아니한 자
3. 제18조를 위반하여 청소년유해매체물을 방송한 자
4. 제19조제1항을 위반하여 청소년유해매체물로서 제2조제2호차목에에 해당하는 매체

물 중 「옥외광고물 등 관리법」에 따른 옥외광고물을 청소년 출입·고용금지업소 외의 업소나 일반인들이 통행하는 장소에 공공연하게 설치·부착 또는 배포한 자 또는 상업적 광고선전물을 청소년의 접근을 제한하는 기능이 없는 컴퓨터 통신을 통하여 설치·부착 또는 배포한 자

5. 제26조를 위반하여 심야시간대에 16세 미만의 청소년에게 인터넷게임을 제공한 자
6. 제28조제1항을 위반하여 청소년에게 제2조제4호가목1) · 2)의 청소년유해약물을 판매 · 대여 · 배포(자동기계장치 · 무인판매장치 · 통신장치를 통하여 판매 · 대여 · 배포한 경우를 포함한다)하거나 영리를 목적으로 무상 제공한 자
7. 제28조제2항을 위반하여 청소년의 의뢰를 받아 제2조제4호가목1)·2)의 청소년유해약물을 구입하여 청소년에게 제공한 자

7의2. 제28조제4항을 위반하여 주류등의 판매 · 대여 · 배포를 금지하는 내용을 표시하지 아니한 자 [[시행일 2015.3.25: 주류등의 판매 · 대여 · 배포를 금지하는 내용의 표시에 관한 사항]]

8. 제29조제2항을 위반하여 청소년을 청소년 출입 · 고용금지업소에 출입시킨 자
9. 제29조제5항을 위반하여 청소년유해업소에 청소년의 출입과 고용을 제한하는 내용을 표시하지 아니한 자

제60조 (벌칙) 제15조(제28조제9항에서 준용하는 경우를 포함한다)를 위반하여 청소년유해매체물이나 청소년유해약물등의 청소년유해표시 또는 포장을 훼손한 자는 500만원 이하의 벌금에 처한다. [개정 2013.3.22, 2014.3.24] [[시행일 2014.9.25]]

제61조 (벌칙) ① 제34조의2제5항을 위반하여 직무상 알게 된 비밀을 누설한 사람은 2년 이하의 징역 또는 2천만원 이하의 벌금에 처한다. [개정 2015.6.22]

② 제43조를 위반하여 관계 공무원의 검사 및 조사를 거부·방해 또는 기피한 사람은 300만원 이하의 벌금에 처한다.

[전문개정 2014.5.28] [[시행일 2015.5.29]]

제62조 (양벌규정) 법인의 대표자나 법인 또는 개인의 대리인, 사용인, 그 밖의 종업원이 그 법인 또는 개인의 업무에 관하여 제55조 부터 제57조까지의 어느 하나에 해당하는 위반행위를 하면 그 행위자를 벌하는 외에 그 법인 또는 개인을 5천만원 이하의 벌금에 처하고, 제58조 부터 제61조까지의 어느 하나에 해당하는 위반행위를 하면 그 행위자를 벌하는 외에 그 법인 또는 개인에게도 해당 조문의 벌금형을

과(科)한다. 다만, 법인 또는 개인이 그 위반행위를 방지하기 위하여 해당 업무에 관하여 상당한 주의와 감독을 게을리하지 아니한 경우에는 그러하지 아니하다.

제63조 (형의 감경) 제59조의 죄를 범한 자가 제45조에 따른 시정명령을 받고 이를 이행하면 그 형을 감경할 수 있다.

제64조 (과태료) ① 제45조제1항제1호 · 제2호 · 제7호 · 제7호의2 · 제8호에 대한 시정명령을 이행하지 아니한 자에게는 500만원 이하의 과태료를 부과한다. [개정 2014.3.24] [[시행일 2014.9.25]]

② 다음 각 호의 어느 하나에 해당하는 자에게는 100만원 이하의 과태료를 부과한다.

1. 제42조에 따른 보고와 자료 제출을 요구받고도 요구에 따르지 아니한 자 또는 거짓으로 보고하거나 자료를 제출한 자
2. 제45조제1항제3호부터 제6호까지에 따른 시정명령을 이행하지 아니한 자

③ 제1항 및 제2항에 따른 과태료는 대통령령으로 정하는 바에 따라 여성가족부장관 또는 시장·군수·구청장이 부과·징수한다.

부칙

제1조 (시행일) 이 법은 1997년 7월 1일부터 시행한다.

제2조 (한국간행물윤리위원회에 관한 경과조치) 이 법 시행당시의 사단법인 한국간행물윤리위원회는 이 법 시행일부터 3월이내에 문화체육부장관에게 정관변경의 인가를 받을 경우 이 법에 의한 한국간행물윤리위원회로 보며, 이 경우 한국간행물윤리위원회는 종전의 사단법인 한국간행물윤리위원회의 모든 권리와 의무를 승계하는 것으로 본다.

부칙 [98·2·28]

제1조 (시행일) 이 법은 공포한 날부터 시행한다. [단서 생략]

제2조 내지 제7조 생략

부칙 [99·2·5]

제1조 (시행일) 이 법은 1999년 7월 1일부터 시행한다. 다만, 제27조 내지 제31조의 개정규정은 공포후 3월이 경과한 날로부터 시행한다.

제2조 (청소년보호위원회 위원에 관한 경과조치) 이 법 시행당시 종전의 제29조제2항의 규정에 의하여 임명 또는 위촉된 청소년보호위원회 위원의 임기에 대하여는 종전의 규정에 의한다.

제3조 (다른 법률의 폐지) 미성년자보호법은 이를 폐지한다.

제4조 (벌칙 등에 관한 경과조치) ① 이 법 시행전에 종전의 미성년자보호법, 국민건강증진법 제9조제3항의 규정을 위반한 행위에 대한 벌칙의 적용에 있어서는 종전의 규정에 의한다.

② 이 법 시행당시 종전의 미성년자보호법 제5조의 규정에 의하여 경찰서장이 수거한 담배·주류 또는 그와 관계된 물품 및 불량만화, 음란한 문서, 도서, 음반, 비디오물 기타 물건은 종전의 규정에 의하여 반환 또는 폐기하고 이를 관계장부에 기재하여야 한다.

③ 이 법 시행당시 종전의 미성년자보호법 제2조제2항의 규정에 의한 미성년자출입제한구역은 이 법 제25조의 개정규정에 의한 청소년통행금지구역으로 본다.

제5조 (다른 법률의 개정) ① 국민건강증진법중 다음과 같이 개정한다. 제9조제3항을 삭제한다.

제34조제2항을 삭제한다.

제36조를 삭제한다.

② 사행행위등규제및처벌특례법중 다음과 같이 개정한다. 제12조제4호, 제25조제2항중 "미성년자"는 각각 "19세미만의 자"로 한다.

부칙 [99·3·31]

제1조 (시행일) 이 법은 1999년 7월 1일부터 시행한다. [단서 생략]

제2조 내지 제5조 생략

부칙 [2000·2·3]

①**(시행일)** 이 법은 2000년 7월 1일부터 시행한다.

② 및 ③ 생략

부칙 [2001·5·24]

제1조 (시행일) 이 법은 공포후 3월이 경과한 날부터 시행한다. 다만, 제2조제5호 나목(3)의 개정규정은 공포후 4월이 경과한 날부터 시행한다.

제2조 (벌칙에 관한 경과조치) 이 법 시행전의 행위에 대한 벌칙의 적용에 있어서는 종전의 규정에 의한다.

제3조 (다른 법률의 개정) ① 사행행위등규제및처벌특례법중 다음과 같이 개정한다. 제12조제4호중 "19세미만의 자를"을 "청소년(청소년보호법 제2조제1호의 규정에 의한 청소년을 말한다. 이하 같다)을"으로 한다. 제25조제2항중 "19세미만의 자를"을 "청소년을"으로 한다. 제30조제2항제5호중 "미성년자를"을 "청소년을"으로 한다.
② 청소년의성보호에관한법률중 다음과 같이 개정한다. 제2조제1호중 "19세미만의 남녀를"을 "청소년보호법 제2조제1호의 규정에 의한 청소년을"으로 한다.

부칙 [2002.8.26]

제1조 (시행일) 이 법은 공포후 6월이 경과한 날부터 시행한다.

제2조 생략

제3조 (다른 법률의 폐지 등) ① 출판사및인쇄소의등록에관한법률은 이를 폐지한다.
② 외국간행물수입배포에관한법률은 이를 폐지한다.
③ 청소년보호법중 다음과 같이 개정한다.
제45조를 삭제한다.

제4조 내지 제8조 생략

부칙 [2004.1.29]

① **(시행일)** 이 법은 공포후 3월이 경과한 날부터 시행한다.

② **(이의신청에 관한 경과조치)** 이 법 시행전에 접수된 이의신청에 대하여는 종전의 규정에 의한다.

③ **(소의 제기에 관한 경과조치)** 이 법 시행전에 접수된 이의신청에 대한 소의 제기에 관하여는 종전의 규정에 의한다.

④ **(벌칙 등에 관한 경과조치)** 이 법 시행전의 행위에 대한 벌칙 또는 과태료의 적용에 있어서는 종전의 규정에 의한다.

부칙 [2004.3.11 제7187호(국가공무원법)]

제1조 (시행일) 이 법은 공포후 3월이 경과한 날부터 시행한다. 다만, 제2조제3항제1호 나목의 개정규정 및 부칙 제2조는 공포한 날부터 시행한다.

제2조 및 제3조 생략

제4조 ① 내지 ⑦ 생략
⑧청소년보호법중 다음과 같이 개정한다.
제33조의4제2항중 "행정자치부장관과의"를 "행정자치부장관 및 중앙인사위원회와"로 한다.

제5조 생략

부칙 [2004.12.31 제7292호(유해화학물질관리법)]

제1조(시행일) 이 법은 공포후 1년이 경과한 날부터 시행한다. 단서 생략

제2조 내지 제10조 생략

제11조(다른 법률의 개정) ①내지⑤ 생략
⑥청소년보호법중 다음과 같이 개정한다.
제2조제5호나목(5)를 다음과 같이 한다.
(5) 유해화학물질관리법에 의한 유독물제조업, 유독물판매업, 유독물 보관 · 저장업, 유독물운반업 및 유독물사용업
⑦내지⑨ 생략

제12조 생략

부칙 [2005.3.24 제7423호]

① **(시행일)** 이 법은 법률 제7421호 청소년기본법 일부개정법률에 의한 청소년위원회의 조직에 관한 대통령령이 시행되는 날부터 시행한다.

② **(조직폐지 및 신설에 따른 소관사무 및 공무원 등에 관한 경과조치)** 이 법 시행 당시 청소년보호위원회의 소관사무는 청소년위원회가 승계하며, 청소년보호위원회 소속 공무원은 청소년위원회 소속 공무원으로 본다.

③ **(다른 법령과의 관계)** 이 법 시행 당시 다른 법령에서 청소년보호위원회를 인용한 경우에는 청소년위원회를, 청소년보호위원회 위원장을 인용한 경우에는 청소년위원회 위원장을, 청소년보호위원회 소속 공무원을 인용한 경우에는 청소년위원회 소속 공무원을 각각 인용한 것으로 본다.

부칙 [2005.12.29 제7799호(청소년기본법)]

제1조 (시행일) 이 법은 공포 후 3월이 경과한 날부터 시행한다.

제2조 생략

제3조 (다른 법률의 개정) ①생략

②청소년보호법 일부를 다음과 같이 개정한다.
제2조제1호 · 제4호 · 제5호, 제8조제1항 내지 제6항, 제9조제1항·제2항, 제10조제1항, 제11조, 제12조제1항 내지 제6항, 제21조제1항 내지 제3항, 제22조제1항 내지 제3항, 제23조제1항 내지 제3항, 제26조제2항, 제33조의2제1항 · 제3항, 제42조제1항 · 제2항, 제43조제1항, 제46조, 제48조제1항, 제49조제1항 · 제3항 · 제4항중 "청소년위원회"를 각각 "국가청소년위원회"로 한다.
③내지 ⑪생략
제4조 생략

부칙 [2005.12.29 제7800호]

이 법은 공포 후 3월이 경과한 날부터 시행한다.

부칙 [2006.2.21 제7849호(제주특별자치도 설치 및 국제자유도시 조성을 위한 특별법)]

제1조 (시행일) 이 법은 2006년 7월 1일부터 시행한다. 〈단서생략〉

제2조 내지 제39조 생략

제40조 (다른 법률의 개정) ① 내지 〈30〉 생략
〈31〉청소년보호법 일부를 다음과 같이 개정한다.
제25조제3항중 "관할경찰관서"를 "관할 국가경찰관서"로 한다.
〈32〉 내지 〈47〉 생략

제41조 생략

부칙 [2006.4.28 제7943호(영화 및 비디오물의 진흥에 관한 법률)]

제1조(시행일) 이 법은 공포 후 6개월이 경과한 날부터 시행한다.

제2조 내지 제13조 생략

제14조(다른 법률의 개정) ①내지 ④생략
⑤ 청소년보호법 일부를 다음과 같이 개정한다.
제2조제5호가목(2) 및 동호나목(3)을 각각 다음과 같이 한다
(2) 「영화 및 비디오물의 진흥에 관한 법률」에 의한 비디오물감상실업 및 「음악산업 진흥에 관한 법률」에 의한 노래연습장업 중 대통령령으로 정하는 것
(3) 「영화 및 비디오물의 진흥에 관한 법률」에 의한 비디오물소극장업 또는 「게임산업진흥에 관한 법률」에 의한 게임제공업·복합유통게임제공업 중 대통령령이 정하는 영업
제7조제1호를 다음과 같이 하고, 동조제3호중 "영화진흥법"을 "「영화 및 비디오물의 진흥에 관한 법률」"로 한다.
1. 「영화 및 비디오물의 진흥에 관한 법률」의 규정에 의한 비디오물, 「게임산업진흥에 관한 법률」에 의한 게임물 및 「영화 및 비디오물의 진흥에 관한 법률」에 의한 음반

제15조 생략

부칙 [2008.2.29 제8877호]

이 법은 공포한 날부터 시행한다.

부 칙[2009.7.31 제9785호(신문 등의 진흥에 관한 법률)]

제1조(시행일) 이 법은 공포 후 6개월이 경과한 날부터 시행한다.

제2조부터 제7조까지 생략

제8조(다른 법률의 개정) ① 부터 ⑫ 까지 생략
⑬ 청소년보호법 일부를 다음과 같이 개정한다.
제7조제6호를 다음과 같이 한다.
6. 「신문 등의 진흥에 관한 법률」에 따른 일반일간신문(주로 정치 · 경제 · 사회에 관한 보도 · 논평 및 여론을 전파하는 신문을 제외한다) · 특수일간신문(경제 · 산업 · 과학 · 종교분야를 제외한다) · 일반주간신문(정치 · 경제분야를 제외한다) · 특수주간신문(경제 · 산업 · 과학 · 시사 · 종교분야를 제외한다), 「잡지 등 정기간행물의 진흥에 관한 법

률」에 따른 잡지(정치 · 경제 · 산업 · 과학 · 시사 · 종교분야를 제외한다) 및 대통령령으로 정하는 그 밖의 간행물(이하 "정기간행물등"이라 한다)과 정기간행물 외의 간행물 중 만화 · 사진첩 · 화보류 · 소설 등의 도서류, 전자출판물, 그 밖에 대통령령으로 정하는 것

⑭ 생략

제9조 생략

부 칙[2010.1.18 제9932호(정부조직법)]

제1조(시행일) 이 법은 공포 후 2개월이 경과한 날부터 시행한다. 〈단서 생략〉

제2조 및 제3조 생략

제4조(다른 법률의 개정) ① 부터 〈118〉 까지 생략

〈119〉 청소년보호법 일부를 다음과 같이 개정한다.

제2조제3호가목 및 나목 · 제4호가목(7) 및 나목(1) 및 (2) · 제5호가목(6) 및 나목(7), 제21조제2항 · 제3항, 제22조제1항부터 제3항까지, 제23조제1항 전단 및 후단 · 제2항 후단 · 제3항, 제26조제2항, 제27조 각 호 외의 부분 및 제3호, 제28조제1항 · 제2항 각 호 외의 부분, 제42조제1항 · 제2항, 제43조제1항 및 제49조제1항 · 제3항 · 제4항 각 호 외의 부분 중 "보건복지가족부장관"을 각각 "여성가족부장관"으로 한다.

제21조제4항, 제22조제4항, 제23조제4항, 제26조제3항 및 제43조제3항 중 "보건복지가족부령"을 각각 "여성가족부령"으로 한다.

제33조의2제1항 및 제3항 중 "보건복지가족부"를 각각 "여성가족부"로 한다.

〈120〉 부터 〈137〉 까지 생략

제5조 생략

부 칙[2011.5.19 제10659호]

① **(시행일)** 이 법은 공포 후 6개월이 경과한 날부터 시행한다. 다만, 제23조의3제1항의 개정규정에 따른 인터넷게임 중 심각한 인터넷게임 중독의 우려가 없는 것으로서 대통령령으로 정하는 기기를 이용한 인터넷게임에 대한 심야시간대 제공시간

제한에 관한 부분은 공포 후 2년이 경과한 날부터 시행한다.

② **(게임물의 범위 평가에 관한 특례)** 이 법 시행 후 최초로 실시하는 심야시간대 인터넷게임의 제공시간 제한대상 게임물의 범위에 대한 평가는 제23조의3제2항의 개정규정에도 불구하고 이 법 공포 후 1년 6개월이 경과한 날까지 완료하여야 한다.

부 칙[2011.7.28 제10980호]

제1조(시행일) 이 법은 공포 후 6개월이 경과한 날부터 시행한다.

제2조(재심의에 관한 경과조치) 제11조의2의 개정규정은 이 법 시행 당시 이미 이루어진 청소년유해매체물 결정에도 적용한다. 이 경우 이 법 시행일부터 30일 이내에 재심의를 청구할 수 있다.

부 칙[2011.9.15 제11048호]

제1조(시행일) 이 법은 공포 후 1년이 경과한 날부터 시행한다. 다만, 제26조제1항의 개정규정에 따른 인터넷게임 중 심각한 인터넷게임 중독의 우려가 없는 것으로서 대통령령으로 정하는 기기를 이용한 인터넷게임에 대한 심야시간대 제공시간 제한에 관한 부분은 2013년 5월 20일부터 시행한다.

제2조(게임물의 범위 평가에 관한 특례) 이 법 시행 후 최초로 실시하는 심야시간대 인터넷게임의 제공시간 제한대상 게임물의 범위에 대한 평가는 제26조제2항의 개정규정에도 불구하고 2012년 11월 20일까지 완료하여야 한다.

제3조(벌칙 등에 관한 경과조치) 이 법 시행 전의 행위에 대하여 벌칙이나 과태료의 규정을 적용할 때에는 종전의 규정(종전의 제54조는 제외한다)에 따른다.

제4조(다른 법률의 개정) ① 게임산업진흥에 관한 법률 일부를 다음과 같이 개정한다.
제12조의3제2항 중 "「청소년보호법」 제23조의3"을 "「청소년 보호법」 제26조"로 하고, 제27조제3호 중 "「청소년보호법」"을 "「청소년 보호법」"으로 한다.
② 공연법 일부를 다음과 같이 개정한다.
제5조제1항 및 제2항 중 " 「청소년보호법」 제10조"를 각각 " 「청소년 보호법」 제9

조"로 한다.

③ 공중위생관리법 일부를 다음과 같이 개정한다.

제11조제1항 본문 및 제11조의4제1항 중 "「청소년보호법」"을 각각 "「청소년 보호법」"으로 한다.

④ 담배사업법 일부를 다음과 같이 개정한다.

제16조제3항 중 "청소년보호법"을 "「청소년 보호법」"으로 한다.

⑤ 복권 및 복권기금법 일부를 다음과 같이 개정한다.

제5조제3항 중 "「청소년보호법」"을 "「청소년 보호법」"으로 한다.

⑥ 사법경찰관리의 직무를 수행할 자와 그 직무범위에 관한 법률 일부를 다음과 같이 개정한다.

제6조제24호 중 "「청소년보호법」"을 "「청소년 보호법」"으로 한다.

⑦ 사행행위 등 규제 및 처벌 특례법 일부를 다음과 같이 개정한다.

제12조제4호 중 "「청소년보호법」"을 "「청소년 보호법」"으로 한다.

⑧ 성매매알선 등 행위의 처벌에 관한 법률 일부를 다음과 같이 개정한다.

제2조제1항제3호나목 중 "「청소년보호법」"을 "「청소년 보호법」"으로 한다.

⑨ 성폭력범죄의 처벌 등에 관한 특례법 일부를 다음과 같이 개정한다.

제23조제1항 단서 중 "「청소년보호법」"을 "「청소년 보호법」"으로 한다.

⑩ 식품위생법 일부를 다음과 같이 개정한다.

제44조제2항 각 호 외의 부분 중 "「청소년보호법」"을 "「청소년 보호법」"으로 하고, 같은 항 제2호 중 "「청소년보호법」 제2조제5호가목(1)"을 "「청소년 보호법」 제2조제5호가목3)"으로 하며, 같은 항 제3호 중 "「청소년보호법」 제2조제5호나목(1)"을 "「청소년 보호법」 제2조제5호나목3)"으로 한다.

⑪ 실종아동등의 보호 및 지원에 관한 법률 일부를 다음과 같이 개정한다.

제6조제1항제3호 중 "「청소년보호법」 제33조의2에 따른 청소년보호센터 및 청소년재활센터"를 "「청소년 보호법」 제35조에 따른 청소년 보호·재활센터"로 한다.

⑫ 아동·청소년의 성보호에 관한 법률 일부를 다음과 같이 개정한다.

제22조제2항제15호를 다음과 같이 한다.

15. 「청소년 보호법」 제35조의 청소년보호、재활센터

제28조제1항제3호 및 제30조 각 호 외의 부분 중 "「청소년보호법」 제33조의2의 청소년보호센터 또는 청소년재활센터"를 각각 "「청소년 보호법」 제35조의 청소년 보호·재활센터"로 한다.

제44조제1항제5호를 다음과 같이 한다.

5. 「청소년 보호법」 제35조의 청소년 보호·재활센터
⑬ 정보통신망 이용촉진 및 정보보호 등에 관한 법률 일부를 다음과 같이 개정한다.
제42조, 제42조의2 및 제43조제1항 중 "「청소년보호법」 제7조제4호"를 각각 "「청소년 보호법」 제2조제2호마목"으로 한다.
제44조의7제1항제5호 중 "「청소년보호법」"을 "「청소년 보호법」"으로 한다.
제61조제1호 중 "「청소년보호법」 제17조"를 "「청소년 보호법」 제16조"로 한다.
⑭ 직업안정법 일부를 다음과 같이 개정한다.
제21조의3제3항 중 "「청소년보호법」"을 "「청소년 보호법」"으로 한다.
제38조제4호 각 목 외의 부분 중 "「청소년보호법」"을 "「청소년 보호법」으로 한다.
⑮ 출판문화산업 진흥법 일부를 다음과 같이 개정한다.
제12조제3항제1호 중 "「청소년보호법」"을 "「청소년 보호법」"으로 한다.
제18조제3호 중 "「청소년보호법」 제7조제6호"를 "「청소년 보호법」 제2조제2호사목·아목 및 자목"으로 한다.
제19조제2항 중 "「청소년보호법」 제10조제1항"을 "「청소년 보호법」 제9조제1항"으로 한다.
〈16〉 특정강력범죄의 처벌에 관한 특례법 일부를 다음과 같이 개정한다.
제8조의2제1항제4호 중 "「청소년보호법」"을 "「청소년 보호법」"으로 한다.
〈17〉 학교보건법 일부를 다음과 같이 개정한다.
제6조제1항제19호 중 "「청소년보호법」 제2조제5호가목(5)"를 "「청소년 보호법」 제2조제5호가목7)"으로, "같은 호 가목(6) 및 같은 호 나목(7)"을 "같은 호 가목8) 또는 9) 및 같은 호 나목7)"으로 한다.

제5조(다른 법령과의 관계) 이 법 시행 당시 다른 법령에서 종전의 「청소년보호법」 또는 그 규정을 인용한 경우에 이 법 가운데 그에 해당하는 규정이 있으면 종전의 규정을 갈음하여 이 법 또는 이 법의 해당 규정을 인용한 것으로 본다.

부 칙[2012.1.17 제11179호]

이 법은 공포 후 3개월이 경과한 날부터 시행한다.
다만, 법률 제10980호 청소년보호법 일부개정법률 제11조의2제3항의 개정규정은 2012년 1월 29일부터, 법률 제11048호 청소년보호법 전부개정법률 제12조제3항·제41조의2의 개정규정은 2012년 9월 16일부터 시행한다.

부 칙[2013.3.22 제11673호]

이 법은 공포 후 6개월이 경과한 날부터 시행한다.

부 칙[2013.6.4 제11862호(화학물질관리법)]

제1조(시행일) 이 법은 2015년 1월 1일부터 시행한다.

제2조부터 제10조까지 생략

제11조(다른 법률의 개정) ①부터 ⑨까지 생략
⑩ 청소년 보호법 일부를 다음과 같이 개정한다.
제2조제4호가목4) 중 "「유해화학물질 관리법」에 따른 환각물질"을 "「화학물질관리법」에 따른 환각물질"로 한다.
제2조제5호나목5)를 다음과 같이 한다.
5) 「화학물질관리법」에 따른 유해화학물질 영업. 다만, 유해화학물질 사용과 직접 관련이 없는 영업으로서 대통령령으로 정하는 영업은 제외한다.
⑪부터 〈29〉까지 생략

제12조 생략

부 칙[2013.8.6 제11998호(지방세외수입금의 징수 등에 관한 법률)]

제1조(시행일) 이 법은 공포 후 1년이 경과한 날부터 시행한다.

제2조 생략

제3조(다른 법률의 개정) ①부터 〈64〉까지 생략
〈65〉 청소년 보호법 일부를 다음과 같이 개정한다.
제54조제3항 중 "국세 또는 지방세 체납처분의 예에 따라 징수한다"를 "국세 체납처분

의 예 또는 「지방세외수입금의 징수 등에 관한 법률」에 따라 징수한다"로 한다.
〈66〉부터 〈71〉까지 생략

부 칙[2014.3.24 제12534호]

이 법은 공포 후 6개월이 경과한 날부터 시행한다. 다만, 제28조제4항 및 제8항, 제45조제1항제7호의2, 제59조제7호의2의 개정규정 중 주류등의 판매·대여·배포를 금지하는 내용의 표시에 관한 사항은 공포 후 1년이 경과한 날부터 시행한다.

부 칙[2014.5.28 제12699호]

이 법은 공포 후 1년이 경과한 날부터 시행한다.

부 칙[2015.6.22 제13371호]

이 법은 공포한 날부터 시행한다.

청소년활동진흥법

제1장 총칙

제1조 (목적) 이 법은 「청소년기본법」 제47조제2항에 따라 다양한 청소년활동을 적극적으로 진흥하기 위하여 필요한 사항을 정함을 목적으로 한다.
[전문개정 2014.1.21] [[시행일 2014.7.22]]

제2조 (정의) 이 법에서 사용하는 용어의 뜻은 다음과 같다.
1. "청소년활동"이란 「청소년기본법」 제3조제3호에 따른 청소년활동을 말한다.
2. "청소년활동시설"이란 청소년수련활동, 청소년교류활동, 청소년문화활동 등 청소년활동에 제공되는 시설로서 제10조에 따른 시설을 말한다.
3. "청소년수련활동"이란 청소년이 청소년활동에 자발적으로 참여하여 청소년 시기에 필요한 기량과 품성을 함양하는 교육적 활동으로서 「청소년기본법」 제3조제7호에 따른 청소년지도자(이하 "청소년지도자"라 한다)와 함께 청소년수련거리에 참여하여 배움을 실천하는 체험활동을 말한다.
4. "청소년교류활동"이란 청소년이 지역 간, 남북 간, 국가 간의 다양한 교류를 통하여 공동체의식 등을 함양하는 체험활동을 말한다.
5. "청소년문화활동"이란 청소년이 예술활동, 스포츠활동, 동아리활동, 봉사활동 등을 통하여 문화적 감성과 더불어 살아가는 능력을 함양하는 체험활동을 말한다.
6. "청소년수련거리"란 청소년수련활동에 필요한 프로그램과 이와 관련되는 사업을 말한다.
7. "숙박형 청소년수련활동"이란 19세 미만의 청소년(19세가 되는 해의 1월 1일을 맞이한 사람은 제외한다. 이하 같다)을 대상으로 청소년이 자신의 주거지에서 떠나 제10조제1호의 청소년수련시설 또는 그 외의 다른 장소에서 숙박·야영하거나 제10조제1호의 청소년수련시설 또는 그 외의 다른 장소로 이동하면서 숙박·야영하는 청소년수련활동을 말한다.
8. "비숙박형 청소년수련활동"이란 19세 미만의 청소년을 대상으로 제10조제1호의 청소년수련시설 또는 그 외의 다른 장소에서 실시하는 청소년수련활동으로서 실시하는 날에 끝나거나 숙박 없이 2회 이상 정기적으로 실시하는 청소년수련활동을 말한다.

[전문개정 2014.1.21] [[시행일 2014.7.22]]

제3조 (관계 기관의 협조) ① 여성가족부장관 및 지방자치단체의 장은 학생인 청소년의 청소년활동 진흥을 위하여 필요하면 「청소년기본법」 제48조에 따라 교육부, 특별시 · 광역시 · 특별자치시 · 도 · 특별자치도 교육청 및 지역교육청(이하 "교육청"이라 한다)과 협의를 할 수 있다.

② 제1항에 따른 협의를 요청받은 관계 기관은 특별한 사유가 없으면 그 요청에 따라야 한다.

[전문개정 2014.1.21] [[시행일 2014.7.22]]

제4조 (청소년운영위원회) ① 제10조제1호의 청소년수련시설(이하 "수련시설"이라 한다)을 설치 · 운영하는 개인 · 법인 · 단체 및 제16조제2항에 따른 위탁운영단체(이하 "수련시설운영단체"라 한다)는 청소년활동을 활성화하고 청소년의 참여를 보장하기 위하여 청소년으로 구성되는 청소년운영위원회를 운영하여야 한다.

② 수련시설운영단체의 대표자는 청소년운영위원회의 의견을 수련시설 운영에 반영하여야 한다.

③ 제1항에 따른 청소년운영위원회의 구성·운영 등에 필요한 사항은 대통령령으로 정한다.

[전문개정 2014.1.21] [[시행일 2014.7.22]]

제2장 청소년활동의 보장

제5조 (청소년활동의 지원) ① 청소년은 다양한 청소년활동에 주체적이고 자발적으로 참여하여 자신의 꿈과 희망을 실현할 충분한 기회와 지원을 받아야 한다.

② 국가 및 지방자치단체는 청소년활동을 활성화하는 데 필요한 청소년활동시설, 청소년활동 프로그램, 청소년지도자 등을 위한 시책을 수립 · 시행하여야 한다.

③ 국가 및 지방자치단체는 개인 · 법인 또는 단체가 청소년활동을 지원하려는 경우에는 그에 필요한 행정적 · 재정적 지원을 할 수 있다.

[전문개정 2014.1.21] [[시행일 2014.7.22]]

제6조 (한국청소년활동진흥원의 설치) ① 「청소년기본법」 제3조제2호에 따른 청소년육성(이하 "청소년육성"이라 한다)을 위한 다음 각 호의 사업을 하기 위하여 한국청소년활동진흥원(이하 "활동진흥원"이라 한다)을 설치한다.

1. 청소년활동, 「청소년기본법」 제3조제4호에 따른 청소년복지, 같은 법 제3조제5호에 따른 청소년보호에 관한 종합적 안내 및 서비스 제공
2. 청소년육성에 필요한 정보 등의 종합적 관리 및 제공
3. 청소년수련활동 인증위원회 등 청소년수련활동 인증제도의 운영
4. 청소년 자원봉사활동의 활성화
5. 청소년활동 프로그램의 개발과 보급
6. 국가가 설치하는 수련시설의 유지·관리 및 운영업무의 수탁
7. 국가 및 지방자치단체가 개발한 주요 청소년수련거리의 시범운영
8. 청소년활동시설이 실시하는 국제교류 및 협력사업에 대한 지원
9. 청소년지도자의 연수
10. 제18조의3에 따른 수련시설 종합 안전점검에 대한 지원
11. 수련시설의 안전에 관한 컨설팅 및 홍보
12. 그 밖에 여성가족부장관이 지정하거나 활동진흥원의 목적을 수행하기 위하여 필요한 사업

② 활동진흥원은 법인으로 한다.

③ 활동진흥원은 그 주된 사무소의 소재지에서 설립등기를 함으로써 성립한다.

[전문개정 2014.1.21] [[시행일 2014.7.22]]

제6조의2 (정관) 활동진흥원의 정관에는 다음 각 호의 사항이 포함되어야 한다.

1. 목적
2. 명칭
3. 주된 사무소의 소재지
4. 사업에 관한 사항
5. 임원 및 직원에 관한 사항
6. 이사회에 관한 사항
7. 재산 및 회계에 관한 사항
8. 정관의 변경에 관한 사항

[본조신설 2010.5.17] [[시행일 2010.8.18]]

제6조의3 (임원) ① 활동진흥원에 이사장을 포함한 15명 이내의 이사와 감사 1명을 둔다.

② 이사장은 「공공기관의 운영에 관한 법률」 제29조에 따른 임원추천위원회(이하 "임원추천위원회"라 한다)가 복수로 추천한 사람 중에서 여성가족부장관이 임명한다.

③ 상임이사는 활동진흥원 이사장이 임명한다.
④ 비상임이사(활동진흥원의 정관에 따라 당연히 비상임이사로 선임되는 사람은 제외한다)는 여성가족부장관이 임명한다.
⑤ 감사는 임원추천위원회가 복수로 추천하여 「공공기관의 운영에 관한 법률」 제8조에 따른 공공기관운영위원회의 심의·의결을 거친 사람 중에서 기획재정부장관이 임명한다.
⑥ 이사장의 임기는 3년, 이사와 감사의 임기는 각각 2년으로 하되, 1년을 단위로 연임할 수 있다.
[본조신설 2010.5.17] [[시행일 2010.8.18]]

제6조의4 (사업계획서 등의 제출) ① 활동진흥원은 대통령령으로 정하는 바에 따라 사업계획서 및 예산서를 작성하여 매 사업연도 시작 전까지 여성가족부장관에게 제출하여야 한다.
② 활동진흥원은 회계연도가 종료된 때에는 지체 없이 그 회계연도의 결산서를 작성하고 감사원규칙에서 정하는 바에 따라 공인회계사나 회계법인을 선정하여 회계감사를 받아 매 회계연도 종료 후 2개월 이내에 여성가족부장관에게 제출하여야 한다.
[본조신설 2010.5.17] [[시행일 2010.8.18]]

제6조의5 (자료의 요청 등) ① 활동진흥원은 제6조제1항제2호의 사업을 수행하기 위하여 필요할 때에는 공공기관 등에 대하여 간행물이나 자료의 제공을 요청할 수 있다. 이 경우 상당한 대가를 지급하여야 한다.
② 활동진흥원은 제1항에 따라 제공된 간행물이나 자료를 제공받은 목적 외의 용도로 사용하여서는 아니 된다.
③ 제6조제1항제2호의 사업에 종사하는 임직원 및 임직원이었던 사람은 직무상 알게 된 비밀을 누설하여서는 아니 된다.
[전문개정 2014.1.21] [[시행일 2014.7.22]]

제6조의6 (보조금 등) ① 정부는 예산의 범위에서 활동진흥원의 사업 및 운영에 드는 경비를 보조할 수 있다.
② 개인·법인 또는 단체는 활동진흥원의 사업 또는 운영을 지원하기 위하여 금전이나 그 밖의 재산을 출연(出捐) 또는 기부할 수 있다.
[본조신설 2010.5.17] [[시행일 2010.8.18]]

제6조의7 (「민법」의 준용) 활동진흥원에 관하여 이 법과 「공공기관의 운영에 관한 법률」에서 정한 사항 외에는 「민법」중 재단법인에 관한 규정을 준용한다.
[본조신설 2010.5.17] [[시행일 2010.8.18]]

제6조의8 (유사명칭의 사용금지) 이 법에 따른 활동진흥원이 아닌 자는 한국청소년활동진흥원 또는 이와 유사한 명칭을 사용하지 못한다.
[본조신설 2010.5.17] [[시행일 2010.8.18]]

제6조의9 (벌칙 적용 시의 공무원 의제) 제6조제1항제2호의 사업에 종사하는 사람은 「형법」 제129조 부터 제132조까지의 규정에 따른 벌칙을 적용할 때에는 공무원으로 본다.
[전문개정 2014.1.21] [[시행일 2014.7.22]]

제7조 (지방청소년활동진흥센터의 설치 등) ① 특별시·광역시·특별자치시·도·특별자치도(이하 "시·도"라 한다) 및 시·군·구(자치구를 말한다. 이하 같다)는 해당 지역의 청소년활동을 진흥하기 위하여 지방청소년활동진흥센터를 설치·운영할 수 있다.
② 제1항에 따른 지방청소년활동진흥센터(이하 "지방청소년활동진흥센터"라 한다)는 다음 각 호의 사업을 수행한다.
1. 지역 청소년활동의 요구에 관한 조사
2. 지역 청소년 자원봉사활동의 활성화
3. 청소년수련활동 인증제도의 지원
4. 인증받은 청소년수련활동의 홍보와 지원
5. 청소년활동 프로그램의 개발과 보급
6. 청소년활동에 대한 교육과 홍보
7. 제9조의2에 따른 숙박형등 청소년수련활동 계획의 신고에 대한 지원
8. 제9조의4에 따른 정보공개에 대한 지원
9. 그 밖에 청소년활동을 위하여 필요한 사업

③ 지방청소년활동진흥센터는 제2항에 따른 사업을 수행하는 경우 활동진흥원과 연계·협력한다.
④ 국가 및 지방자치단체는 예산의 범위에서 지방청소년활동진흥센터의 운영에 필요한 경비의 전부 또는 일부를 지원할 수 있다.
[전문개정 2014.1.21] [[시행일 2014.7.22]]

제8조 (청소년활동 정보의 제공 등) ① 활동진흥원과 지방청소년활동진흥센터는 청소년의 요구를 수용하여 청소년의 발달단계와 여건에 맞는 프로그램과 정보를 상시 안내하고 제공하여야 한다.

② 활동진흥원과 지방청소년활동진흥센터는 제1항에 따른 사업을 시행하기 위하여 해당 지역 청소년의 활동 요구를 정기적으로 조사하고, 그 결과를 그 지역의 청소년활동시설과 「청소년기본법」 제3조제8호에 따른 청소년단체(이하 "청소년단체"라 한다)에 제공하여야 한다.

[전문개정 2014.1.21] [[시행일 2014.7.22]]

제9조 (학교와의 협력 등) ① 활동진흥원과 지방청소년활동진흥센터는 「청소년기본법」 제48조에 따라 학교 및 평생교육시설과의 협력체제를 구축하여야 한다.

② 활동진흥원과 지방청소년활동진흥센터는 해당 지역 각급학교 및 평생교육시설에서 필요로 하는 청소년활동 관련 사항을 지원할 수 있다.

③ 활동진흥원과 지방청소년활동진흥센터는 제2항에 따라 매년 1회 이상 상호 협의하여 청소년수련거리를 개발하고, 해당 지역의 수련시설에 이를 보급하여야 한다.

④ 활동진흥원과 지방청소년활동진흥센터는 학생인 청소년을 위한 청소년수련거리를 개발할 때 필요하면 교육청 및 각급학교에 관련 자료를 요청할 수 있다. 이 경우 관계 기관은 특별한 사유가 없으면 그 요청에 적극 협조하여야 한다.

[전문개정 2014.1.21] [[시행일 2014.7.22]]

제9조의2 (숙박형등 청소년수련활동 계획의 신고) ① 숙박형 청소년수련활동 및 비숙박형 청소년수련활동(이하 "숙박형등 청소년수련활동"이라 한다)을 주최하려는 자는 여성가족부령으로 정하는 절차와 방법에 따라 특별자치시장·특별자치도지사·시장·군수·구청장(자치구의 구청장을 말한다. 이하 같다)에게 그 계획을 신고하여야 한다. 다만, 다음 각 호의 경우는 제외한다.

1. 다른 법률에서 지도·감독 등을 받는 비영리 법인 또는 비영리 단체가 운영하는 경우
2. 청소년이 부모 등 보호자와 함께 참여하는 경우
3. 종교단체가 운영하는 경우
4. 비숙박형 청소년수련활동 중 제36조제2항에 따라 인증을 받아야하는 활동이 아닌 경우

② 숙박형등 청소년수련활동을 주최하려는 자는 제1항에 따른 신고가 수리되기 전에

는 모집활동을 하여서는 아니 된다.

③ 특별자치시장·특별자치도지사·시장·군수·구청장은 다음 각 호의 어느 하나에 해당하는 사람이 숙박형등 청소년수련활동을 운영 또는 보조하려는 경우에는 신고를 수리하여서는 아니 된다.

1. 「아동복지법」 제17조 위반에 따른 같은 법 제71조제1항의 죄, 「성폭력범죄의 처벌 등에 관한 특례법」 제2조에 따른 성폭력범죄 또는 「아동·청소년의 성보호에 관한 법률」 제2조제2호에 따른 아동·청소년대상 성범죄를 범하여 형 또는 치료감호를 선고받고 그 형 또는 치료감호의 전부 또는 일부의 집행이 끝나거나 집행이 유예·면제된 날부터 10년이 지나지 아니한 사람
2. 「청소년기본법」 제21조제3항에 따라 청소년지도사가 될 수 없는 사람

④ 특별자치시장·특별자치도지사·시장·군수·구청장은 관계 기관의 장에게 제3항에 따른 범죄경력 등을 확인하기 위한 자료의 제공을 요청할 수 있다. 이 경우 관계 기관의 장은 정당한 사유가 없으면 그 요청에 따라야 한다.

⑤ 특별자치시장·특별자치도지사·시장·군수·구청장은 숙박형등 청소년수련활동 계획의 신고를 수리한 때에는 그 계획을 여성가족부장관에게 통보하여야 한다.

⑥ 여성가족부장관은 제5항에 따라 통보받은 숙박형등 청소년수련활동 계획에 보완이 필요하다고 인정될 때에는 그 계획을 통보한 특별자치시장·특별자치도지사·시장·군수·구청장에게 보완사항을 통보하여야 한다.

⑦ 제6항에 따라 보완사항을 통보받은 특별자치시장·특별자치도지사·시장·군수·구청장은 그 내용을 숙박형등 청소년수련활동 주최자에게 통보하여야 한다.

[전문개정 2014.1.21] [[시행일 2014.7.22]]

제9조의3 (건강상태 확인 및 의료조치 의무 등) ① 제9조의2에 따라 신고를 한 자(이하 "신고자"라 한다)는 여성가족부령으로 정하는 방법에 따라 해당 청소년활동에 참가하려는 청소년의 건강상태를 확인하여야 한다. 이 경우 해당 청소년활동에 참가하려는 청소년 및 보호자(친권자, 법정대리인 또는 사실상 청소년을 양육하는 사람을 말한다. 이하 같다)가 해당 청소년의 건강상태를 서면으로 보증한 때에는 신고자가 건강상태를 확인한 것으로 본다.

② 신고자는 해당 청소년활동에 참가하는 청소년에게 질병·사고 또는 재해 등으로 인하여 의료조치가 필요하거나 참가자가 요청할 경우 다음 각 호의 시설에서 신속하고 적정한 치료를 받도록 하여야 한다.

1. 「응급의료에 관한 법률」 제2조제5호에 따른 응급의료기관

2. 「의료법」 제3조에 따른 의료기관
3. 「약사법」 제2조제3호에 따른 약국
[본조신설 2013.5.28] [[시행일 2013.11.29]]

제9조의4 (숙박형등 청소년수련활동 관련 정보의 공개) ① 특별자치시장·특별자치도지사·시장·군수·구청장은 제9조의2에 따라 숙박형등 청소년수련활동 계획의 신고를 수리한 경우에는 여성가족부령으로 정하는 절차와 방법에 따라 해당 내용을 인터넷 홈페이지 등을 이용하여 공개하여야 한다.
② 여성가족부장관은 제1항에 따른 공개를 위하여 온라인 종합정보제공시스템을 구축·운영하여야 한다.
③ 여성가족부장관은 제2항에 따른 종합정보제공시스템의 운영을 활동진흥원에 위탁할 수 있다.
[전문개정 2014.1.21] [[시행일 2014.7.22]]

제9조의5 (숙박형등 청소년수련활동 관련 정보의 표시·고지) 제9조의2에 따라 숙박형등 청소년수련활동 계획의 신고가 수리된 자는 모집활동 및 계약을 할 경우 여성가족부령으로 정하는 바에 따라 다음 각 호의 사항을 표시하고 고지하여야 한다.
1. 제36조에 따라 인증을 받은 청소년수련활동인지 여부
2. 이 법 또는 다른 법률에 따른 안전관리 기준의 충족 여부
3. 제25조에 따른 보험 등 관련 보험의 가입 여부 및 보험의 종류와 약관
[본조신설 2014.1.21] [[시행일 2014.7.22]]

제9조의6 (숙박형등 청소년수련활동의 제한) 이 법 또는 다른 법률에 따라 신고·등록·인가·허가를 받지 아니한 단체 및 개인은 숙박형 청소년수련활동, 비숙박형 청소년수련활동 중 제36조제2항에 따라 참가 인원이 일정 규모 이상이거나 위험도가 높은 청소년수련활동을 하여서는 아니 된다. 다만, 청소년이 부모 등 보호자와 함께 참여하는 경우 또는 종교단체가 운영하는 경우에는 그러하지 아니하다.
[본조신설 2014.1.21] [[시행일 2014.7.22]]

제9조의7 (관계 기관과의 협력) ① 특별자치시장·특별자치도지사·시장·군수·구청장은 제9조의2에 따라 숙박형등 청소년수련활동 계획의 신고를 수리한 후 필요할 경우에는 그 사실을 관계 기관에 알려 필요한 조치를 요청하여야 한다.

② 제1항에 따라 요청을 받은 관계 기관은 특별한 사정이 없으면 다음 각 호의 조치를 위한 준비를 하여야 한다. [개정 2014.5.20 제12600호(경찰관 직무집행법)]
1. 내수면, 해수면 등에서 이루어지는 청소년수련활동인 경우 「수상레저안전법」 제45조에 따른 안전점검
2. 제36조제2항 본문에 따른 청소년수련활동인 경우 「119구조 · 구급에 관한 법률」 제3조에 따른 구조 · 구급활동
3. 제9조의2에 따라 신고 수리된 숙박형등 청소년수련활동인 경우 「경찰관 직무집행법」제4조 및 제5조에 따른 보호조치 등과 위험발생의 방지
4. 그 밖에 다른 법률에서 정하는 안전에 관련한 조치

[본조신설 2014.1.21] [[시행일 2014.7.22]]

제3장 청소년활동시설

제10조 (청소년활동시설의 종류) 청소년활동시설의 종류는 다음 각 호와 같다.
1. 청소년수련시설
   가. 청소년수련관: 다양한 청소년수련거리를 실시할 수 있는 각종 시설 및 설비를 갖춘 종합수련시설
   나. 청소년수련원: 숙박기능을 갖춘 생활관과 다양한 청소년수련거리를 실시할 수 있는 각종 시설과 설비를 갖춘 종합수련시설
   다. 청소년문화의 집: 간단한 청소년수련활동을 실시할 수 있는 시설 및 설비를 갖춘 정보 · 문화 · 예술 중심의 수련시설
   라. 청소년특화시설: 청소년의 직업체험, 문화예술, 과학정보, 환경 등 특정 목적의 청소년활동을 전문적으로 실시할 수 있는 시설과 설비를 갖춘 수련시설
   마. 청소년야영장: 야영에 적합한 시설 및 설비를 갖추고, 청소년수련거리 또는 야영편의를 제공하는 수련시설
   바. 유스호스텔: 청소년의 숙박 및 체류에 적합한 시설 · 설비와 부대 · 편익시설을 갖추고, 숙식편의 제공, 여행청소년의 활동지원(청소년수련활동 지원은 제11조에 따라 허가된 시설 · 설비의 범위에 한정한다)을 기능으로 하는 시설
2. 청소년이용시설: 수련시설이 아닌 시설로서 그 설치 목적의 범위에서 청소년활동의 실시와 청소년의 건전한 이용 등에 제공할 수 있는 시설

[전문개정 2014.1.21] [[시행일 2014.7.22]]

제11조 (수련시설의 설치 · 운영 등) ① 국가 및 지방자치단체는 「청소년기본법」 제18조제1항에 따라 다음 각 호와 같은 수련시설을 설치 · 운영하여야 한다.

1. 국가는 둘 이상의 시 · 도 또는 전국의 청소년이 이용할 수 있는 국립청소년수련시설을 설치 · 운영하여야 한다.
2. 특별시장 · 광역시장 · 특별자치시장 · 도지사 · 특별자치도지사(이하 "시 · 도지사"라 한다) 및 시장 · 군수 · 구청장은 각각 제10조제1호가목에 따른 청소년수련관을 1개소 이상 설치 · 운영하여야 한다.
3. 시 · 도지사 및 시장 · 군수 · 구청장은 읍 · 면 · 동에 제10조제1호다목에 따른 청소년문화의 집을 1개소 이상 설치 · 운영하여야 한다.
4. 시 · 도지사 및 시장 · 군수 · 구청장은 제10조제1호라목부터 바목까지의 규정에 따른 청소년특화시설 · 청소년야영장 및 유스호스텔을 설치 · 운영할 수 있다.

② 국가는 제1항제2호부터 제4호까지의 규정에 따른 수련시설의 설치 · 운영 경비의 전부 또는 일부를 예산의 범위에서 보조할 수 있다.

③ 수련시설을 설치 · 운영하려는 개인 · 법인 또는 단체는 특별자치시장 · 특별자치도지사 · 시장 · 군수 · 구청장의 허가를 받아야 한다. 허가받은 사항 중 대규모의 부지변경, 건축 연면적의 증감 등 대통령령으로 정하는 중요 사항을 변경하려는 경우에도 또한 같다.

④ 국가 또는 지방자치단체는 제3항에 따른 허가를 받아 수련시설을 설치 · 운영하는 자(이하 "수련시설 설치 · 운영자"라 한다)에게 예산의 범위에서 그 설치 및 운영에 필요한 경비의 일부를 보조할 수 있다.

[전문개정 2014.1.21] [[시행일 2014.7.22]]

제12조 (수련시설의 허가 요건) ① 제11조제3항에 따라 수련시설의 허가를 받으려는 자는 다음 각 호의 요건을 모두 갖추어야 한다.

1. 제17조 · 제18조 및 제19조에 따른 시설기준 · 안전기준 및 운영기준에 적합할 것
2. 해당 시설의 설치 · 운영에 필요한 자금을 조달할 능력이 있을 것
3. 해당 시설의 설치에 필요한 부동산을 소유하거나 사용할 수 있는 권한이 있을 것
4. 그 밖에 여성가족부령으로 정하는 기준에 적합할 것

② 특별자치시장 · 특별자치도지사 · 시장 · 군수 · 구청장은 제11조제3항에 따라 수련시설을 허가할 때 그 시설이 제1항에 따른 허가 요건 중 여성가족부령으로 정하는 경미한 사항을 충족하지 못한 경우에는 일정한 기간을 정하여 이를 보완할 것을

조건으로 허가할 수 있다.
[전문개정 2014.1.21] [[시행일 2014.7.22]]

제13조 (수련시설의 등록) ① 수련시설을 운영하려는 자는 이를 운영하기 전에 그 시설의 소재지를 관할하는 특별자치시장·특별자치도지사·시장·군수·구청장에게 등록하여야 한다. 등록한 사항 중 여성가족부령으로 정하는 중요 사항을 변경하려는 경우에도 또한 같다. [개정 2014.1.21] [[시행일 2014.7.22]]
②삭제 [2007.7.27] [[시행일 2008.1.28]]
③ 제1항에 따른 등록 등에 필요한 사항은 대통령령으로 정한다. [개정 2014.1.21] [[시행일 2014.7.22]]

제14조 (수련시설의 운영대표자) ① 수련시설 설치·운영자 또는 제16조에 따른 위탁운영단체는 대통령령으로 정하는 자격을 갖춘 사람을 그 수련시설의 운영대표자로 선임하여야 한다. 다만, 대통령령으로 정하는 수련시설에 대해서는 운영대표자를 선임하지 아니할 수 있다.
② 제1항에도 불구하고 수련시설을 설치·운영하는 개인·법인 또는 단체의 대표자(이하 "수련시설의 대표자"라 한다) 또는 제16조에 따른 위탁운영단체의 대표자가 제1항에 따른 운영대표자의 자격을 갖춘 경우에는 운영대표자가 될 수 있다.
③ 국가 및 지방자치단체는 제1항 및 제2항에 따른 운영대표자에 대하여 대통령령으로 정하는 바에 따라 연수를 실시할 수 있다.
[전문개정 2014.1.21] [[시행일 2014.7.22]]

제15조 (결격사유) 다음 각 호의 어느 하나에 해당하는 사람은 수련시설의 대표자(법인의 경우에는 임원을 포함한다) 또는 운영대표자가 될 수 없다.

1. 미성년자·피성년후견인 또는 피한정후견인
2. 파산선고를 받고 복권되지 아니한 사람
3. 금고 이상의 형을 선고받고 그 집행이 끝나거나 집행을 받지 아니하기로 확정된 후 2년이 지나지 아니한 사람
4. 금고 이상의 형의 집행유예를 선고받고 그 유예기간 중에 있는 사람
5. 법원의 판결 또는 법률에 따라 자격이 상실되거나 정지된 사람
6. 제22조에 따라 허가 또는 등록이 취소된 수련시설의 대표자로서 허가 또는 등록이 취소된 날부터 2년이 지나지 아니한 사람

[전문개정 2014.1.21] [[시행일 2014.7.22]]

제16조 (수련시설 운영의 위탁) ① 국가 또는 지방자치단체, 제11조제3항에 따라 허가를 받은 수련시설 설치·운영자는 수련시설의 효율적 운영을 위하여 청소년단체에 그 운영을 위탁할 수 있다.

② 국가 또는 지방자치단체는 제1항에 따라 수련시설의 운영을 위탁받은 청소년단체(이하 "위탁운영단체"라 한다)에 예산의 범위에서 그 위탁된 수련시설의 운영에 필요한 경비를 지원할 수 있다.

③ 위탁운영단체 및 그 대표자와 임원에 관하여는 제14조 및 제15조를 준용한다.

[전문개정 2014.1.21] [[시행일 2014.7.22]]

제17조 (수련시설의 시설기준) ① 수련시설은 청소년이 다양한 활동을 통하여 기량과 품성을 함양하는데 적합한 시설·설비를 갖추어야 한다.

② 수련시설의 종류별 시설기준에 관하여 필요한 사항은 여성가족부령으로 정한다.[개정 2005.3.24, 2007.7.27, 2008.2.29 제8852호(정부조직법), 2010.1.18 제9932호(정부조직법)] [[시행일 2010.3.19]]

제18조 (수련시설의 안전점검 등) ① 수련시설의 운영대표자는 시설에 대하여 정기 안전점검 및 수시 안전점검을 실시하여야 한다.

② 수련시설의 운영대표자는 제1항에 따라 정기 안전점검 및 수시 안전점검을 실시한 후 그 결과를 특별자치시장·특별자치도지사·시장·군수·구청장에게 제출하여야 한다.

③ 제2항에 따른 결과를 받은 특별자치시장·특별자치도지사·시장·군수·구청장은 필요한 경우 수련시설의 운영대표자에게 시설의 보완 또는 개수(改修)·보수(補修)를 요구할 수 있다. 이 경우 수련시설의 운영대표자는 그 요구에 따라야 한다.

④ 국가 또는 지방자치단체는 예산의 범위에서 제1항부터 제3항까지의 규정에 따른 안전점검이나 시설의 보완 및 개수·보수에 드는 비용의 전부 또는 일부를 보조할 수 있다.

⑤ 제1항 및 제2항에 따른 정기 안전점검 및 수시 안전점검을 받아야 하는 시설의 범위·시기, 안전점검기관, 안전점검 절차 및 안전기준은 대통령령으로 정한다.

[전문개정 2014.1.21] [[시행일 2014.7.22]]

제18조의2 (안전교육) 수련시설 설치·운영자 또는 위탁운영단체는 수련시설의 이용자에게 여성가족부령으로 정하는 바에 따라 해당 수련시설의 이용 및 청소년수련활

동에 관한 안전교육을 실시하여야 한다.
[본조신설 2014.1.21 종전의 제18조의2는 제18조의3으로 이동] [[시행일 2014.7.22]]

제18조의3 (감독기관의 종합 안전점검) ① 여성가족부장관 또는 특별자치시장·특별자치도지사·시장·군수·구청장은 수련시설의 안전을 위하여 정기적으로 수련시설에 대한 종합 안전점검을 실시하고 그 결과를 공개하여야 한다. [개정 2015.2.3] [[시행일 2015.8.4]]
② 국가 및 지방자치단체는 제1항에 따른 종합 안전점검 결과에 따라 수련시설의 운영대표자에게 시설의 보완 또는 개수·보수를 요구할 수 있다. 이 경우 운영대표자는 특별한 사정이 없으면 그 요구에 따라야 한다.
③ 제1항에 따른 종합 안전점검의 주기, 절차, 방법 및 점검결과의 공개 등에 필요한 사항은 대통령령으로 정한다. [개정 2015.2.3] [[시행일 2015.8.4]]
[전문개정 2014.1.21 제18조의2에서 이동] [[시행일 2014.7.22]]

제19조 (수련시설의 운영기준) ① 수련시설의 운영대표자는 그 종사자에 대하여 연 1회 이상 수련시설의 운영·안전·위생 등에 관한 교육을 실시하여야 한다.
② 수련시설의 운영대표자는 제1항에 따라 교육을 실시한 후 그 결과를 여성가족부장관 및 특별자치시장·특별자치도지사·시장·군수·구청장에게 제출하여야 한다.
③ 수련시설의 청소년수련거리 운영, 생활지도, 시설의 관리 및 운영, 종사자교육 등 운영기준은 수련시설 종류별로 여성가족부령으로 정한다.
[전문개정 2014.1.21] [[시행일 2014.7.22]]

제19조의2 (수련시설의 종합평가 등) ① 여성가족부장관은 수련시설의 전문성 강화와 운영의 개선 등을 위하여 시설 운영 및 관리 체계, 활동프로그램 운영 등 수련시설 전반에 대한 종합평가를 정기적으로 실시하고 그 결과를 공개하여야 한다.
② 국가 및 지방자치단체는 제1항에 따른 종합평가의 결과 우수한 수련시설에 대하여 포상 등을 실시할 수 있다.
③ 여성가족부장관은 제1항에 따른 종합평가의 결과에 따라 수련시설의 운영대표자에게 미흡사항에 대한 개선이나 그 밖의 필요한 조치를 하도록 요구할 수 있다.
④ 여성가족부장관은 제1항에 따른 종합평가의 결과를 교육부장관 등 관계 기관의 장에게 알려야 한다.
⑤ 제1항에 따른 종합평가의 주기·방법·절차 및 평가결과의 공개 등에 필요한 사항은

여성가족부령으로 정한다.
[본조신설 2014.1.21] [[시행일 2014.7.22]]

제20조 (시정명령) 특별자치시장 · 특별자치도지사 · 시장 · 군수 · 구청장은 수련시설 설치 · 운영자 또는 위탁운영단체가 이 법 또는 이 법에 따른 명령을 위반하거나 그 수련시설이 제17조의 시설기준, 제18조의 안전기준 및 제19조의 운영기준에 미달한 경우에는 그 시정을 명할 수 있다.
[전문개정 2014.1.21] [[시행일 2014.7.22]]

제20조의2 (운영 중지 명령) ① 특별자치시장 · 특별자치도지사 · 시장 · 군수 · 구청장은 수련시설의 운영 또는 청소년활동 중에 다음 각 호의 어느 하나에 해당하는 사유가 발생한 경우에는 수련시설 설치 · 운영자 또는 위탁운영단체, 숙박형등 청소년수련활동 주최자에게 3개월 이내의 기간을 정하여 시설 운영 또는 활동의 중지를 명할 수 있다.

1. 시설이 붕괴되거나 붕괴할 우려가 있는 등 안전 확보가 현저히 미흡한 경우
2. 숙박형등 청소년수련활동의 실시 중 참가자 또는 이용자의 생명 또는 신체에 심각한 피해를 입히는 사고가 발생한 경우
3. 「성폭력범죄의 처벌 등에 관한 특례법」 제2조의 성폭력범죄 또는 「아동·청소년의 성보호에 관한 법률」 제2조제2호 및 제3호의 아동·청소년대상 성범죄 및 아동·청소년대상 성폭력범죄가 발생한 경우
4. 「아동복지법」 제17조의 금지행위가 발생한 경우

② 제1항에 따른 행정처분의 자세한 기준은 그 위반행위의 유형과 정도 등을 고려하여 여성가족부령으로 정한다.
[본조신설 2014.1.21] [[시행일 2014.7.22]]

제21조 (금지행위) 수련시설 설치 · 운영자 또는 위탁운영단체는 다음 각 호의 행위를 하여서는 아니 된다.

1. 정당한 사유 없이 청소년의 수련시설 이용을 제한하는 행위
2. 청소년활동이 아닌 용도로 수련시설을 이용하는 행위. 다만, 대통령령으로 정하는 용도로 이용하는 경우는 제외한다.
3. 청소년단체가 아닌 자에게 수련시설을 위탁하여 운영하게 하는 행위

[전문개정 2014.1.21] [[시행일 2014.7.22]]

제22조 (허가 또는 등록의 취소) 특별자치시장 · 특별자치도지사 · 시장 · 군수 · 구청장은 수련시설 설치 · 운영자가 다음 각 호의 어느 하나에 해당하는 경우에는 그 수련시설의 허가 또는 등록을 취소할 수 있다. 다만, 제1호 또는 제2호에 해당하는 경우에는 허가 또는 등록을 취소하여야 한다.

1. 거짓이나 그 밖의 부정한 방법으로 허가를 받거나 등록을 한 경우
2. 최근 2년 이내에 제72조제2항제6호에 따른 과태료처분을 2회 이상 받고 다시 같은 호에 따른 위반행위를 한 경우
3. 정당한 사유 없이 수련시설의 허가를 받거나 등록을 한 후 1년 이내에 그 수련시설의 설치 착수 또는 운영을 시작하지 아니하거나 특별자치시장 · 특별자치도지사 · 시장 · 군수 · 구청장이 정하는 기간에 수련시설의 등록을 하지 아니한 경우
4. 고의 또는 중대한 과실로 제20조의2제1항 각 호의 사유가 발생한 경우
5. 제19조의2에 따른 종합평가에서 가장 낮은 등급을 연속하여 3회 이상 받은 경우

[전문개정 2014.1.21] [[시행일 2014.7.22]]

제23조 (청문) 특별자치시장 · 특별자치도지사 · 시장 · 군수 · 구청장은 제22조에 따른 허가 또는 등록을 취소하려면 청문을 하여야 한다.

[전문개정 2014.1.21] [[시행일 2014.7.22]]

제24조 (이용료 및 수련비용) ① 수련시설 설치 · 운영자 및 위탁운영단체는 수련시설을 이용하는 자로부터 이용료를 받을 수 있다.

② 제36조제1항부터 제3항까지의 규정에 따라 인증받은 청소년수련활동을 실시하는 자는 그 청소년수련활동에 참여하는 청소년으로부터 수련비용을 받을 수 있다.

[전문개정 2014.1.21] [[시행일 2014.7.22]]

제25조 (보험 가입) ① 제9조의2에 따라 숙박형등 청소년수련활동 계획을 신고하려는 자, 수련시설 설치 · 운영자 또는 위탁운영단체는 청소년활동의 운영 또는 수련시설의 설치 · 운영과 관련하여 청소년활동 참가자 및 수련시설의 이용자에게 발생한 생명·신체 등의 손해를 배상하기 위하여 보험에 가입하여야 한다.

② 제1항에 따른 보험에 가입하여야 할 수련시설의 종류 및 보험금액 등은 대통령령으로 정한다.

[전문개정 2014.1.21] [[시행일 2014.7.22]]

제26조 (수련시설의 승계) ① 제11조제3항에 따라 허가받은 수련시설이 양도 · 양수, 상속 또는 증여되거나 수련시설을 설치한 법인이 합병되었을 때에는 그 양수인, 상속인, 증여를 받은 자, 합병 후 존속하는 법인 또는 합병으로 설립되는 법인은 수련시설의 허가 및 등록에 따른 권리·의무를 승계한다.

② 다음 각 호의 어느 하나에 해당하는 절차에 따라 여성가족부령으로 정하는 수련시설의 주요 부분을 인수한 자는 수련시설의 허가 또는 등록에 따른 권리·의무를 승계한다.

1. 「민사집행법」에 따른 경매
2. 「채무자 회생 및 파산에 관한 법률」에 따른 환가(換價)
3. 「국세징수법」·「관세법」 또는 「지방세기본법」에 따른 압류재산의 매각
4. 그 밖에 제1호부터 제3호까지의 어느 하나에 준하는 절차

[전문개정 2014.1.21] [[시행일 2014.7.22]]

제27조 (수련시설운영의 휴지 · 폐지 등) ① 수련시설 설치 · 운영자가 시설의 운영을 휴지(休止), 재개(再開), 폐지(閉止)하려는 경우에는 여성가족부령으로 정하는 바에 따라 특별자치시장 · 특별자치도지사 · 시장 · 군수 · 구청장에게 신고하여야 한다.

② 특별자치시장 · 특별자치도지사 · 시장 · 군수 · 구청장은 국가 또는 지방자치단체의 특별한 지원을 받은 수련시설로서 대통령령으로 정하는 시설에 대해서는 시설운영의 휴지 또는 폐지를 제한할 수 있다.

[전문개정 2014.1.21] [[시행일 2014.7.22]]

제28조 (수련시설 건립 시 타당성의 사전 검토) ① 국가 및 지방자치단체는 제11조제1항에 따라 설치되는 수련시설이 청소년활동에 적합하도록 하기 위하여 입지 조건, 내부 구조, 그 밖의 설계사항 등 건립의 타당성에 관한 사항을 포함한 기본계획을 수립하고, 관련 설계사항을 사전에 심의한 후 시행하여야 한다.

② 제1항에 따른 기본계획 및 관련 설계사항의 심의 과정에는 청소년 관련 전문가 및 청소년이 참여할 수 있다.

③ 제1항 및 제2항의 심의 과정에 관하여 필요한 사항은 대통령령으로 정한다.

[전문개정 2014.1.21] [[시행일 2014.7.22]]

제29조 (주택단지의 수련시설 설치) ① 주택건설사업계획 또는 대지조성사업계획의 승인을 받아 그 사업을 시행하려는 자가 「주택법」 제16조제1항의 사업계획을 작성할

때에는 대통령령으로 정하는 바에 따라 수련시설을 포함하여야 한다.

② 국가 및 지방자치단체는 제1항에 따른 수련시설의 설치·운영 경비를 예산의 범위에서 지원할 수 있다.

[전문개정 2014.1.21] [[시행일 2014.7.22]]

제30조 (민간인의 참여 유도)

① 국가 및 지방자치단체는 개인 · 법인 또는 단체가 수련시설을 쉽게 설치할 수 있도록 토지 · 금융 · 세제 또는 그 밖의 행정절차상의 지원을 할 수 있다.

② 개인·법인 또는 단체는 국가 및 지방자치단체가 설치하는 수련시설에 대하여 토지·금전 등을 출연할 수 있다. 이 경우 출연자의 성명 등을 그 수련시설의 명칭으로 할 수 있다.

[전문개정 2014.1.21] [[시행일 2014.7.22]]

제31조 (수련시설의 이용) ① 수련시설을 운영하는 자는 청소년단체가 청소년활동을 위하여 시설 이용을 요청할 때에는 특별한 사유가 없으면 그 요청에 따라야 한다.

② 수련시설을 운영하는 자는 청소년활동에 지장을 주지 아니하는 범위에서 다음 각 호의 용도로 수련시설을 제공할 수 있다.

1. 법인·단체 또는 직장 등에서 실시하는 단체연수활동 등에 제공하는 경우
2. 「평생교육법」에 따른 평생교육의 실시를 위하여 제공하는 경우
3. 유스호스텔 및 청소년야영장에서 여성가족부령으로 정하는 범위에서 개별적인 숙박 · 야영 편의 등을 제공하는 경우
4. 해당 수련시설에 설치된 관리실 · 사무실 등을 청소년단체의 활동공간으로 제공하는 경우
5. 그 밖에 여성가족부령으로 정하는 용도로 이용하는 경우

③ 제2항제1호 및 제2호에 따른 이용은 여성가족부령으로 정하는 이용 범위를 초과할 수 없다.

[전문개정 2014.1.21] [[시행일 2014.7.22]]

제32조 (청소년이용시설) ① 제10조제2호의 청소년이용시설을 설치 · 운영하는 국가 · 지방자치단체 또는 그 밖의 공공기관 등은 그가 설치 · 운영하는 시설을 그 시설의 운영에 지장을 주지 아니하는 범위에서 청소년활동에 제공하여야 한다.

② 국가 또는 지방자치단체는 청소년이용시설을 설치 · 운영하는 개인 · 법인 또는 단체

에 청소년활동 프로그램을 제공하거나 그 밖에 필요한 지원을 할 수 있다.

③ 국가 또는 지방자치단체는 예산의 범위에서 청소년이용시설의 운영에 필요한 경비의 일부를 보조할 수 있다.

④ 청소년이용시설의 종류 등에 관하여 필요한 사항은 대통령령으로 정한다.

[전문개정 2014.1.21] [[시행일 2014.7.22]]

제33조 (다른 법률에 따른 인·허가 등의 의제) ① 제11조제3항에 따라 수련시설의 허가를 받은 경우에는 다음 각 호의 허가·인가·해제·지정 또는 신고를 받은 것으로 본다.

1. 「국토의 계획 및 이용에 관한 법률」 제56조·제86조 및 제88조에 따른 개발행위의 허가, 도시·군계획시설사업 시행자의 지정 및 실시계획의 인가
2. 「자연공원법」 제20조 및 제23조에 따른 공원사업 시행의 허가, 공원구역에서의 행위의 허가
3. 「농지법」 제34조에 따른 농지전용허가
4. 「초지법」 제23조제2항 및 제3항에 따른 초지전용의 허가 및 신고
5. 「산지관리법」 제14조 및 제15조에 따른 산지전용허가 및 산지전용신고, 같은 법 제15조의2에 따른 산지일시사용허가·신고
6. 「산림보호법」 제9조제1항 및 같은 조 제2항제1호에 따른 산림보호구역(산림유전자원보호구역은 제외한다)에서의 행위의 허가
7. 「사방사업법」 제14조 및 제20조에 따른 사방지에서의 입목·죽의 벌채 등의 허가 및 사방지 지정의 해제
8. 「수도법」 제52조에 따른 전용상수도 설치의 인가
9. 「사도법」 제4조에 따른 사도의 개설허가

② 제13조에 따라 수련시설을 등록한 경우에는 그 수련시설에 대한 다음 각 호의 신고 또는 통보를 한 것으로 본다.

1. 「체육시설의 설치·이용에 관한 법률」 제20조에 따른 체육시설업의 신고
2. 「공중위생관리법」 제3조에 따른 공중위생영업 중 이용업 및 미용업의 신고
3. 「식품위생법」 제37조 및 제88조에 따른 식품접객업 중 휴게음식점영업·일반음식점영업의 신고 및 집단급식소의 설치·운영의 신고

③ 특별자치시장·특별자치도지사·시장·군수·구청장은 제11조제3항에 따라 수련시설의 허가를 하거나 제13조에 따라 수련시설의 등록을 할 때에는 제1항 각 호 및 제2항 각 호에 따른 관계 법령에의 적합 여부에 관하여 미리 소관 행정기관의 장

과 협의하여야 한다. 다만, 제52조제2항에 따라 협의된 사항에 대해서는 그러하지 아니하다.

④ 특별자치시장 · 특별자치도지사 · 시장 · 군수 · 구청장은 제13조에 따라 수련시설의 등록증을 발급하였을 때에는 등록증을 발급한 날부터 15일 이내에 제3항에 따라 협의한 행정기관의 장에게 이를 통보하여야 한다.

[전문개정 2014.1.21] [[시행일 2014.7.22]]

제33조의2 (보고 등)

① 특별자치시장 · 특별자치도지사 · 시장 · 군수 · 구청장은 다음 각 호의 사항을 여성가족부령으로 정하는 바에 따라 여성가족부장관에게 보고하여야 한다.

1. 제11조제1항에 따라 지방자치단체가 설치 · 운영하는 수련시설 의 현황
2. 제12조 및 제13조제1항에 따른 허가 및 등록의 현황
3. 제9조의2에 따른 숙박형등 청소년수련활동 계획의 신고 현황
4. 제18조에 따른 수련시설의 정기 및 수시 안전점검 결과

② 여성가족부장관은 수련시설 설치 · 운영자, 청소년이용시설을 설치 · 운영하는 자 및 숙박형등 청소년수련활동 운영자에게 청소년 이용률 현황, 운영프로그램 현황, 그 밖에 여성가족부령으로 정하는 자료의 제출을 요청할 수 있다.

[전문개정 2014.1.21] [[시행일 2014.7.22]]

제4장 청소년수련활동의 지원

제34조 (청소년수련거리의 개발 · 보급) ① 국가 및 지방자치단체는 청소년수련활동에 필요한 청소년수련거리를 그 이용대상 · 나이 · 이용장소 등을 종합적으로 고려하여 유형별로 균형 있게 개발·보급하여야 한다.

② 국가 및 지방자치단체는 청소년의 발달원리와 선호도에 근거하여 청소년수련거리를 전문적으로 개발하여야 한다.

[전문개정 2014.1.21] [[시행일 2014.7.22]]

제35조 (청소년수련활동 인증제도의 운영) ① 국가는 청소년수련활동이 청소년의 균형 있는 성장에 기여할 수 있도록 그 내용과 수준을 향상시키기 위하여 청소년수련활동 인증제도를 운영하여야 한다.

② 국가는 청소년수련활동 인증제도를 운영하기 위하여 청소년수련활동 인증위원회(이하 “인증위원회”라 한다)를 활동진흥원에 설치·운영하여야 한다.

③ 인증위원회는 위원장과 부위원장 각 1명을 포함한 15명 이내의 위원으로 구성한다. [신설 2015.2.3] [[시행일 2015.8.4]]

④ 인증위원회의 위원은 다음 각 호에 해당하는 사람으로 한다. 이 경우 제3호에 해당하는 사람이 1명 이상 포함되어야 한다. [신설 2015.2.3] [[시행일 2015.8.4]]

1. 여성가족부와 교육부의 고위공무원단에 속하는 일반직공무원 또는 이에 상당하는 특정직공무원 중에서 해당 기관의 장이 각각 지명하는 사람
2. 활동진흥원의 이사장
3. 청소년활동의 안전에 관한 전문자격이나 전문지식을 가진 사람 중에서 여성가족부장관이 위촉하는 사람
4. 그 밖에 청소년활동에 관한 지식과 경험이 풍부한 사람 중에서 여성가족부장관이 위촉하는 사람

⑤ 국가는 제36조에 따라 인증을 받은 청소년수련활동(이하 "인증수련활동"이라 한다)을 공개하여야 하며, 인증수련활동에 참여한 청소년의 활동기록을 유지·관리하고, 청소년이 요청하는 경우에는 이를 제공하여야 한다. [개정 2015.2.3] [[시행일 2015.8.4]]

⑥ 인증위원회의 구성·운영, 청소년의 활동기록의 유지 및 관리 등에 필요한 사항은 대통령령으로 정한다. [개정 2015.2.3] [[시행일 2015.8.4]]

[전문개정 2014.1.21] [[시행일 2014.7.22]]

第36조 (청소년수련활동의 인증 절차) ① 국가와 지방자치단체 또는 개인 · 법인 · 단체 등은 청소년수련활동에 필요한 프로그램을 개발하여 실시하려는 경우에는 인증위원회에 그 인증을 신청할 수 있다.

② 제1항에도 불구하고 위탁 · 재위탁을 포함하여 여성가족부령으로 정하는 바에 따라 참가 인원이 일정 규모 이상이거나 위험도가 높은 청소년수련활동을 주최하려는 자는 그 청소년수련활동에 대하여 미리 인증위원회의 인증을 받아야 한다. 다만, 다음 각 호의 어느 하나에 해당하는 단체가 회원을 대상으로 수련활동을 실시하는 경우에는 그러하지 아니하다.

1. 「스카우트활동 육성에 관한 법률」에 따른 스카우트주관단체
2. 「스카우트활동 육성에 관한 법률」에 따른 걸스카우트주관단체
3. 「한국청소년연맹 육성에 관한 법률」에 따라 운영되는 한국청소년연맹

4. 「한국해양소년단연맹육성에관한법률」에 따라 운영되는 한국해양소년단연맹
5. 「한국4에이치활동 지원법」에 따라 운영되는 4에이치활동 주관단체
6. 「대한적십자사 조직법」에 따라 운영되는 청소년적십자
7. 그 밖에 여성가족부령으로 정하는 단체

③ 제1항 및 제2항에 따라 인증을 신청하려는 자는 청소년지도자와 다음 각 호의 어느 하나에 해당하는 인력(이하 "전문인력"이라 한다)을 갖추어야 한다. 다만, 청소년지도자가 전문인력에 해당하는 경우에는 전문인력을 갖춘 것으로 본다.

1. 여성가족부령으로 정하는 응급처치에 관한 교육을 이수한 사람
2. 청소년활동의 안전에 필요한 전문자격이나 전문지식을 가진 사람으로서 여성가족부령으로 정하는 사람

④ 제1항 및 제2항에 따라 인증을 신청하려는 자는 청소년수련활동에 필요한 프로그램을 진행하는 활동의 장소·시기·목적·대상·내용·진행방법·평가·자원조달·청소년지도자 및 전문인력 등에 관한 사항을 작성하여 인증위원회에 제출하여야 한다.

⑤ 인증위원회는 제1항 및 제2항에 따른 인증을 할 때에는 현장방문 등 필요한 방법으로 인증신청의 내용을 확인할 수 있다.

⑥ 인증위원회는 인증신청의 내용을 확인한 결과 제4항에 따른 신청사항이 누락되거나 신청사항을 보완할 필요가 있는 경우에는 대통령령으로 정하는 바에 따라 20일 이내의 기간을 정하여 보완을 요구할 수 있다.

⑦ 제1항부터 제5항까지의 규정에 따른 청소년수련활동 인증의 절차와 방법 등에 관하여 필요한 사항은 대통령령으로 정한다.

[전문개정 2014.1.21] [[시행일 2014.7.22]]

제36조의2 (인증의 사후 관리) ① 인증위원회는 제36조에 따라 인증을 하는 경우 인증의 유효기간을 설정할 수 있다.

② 인증위원회는 인증수련활동의 실시에 대하여 인증사항의 이행 여부를 확인할 수 있다.

③ 인증위원회는 제2항에 따른 확인 결과 인증수련활동의 내용과 실제로 실시되는 청소년수련활동의 내용에 차이가 있는 경우에는 이를 시정하도록 요구할 수 있다.

④ 제1항부터 제3항까지의 규정에 따른 인증의 유효기간, 이행 여부 확인 및 시정 요구에 관하여 필요한 사항은 여성가족부령으로 정한다.

[전문개정 2014.1.21] [[시행일 2014.7.22]]

제36조의3 (인증의 취소 등) ① 인증위원회는 청소년수련활동을 인증받은 자가 다음 각 호의 어느 하나에 해당하는 경우에는 그 인증을 취소하거나 6개월 이내의 기간을 정하여 그 인증의 정지를 명할 수 있다. 다만, 제1호의 경우에는 그 인증을 취소하여야 한다.

1. 거짓이나 그 밖의 부정한 방법으로 인증을 받은 경우
2. 인증을 받은 후 정당한 사유 없이 1년 이상 계속하여 인증수련활동을 실시하지 아니한 경우
3. 인증수련활동의 내용과 실제로 실시되는 청소년수련활동의 내용에 중요한 차이가 있는 경우로서 그 원인이 인증받은 자의 고의나 중대한 과실로 인한 경우

② 인증위원회는 인증을 받은 자가 제1항에 따른 정지명령을 위반하여 정지기간 중 인증수련활동을 실시하였을 때에는 그 인증을 취소할 수 있다.

③ 제1항에 따른 행정처분의 세부기준은 그 위반행위의 종류와 위반 정도 등을 고려하여 여성가족부령으로 정한다.

[전문개정 2014.1.21] [[시행일 2014.7.22]]

제37조 (인증수련활동의 결과 통보 등) ① 인증수련활동을 실시한 자는 인증수련활동이 끝난 후 대통령령으로 정하는 바에 따라 인증위원회에 그 결과를 통보하여야 한다.

② 제1항에 따른 통보를 받은 인증위원회는 그 결과를 활동진흥원과 지방청소년활동진흥센터에서 기록으로 유지·관리될 수 있도록 조치하여야 한다.

③ 청소년이용시설을 설치·운영하여 인증수련활동을 실시하는 개인·법인·단체 등은 다음 각 호의 어느 하나에 해당하는 경우에는 5년 이내에 청소년수련활동의 인증을 인증위원회에 신청할 수 없다.

1. 제1항에 따른 인증수련활동 실시 결과를 거짓으로 통보한 경우
2. 제36조의3에 따라 인증이 취소된 경우
3. 인증을 받은 사항이 아닌 다른 청소년수련활동을 실시한 경우

[전문개정 2014.1.21] [[시행일 2014.7.22]]

제38조 (유사명칭의 사용 금지) 제36조의3에 따라 인증이 취소되거나 인증위원회의 인증을 받지 아니한 경우에는 인증수련활동이나 청소년수련활동의 인증 등 인증을 받았음을 나타내는 표시를 하거나 이와 유사한 표시를 하여서는 아니 된다.

[전문개정 2014.1.21] [[시행일 2014.7.22]]

第39조 (청소년수련활동의 위탁 제한) ① 청소년수련활동을 실시하는 자(청소년수련활동의 일부를 수탁 받은 자도 포함한다)가 청소년수련활동을 위탁하려는 경우에는 이 법 또는 다른 법률에 따라 신고 · 등록 · 인가 · 허가를 받은 법인 · 단체 및 개인에게만 위탁하여야 한다.

② 제1항에 따라 청소년수련활동을 위탁하는 경우에도 해당 청소년수련활동의 전부 또는 여성가족부령으로 정하는 중요 프로그램을 위탁하여서는 아니 된다.

[본조신설 2014.1.21 종전의 제39조는 제40조로 이동] [[시행일 2014.7.22]]

第40조 (한국청소년수련시설협회) ① 수련시설 설치 · 운영자 및 위탁운영단체는 수련시설의 운영 · 발전을 위하여 여성가족부장관의 인가를 받아 다음 각 호의 사업을 하는 한국청소년수련시설협회(이하 "시설협회"라 한다)를 설립할 수 있다.

1. 시설협회의 회원인 수련시설 설치·운영자 및 위탁운영단체가 실시하는 사업과 활동에 대한 협력 및 지원
2. 청소년지도자의 연수·권익증진 및 교류사업
3. 청소년수련활동의 활성화 및 수련시설의 안전에 관한 홍보 및 실천운동
4. 청소년수련활동에 대한 조사·연구·지원사업
5. 제41조에 따른 지방청소년수련시설협회에 대한 지원
6. 그 밖에 수련시설의 운영·발전을 위하여 필요하다고 여성가족부장관이 인정하는 사업

② 시설협회는 법인으로 한다.

③ 시설협회는 그 주된 사무소의 소재지에서 설립등기를 함으로써 성립한다.

④ 국가는 예산의 범위에서 시설협회의 운영경비의 전부 또는 일부를 지원할 수 있다.

⑤ 시설협회는 제1항에 따른 사업의 일부를 대통령령으로 정하는 바에 따라 제41조에 따른 지방청소년수련시설협회에 위탁할 수 있다.

⑥ 시설협회에 관하여는 이 법에서 규정한 것을 제외하고는 「민법」중 사단법인에 관한 규정을 준용한다.

[전문개정 2014.1.21 제39조에서 이동] [[시행일 2014.7.22]]

第41조 (지방청소년수련시설협회) ① 특정 지역을 활동범위로 하는 수련시설은 시설의 효율적인 운영 · 발전을 위하여 그 지역을 관할하는 시 · 도의 조례로 정하는 바에 따라 시 · 도지사의 승인을 받아 지방청소년수련시설협회를 설치할 수 있다.

② 지방자치단체는 예산의 범위에서 해당 지방청소년수련시설협회의 운영경비의 일부

를 지원할 수 있다.
[전문개정 2014.1.21 제40조에서 이동] [[시행일 2014.7.22]]

제42조 삭제 [2010.5.17] [[시행일 2010.8.18]]

제43조 삭제 [2010.5.17] [[시행일 2010.8.18]]

제44조 삭제 [2010.5.17] [[시행일 2010.8.18]]

제45조 삭제 [2010.5.17] [[시행일 2010.8.18]]

제46조 삭제 [2010.5.17] [[시행일 2010.8.18]]

제47조 (청소년수련지구의 지정 등) ① 특별자치시장 · 특별자치도지사 · 시장 · 군수 · 구청장은 청소년활동을 지원하기 위하여 필요한 경우 명승고적지, 역사유적지 또는 자연경관이 수려한 지역으로서 청소년활동에 적합하고 이용이 편리한 지역을 청소년수련지구(이하 "수련지구"라 한다)로 지정할 수 있다.
② 특별자치시장 · 특별자치도지사 · 시장 · 군수 · 구청장은 제1항에 따라 수련지구를 지정하거나 그 지정 내용을 변경하려면 관계 행정기관의 장과 협의하여야 한다. 다만, 대통령령으로 정하는 경미한 사항을 변경하는 경우에는 그러하지 아니하다.
③ 특별자치시장 · 특별자치도지사 · 시장 · 군수 · 구청장은 제1항에 따라 수련지구를 지정하였을 때에는 수련지구의 구역, 면적, 지정 연월일, 그 밖에 필요한 사항을 고시하여야 한다.
④ 수련지구의 지정 절차, 수련지구에 설치하여야 하는 시설의 종류·범위 및 면적, 수련지구에 설치할 수 없는 시설 등에 관하여 필요한 사항은 대통령령으로 정한다.
[전문개정 2014.1.21] [[시행일 2014.7.22]]

제48조 (수련지구조성계획) ① 특별자치시장 · 특별자치도지사 · 시장 · 군수 · 구청장은 제47조제1항에 따라 수련지구를 지정한 경우에는 수련지구조성계획(이하 "조성계획"이라 한다)을 수립 · 시행하여야 한다.
② 법인 또는 단체는 수련지구를 지정한 특별자치시장 · 특별자치도지사 · 시장 · 군수 · 구청장의 승인을 받아 대통령령으로 정하는 규모 이하의 조성계획을 수립 · 시행할

수 있다.

③ 제1항 및 제2항에 따른 조성계획은 자연 상태를 최대한 보존할 수 있도록 수립하여야 한다.

④ 특별자치시장 · 특별자치도지사 · 시장 · 군수 · 구청장은 제1항 및 제2항에 따라 조성계획을 수립하거나 승인하였을 때에는 그 조성계획을 대통령령으로 정하는 바에 따라 고시하여야 한다.

⑤ 국가는 제1항 및 제2항에 따른 조성계획의 시행에 필요한 비용의 일부를 보조할 수 있다.

[전문개정 2014.1.21] [[시행일 2014.7.22]]

第49조 (둘 이상의 시 · 군 · 구에 걸치는 수련지구의 지정 등) 특별자치시장 · 특별자치도지사 · 시장 · 군수 · 구청장은 관할지역이 아닌 인근지역을 포함하여 수련지구로 지정하거나 조성계획을 수립 또는 승인하려는 경우에는 해당 인근지역을 관할하는 특별자치시장 · 특별자치도지사 · 시장 · 군수 · 구청장과 협의하여야 한다.

[전문개정 2014.1.21] [[시행일 2014.7.22]]

第50조 (수용 및 사용) ① 제11조제1항에 따라 수련시설을 설치하는 국가와 지방자치단체 또는 조성계획의 시행자는 조성계획 시행에 필요한 토지 · 건축물 또는 그 밖의 토지 정착물이나 이에 대한 소유권 외의 권리를 수용하거나 사용할 수 있다.

② 제1항에 따른 수용 및 사용에 관하여는 「공익사업을 위한 토지 등의 취득 및 보상에 관한 법률」을 적용한다.

[전문개정 2014.1.21] [[시행일 2014.7.22]]

第51조 (조성계획에 따른 시설 설치 등) ① 수련지구에 설치하는 수련시설이나 그 밖의 시설은 제48조제1항 및 제2항에 따라 조성계획을 수립한 자가 설치한다. 다만, 조성계획을 수립한 자 외의 자가 그 조성계획을 수립한 자의 승낙을 받은 경우에는 수련지구에 수련시설이나 그 밖의 시설을 설치할 수 있다.

② 제1항에 따라 수련시설이나 그 밖의 시설을 설치하는 자(특별자치시장 · 특별자치도지사 · 시장 · 군수 · 구청장은 제외한다)는 제11조제3항에 따른 수련시설의 허가를 받은 것으로 본다.

[전문개정 2014.1.21] [[시행일 2014.7.22]]

제52조 (다른 법률에 따른 인·허가 등의 의제) ① 제48조제1항 및 제2항에 따라 조성계획을 수립하거나 조성계획의 승인을 받은 경우에는 다음 각 호의 허가·인가·면허·해제·신고 또는 지정을 받은 것으로 본다.

1. 「국토의 계획 및 이용에 관한 법률」 제86조 및 제88조에 따른 도시·군계획시설사업 시행자의 지정 및 실시계획의 인가
2. 「수도법」 제52조에 따른 전용상수도 설치의 인가
3. 「하수도법」 제16조에 따른 공공하수도의 공사시행 또는 유지의 허가
4. 「공유수면 관리 및 매립에 관한 법률」 제8조에 따른 공유수면의 점용·사용허가, 같은 법 제17조에 따른 점용·사용 실시계획의 승인 또는 신고, 같은 법 제28조에 따른 공유수면의 매립면허
5. 「하천법」 제30조에 따른 하천의 공사시행 또는 유지·보수의 허가, 같은 법 제33조에 따른 하천의 점용허가, 같은 법 제50조에 따른 하천수의 사용허가
6. 「도로법」 제36조에 따른 도로의 공사시행 또는 유지의 허가, 같은 법 제61조에 따른 도로의 점용허가
7. 「항만법」 제9조제2항에 따른 항만공사 시행의 허가
8. 「사도법」 제4조에 따른 사도의 개설허가
9. 「산지관리법」 제14조 및 제15조에 따른 산지전용허가 및 산지전용신고, 같은 법 제15조의2에 따른 산지일시사용허가·신고
10. 「산림보호법」 제9조제1항 및 같은 조 제2항제1호에 따른 산림보호구역(산림유전자원보호구역은 제외한다)에서의 행위의 허가
11. 「농지법」 제34조에 따른 농지전용허가
12. 「초지법」 제23조제2항 및 제3항에 따른 초지전용의 허가 및 신고
13. 「사방사업법」 제14조 및 제20조에 따른 사방지에서의 입목·죽의 벌채 등의 허가 및 사방지 지정의 해제
14. 「자연공원법」 제20조 및 제23조에 따른 공원사업 시행 및 공원시설 관리의 허가, 공원구역에서의 행위의 허가

② 특별자치시장·특별자치도지사·시장·군수·구청장은 제48조제1항 및 제2항에 따라 조성계획을 수립하거나 승인할 때에는 제1항 각 호에 따른 관계 법령에의 적합 여부에 관하여 미리 소관 행정기관의 장과 협의하여야 한다.

[전문개정 2014.1.21] [[시행일 2014.7.22]]

제5장 청소년교류활동의 지원

제53조 (청소년교류활동의 진흥) ① 국가 및 지방자치단체는 청소년교류활동 진흥시책을 개발·시행하여야 한다.

② 국가 및 지방자치단체는 청소년활동시설과 청소년단체 등에 대하여 청소년교류활동을 장려하기 위한 다양한 형태의 청소년교류활동 프로그램을 개발하여 운영하게 할 수 있다.

③ 국가 및 지방자치단체는 예산의 범위에서 제2항에 따른 청소년교류활동 프로그램의 개발·운영에 필요한 경비의 전부 또는 일부를 지원할 수 있다.

[전문개정 2014.1.21] [[시행일 2014.7.22]]

제54조 (국제청소년교류활동의 지원) ① 국가 및 지방자치단체는 정부·지방자치단체·국제기구 또는 민간 등이 주관하는 국제청소년교류활동을 지원하기 위한 시행계획을 수립하고 이를 추진하여야 한다.

② 국가는 다른 국가와 청소년교류협정을 체결하여 국제청소년교류활동이 지속적으로 발전할 수 있는 기반을 조성하여야 한다.

③ 국가 및 지방자치단체는 민간기구가 국제청소년교류활동을 시행할 때에는 이를 지원할 수 있다.

제55조 (지방자치단체의 자매도시협정 등) ① 지방자치단체는 자매도시협정을 체결할 때에는 청소년교류활동에 관한 사항을 포함하도록 노력하여야 한다.

② 지방자치단체는 청소년 교류를 위하여 청소년단체 등 민간기구의 활동을 지원할 수 있다.

[전문개정 2014.1.21] [[시행일 2014.7.22]]

제56조 (교포청소년교류활동의 지원) ① 국가 및 지방자치단체는 교포청소년의 모국방문·문화체험 및 국내 청소년과의 청소년교류활동을 지원하고 장려하여야 한다.

② 국가는 청소년단체 또는 「청소년기본법」 제3조제6호에 따른 청소년시설이 주관하는 교포청소년교류활동의 확대·발전을 위하여 행정적·재정적 지원을 할 수 있다.

[전문개정 2014.1.21] [[시행일 2014.7.22]]

第57조 (청소년교류활동의 사후 지원) 국가 및 지방자치단체는 청소년교류활동을 통한 성과가 지속되고 발전·향상되기 위한 시책을 마련하여야 한다.
[전문개정 2014.1.21] [[시행일 2014.7.22]]

第58조 (청소년교류센터의 설치·운영) ① 국가는 제53조 부터 제57조까지의 업무를 효율적으로 지원하기 위하여 청소년교류센터를 설치·운영할 수 있다.
② 청소년교류센터의 운영은 대통령령으로 정하는 바에 따라 청소년단체 등에 위탁할 수 있으며, 이 경우 운영에 필요한 경비를 지원할 수 있다.
[전문개정 2014.1.21] [[시행일 2014.7.22]]

第59조 (남·북청소년교류활동의 제도적 지원) ① 국가는 남·북청소년 교류에 관한 기본계획을 수립하고, 남·북청소년이 교류할 수 있는 제도적 여건을 조성하여야 한다.
② 국가는 남·북청소년 교류를 위한 기반을 조성하기 위하여 필요한 체계적인 통일교육을 실시할 수 있다.
[전문개정 2014.1.21] [[시행일 2014.7.22]]

제6장 청소년문화활동의 지원

第60조 (청소년문화활동의 진흥) ① 국가 및 지방자치단체는 청소년문화활동 프로그램 개발, 문화시설 확충 등 청소년문화활동에 대한 청소년의 참여 기반을 조성하는 시책을 개발·시행하여야 한다.
② 국가 및 지방자치단체는 제1항에 따른 시책을 수립·시행할 때에는 문화예술 관련 단체, 청소년동아리단체, 봉사활동단체 등이 청소년문화활동 진흥에 적극적이고 자발적으로 참여할 수 있도록 하여야 한다.
③ 국가 및 지방자치단체는 제2항에 따른 자발적 참여에 대해서는 예산의 범위에서 그 경비의 전부 또는 일부를 지원할 수 있다.
[전문개정 2014.1.21] [[시행일 2014.7.22]]

第61조 (청소년문화활동의 기반 구축) ① 국가 및 지방자치단체는 다양한 영역에서 청소년문화활동이 활성화될 수 있도록 기반을 구축하여야 한다.

② 문화예술 관련 단체 등 각종 지역사회의 문화기관은 청소년문화활동의 기반 구축을 위하여 적극 협력하여야 한다.
[전문개정 2014.1.21] [[시행일 2014.7.22]]

第62조 (전통문화의 계승) 국가 및 지방자치단체는 전통문화가 청소년문화활동에 구현될 수 있도록 필요한 시책을 수립·시행하여야 한다.
[전문개정 2014.1.21] [[시행일 2014.7.22]]

第63조 (청소년축제의 발굴지원) 국가 및 지방자치단체는 청소년축제를 장려하는 시책을 수립하여 시행하여야 한다.

第64조 (청소년동아리활동의 활성화) ① 국가 및 지방자치단체는 청소년이 자율적으로 참여하여 조직하고 운영하는 다양한 형태의 동아리활동을 적극 지원하여야 한다.
② 청소년활동시설은 제1항에 따른 동아리활동에 필요한 장소 및 장비 등을 제공하고 지원할 수 있다.
[전문개정 2014.1.21] [[시행일 2014.7.22]]

第65조 (청소년의 자원봉사활동의 활성화) 국가 및 지방자치단체는 청소년의 자원봉사활동을 활성화할 수 있는 기반을 조성하여야 한다.
[전문개정 2014.1.21] [[시행일 2014.7.22]]

제7장 보칙

第66조 (조세 감면 등) ① 국가는 활동진흥원·지방청소년활동진흥센터·청소년활동시설·시설협회 및 지방청소년수련시설협회 등에 대하여 「조세특례제한법」에서 정하는 바에 따라 조세를 감면할 수 있고, 「부가가치세법」에서 정하는 바에 따라 부가가치세를 감면할 수 있다.
② 국가는 활동진흥원·지방청소년활동진흥센터·청소년활동시설·시설협회 및 지방청소년수련시설협회 등에 출연 또는 기부된 재산에 대해서는 「조세특례제한법」에서 정하는 바에 따라 소득 계산의 특례를 적용할 수 있다.
③ 국가는 활동진흥원·지방청소년활동진흥센터·청소년활동시설·시설협회 및 지방청

소년수련시설협회가 수입하는 청소년활동에 직접 사용되는 실험·실습·시청각 기자재 또는 그 밖의 필요한 용품에 대해서는 「관세법」에서 정하는 바에 따라 관세를 감면할 수 있다.
[전문개정 2014.1.21] [[시행일 2014.7.22]]

제67조 (감독) ① 국가 및 지방자치단체는 청소년활동 진흥을 위하여 필요한 경우 활동진흥원·지방청소년활동진흥센터·청소년활동시설 및 숙박형등 청소년수련활동 운영기관의 업무·회계 및 재산에 관한 사항을 보고하게 하거나 소속 공무원으로 하여금 그 장부·서류 또는 그 밖의 물건을 검사하게 할 수 있다.
② 제1항에 따라 검사를 하는 공무원은 그 권한을 표시하는 증표를 지니고 이를 관계인에게 보여주어야 한다.
[전문개정 2014.1.21] [[시행일 2014.7.22]]

제68조 (수수료) 다음 각 호의 어느 하나에 해당하는 자는 여성가족부령으로 정하는 바에 따라 수수료를 내야 한다.
1. 제11조제3항에 따라 수련시설의 설치·운영 허가를 신청하는 자
2. 제13조제1항에 따라 수련시설의 등록을 신청하는 자(국가 또는 지방자치단체가 등록하는 경우는 제외한다)
3. 제48조제2항에 따라 조성계획의 승인을 신청하는 자

[전문개정 2014.1.21] [[시행일 2014.7.22]]

제69조 (권한의 위임 등) 이 법에 따른 여성가족부장관의 권한은 그 일부를 대통령령으로 정하는 바에 따라 시·도지사에게 위임하거나 청소년단체에 위탁할 수 있다.
[전문개정 2014.1.21] [[시행일 2014.7.22]]

제8장 벌칙

제70조 (벌칙) ① 다음 각 호의 어느 하나에 해당하는 자는 2년 이하의 징역 또는 2천만원 이하의 벌금에 처한다.
1. 제6조의5제3항을 위반하여 직무상 알게 된 비밀을 누설한 자
2. 제11조제3항에 따른 허가를 받지 아니하고 수련시설을 설치·운영하거나 변경한 자

3. 제22조에 따라 허가 또는 등록의 취소를 받은 자로서 계속하여 해당 수련시설을 운영한 자
4. 제48조제2항에 따른 승인을 받지 아니하고 조성계획을 시행한 자

② 다음 각 호의 어느 하나에 해당하는 자는 1년 이하의 징역 또는 1천만원 이하의 벌금에 처한다.

1. 제9조의6을 위반하여 이 법 또는 다른 법률에 따라 신고 · 등록 · 인가 · 허가를 받지 아니하고 숙박형등 청소년수련활동을 실시한 자
2. 제20조의2에 따른 시설 운영 중지 또는 활동의 중지 명령을 위반한 자
3. 제39조를 위반하여 청소년수련활동을 위탁한 자

[전문개정 2014.1.21] [[시행일 2014.7.22]]

제71조 (양벌규정) 법인의 대표자나 법인 또는 개인의 대리인, 사용인, 그 밖의 종업원이 그 법인 또는 개인의 업무에 관하여 제70조의 위반행위를 하면 그 행위자를 벌하는 외에 그 법인 또는 개인에게도 해당 조문의 벌금형을 과(科)한다. 다만, 법인 또는 개인이 그 위반행위를 방지하기 위하여 해당 업무에 관하여 상당한 주의와 감독을 게을리하지 아니한 경우에는 그러하지 아니하다.

[전문개정 2010.5.17] [[시행일 2010.8.18]]

제72조 (과태료) ① 다음 각 호의 어느 하나에 해당하는 자에게는 500만원 이하의 과태료를 부과한다.

1. 제6조의8을 위반하여 한국청소년활동진흥원 또는 이와 유사한 명칭을 사용한 자
2. 제67조제1항에 따른 보고를 하지 아니하거나 검사를 거부·방해 또는 기피한 자

② 다음 각 호의 어느 하나에 해당하는 자에게는 300만원 이하의 과태료를 부과한다.

1. 제9조의2제1항을 위반하여 신고를 하지 아니하거나 거짓 또는 그 밖의 부정한 방법으로 신고한 자
2. 제9조의2제2항을 위반하여 청소년수련활동의 모집을 한 자
3. 제9조의3제2항을 위반하여 필요한 의료조치를 하지 아니한 자
4. 제9조의5를 위반하여 표시 또는 고지를 하지 아니한 자
5. 제13조제1항을 위반하여 등록을 하지 아니하고 수련시설을 운영한 자
6. 제14조제1항을 위반하여 운영대표자를 선임하지 아니한 자(제16조제3항에 따라 준용되는 경우를 포함한다)
7. 제18조의2를 위반하여 안전교육을 실시하지 아니한 자

8. 제20조에 따른 시정명령을 위반한 자
9. 제21조를 위반하여 같은 조 각 호의 행위를 한 자
10. 제25조를 위반하여 보험에 가입하지 아니한 자
11. 제27조제1항에 따른 신고를 하지 아니하고 수련시설을 휴지, 재개 또는 폐지한 자
12. 제38조를 위반하여 인증을 받지 아니하고 인증수련활동이나 청소년수련활동의 인증 등 인증을 받았음을 나타내는 표시를 하거나 이와 유사한 표시를 한 자

③ 제1항 및 제2항에 따른 과태료는 대통령령으로 정하는 바에 따라 여성가족부장관 또는 특별자치시장·특별자치도지사·시장·군수·구청장이 부과·징수한다.

[전문개정 2014.1.21] [[시행일 2014.7.22]]

부칙 [2004.2.9]

제1조 (시행일) 이 법은 공포후 1년이 경과한 날로부터 시행한다.

제2조 (벌칙에 관한 경과조치) 이 법 시행전의 행위에 대한 벌칙의 적용에 있어서는 종전의 청소년기본법에 의한 벌칙규정을 적용한다.

제3조 (수련시설에 대한 경과조치) 이 법 시행 당시 종전의 청소년기본법에 의하여 설치된 수련시설은 제10조제1호의 규정에 의하여 설치된 수련시설로 본다.

제4조 (한국수련시설협회에 대한 경과조치) ① 이 법 시행 당시 사단법인 한국청소년수련시설협회는 이 법 시행후 6월 이내에 제39조제1항의 규정에 의한 문화관광부장관의 인가를 받아야 한다.

② 이 법 시행 당시 사단법인 한국청소년수련시설협회는 제1항의 규정에 의한 인가를 받은 때에는 제39조제3항의 규정에 의한 시설협회의 설립등기를 하여야 한다.

③ 이 법 시행 당시 사단법인 한국청소년수련시설협회는 제2항의 규정에 의하여 설립등기를 마친 때에는 민법중 해산 및 청산에 관한 규정에 불구하고 해산된 것으로 본다.

④ 시설협회는 설립등기일에 사단법인 한국청소년수련시설협회의 모든 권리 · 의무 및 재산을 승계한다.

⑤ 이 법 시행 당시 사단법인 한국청소년수련시설협회의 임원은 제39조의 규정에 의한 시설협회의 임원으로 임명된 것으로 보며, 임원의 임기는 종전의 임명일부터 기산한다.

제5조 (한국청소년수련원에 대한 경과조치) ① 이 법 시행 당시 재단법인 한국청소년수련원은 이 법 시행후 6월 이내에 제42조의 규정에 의한 한국청소년수련원의 정관을 작성하여 문화관광부장관의 인가를 받아야 한다.
② 부칙 제4조제2항 내지 제5항의 규정은 한국청소년수련원에 이를 준용한다.

부칙 [2005.3.24 제7420호]

① **(시행일)** 이 법은 공포 후 6월이 경과한 날부터 시행한다.

② **(행정처분 등에 관한 일반적 경과조치)** 이 법 시행 당시 종전의 규정에 의한 행정기관이 행한 처분은 이 법의 규정에 의한 행정기관이 행한 처분으로 보고, 종전의 규정에 의한 행정기관에 대하여 행한 신청·신고 그 밖의 행위는 이 법의 규정에 의한 행정기관에 대하여 행한 신청·신고 그 밖의 행위로 본다.

부칙 [2005.3.24 제7421호(청소년기본법)]

제1조(시행일) 이 법은 공포 후 3월 이내에 청소년위원회의 조직에 관한 대통령령이 시행되는 날부터 시행한다.

제2조 생략

제3조(다른 법률의 개정) ①청소년활동진흥법 일부를 다음과 같이 개정한다.
제3조제1항, 제39조제1항 각호외의 부분, 제42조제2항, 제43조제2항 및 제72조제3항 중 "문화관광부장관"을 각각 "청소년위원회"로 한다.
제39조제1항제6호, 제41조제1항제5호 및 제43조제3항·제4항 중 "문화관광부장관이"를 각각 "청소년위원회가"로 한다.
제45조제1항·제2항 및 제13조제2항 각호 외의 부분중 "문화관광부장관에게"를 각각 "청소년위원회에"로 한다.
제69조중 "문화관광부장관은"을 "청소년위원회는"으로 한다.
제12조제1항제4호·제2항, 제13조제1항 후단·제2항 각호외의 부분, 제17조제2항, 제19조제2항, 제26조제2항, 제27조제1항, 제31조제2항제3호·제5호, 동조제3항 및 제68조 각호외의 부분중 "문화관광부령"을 각각 "청소년위원회규칙"으로 한다.

② 내지 ⑨ 생략

제4조 생략

부칙 [2005.3.31 제7428호(채무자 회생 및 파산에 관한 법률)]

제1조(시행일) 이 법은 공포 후 1년이 경과한 날부터 시행한다.

제2조 내지 제4조 생략

제5조(다른 법률의 개정) ①내지[117] 생략
[118]청소년활동진흥법 일부를 다음과 같이 개정한다.
제15조제2호중 "파산자"를 "파산선고를 받은 자"로 한다.
제26조제2항중 "파산법"을 "「채무자 회생 및 파산에 관한 법률」"로 한다.
[119]내지[145] 생략

제6조 생략

부칙 [2005.8.4 제7678호(산림자원의 조성 및 관리에 관한 법률)]

제1조 (시행일) 이 법은 공포 후 1년이 경과한 날부터 시행한다.

제2조 내지 제10조 생략

제11조 (다른 법률의 개정) ①내지〈63〉 생략
〈64〉청소년활동진흥법 일부를 다음과 같이 개정한다.
제33조제1항제5호 및 제52조제1항제10호중 "산림법 제62조제1항의 규정에 의한 보안림구역 안"을 각각 "「산림자원의 조성 및 관리에 관한 법률」 제45조제1항·제2항의 규정에 의한 보안림 안"으로 한다.
〈65〉내지〈87〉 생략

제12조 생략

부칙 [2005.12.29 제7799호]

제1조 (시행일) 이 법은 공포 후 3월이 경과한 날부터 시행한다.

제2조 생략

제3조 (다른 법률의 개정) ① 청소년활동진흥법 일부를 다음과 같이 개정한다.
제3조제1항, 제39조제1항 각 호 외의 부분 및 같은 항 제6호, 제41조제1항제5호, 제42조2항, 제43조제2항 내지 제4항, 제45조제1항·제2항, 제69조 및 제72조제3항중 "청소년위원회"를 각각 "국가청소년위원회"로 한다.
②내지 ⑪생략

제4조 생략

부칙 [2006.4.28 제7941호](게임산업진흥에 관한 법률)

제1조(시행일) 이 법은 공포 후 6개월이 경과한 날부터 시행한다.

제2조 생략

제3조 (다른 법률의 개정) ①내지 ②생략
③청소년활동진흥법 일부를 다음과 같이 개정한다.
제33조제2항 제4호를 삭제한다.
④생략

제11조 생략

부칙 [2006.9.27 제7995호(초지법)]

제1조(시행일) 이 법은 공포 후 6개월이 경과한 날부터 시행한다.

제2조 내지 제5조 생략

제6조(다른 법률 개정) ① 내지 ⑦ 생략
⑧청소년활동진흥법 일부를 다음과 같이 개정한다.
제33조제1항제4호 및 제52조제1항제12호중 "제23조제1항"을 각각 "제23조제2항 및 제3항"으로 한다.
⑨ 생략

부칙 [2006.9.27 제8014호(하수도법)]

제1조(시행일) 이 법은 공포 후 1년이 경과한 날부터 시행한다.

제2조 내지 제9조 생략

제10조(다른 법률의 개정) ① 내지 〈42〉 생략
〈43〉청소년활동진흥법 일부를 다음과 같이 개정한다.
제52조제1항제3호중 "하수도법 제13조"를 "「하수도법」 제16조"로 한다.
〈44〉 내지 〈57〉 생략

제11조 생략

부칙 [2007.4.6 제8338호(하천법)]

제1조(시행일) 이 법은 공포 후 1년이 경과한 날부터 시행한다.

제2조 내지 제15조 생략

제16조(다른 법률의 개정) ① 내지 〈32〉 생략
〈33〉청소년활동진흥법 일부를 다음과 같이 개정한다.
제52조제1항제6호를 다음과 같이 한다.
6. 「하천법」 제30조에 따른 하천공사 시행 또는 유지·보수의 허가, 같은 법 제33조에 따른 하천의 점용허가 및 같은 법 제50조에 따른 하천수의 사용허가
〈34〉 내지 〈48〉 생략

제17조 생략

부칙 [2007.4.11 제8349호(체육시설의 설치 · 이용에 관한 법률)]

제1조(시행일) 이 법은 공포한 날부터 시행한다.

제2조 내지 제6조 생략

제7조(다른 법률의 개정) ① 내지 ③ 생략
④청소년활동진흥법 일부를 다음과 같이 개정한다.
제33조제2항제1호 중 "제22조"를 "제20조"로 한다.

제8조 생략

부칙 [2007.4.11 제8352호(농지법)]

제1조(시행일) 이 법은 공포한 날부터 시행한다. [단서생략]

제2조 내지 제14조 생략

제15조(다른 법률의 개정) ① 내지 〈60〉 생략
〈61〉청소년활동진흥법 일부를 다음과 같이 개정한다.
제33조제1항제3호 및 제52조제1항제11호 중 "농지법 제36조"를 각각 "「농지법」 제34조"로 한다.
〈62〉 내지 〈77〉 생략
제16조 생략

부칙 [2007.4.11 제8370호(수도법)]

제1조(시행일) 이 법은 공포한 날부터 시행한다. 단서 생략

제2조 내지 제18조 생략

제19조(다른 법률의 개정) ① 내지 〈50〉 생략
〈51〉청소년활동진흥법 일부를 다음과 같이 개정한다.
제33조제1항제7호 및 제52조제1항제2호 중 "수도법 제36조"를 각각 "「수도법」 제52조"로 한 다.
〈52〉 내지 〈66〉 생략

제20조 생략

부칙 [2007.7.27 제8570호]

이 법은 공포 후 6개월이 경과한 날부터 시행한다. 다만, 제33조의2의 개정규정은 공포한 날부터 시행한다.

부칙 [2007.12.27 제8819호(공유수면관리법)]

제1조(시행일) 이 법은 공포 후 6개월이 경과한 날부터 시행한다. 다만, 제13조제3항 제1호의 개정규정은 2008년 7월 1일부터 시행한다.

제2조 내지 제7조 생략

제8조(다른 법률의 개정) ① 내지 〈31〉 생략
〈32〉청소년활동진흥법 일부를 다음과 같이 개정한다.
제52조제1항제4호 중 "인가"를 "승인"으로 한다.
〈33〉 내지 〈43〉 생략

제9조 생략

부칙 [2008.2.29 제8852호(정부조직법)]

제1조 (시행일) 이 법은 공포한 날부터 시행한다. 다만, …〈생략〉… 부칙 제6조에 따라 개정되는 법률 중 이 법의 시행 전에 공포되었으나 시행일이 도래하지 아니한 법률을 개정한 부분은 각각 해당 법률의 시행일부터 시행한다.

제2조부터 제5조까지 생략

제6조 (다른 법률의 개정) ① 부터 〈758〉 까지 생략
〈759〉 청소년활동진흥법 일부를 다음과 같이 개정한다.
제33조의2제1항 중 "총리령"을 "보건복지가족부령"으로, "국가청소년위원회에"를 "보건복지가족부장관에게"로 하고, 같은 조 제2항 중 "국가청소년위원회의 위원장"을 "보건복지가족부장관"으로, "총리령"을 "보건복지가족부령"으로 한다.
제39조제1항 각 호 외의 부분 중 "국가청소년위원회"를 "보건복지가족부장관"으로 하고, 같은 조 같은 항 제6호 중 "국가청소년위원회가"를 "보건복지가족부장관이"로 한다.
제41조제1항제5호 중 "국가청소년위원회가"를 "보건복지가족부장관이"로 한다.
제43조제2항 중 "국가청소년위원회"를 "보건복지가족부장관"으로 하고, 같은 조 제3항·4항 중 "국가청소년위원회가"를 각각 "보건복지가족부장관이"로 한다.
제45조제1항 및 같은 조 제2항 중 "국가청소년위원회에"를 각각 "보건복지가족부장관에게"로 한다.
제68조 각 호 외의 부분 중 "각호의 1"을 "각 호의 어느 하나"로, "총리령"을 "보건복지가족부령"으로 한다.
제69조 중 "국가청소년위원회는"을 "보건복지가족부장관은"으로 한다.
제3조제1항, 제42조제2항 및 제72조제3항 중 "국가청소년위원회"를 각각 "보건복지가족부장관"으로 한다.
제12조제1항제4호 및 같은 조 제2항, 제13조제1항, 제17조제2항, 제19조제2항, 제26조제2항, 제27조제1항, 제31조제2항제3호·제5호 및 같은 조 제3항, 제36조의2제4항 및 제36조의3제3항 중 "총리령"을 각각 "보건복지가족부령"으로 한다.
제3조제1항 중 "교육인적자원부"를 "교육과학기술부"로 한다.
〈760〉 생략

제7조 생략

부칙 [2008.3.21 제8976호(도로법)]

제1조(시행일) 이 법은 공포한 날부터 시행한다. 〈단서 생략〉

제2조부터 제8조까지 생략

제9조(다른 법률의 개정) ① 부터 〈75〉 까지 생략
〈76〉 청소년활동진흥법 일부를 다음과 같이 개정한다.
제52조제1항제7호 중 "도로법"을 "「도로법」"으로, "동법 제40조"를 "같은 법 제38조"로 한다.
〈77〉 부터 〈99〉 까지 생략

제10조 생략

부칙 [2008.12.31 제9313호(자연공원법)]

제1조(시행일) 이 법은 공포한 날부터 시행한다.

제2조 생략

제3조(다른 법률의 개정) ① 부터 〈20〉 까지 생략
〈21〉 청소년활동진흥법 일부를 다음과 같이 개정한다.
제33조제1항제2호를 다음과 같이 한다.
2. 「자연공원법」 제20조 및 제23조에 따른 공원사업 시행의 허가, 공원구역에서의 행위의 허가
제52조제1항제14호를 다음과 같이 한다.
14. 「자연공원법」 제20조 및 제23조에 따른 공원사업시행 및 공원시설관리의 허가, 공원구역에서의 행위의 허가
〈22〉 부터 〈29〉 까지 생략

부 칙[2009.2.6 제9432호(식품위생법)]

제1조(시행일) 이 법은 공포 후 6개월이 경과한 날부터 시행한다. 〈단서 생략〉

제2조부터 제5조까지 생략

제6조(다른 법률의 개정) ① 부터 〈23〉 까지 생략
〈24〉 청소년활동진흥법 일부를 다음과 같이 개정한다.
제33조제2항제3호 중 "식품위생법 제22조 및 제69조의 규정에 의한"을 "「식품위생법」 제37조 및 제88조에 따른"으로 한다.
〈25〉 부터 〈30〉 까지 생략

제7조 생략

부 칙[2009.6.9 제9763호(산림보호법)]

제1조(시행일) 이 법은 공포 후 9개월이 경과한 날부터 시행한다. 〈단서 생략〉

제2조부터 제6조까지 생략

제7조(다른 법률의 개정) ① 부터 〈49〉 까지 생략
〈50〉 청소년활동진흥법 일부를 다음과 같이 개정한다.
제33조제1항제5호 및 제52조제1항제10호 중 "「산림자원의 조성 및 관리에 관한 법률」 제45조제1항 · 제2항의 규정에 의한 보안림 안에서의 행위의 허가"를 각각 "「산림보호법」 제9조제1항 및 제2항제1호에 따른 산림보호구역(산림유전자원보호구역은 제외한다)에서의 행위의 허가"로 한다.
〈51〉 부터 〈61〉 까지 생략

제8조 생략

부 칙[2010.1.18 제9932호(정부조직법)]

제1조(시행일) 이 법은 공포 후 2개월이 경과한 날부터 시행한다. 〈단서 생략〉

제2조 및 제3조 생략

제4조(다른 법률의 개정) ① 부터 〈120〉 까지 생략
〈121〉 청소년활동진흥법 일부를 다음과 같이 개정한다.

제3조제1항, 제33조의2제1항 각 호 외의 부분・제2항, 제39조제1항 각 호 외의 부분 및 제6호, 제41조제1항제5호, 제42조제2항, 제43조제2항부터 제4항까지, 제45조제1항・제2항, 제69조 및 제72조제3항 중 "보건복지가족부장관"을 각각 "여성가족부장관"으로 한다.
제12조제1항제4호・제2항, 제13조제1항 후단, 제17조제2항, 제19조제2항, 제26조제2항, 제27조제1항, 제31조제2항제3호 및 제5호・제3항, 제33조의2제1항 각 호 외의 부분・제2항, 제36조의2제4항, 제36조의3제3항 및 제68조 각 호 외의 부분 중 "보건복지가족부령"을 각각 "여성가족부령"으로 한다.
〈122〉 부터 〈137〉 까지 생략

제5조 생략

부 칙[2010.3.31 제10219호(지방세기본법)]

제1조(시행일) 이 법은 2011년 1월 1일부터 시행한다.

제2조부터 제10조까지 생략

제11조(다른 법률의 개정) ① 부터 〈48〉 까지 생략
〈49〉 청소년활동진흥법 일부를 다음과 같이 개정한다.
제26조제2항 중 "지방세법에 의한"을 "「지방세기본법」에 따른"으로 한다.
〈50〉 부터 〈61〉 까지 생략

제11조 생략

부 칙[2010.4.15 제10272호(공유수면 관리 및 매립에 관한 법률)]

제1조(시행일) 이 법은 공포 후 6개월이 경과한 날부터 시행한다.

제2조부터 제12조까지 생략

제13조(다른 법률의 개정) ① 부터 〈59〉 까지 생략

〈60〉 청소년활동진흥법 일부를 다음과 같이 개정한다.
제52조제1항제4호를 다음과 같이 하고, 같은 항 제5호를 삭제한다.
4. 「공유수면 관리 및 매립에 관한 법률」 제8조에 따른 공유수면의 점용·사용허가, 같은 법 제17조에 따른 점용·사용 실시계획의 승인 또는 신고 및 같은 법 제28조에 따른 공유수면의 매립면허
〈61〉 부터 〈75〉 까지 생략

제14조 생략

부 칙[2010.5.17 제10299호]

제1조(시행일) 이 법은 공포 후 3개월이 경과한 날부터 시행한다.

제2조(활동진흥원의 설립준비) ① 여성가족부장관은 이 법 공포일부터 30일 이내에 10명 이내의 설립위원을 위촉하거나 임명하여 설립위원회를 구성하고, 활동진흥원의 설립에 관한 사무를 처리하게 한다.
② 설립위원회는 활동진흥원의 정관을 작성하여 여성가족부장관의 인가를 받아야 한다.
③ 이 법 시행 후 최초로 선임되는 활동진흥원의 임원후보자는 제6조의3 및 「공공기관의 운영에 관한 법률」 제26조에도 불구하고 설립위원회가 추천한다.
④ 설립위원회는 제2항에 따른 인가를 받으면 지체 없이 활동진흥원의 설립등기를 하여야 한다.
⑤ 설립위원회는 제4항의 설립등기를 마치면 지체 없이 그 사무를 활동진흥원의 이사장에게 인계하여야 하며, 설립위원은 인계가 끝나면 해촉 또는 해임된 것으로 본다.
⑥ 설립위원회는 활동진흥원 설립준비를 위하여 드는 비용을 종전의 「청소년기본법」에 따른 한국청소년진흥센터(이하 “진흥센터”라 한다)와 종전의 「청소년활동진흥법」에 따른 한국청소년수련원(이하 “한국수련원”이라 한다)의 예산 범위에서 지원받을 수 있다.
⑦ 진흥센터 및 한국수련원은 이 법에 따른 활동진흥원의 설립과 동시에 「민법」 중 법인의 해산 및 청산에 관한 규정에도 불구하고 해산된 것으로 본다.

제3조(진흥센터 및 한국수련원의 재산과 권리·의무의 승계 등) ① 진흥센터와 한국수련원에 속하는 모든 재산과 권리·의무는 활동진흥원의 설립과 동시에 활동진흥원이 포괄 승계한다.

② 제1항에 따라 포괄 승계된 재산과 권리·의무에 관한 등기부, 그 밖에 공적 문서와 장부에 표시된 진흥센터와 한국수련원의 명의는 활동진흥원의 설립과 동시에 활동진흥원의 명의로 본다.
③ 이 법 시행 당시 진흥센터와 한국수련원의 행위 또는 진흥센터와 한국수련원에 대한 행위는 각각 활동진흥원의 행위 또는 활동진흥원에 대한 행위로 본다.

제4조(조직통합에 따른 소속 임직원에 대한 경과조치) ① 활동진흥원의 설립과 동시에 진흥센터와 한국수련원의 임원은 그 임기가 종료된 것으로 본다.
② 이 법 시행 당시 진흥센터와 한국수련원의 직원은 활동진흥원의 직원으로 본다.

부 칙[2010.5.31 제10331호(산지관리법)]

제1조(시행일) 이 법은 공포 후 6개월이 경과한 날부터 시행한다. 〈단서 생략〉

제2조부터 제11조까지 생략

제12조(다른 법률의 개정) ① 부터 〈75〉 까지 생략
〈76〉 청소년활동진흥법 일부를 다음과 같이 개정한다.
제33조제1항제5호 및 제52조제1항제10호 중 "산지전용신고"를 각각 "산지전용신고, 같은 법 제15조의2에 따른 산지일시사용허가·신고"로 한다.
〈77〉 부터 〈89〉 까지 생략

제13조 생략

부 칙[2011.5.19 제10660호]

이 법은 공포한 날부터 시행한다.

부 칙[2013.3.23 제11690호(정부조직법)]

제1조(시행일) ① 이 법은 공포한 날부터 시행한다.
② 생략

제2조부터 제5조까지 생략

제6조(다른 법률의 개정) ①부터 〈532〉까지 생략
〈533〉 청소년활동진흥법 일부를 다음과 같이 개정한다.
제3조제1항 중 "교육과학기술부"를 "교육부"로 한다.
〈534〉부터 〈710〉까지 생략
제7조 생략

부 칙[2013.5.28 제11837호]

제1조(시행일) 이 법은 공포 후 6개월이 경과한 날부터 시행한다.

제2조(이동·숙박형 청소년활동에 부적합한 사람에 관한 적용례) 제9조의2제3항의 개정규정에 따른 이동·숙박형 청소년활동 참여에 부적합한 사람에 관하여는 이 법 시행 후 최초로 해당 사유가 발생한 사람부터 적용한다.

부 칙[2014.1.14 제12248호(도로법)]

제1조(시행일) 이 법은 공포 후 6개월이 경과한 날부터 시행한다.

제2조부터 제23조까지 생략

제24조(다른 법률의 개정) ①부터 〈107〉까지 생략
〈108〉 청소년활동진흥법 일부를 다음과 같이 개정한다.
제52조제1항제7호 중 "「도로법」 제34조의 규정에 의한"을 "「도로법」 제36조에 따른"으로 하고, "같은 법 제38조의 규정에 의한"을 "같은 법 제61조에 따른"으로 한다.
〈109〉부터 〈126〉까지 생략

제25조 생략

부 칙[2014.1.21 제12329호]

제1조(시행일) 이 법은 공포 후 6개월이 경과한 날부터 시행한다.

제2조(금치산자 등에 대한 경과조치) 제15조제1호의 개정규정에 따른 피성년후견인 또는 피한정후견인에는 법률 제10429호 민법 일부개정법률 부칙 제2조에 따라 금치산 또는 한정치산 선고의 효력이 유지되는 사람을 포함하는 것으로 본다.

제3조(벌칙적용에 관한 경과조치) 이 법 시행 전의 행위에 대하여 벌칙을 적용할 때에는 종전의 규정에 따른다.

제4조(다른 법률의 개정) ① 국민건강증진법 일부를 다음과 같이 개정한다.
제9조제4항제10호 중 "「청소년활동진흥법」"을 "「청소년활동 진흥법」"으로 한다.
② 농어촌정비법 일부를 다음과 같이 개정한다.
제106조제2항제26호 중 "「청소년활동진흥법」"을 "「청소년활동 진흥법」"으로 한다.
③ 문화예술교육 지원법 일부를 다음과 같이 개정한다.
제2조제3호나목 중 "「청소년활동진흥법」"을 "「청소년활동 진흥법」"으로 한다.
④ 아동·청소년의 성보호에 관한 법률 일부를 다음과 같이 개정한다.
제34조제2항제12호, 제50조제5항, 제51조제4항·제5항 및 제56조제1항제5호 중 "「청소년활동진흥법」"을 각각 "「청소년활동 진흥법」"으로 한다.
⑤ 어촌특화발전 지원 특별법 일부를 다음과 같이 개정한다.
제16조제22호 중 "「청소년활동진흥법」"을 "「청소년활동 진흥법」"으로 한다.
⑥ 전기사업법 일부를 다음과 같이 개정한다.
제66조의2제1항제1호 중 "「청소년활동진흥법」"을 "「청소년활동 진흥법」 "으로 한다.
⑦ 지방세특례제한법 일부를 다음과 같이 개정한다.
제21조제2항 중 "「청소년활동진흥법」"을 "「청소년활동 진흥법」"으로 한다.
⑧ 청소년기본법 일부를 다음과 같이 개정한다.
제53조제3항 중 "「청소년활동진흥법」"을 "「청소년활동 진흥법」"으로 한다.
⑨ 청소년복지 지원법 일부를 다음과 같이 개정한다.
제29조제3항 중 "「청소년활동진흥법」"을 "「청소년활동 진흥법」"으로 한다.

부 칙[2014.5.20 제12600호(경찰관 직무집행법)]

제1조(시행일) 이 법은 공포한 날부터 시행한다. 〈단서 생략〉

제2조(다른 법률의 개정) ①부터 ④까지 생략

⑤ 법률 제12329호 청소년활동진흥법 일부개정법률 일부를 다음과 같이 개정한다.
제9조의7제2항제3호 중 "「경찰관직무집행법」"을 "「경찰관 직무집행법」"으로 한다.
⑥부터 ⑧까지 생략

부 칙[2015.2.3 제13182호]

이 법은 공포 후 6개월이 경과한 날부터 시행한다.

참고문헌

강계윤(2011). 다문화가정 청소년범죄 발생 및 예방에 관한 연구.
경찰청(2013). 다문화활동 치안계획.
고명석 외(2005). 사회문제론, 대왕사.
고성혜 · 정진희 · 이미선(2008). 학교폭력 피해자지원체계 구축을 위한 연구 – 다문화가정 아동 및 청소년을 중심으로, 보건복지가족부.
고태용(1997). 청소년 약물 남용의 가정의 심리적 환경 및 불안 변 관계 연구
관계부처합동(2014). 제3차 학교폭력 예방 및 대책 기본계획.
교육과학기술부(2012). 학교폭력 사안대응 기본지침.
------------(2012). 학교폭력근절 종합대책.
------------(2012). 다문화가정 학생 5만명 시대, 보도자료 2012. 9. 17 일자.
국가법령정보센터 http://www.law.go.kr
국가인권위원회(2010). 이주아동의 교육권실태조사, 국가인권위원회.
김경미 외(2014). 정신건강론, 학지사.
김경준(2008). 청소년복지정책의 방향설정에 관한 연구, 미래청소년학회지, 5(2), 1-21
김명정(2011). 동반-중도입국 자녀들을 위한 다문화교육, 교육문화연구.
김서중(2002). 청소년 약물 남용에 미치는 사회족 요인에 관한 연구
김성언(2003). 경찰의 역할변화에 대한 조사연구, 한국형사정책연구원.
김성욱(2003). 아버지의 영향력, 교회와 상담교육.
김성이 외(2011). 청소년복지, 양서원.
김성이(1993). 청소년복지론, 한국청소년개발원 편, 한국청소년개발원.
-----(2012). 약물중독총론, 양서원.
김성이·조학래·노충래·신효진(2010). 청소년복지학, 양서원.
김수신·조흥식(2010). 사회복지행정, 한국방송통신대학교 출판부.
김수진(2003). 약물 남용 과정 유형별 성격 기질 특성 비교.
김순규(2011). 다문화가정 자녀의 심리사회적 적응, 청소년학연구.

김영애 · 김정택 · 송성자 · 심혜숙 · 정문자 · 제석봉 역(2013). 가족치료: 개념과 방법, Michael P Nichols저, 시그마프레스.
김치묵(1997). 청소년복지, 한국사회복지총람, 한국사회복지협의회.
김혜원(2011). 청소년들의 집단따돌림과 집단괴롭힘 피해 경험에 따른 심리적 부적응 및 학교 부적응, 청소년학연구.
노 혁(2002). 청소년복지론, 대학출판사.
----(2008). 청소년복지론. 교육과학사
----(2010). 청소년복지론, 교육과학사
민성길(2015), 최신정신의학 제6판.
박명숙·송사리(2010). 다문화가정 아동의 비행경험과 비행행동에 영향을 미치는 요인, 한국지역사회복지학.
박영서(2011). 청소년 약물남용 예방 프로그램에 관한 연구.
박옥임 · 백사인 · 박준섭 · 박병훈 · 이수진 · 김정일(2013). 청소년 심리 및 상담, 창지사.
박재황 · 남상인 · 김창대 · 김택호(1993). 청소년상담교육과정 개발연구, 서울 청소년대화의 광장.
박정란 외(2012), 청소년복지론, 양서원.
--------(2014). 청소년복지론, 양서원.
박현수 · 정혜원(2013). 자기통제력의 안정성과 변화, 소년보호연구 제22호, 한국소년정책학회.
박혜영(2000). 가출청소년 상담기법 Workshop 자료집, 서울시립 청소년쉼터.
백기호(2013). 다문화가정 해체에 따른 범죄추이와 사법정책. 2013년 경찰백서.
백사인 · 윤경희 · 하수경 · 김홍숙 · 이임숙 · 박병훈(2013). 상담심리학 입문, 공동체.
보건복지부(2012). 2012년도 드림스타트 사업안내.
보건복지부·중앙아동보호전문기관(2012). 2011 전국아동학대현황보고서.
보건복지부·지역아동센터중앙지원단(2012). 2011 전국지역아동센터 실태조사보고서.
서미정 · 김경연(2008). 집단따돌림 피해의 유발 및 지속요인, 한국청소년연구.
설기문(1992). 인간중심적 상담, 이형득 편저, 상담이론, 교육과학사
송병호(2005). 가정의 심리적 환경과 청소년 비행에 관한 연구, 한국범죄심리연구 창간호, 한국범죄심리학회.

송태민 · 정우진(2015). 국외위기청소년 보호를 위한 어플리케이션 개발 및 활용현황. 국제보건복지정책동향 모건복지포럼
신동준(2011). 범죄와 비행 연구의 가산자료 회귀분석 모형 활용에 대한 검토, 범죄와 비행.
신재헌(2012). 다문화가정 청소년의 가정환경적 요인이 비행에 미치는 영향 연구.
양계민 · 조혜영(2011). 중도입국청소년 실태조사, 무지개청소년센터 · 한국여성정책연구원.
양현규 · 이은상 · 김종진(2010). 다문화 가정 청소년 비행에 대한 보호관찰 대응 방안 연구, 보호관찰.
오영희(2010). 소년보호제도의 최근 동향 및 발전방안-법무부 소년보호기관을 중심으로, 범죄학연구 제4권 제1호, 한국범죄학회.
옥경희 · 박미정(2009). 2009 광주광역시 다문화 가정 자녀의 차별 경험과 학교생활 적응 및 언어발달에 관한 실태 조사 보고서, 국가인권위원회·광주YMCA.
여성가족부 · 무지개청소년센터(2011). 이주청소년백서.
여성가족부(2010). 청소년 핵심역량 국제 비교.
---------(2012). 다문화가족지원정책 기본계획(2010-2012) 2012년도 시행계획.
---------(2015). 청소년 통계 참고자료.
우 룡(2007). 도시와 농어촌지역 다문화청소년의 사회적응 실태분석, 청소년보호지도연구.
-----(2008). 우리나라 다문화청소년의 실태와 문제점에 관한 연구, 청소년보호지도연구 3.
유지웅(2009). 다문화가정 청소년의 생활환경과 일탈요인, 치안정책연구소.
이 난(2011). 청소년 심리상담, 태영출판사.
이계탁(1998). 복지행정학강의, 나남출판사.
이덕인(2012). 형사책임연령 하향에 대한 비판적 고찰-형사미성년과 촉법소년을 중심으로, 형사정책연구 제23권 제1호, 한국형사정책연구원.
이덕인(2012). 다문화사회와 재한 외국인에 의한 다문화범죄의 고찰, 경북대학원법학연구원 법학논고.
이덕희(2010). 다문화가정 아동의 문제행동에 영향을 미치는 요인, 한국가족복지학.
이동임(2015). 촉법소년의 범죄예방을 위한 합리적 방안, 소년보호연구 제28권 제1호, 한국소년정책학회.

이동훈 · 고영건 · 고해수 외(2013). 정신건강과 상담, 학지사.
이민희 외(1998). 청소년폭력 대책 모델개발, 한국청소년개발원.
이병철 · 송다영(2011). 다문화가족 중도입국청소년의 학교생활 적응에 관한 질적 연구, 한국사회복지학.
이상호(2004). 청소년 사이버중독의 현황과 과제, 사회복지연구, 13권, 부산대학교 사회복지연구소.
이성진(2004). 청소년상담론. 교육과학사.
이수현(2009). 소년의 보호처분에 관한 연구, 법학연구 제35집, 한국법학회.
이시형(1997). 청소년 정신건강지수 개발 연구, 삼성생명 건강연구소.
이양훈(2013). 청소년 약물 남용에 미치는 사회적 요인에 관한 연구
이영주(2009). 다문화가족 청소년의 심리사회적 적응에 영향을 미치는 위험요인에 관한 연구, 한국가족복지학.
이용교(2012). 디지털 청소년복지, 인간과 복지.
이용학(2015). 소년위탁보호 문제점, 2015년 한국교정복지학회 하계학술대회자료집, 한국교정복지학회.
이유미(2003). 부부 의사소통의 특징, 화법연구 Vol.6, 한국화법학회.
이장호(1982). 상담심리학 입문, 박영사.
이창덕(2006). 한국 가족의 의사소통 문제와 개선방안, 화법교육문제.
이현림(2009). 상담이론과 실제, 양서원.
이혜성 · 이재창 · 금명자 · 박경애(1996). 청소년개인상담, 청소년대화의 광장.
이혜원 · 김미선 · 석원정 · 이은하(2010). 이주아동의 교육권 실태조사, 국가인권위원회.
임상록 외(2013). 청소년복지론, 학지사.
임상록·고명수·구승신·신후경·윤영미·이명순·이복희·이양훈·정옥희(2010).
청소년복지론, 학지사.
임상록 · 김혜숙 · 노정자 · 안민숙 · 채유경(2012). 상담의 이론과 실제, 황호철 편저, 상담이론, 파란마음.
임성근 · 조태준(2012). 부처 간 융합행정체제 구축을 위한 관리전략 연구.
임승권(2002). 정신위생, 양서원.
장명선 · 송연숙(2011). 서울시 중도입국청소년 현황과 지원방안, 서울시여성가족재단.
장선철(2009). 정신건강, 동문사.

장성화 · 김순자 · 윤향숙 · 박지현 · 황윤미(2011). 상담의 이론과 실제, 정민사.
장안식(2011). 청소년 비행 자료 분석에 대한 대안적 모형: zero-inflated possion 과 zero-inflated negative binomial 분석을 중심으로, 범죄와 비행.
장인협 · 오정수(1984). 사회복지학, 서울대학교 출판부.
전경숙 · 송민경(2011). 다문화가정 자녀의 출신국적 배경에 따른 한국생활 적응의 차이, 청소년학연구.
전경숙 · 이의정(2012). 다문화가정 중도입국 자녀 초기적응 지원방안 연구, 경기도 가족여성연구원.
정순례 · 양미진 · 손재환(2011). 청소년상담이론과 실제. 학지사.
정지원(2012). 다문화사회에서의 경찰역할 강화방안에 관한 연구.
정하성 · 우룡(2007). 다문화가정 청소년의 사회적응 실태 및 사회적응 프로그램개발방안, 한국청소년연구원.
정혜원 · 박성훈(2010). 청소년 초기단계에서 범죄피해의 변화와 예측요인에 대한 연구, 형사정책연구.
조성연 · 유진이 · 박은미 · 정철상 · 도미향 · 길은배 · 김민정(2012). 청소년복지론, 창지사.
조성희 · 신수경 · 이인필 · 김은경 역(2015). 1001가지 해결중심 질문들, Fredrike Bannink 저, 학지사.
주정민(2006). 인터넷 의존유형과 인터넷중독과의 관련성 연구, 한국언론학보, 50권 3호.
천정웅(2012). 청소년복지론 발전적 관점, 양서원.
------(2012). 청소년복지론 발전적관점, 양서원.
천정환(2006). 신범죄심리학, 대왕사.
------(2013). 학교폭력대책론, 교정복지연구 제28호, 한국교정복지학회.
청소년폭력예방재단(1996). 폭력은 싫어요, 청소년폭력예방재단출판사.
최병목(2002). 청소년자살예방론, 홍익재.
최성일 · 유계숙(2015). 남자 청소년의 약물 남용 실태 및 관련 변인에 관한 요인.
최영진(2013.) 한국 청소년 약물 오남용 예방 교육에 관한 연구.
최원석 외(2012). 청소년복지론, 정민사.
한국정보화진흥원(2012). 인터넷중독 실태조사.
--------------(2008). 인터넷중독대응법 제정연구.

한국청소년개발원(1996). 청소년문제론, 도서출판 서원.
--------------(2011). 청소년복지론, 서울: 교육과학사.
한국청소년상담원(2005). 학교폭력 예방 및 대처를 위한 연계체제 구축 방안, 한국청소년상담원.
한국청소년연구원(1990). 청소년문제행동 진단을 위한 조사연구.
한상철(2004). 청소년학, 학지사.
허용조(2010). 아버지! 제가 아버지입니다, 두란노 아버지학교 운동본부.
홍경자(1984). 이성을 통한 자기 성장, 탐구당.
홍봉선 외(2010). 청소년문제론, 공동체.
홍봉선·남미애(2010). 청소년복지론. 공동체.
-----------(2013). 청소년복지론. 공동체.
-----------(2014). 청소년복지론. 공동체.
-----------(2015). 청소년복지론. 공동체.
홍영오(2008). 2008년 청소년대상 범죄피해 조사연구, 한국형사정책연구원.
황선아(2015). 학교 밖 청소년 지원 대책과 현실적 보완방안, 이슈 &진단 no201.
황진수(2011). 현대복지행정론, 대영문화사.
보호관찰등에 관한 법령
사회복지 관련법령
소년법
소년원법령
청소년 관련법령
형집행법
Agnew, Robert(1992). Foundation for A General Strain Theory of Crime and Delinquency, Criminology 30(1): 47-88.
Agnew, Robert and Helen Raskin White(1992). An Empirical Test of GeneralStrain Theory, Criminology 30(4): 475-500. Ciocani, M.; Ciobanu, M.; Avram, G.; Matei, V.(2003). The disorganized family and its role in favoring juvenile criminal behavior, Interperiodica Publishing, Vol.11 No.2.
George B. Vold, Thomas J. Bernard, Jeffrey B. Snipes(2002). Theoretical Criminology, Chapter Ten, Oxford University Press.

Sampson, Robert J., Laub, John H.(2005). Development Criminology and Its Discontents(Trajectories of Crime Childhood to Old Age), Sage Pubns.

Hahn, M. E,& Maclean, M. S(1955). Counseling Psycbology. New York Mcgraw-Hill Book Co.

Rogers, C.R(1952). Client-centered tberapy: Its current practice, implications, and tbeory. Boston: Houghton Mifflin Company.

金 英淑(2007). 少年非行の原因としての家族関係, The Journal of the study of modern society and culture (39), 新潟大学大学院現代社会文化研究科.

盧 建平/譯 板口一成(2010). 少年犯罪に対する刑事政策の総体的整備, The Hokkaido law review 60(6), 北海道大学大学院法学研究科.

前田雅英(2012). 少年犯罪の現在と犯罪抑止・社会復帰, 青少年問題59(新年), 青 少年問題研究.

井上 裕基(2003). 非行集団対策をはじめとする少年非行抑止対策の推進--少年犯罪抑止は 治安回復の鍵, Keisatsu koron 58(10), 立花書房.

저 자

박영숙(성산효대학원대학교 교수)
천정환(동서대학교 교수)
박지현(상명대학교 원격평생교육원 교수)
이동임(창원대학교 교수)
곽종형(성산효대학원대학교 교수)
김경화(동의과학대학교 교수)
박희원(성산효대학원대학교 교수)
유영희(동양대학교 외래교수)
임서현(동양대학교 외래교수)
윤영희(동서대학교 외래교수)
이기세(국제대학교 교수)
최종구(협성대학교 외래교수)